国家级一流本科专业建设·金融学教学用书

上海财经大学双一流拔尖创新人才培养项目

资产管理中的风险管理

王明涛 王凯涛 编著

上海财经大学出版社

图书在版编目(CIP)数据

资产管理中的风险管理/王明涛,王凯涛编著. —上海:上海财经大学出版社,2023.6
国家级一流本科专业建设·金融学教学用书
ISBN 978-7-5642-4179-7/F·4179

Ⅰ.①资… Ⅱ.①王…②王… Ⅲ.①资产管理-风险管理-高等学校-教材 Ⅳ.①F20

中国国家版本馆CIP数据核字(2023)第079668号

□ 策划编辑　刘光本
□ 责任编辑　林佳依
□ 封面设计　张克瑶

资产管理中的风险管理
王明涛　王凯涛　编著

上海财经大学出版社出版发行
(上海市中山北一路369号　邮编200083)
网　　址:http://www.sufep.com
电子邮件:webmaster@sufep.com
全国新华书店经销
上海天地海设计印刷有限公司印刷装订
2023年6月第1版　2023年6月第1次印刷

787mm×1092mm　1/16　22印张(插页:2)　563千字
定价:69.00元

前 言

　　资产管理业务是指银行、信托、证券、基金、期货、保险资产管理机构、金融资产投资公司等金融机构接受投资者委托,对受托的投资者财产进行投资和管理的金融服务。目前几乎所有的商业银行、保险公司、证券公司等金融机构都通过设立资产管理业务部或成立资产管理公司开展资产管理业务。作为一个新兴的行业,资产管理业务在中国已走过二十多年的历程,仍方兴未艾,前景广阔;当前中国几乎所有财经类院校的金融硕士专业都开设了财富管理专业方向,为资产管理机构培养、输送专业人才。正如党的二十大报告中指出的"防范金融风险还需解决许多重大问题",尽管资产管理业务从萌芽到壮大,发展迅速,但在发展过程中也出现了盲目发展、风险失控等问题,同时一些资产管理机构缺乏成熟的风险管理理念与有效管理机制,严重阻碍了资产管理公司的健康发展。目前市场中虽然有一些关于资产管理业务发展与风险管理的书籍,但针对资产管理业务中风险管理的系统研究书籍十分缺乏,本书正是在此背景下推出的一本系统介绍资产管理中风险管理的书,既可为财富管理等专业研究生及高年级本科生提供相关的理论知识与方法,也可为实际工作部门提供参考。

　　本书共分三篇十四章内容,第一篇为理论基础篇,包括第一、二、三章的内容,第一章主要介绍资产管理的概念、本质及特点,资产管理公司在开展资产管理业务时所面临的主要风险及风险管理的逻辑;第二章介绍资产配置的策略及过程、资产配置的主要理论及资产组合业绩评价与归因分析,包括风险调整后的业绩评估、择时能力的评价、业绩持续性评价,Brinson 模型、Barra 模型及 Campisi 模型等;第三章介绍风险管理的基本理论和方法,包括金融风险管理的目标、方式与步骤,组合投资理论、无套利理论、风险管理制度化理论,系统性风险与非系统性风险管理方法,市场风险、利率风险、信用风险及流动性风险管理的基本理论与方法等内容。第二篇为资产风险管理篇,包括第四章至第十二章的内容,分别介绍了股票、债券、非标债权资产、ABS、利率互换、期货、期权、公募基金和私募量化基金等各类资产投资面临的主要风险,各类风险的计量方法,并针对相应的风险提出了管理方法。第三篇为产品风险管理篇,包括第十三章和第十四章的内容。资产管理产品风险管理是本书的一大特点,其他相关书籍较少涉及,资产管理产品风险管理覆盖了资产管理产品的整个生命周期,即投前、投中和投后全过程。第十三章主要介绍了产品风险管理的基本内涵、流程,产品流动性风险管理及估值风险管理。资产管理业务风险点众多,必须构建一个全面、高效且能够随着业务变化有效运转的风险管理体系,这是资产管理业务风险管理工作的核心。第十四章对此进行了详细的阐述,并对全面风险管理体系的各组成要素及建设进行了说明。

本书在撰写过程中力求体现以下几个特点:第一,理论与实际相结合,注重国内资产管理机构的资产管理实务,突出实用性。资产管理中的风险管理是一门适用性很强的学科,不但需要理论指导,而且应结合实际,因此,本书不但强化理论基础,同时,紧密结合国内资产管理的实际。第二,由易到难、由资产到产品、由现货资产到衍生品资产、由标准资产到非标资产,在介绍相关基础知识的基础上,将各部分逻辑地组合在一起,努力使编排顺序清楚、结构严谨,从而形成完整的资产风险管理理论体系。第三,努力追寻最新的资产风险管理理论动态与实务,并将其纳入本书的理论体系中。第四,引导式和启发式并重,突出资产管理业务风险管理的延展性和可读性。本书力图精准介绍各类资产的特点和投资管理模式,科学分析其风险特征和风险管理过程与方法,并加入了案例与较多的参考文献,以便于读者理解、扩展阅读、思考和进一步研究。第五,以资产管理机构风险管理体系建设为落脚点,突出实用性和指导性。国内资产管理机构风险管理体系的建设和运行是目前资产管理行业的一个重点。本书对此进行了具体的理论溯源,并对各相关要素进行了具体的阐释。第六,每章均有引言、小结、关键词、思考与练习、参考文献,便于学生对所学知识的理解。

需要特别说明的是,依据国家教材委员会办公室《关于做好党的二十大精神进教材工作的通知》(国教材办〔2022〕3号)的要求,推动党的二十大精神进教材、进课堂、进头脑,除了本教材中已经体现的二十大精神内容外,为了与时俱进地增补与本教材相关的思政案例与二十大精神内容,及时修改在教学过程中发现的本书错误之处,我们与出版社共同建设新媒体动态服务窗口,使用本教材的教师可以通过手机微信扫以下二维码,获取相关最新内容。

参加本书编著的人员分工:王明涛负责第二、三、四章;王凯涛负责第一、六、八、十三、十四章;周叶童负责第七、九、十、十二章;刘磊负责第十一章;胡周红负责第五章;此外,王明涛、王凯涛参与了其他各章的修改。全书由王明涛统筹。

本书是根据作者长期的教学与工作实践,在参考国内外大量文献的基础上编写而成的,是高校教师与业内从业人员合作的成果,其中王明涛是上海财经大学教授,王凯涛、刘磊与胡周红分别来自中泰证券、某信托公司和某保险资产管理公司,周叶童为上海财经大学博士生。参考的书目与文献列于每章后的参考文献中,若有遗漏,万望见谅。因时间仓促,加之作者水平有限,本书难免有不尽如人意之处,恳请广大读者提出宝贵意见。

王明涛
2023年6月1日

目 录

第一篇 理论基础篇

第一章 资产管理中的风险管理概述 … 3
引言 … 3
第一节 资产管理概述 … 3
第二节 资产管理需要风险管理 … 8
第三节 本书的目的和内容 … 11
 本章小结 … 12
 关键词 … 12
 思考与练习 … 13
 参考文献 … 13

第二章 资产配置理论及业绩评价 … 14
引言 … 14
第一节 资产配置的意义 … 14
第二节 资产配置的过程 … 17
第三节 大类资产配置的主要理论 … 19
第四节 资产组合业绩评价与归因分析 … 26
 本章小结 … 36
 关键词 … 37
 思考与练习 … 37
 参考文献 … 37

第三章 金融风险管理的基本理论与方法 … 38
引言 … 38
第一节 金融风险管理概述 … 38
第二节 金融风险管理的基本理论与方法 … 43

第三节　市场风险管理的基本理论与方法 ………………………………………… 53
　第四节　利率风险管理的基本理论与方法 ………………………………………… 59
　第五节　信用风险管理的基本理论与方法 ………………………………………… 65
　第六节　流动性风险管理的基本理论与方法 ……………………………………… 69
　　本章小结 ……………………………………………………………………………… 73
　　关键词 ………………………………………………………………………………… 73
　　思考与练习 …………………………………………………………………………… 73
　　参考文献 ……………………………………………………………………………… 74

第二篇　资产风险管理篇

第四章　股票投资风险管理 …………………………………………………………… 77
　引言 …………………………………………………………………………………… 77
　第一节　股票市场概述 ………………………………………………………………… 77
　第二节　股票投资流程与策略 ………………………………………………………… 81
　第三节　股票投资风险及度量 ………………………………………………………… 84
　第四节　股票投资的风险管理 ………………………………………………………… 88
　　案例分析　某公募基金管理公司定向增发策略与风险管理 ……………………… 96
　　本章小结 …………………………………………………………………………… 102
　　关键词 ……………………………………………………………………………… 102
　　思考与练习 ………………………………………………………………………… 102
　　参考文献 …………………………………………………………………………… 102

第五章　债券投资的风险管理 ………………………………………………………… 104
　引言 …………………………………………………………………………………… 104
　第一节　债券市场概述 ……………………………………………………………… 104
　第二节　债券投资策略 ……………………………………………………………… 108
　第三节　债券投资的市场风险与管理 ……………………………………………… 111
　第四节　债券投资的信用风险与管理 ……………………………………………… 116
　第五节　债券投资的流动性风险与管理 …………………………………………… 124
　第六节　债券投资中的操作风险及合规风险管理 ………………………………… 127
　　案例分析　富贵鸟信用债券违约 ………………………………………………… 128
　　本章小结 …………………………………………………………………………… 132
　　关键词 ……………………………………………………………………………… 132
　　思考与练习 ………………………………………………………………………… 132

参考文献 ·· 133

第六章　非标债权投资的风险管理 ·· 134
  引言 ·· 134
  第一节　非标债权市场概述 ·· 134
  第二节　非标债权投资管理流程 ·· 143
  第三节　非标债权投资的主要风险 ··· 144
  第四节　非标债权投资的风险管理 ··· 146
    案例分析　某资产管理公司供应链非标债权违约 ······················ 156
    本章小结 ·· 159
    关键词 ··· 159
    思考与练习 ··· 160
    参考文献 ·· 160

第七章　ABS 投资的风险管理 ··· 161
  引言 ·· 161
  第一节　ABS 市场概述 ··· 161
  第二节　ABS 投资策略 ··· 168
  第三节　ABS 投资风险与度量 ··· 169
  第四节　ABS 投资风险管理 ·· 172
    案例分析　红博会展 CMBS 为什么会违约？ ··························· 174
    本章小结 ·· 179
    关键词 ··· 179
    思考与练习 ··· 179
    参考文献 ·· 180

第八章　利率互换的风险管理 ·· 181
  引言 ·· 181
  第一节　利率互换市场及在中国的发展 ······································ 182
  第二节　利率互换投资策略 ·· 189
  第三节　利率互换交易的风险及度量 ··· 192
  第四节　利率互换交易的风险管理 ·· 196
    案例分析　LTCM 的利率互换与国债利差交易 ······················· 201
    本章小结 ·· 205
    关键词 ··· 205

思考与练习 ··· 205

参考文献 ··· 206

第九章　期货投资的风险管理 ··· 207

引言 ··· 207

第一节　期货市场概述 ··· 207

第二节　期货投资策略 ··· 212

第三节　期货投资风险及度量 ··· 218

第四节　期货投资风险管理 ··· 223

案例分析　青山控股集团为何遭到空前逼空 ··· 226

本章小结 ··· 228

关键词 ··· 228

思考与练习 ··· 229

参考文献 ··· 229

第十章　期权投资的风险管理 ··· 230

引言 ··· 230

第一节　期权市场概述 ··· 230

第二节　期权投资策略 ··· 236

第三节　期权投资风险及度量 ··· 243

第四节　期权投资的风险管理 ··· 251

案例分析　雪球产品的风险管理 ··· 255

本章小结 ··· 257

关键词 ··· 257

思考与练习 ··· 258

参考文献 ··· 258

第十一章　公募基金投资的风险管理 ··· 259

引言 ··· 259

第一节　公募基金市场概述 ··· 259

第二节　公募基金投资的方法、策略与流程 ··· 261

第三节　公募基金投资的风险及度量 ··· 266

第四节　公募基金投资的风险管理 ··· 270

本章小结 ··· 275

关键词 ··· 275

思考与练习 276
　　参考文献 276

第十二章　私募量化证券投资基金的风险管理 277
　　引言 277
　　第一节　私募量化投资基金概述 277
　　第二节　资管机构投资私募量化基金的策略 281
　　第三节　私募量化基金风险及识别 282
　　第四节　私募量化基金的风险管理 286
　　案例分析　H 信托公司对私募基金的尽职调查与风险评估 287
　　本章小结 293
　　关键词 294
　　思考与练习 294
　　参考文献 294

第三篇　产品风险管理篇

第十三章　产品风险管理 297
　　引言 297
　　第一节　资产管理产品及其风险管理的重要性 297
　　第二节　产品风险管理的原则、组织和流程 300
　　第三节　产品流动性风险管理 306
　　第四节　产品估值风险管理 313
　　第五节　分类产品的风险管理 317
　　第六节　产品风险评级 320
　　第七节　产品业绩评价与归因分析 322
　　本章小结 324
　　关键词 324
　　思考与练习 324
　　参考文献 325

第十四章　全面风险管理体系建设 326
　　引言 326
　　第一节　全面风险管理的含义与框架 326
　　第二节　风险偏好与风险治理架构 330

第三节　风险管理流程、报告与分析 ·· 333
第四节　风险管理团队与风险管理文化 ·· 335
第五节　风险管理的基础设施 ·· 337
　　本章小结 ·· 342
　　关键词 ··· 343
　　思考与练习 ·· 343
　　参考文献 ·· 343

· 第一篇 ·

理论基础篇

第一章

资产管理中的风险管理概述

引 言

资产管理作为一个新的行业,在中国已走过二十多年的历程。资产管理业务从萌芽到迅速发展壮大,在发展过程中,出现了不顾风险、盲目发展等问题,为此,监管部门出台《关于规范金融机构资产管理业务的指导意见》等一系列法规对资产管理行业发展进行规范。目前,中国已经完成资产管理新规的过渡,进入了新的发展阶段,行业发展新秩序、新格局正在形成。蓬勃发展的大资产管理行业,需要风险管理的保驾护航,以导入成熟的风险管理理念、形成有效的风险管理机制。资产管理及风险管理领域的实践也呼唤着资产管理行业风险管理理论的总结与创新。

本章首先介绍资产管理的概念和内涵;然后简要回顾资产管理行业的发展历程,分析《关于规范金融机构资产管理业务的指导意见》发布以来的转型升级和行业特征,并对未来发展进行展望;在此基础上,介绍风险管理的含义并分析资产管理行业面临的风险,阐述资产管理行业风险管理的重要性和基本逻辑;最后,介绍本书的写作目的和主要内容。

第一节 资产管理概述

一、资产管理的概念与内涵

(一)资产管理的概念

资产管理,简称"资管",从严格意义上讲,并没有一个得到广泛认可的明确定义。目前,常用的是2018年由中国人民银行、中国银行保险监督管理委员会、中国证券监督管理委员会、国家外汇管理局发布的《关于规范金融机构资产管理业务的指导意见》(以下简称《资管新规》)中对资产管理的定义。《资管新规》规定:资产管理业务是指银行、信托、证券、基金、期货、保险资产管理机构及金融资产投资公司等金融机构接受投资者委托,对受托的投资者财产进行投资和管理的金融服务。这一规定在资管行业内被广泛使用。

可见,资产管理是指资产委托人将其资产托付给受托人(资产管理机构),由受托人按照与委托人签订的合同,以约定的方式、条件对被委托的资产进行运作与管理。金融机构为委托人利益履行诚实信用、勤勉尽责义务并收取相应的管理费用,委托人自担投资风险并获得收益。

(二)资产管理的本质

资产管理的本质是基于信任而履行受托职责,实现委托人利益的最大化,即"受人之托,代人理财"。基于信任而受托,资产管理最初指的就是信托——信用托付,信用是关键。忠诚义务要求管理人应当以实现投资人利益最大化为目的,将自身的利益妥善置于投资人利益之下,不得与投资人利益发生冲突。管理人要将自身的利益妥善置于投资人利益之下。

资产管理最核心的本质是:资产管理人必须尽到"诚实信用、勤勉尽责"的信托责任,恪守忠诚与专业义务。

1. 管理人必须坚持"卖者有责"

"卖者有责"是指管理人受人之托,必须忠人之事,在产品设计、投资管理和产品销售全链条做到诚实守信、勤勉尽责,严格兑现对投资人的法律承诺,始终坚持"投资人利益至上"原则,不能与投资人利益发生冲突,更不能利用自身优势为他人图利,损害投资人的利益。"卖者有责"还要求管理人在销售产品时实事求是,不弄虚作假,充分履行风险告知,做好信息披露,严格保护投资者利益。

2. 投资人必须做到"买者自负"

一切投资活动都是有风险的,因此,投资人必须做到"买者自负"。"买者自负"是指投资人承担最终风险,根据自身风险承受能力选择合适的产品,获取与所承担风险相一致的收益。

(三)资产管理业务的特点

资产管理业务一般有三大特点:

1. 资产范围广泛

资产管理业务所投资的资产包括股票、债券、非标债权资产、金融衍生产品等;可投资境内资产,符合条件的还可以投资境外资产。

2. 交易结构复杂

资产管理业务的产品交易结构复杂、组合特征繁多,上层产品可以嵌套产品,是跨市场、跨机构、跨业务的交叉性金融业务的典型代表。

3. 产品类型多样

从运作形态上讲,资产管理产品有封闭式产品与开放式产品(含定期开放式产品);从募集方式上讲,资产管理产品有公募产品和私募产品。

(四)资产管理公司

资产管理通常是指一种"受人之托,代人理财"的信托业务。从这个意义上看,凡是主要从事此类业务的机构或组织都可称为资产管理公司(asset management companies,AMC)。本书主要介绍资产管理公司在开展资产管理业务时所面临的各类风险及其管理。

一般情况下,商业银行、保险公司、证券公司等金融机构都通过设立资产管理业务部或成立资产管理附属公司来进行资产管理业务,各类基金管理公司更属于资产管理机构。它们属于狭义的资产管理机构,以区别于专业管理和处置不良资产的"资产管理公司"。

与《资管新规》保持一致,本书将资产管理行业的讨论范畴限定为非保本银行理财(不含保本理财)、资金信托(不含财产信托)、保险资管(万能险、投连险、管理养老金/年金以及其他机构委托管理资产,不含保险公司资产)、券商资管计划(集合及定向计划)、基金公司产品(含公募基金、专户及子公司管理计划)、私募证券投资基金、私募股权投资(创投)基金、期货资管计划等。

二、中国资产管理行业的发展历程

中国金融机构开展资产管理业务始于 20 世纪 90 年代末,起步较晚但发展迅速,历经多个发展阶段,现在已进入规范发展时期。中国资管行业发展前景十分广阔。

(一)发展回顾

资产管理机构通过创设产品和提供相应的服务,将不同风险/收益特征的资产与多样化的资金相匹配,以满足居民和企业的投融资需求。在过去的二十多年里,中国资产管理行业历经了公募基金主导(1998—2007 年)、银信合作主导(2008—2012 年)、多元化跨步前进(2013—2016 年)、规范转型发展(2017—2021 年)及"真"资管时期(2022 年以来)五大发展阶段。[①]

1. 公募基金主导阶段(1998—2007 年)

1997 年国务院证券委员会发布了《证券投资基金管理暂行办法》,拉开了中国资产管理行业发展的序幕。1998 年,国内第一家公募基金公司成立并发行产品,标志着中国资产管理行业的诞生。2002 年中国人民银行颁布了《信托投资公司资金信托管理暂行办法》。2004 年,中国光大银行发行国内首款商业银行理财产品。2005 年,银监会颁布《商业银行个人理财业务管理暂行办法》,开启了多种金融机构共同参与的资产管理市场发展进程。但在相当长时间内,公募基金主导了中国资产管理行业的发展。投资标的以标准化的权益市场和债券市场为主,产品类型以股票型基金和偏股混合型基金为主。2007 年牛市之后,公募基金的资产管理规模已经高达 3.28 万亿元。

2. 银信合作主导阶段(2008—2012 年)

在此期间,信托快速崛起,随着"银行-信托"主导,基金行业一家独大市场格局的逐步结束,央行采取"差别准备金率"和"限贷令"对前期扩张过快的银行表内业务进行限制。因此,银行借助信托通道,绕道表外"非标"产品进行信贷扩张,使得银信合作迅速兴起,信托资产规模快速扩大。

3. 多元化跨步前进阶段(2013—2016 年)

随着 2012 年《证券投资基金法》的修订,使私募证券投资基金获得了参与资产管理市场的合法地位,行业门槛解除,牌照资源放开,商业银行、基金管理公司、信托公司、证券公司、保险公司、私募基金管理人等机构共同参与的"大资管"格局形成。资产管理行业大跨步前进,金融产品不断创新,多元化发展中有"非理性繁荣"。2012 年下半年开始,资产管理监管步入一轮放松大潮,牌照资源逐步放开,各类资管子行业之间的竞争与合作更加充分,行业创新不断。不同类型、不同策略、不同标的、不同风险偏好特征的资管产品多样化发展。在此阶段银行理财凭借明显的渠道优势迅速发展。"大资管"规模由 2014 年末的 53.90 亿元迅速增长至 2017

[①] 姚泽宇,等. 中国资产管理行业:面向未来的"一二三四五"[R]. 中金公司,2019.

年末的 116.66 亿元。[①]

但是,受制于分业监管等原因,资产管理行业监管套利现象严重,各种乱象丛生:资金池操作存在流动性风险隐患,产品多层嵌套导致风险传递却无法被有效识别,刚性兑换使风险仍停留在金融体系。资产管理行业对实体经济支持不足,使部分资金流向投机领域、产能过剩领域和融资平台等高息领域,推高了实体经济杠杆率,增大了金融体系风险。这种以"监管套利"为核心驱动力,以"影子银行"为本质特征的"大资管"行业发展,将金融风险不断暗藏于内部,不具备可持续性。

4. 规范转型发展阶段(2017—2021 年)

随着《资管新规》的出台,监管层从顶层设计上明确"打破刚兑、限制错配、去除嵌套、限制杠杆"的整顿措施,强调拆解各类"影子银行",结束行业"野蛮发展",使资产管理行业进入规范发展阶段。2017 年,针对行业业务发展模式不匹配、资金池与期限错配、刚性兑付以及违规运用杠杆等"乱象",监管层开始拟定《资管新规》(征求意见稿),并于 2018 年 4 月发布实施《资管新规》。《资管新规》是资产管理行业的顶层设计,促使行业回归资产管理本质,按照"功能监管""统一监管"的思路,重新设计行业监管框架,影响深远。此后,围绕《资管新规》的核心要求,一系列针对细分行业、典型产品、底层资产的配套细则相继落地,指导行业从高速发展阶段向高质量发展阶段转型。2021 年 12 月 31 日,《资管新规》过渡期结束。

通过打破刚兑、规范资金池模式、遏制通道业务、强化期限匹配,资管机构回归以主动管理为核心的业务模式,而非简单依托牌照优势进行规模扩张,资管行业发展回归"受人之托、代客理财"的资产管理本质,净值化管理产品发展较快,资金池模式、通道产品规模受到抑制,重塑行业发展模式和竞争格局。2018 年《资管新规》发布后,资管规模连续两年下滑,2020 年已重回增长,结构重塑,公募、私募、银行理财成扩张主力。截至 2021 年末,资产管理行业规模合计约 138 万亿元。六大资管机构业务情况如下:

(1)银行理财:《资管新规》发布后,银行理财规模曾一度出现下降趋势,随着各大银行逐步推进理财业务规范转型,积极探索度过转型阵痛期,近年来银行理财规模稳步增长。2021 年底,银行理财规模达到 29 万亿元(相较 2018 年一季度末增长 35%)。净值化转型程度持续提升,存量整改任务基本完成。行业整体净值型产品存续规模达到 26.6 万亿元,占所有非保本理财规模的 93.14%。

(2)公募基金:《资管新规》落地后,净值化管理和权益投资的优势更为突出,产品规模快速增长。2021 年底,公募基金规模达到 25.56 万亿元,相较 2018 年一季度增长 107%,基金专户规模达到 9.03 万亿元,相较 2018 年一季度增长 44%。

(3)保险资管:主要资金来源于保费收入,面临资金多层嵌套风险较小,且前期监管对资金使用的要求严格,受《资管新规》影响有限,规模持续增长。2021 年底,保险资管规模达到 22.5 万亿元,相较 2018 年一季度约增长 55%。

(4)信托、券商资管等私募资管计划产品:穿透式监管下,"多层嵌套"、通道业务、底层不清的资金池业务等规模迅速缩减,信托、券商资管等私募资管计划产品规模呈下降趋势,2021 年底分别为 20.55 万亿元和 8.24 万亿元,相较 2018 年一季度分别下降 20%(5.06 万亿元)和 50%(8.22 万亿元)。在信托管理功能上,2018—2021 年主动管理信托呈现持续上升态势,主动管理类(融资类+投资类)规模同比提升 6.91%,至 12.08 万亿元,占比提升 3.64% 至

[①] 赵然. 资产管理大时代:百舸争流、千帆竞发[R]. 中信建投,2021.

58.8%;内部结构中投资类信托快速增长,2021年增幅高达31.92%,占比提升9.92%至41.38%,已成为主动管理信托最主要的产品形式。

(5)私募证券基金:得益于权益和商品市场的上涨行情,并且随着净值化转型下的居民财富转移,私募证券行业呈现快速发展态势,规模和数量实现双提升。2021年底,基金业协会已备案私募证券投资基金管理人9 069家,已备案私募证券投资基金76 839只,管理基金规模61 247亿元。

(6)私募股权(创投)基金:2021年底,基金业协会已备案私募股权、创业投资基金管理人15 012家,私募股权基金和私募创投基金规模分别为10.51万亿元和2.27万亿元。

总之,《资管新规》出台以来,对资管行业的监管以及行业竞争格局都得以重塑。后"资管新规"时代,六大类资管机构将在统一的监管规则下展开竞逐。

5."真"资管时期阶段(2022年至今)

《资管新规》过渡期结束,行业转型持续推进,行业发展迈向新阶段,呈现新模式、新产品、新格局的"三新"转型特征。

(1)业务模式进一步回归资管本源。去通道和去嵌套取得显著成效,刚性兑付预期逐步被打破,投资杠杆率有所下降。

(2)资管产品进一步迭代式转型。银行理财产品呈现净值化、长期化、公募化、标准化的趋势,证券公司资管产品"更加主动"和"公私分明",信托产品从功能和投向上均向好的方向发展。

(3)"大资管"行业格局进一步走向良性竞争合作。资产管理行业将朝着"一套监管体系,两类产品形式,三大业务节点,多种投资策略"的方向发展。各类资管机构虽然在牌照上趋同,但底层策略上可以丰富多样,实现精细化分工。以前资管机构之间以规避监管为目的的合作模式不复存在,资管产业链分工越来越精细化的专业合作模式将得到充分发展。

资产管理大发展,有以下作用:一是进一步促进差异化发掘和匹配投融资需求,提高服务实体经济的效率,满足投资者的财富管理或资产管理需求;二是进一步促进市场从散户主导向专业机构主导转型,引导资金长期化、专业化、机构化;三是配置资金、定价资产、赋能企业,帮助实体经济融资、融智;四是进一步推动投资方与融资方在风险与收益上的定价匹配与直接传导,提升资金融通效率、降低系统性风险。

(二)未来展望

中国资产管理发展前景广阔。据波士顿咨询报告,2020年全球资产管理规模已突破100万亿美元大关,中国资产管理市场已经是美国之后的第二大单一市场。[1] 但是中国资产管理规模与GDP的比值,即资产管理的渗透度,与美国等国家相比差距较大。随着居民可投资资产不断增长、资产结构优化,居民储蓄向投资转化、机构资金规模稳健增长等将提振资产管理需求;以功能监管为导向、以《资管新规》为代表的监管改革所营造的健康发展环境,使得居民对专业投资机构的信赖度提高;资本市场发展、机构准入放宽等将带来资产管理供给扩容。有机构预测,2025年中国资产管理行业规模有望达到139万亿元。[2] 资管行业各路诸侯纷起争雄、各领风骚。百舸争流,谁能笑傲江湖?

---

[1] 波士顿公司.2021年全球资产管理报告[R].波士顿公司,2017.
[2] 姚泽宇,等.中国资产管理行业:面向未来的"一二三四五"[R].中金公司,2019.

中国资产管理行业转型发展任重道远。在肯定取得的成就的同时,也应承认一个事实:中国经济转型发展需要一个更加强大的资产管理行业予以支撑,但是中国资管行业与这一要求相比仍差距甚远。中国资产管理行业要在使命、模式、能力、科技四大领域实现跨越。在进一步回归对投资者负责的本源、助力实体经济转型方面,资管行业要进一步固本清源。在未来商业模式上,以套利为目的的通道业务将走向消亡,主动管理为各方所倡导,资管机构必须在传统以标准资产投资和产品销售为主的价值链的基础上,进一步向客户端和资产端两个方向实现拓展,实现商业模式的转型升级。主动管理能力成为资管机构的核心竞争力。在打造体系化、平台化的投研能力上,资管机构需要从过去短期导向,以明星基金为中心的投研体系,转向追求长期、稳定收益,强调投研体系平台价值,投资流程规范、标准、透明,投资业绩可量化、可追踪、可解释。资管机构需要从投资理念、投研治理、投资流程、风险管理、科技系统、激励机制等方面开展体系化建设。在科技赋能方面,实现信息化二次升级、移动化快速成长、智能化持续探索、开放化合作共赢,这是资管机构面临的核心议题。

第二节 资产管理需要风险管理

虽然国内资产管理行业面临极大的发展机遇,发展前景广阔,但是资产管理在中国发展时间相对较短,加之发展初期某些子行业的"野蛮生长"模式,使得资产管理行业发展遇到较大的风险,因此学习和引入先进成熟的风险管理理念与机制,归纳提炼行业和公司成功的风险管理模式与方法,对于中国资产管理行业的健康发展具有重要意义;更为重要的是,资产管理机构需要风险管理作为基石支撑其发展,蓬勃发展的资产管理行业也需要风险管理来保障。

一、资产管理公司面临的风险与风险管理

(一)资产管理公司的风险

资产管理公司在开展资产管理业务时所面临的风险,主要包括公司自身经营所产生的风险、资产管理业务的风险,如资产投资及资管产品运营管理的风险等。

资产管理公司经营产生的风险,包括公司战略风险、自有资金投资的风险、操作风险、法律合规风险等,这些风险可能直接给公司带来财务损失和声誉伤害。

资管公司资管业务的风险,包括投资各类资产所承担的市场风险、信用风险、流动性风险以及运营管理资管产品所面临的风险,包括新产品风险、资产负债不匹配的流动性风险、评级风险、产品估值风险等。这些风险相互交织,有时会互相影响和传导,加大资管产品的总体风险。

资管业务是资管公司的"表外"业务,虽然资管业务的风险不会直接影响公司财务报表,但是资管业务风险防范不当,既辜负可信托责任,也将对资管公司带来巨大的声誉风险,严重情况下会导致公司管理资产规模下降,给公司带来财务损失。因此,对资产管理业务的风险应给予足够重视。

(二)风险管理的演进

有风险就要管理。风险管理的含义是不断演进的。传统的风险管理以防范损失为主要内容,而现代风险管理已经远远超越这一范畴。现代风险管理并非要消除风险,而是通过一系列

的机制、工具、流程、资源配置等措施,将风险事件发生的可能性或损失最小化,或者将实现的收益最大化的过程。现代风险管理不仅包括内部控制和金融交易(风险对冲活动)等防范损失的活动,而且包括风险定价、资本配置、经风险调整资本回报率、经风险调整业绩衡量等以盈利和回报为中心的风险管理活动。这种风险管理活动已经上升到战略管理的层面,投资决策(资本预算问题)和融资决策(资本结构问题)融合在一起,成为企业管理的核心内容。

二、资产管理公司风险管理的重要性

资管公司风险管理之所以重要,主要是因为以下几个原因:

(一)监管机构加大对资管机构风险管理的监管

党的二十大报告要求"依法将各类金融活动全部纳入监管,守住不发生系统性风险底线"。在监管部门看来,资管业务的风险主要来自产品和业务活动。[1] 监管机构越来越认识到,尽管风险管理流程与方法在不断优化和完善,但资管机构的当务之急是让风险管理职能能够更积极有效地支持和促进投资流程、产品开发、审批和关键交易。境内外监管机构极度重视资管机构的风险管理。《资管新规》明确金融机构运用受托资金进行投资,应当遵守审慎经营规则,制定科学合理的投资策略和风险管理制度,以有效防范和控制风险。

(二)正反两方面的原因,让金融机构认识到风险管理的重要性

一方面,国际上优秀的大型资产管理机构发展历程证明,资管业务的核心竞争力最终体现在对风险的主动管理能力上。优秀的风险管理能力,是资产管理的立足之本,是资管公司发展的护城河。贝莱德(Black Rock)公司依靠其成熟的风险管理技术和系统,向多国中央银行提供风险管理咨询服务,将资管机构的风险管理推向顶峰。另一方面,各类失败的资管公司,如美国长期资本管理公司(Long-Term Capital Management,LTCM),从反面证明了不重视风险管理的后果是不堪设想的。在相关调查中,资产管理机构也表示,低频次、高风险的金融事件影响巨大。因此,建立一个全面综合的风险管理框架,加强对各类投资品的风险及产品风险管控显得尤为重要和迫切。

(三)转型发展中的国内资管行业更需要加强风险管理

资管业务经过了近几年的监管规范和行业引导,逐步走出了过去"野蛮生长"和无序竞争的混乱格局,通过金融供给侧结构性改革的系统管理,资管业务转型的步伐进一步加快,风险管理体系的优化与重构显得尤为重要和迫切。党的二十大报告指出,"防范金融风险还须解决许多重大问题"。以银行理财为例,因理财产品逐步多样化、资金投向逐步多元化,投资策略正在从"持有"转向"持有与交易"并重,投资与财富管理的关系逐步向以客户为中心转型,传统风险管理体系较难实现对理财新环境的充分制衡,风险控制体系必须进一步优化与重构。因此,构建一个全面、高效且能够随着业务变化有效运转的风险管理体系,成为资管业务风险管理工作的核心。

此外,在经济下行压力较大的背景下,金融风险的隐蔽性、复杂性加大,风险管理的难度也在加大。这些背景和环境更加要求资管机构加强风险管理,防范金融风险。

---

[1] BCG. 2016 年全球资产管理报告[R]. 波士顿咨询公司报告,2017.

三、资管业务风险管理的使命和逻辑

(一)资管业务风险管理的使命

资管业务风险管理的重要性确定了资管机构风险管理的使命:为资产管理确立控制规范和准则,控制资产管理业务中偶然损失的风险,尽可能地保全获利能力和资产安全。风险管理需要提升体系的全面性、针对性和有效性。

(二)资管业务风险管理的逻辑

资管业务风险管理有各种逻辑或框架,主要包括:

1. 资管机构以流程进行风险管理

从流程来看,风险管理一般包括风险识别、评估、计量、监测、控制、报告、评价等环节。对于投资不同资产和管理不同产品所面临的风险,资管机构都以此流程进行管理。

2. 资管机构的风险管理方法

从方法来看,风险管理大概分为4类:风险自担、风险分散、风险转移和风险规避。风险自担是指通过定价、拨备等方式承担资产投资活动中风险损失的方法;风险分散是指避免业务或资金的过度集中,即"不要把所有鸡蛋放在一个篮子里",以减少可能遭受的巨额损失;风险转移是指用担保或保险等方式把自己承担的信用风险转嫁给第三者;风险规避是指拒绝或退出某一业务或市场,以避免承担该业务或市场所具有的风险。

3. 风险管理融入价值创造的过程

从价值创造来看,风险管理是融入价值创造的过程。风险管理必须有助于实现明确的目标和改进绩效,有助于管理和投资价值的提升。在具体资产管理业务中,"风险管理应该既有前瞻性(在坏事情发生前控制风险),又有应对性(制订应对危机的专门计划)"[①],主要通过事前资产与风险的配置(同时也是风险配置的过程)以及事后的业绩归因和风险评价进行投资和风险决策,以提升风险收益价值。

4. 风险管理与业务发展相统一

从风险偏好来看,风险偏好的确定可以看成资管机构风险管理的起点,这意味着明确了资管机构的基本风险管理战略,体现为在主动承担一定风险的前提下更好地支持业务发展。作为资管机构风险管理的战略核心,风险偏好将通过资本规划、资源配置、风险政策、风险限额、管理工具、绩效考核等一系列载体加以传导,形成一个有机整体,真正将风险管理与业务发展统一起来。可以说,风险偏好的确定与传导机制的构建既是全面主动管理风险的内在要求,也是风险管理融入和实现战略目标的关键所在,是资管机构风险管理体系建设的重中之重。

综上所述,资管机构的前两种风险管理逻辑更侧重风险管理本身,后两种风险管理逻辑则是将风险管理与价值创造、战略目标、业务发展和价值创造紧密结合起来,更有助于阐释风险管理的目标和意义。

---

① [美]拉瑟·海耶·佩德森.高效的无效[M].北京:中国人民大学出版社,2021:81.

第三节 本书的目的和内容

蓬勃发展的资管业务需要风险管理保驾护航。实践呼唤着理论。本书理论联系实际,重点介绍资产管理和风险管理的理论与方法,完整系统地阐述了资管机构各类资产和产品风险管理的流程与技术,注重将风险管理理论运用于具体资管业务风险管理操作和实践。

一、本书的目的

本书的目的是以资产管理机构为背景,阐释资管机构风险管理的理论与方法,主要包括风险管理的基本理论、主要实践、难点及未来的展望。

(一)以资产配置和风险管理理论为基础,结合国内资管机构的资管实务

1. 强化理论基础

资产配置是资管业务的起点,需要理论支撑。在资产配置理论部分,介绍了大类资产配置的基本理论、逻辑、模型和流程。风险管理的理论是风险管理的依据,在风险管理的理论部分,介绍风险管理的概念、流程、各类风险的计量方法、风险管理的基本框架和逻辑。

2. 聚焦国内实际

密切联系国内资产管理行业的实际和资管业务实务,在分析各类资产投资策略的基础上,分析风险管理的重点和逻辑。

(二)以资产管理的逻辑为纲,阐述各类资产的风险管理

在资产配置和资产管理的视野下,各类资产的风险管理既表现出与自营投资相似的地方,也会有不同的特点。本书在系统分析股票和债券两类基础金融工具的基础上,对资管机构投资的金融衍生产品、公募基金和私募基金的风险进行了系统的分析。结合各类资产的投资研究进行风险管理,阐述各类资产投资风险管理的基本逻辑与方法。

站在产品管理人的角度,系统阐释资管产品风险及管理。从产品风险管理的含义、风险识别和管理流程出发,对产品管理中的重点环节,如产品评价、绩效归因和风险评级,产品管理中的主要风险,如流动性风险、估值风险等,各类别产品需要重点关注的风险等,逐一进行分析,以方便读者全面理解资产管理产品的风险及管理方法。

二、本书的内容

本书主要包括以下三部分内容:

(一)理论基础篇

理论基础篇,包括第一、二、三章内容,主要介绍资产管理的概念、本质及特点,资产管理公司在开展资产管理业务时所面临的主要风险,金融资产配置与风险管理的基本理论。资产管理是从金融资产配置开始的,金融资产配置理论是资产管理的理论基础;任何风险管理都是基于风险管理的理论。本书第二章与第三章分别介绍常见的资产配置与风险管理的基本理论和方法。

(二)资产风险管理篇

资产风险管理篇是以资产为投资对象,分析资产管理机构在投资单类资产时所面临的各种风险及风险管理方法,包括第四章至第十二章内容,分别对资产管理的风险资产:股票、债券、非标债权资产、ABS、利率互换、期货、期权、公募基金和私募量化基金等,从交易策略出发,对各类资产投资面临的各类主要风险、风险计量进行了系统的介绍和分析,并提出了相应的风险管理方法。

(三)产品风险管理篇

产品风险管理篇以资管产品为研究对象,分析资管产品在投资过程中所面临的各类风险及风险管理方法。资管产品风险管理是本书的一大特点,是其他相关书籍较少涉及的。资管产品风险管理覆盖了资管产品整个生命周期,即投前、投中和投后全过程。第十三章为产品风险管理部分,主要介绍了产品风险管理的基本内涵、流程,流动性风险管理,估值风险管理及产品业绩评价和绩效归因分析。针对资管业务风险点众多的特点,必须构建一个全面、高效且能够随着业务变化有效运转的风险管理体系,这是资管业务风险管理工作的核心。第十四章对此进行了详细的阐述,并对全面风险管理体系的各组成要素及建设进行了说明。

资产管理的本质是基于信任而履行受托职责,实现委托人利益的最大化,即"受人之托,代人理财"。

中国金融机构开展资产管理业务始于20世纪90年代末,起步较晚但发展迅速,历经多个发展阶段,现已进入规范发展的新阶段,呈现新模式、新产品、新格局的"三新"转型特征,未来发展前景十分广阔。

蓬勃发展的资产管理行业,需要风险管理来保障,在当前环境下,风险管理的重要性被凸显。资管业务风险管理的基本使命是:为资产管理确立控制规范和准则,控制资产管理业务中偶然损失的风险,尽可能地保全获利能力和资产安全。

本书的目的是为读者提供资管机构进行风险管理的理论与方法,全书共分为理论基础篇、资产风险管理篇与产品风险管理篇。理论基础篇主要介绍金融资产配置与风险管理的基本理论,资产风险管理篇分别介绍股票、债券、非标债权资产、ABS、利率互换、期货、期权、公募基金和私募量化基金等资产的风险管理,产品风险管理篇介绍产品风险管理的理论与方法。

资产管理(Asset Management)
风险管理(Risk Management)
风险管理逻辑(Risk Management Logic)
资产管理公司(Asset Management Companies)

思考与练习

1. 怎么理解资产管理的含义?
2. 资产管理的本质是什么?
3. 资产管理业务有哪些特点?
4. 中国资产管理行业发展的各阶段分别有何特点?
5. 资产管理公司进行风险管理的目的与意义是什么?
6. 资产管理公司的风险管理包括哪些内容?
7. 怎么理解资产管理行业中的风险管理?

参考文献

1. 巴曙松,杨倞,周冠南,等.2021年中国资产管理行业发展报告:资管新规收官之年的行业洗牌[M].北京:北京联合出版公司,2021.
2. 〔美〕大卫·F.史文森.机构投资的创新之路[M].张智,杨巧智,梁宇峰,等译.北京:中国人民大学出版社,2020.
3. 段国圣.资产管理实务、方法与理论[M].北京:社会科学文献出版社,2018.
4. 〔加〕约翰·赫尔.风险管理与金融机构[M].王勇,董方鹏,译.北京:机械工业出版社,2013.
5. 〔美〕拉瑟·海耶·佩德森.高效的无效:行家如何投资与市场如何定价[M].卢旸,余方,译.北京:中国人民大学出版社,2021.
6. 〔美〕米歇尔·克劳伊,〔美〕丹·加莱,〔美〕罗伯特·马克.风险管理精要[M].2版.张礼卿,杨娉,史秀红,等译.北京:中国金融出版社,2016.
7. 秦子甲.私募基金法律合规风险管理[M].北京:法律出版社,2017.
8. 王明涛.金融风险计量与管理[M].上海:上海财经大学出版社,2008.
9. 吴晓灵,邓寰乐,等.资管大时代:中国资管市场未来改革与发展趋势[M].北京:中信出版集团有限公司,2020.
10. 徐继金.私募基金管理人风险管理实操指引[M].北京:中国市场出版社,2019.
11. 杨宇,等.2020中国金融产品年度报告:财富管理新时代[R].华宝证券研究报告,2021.
12. 赵然.资产管理大时代:百舸争流、千帆竞发[R].中信建投研究报告,2021.
13. 中国保险资产管理业协会.保险资产管理实务[M].北京:中国金融出版社,2018.
14. 周冠南.资管新规四周年、行业转型再出发[R].华创证券研究报告,2022.
15. 王勇,官晶奇,隋鹏达.金融风险管理[M].北京:机械工业出版社,2021.
16. BCG.2016年全球资产管理报告[R].波士顿咨询公司报告,2017.
17. 姚泽宇,等.中国资产管理行业:面向未来的"一二三四五"[R].中金公司,2019.

第二章

资产配置理论及业绩评价

引 言

  资产管理业务是对受托财产进行投资和管理的金融服务。资产配置是资产管理机构进行投资的基础,投资风险也产生于资产配置与管理的过程,业绩评价与归因分析是识别投资风险的重要方法。

  资产配置理论及业绩评价是资产管理机构进行资产配置的理论基础,对于其科学投资与风险管理具有重要意义。本章首先介绍资产配置的含义、策略及资产配置的过程;然后介绍大类资产配置的主要理论,包括马科维茨资产配置模型及改进、风险平价模型、其他资产配置模型;最后介绍资产组合业绩评价与归因分析,资产组合业绩评价包括风险调整后的业绩评估、择时能力的评价、业绩持续性评价等,资产组合业绩归因分析,主要介绍了 Brinson 模型、Barra 模型等。

第一节 资产配置的意义

一、资产配置的含义及策略

  资产配置主要是一种投资策略。一般来说,它是以投资者的风险偏好为基础,通过定义并选择各种资产类别、评估资产类别的历史和未来表现,来决定各类资产在投资组合中的比重,以提高投资组合的收益-风险比。

  资产配置的核心是资产种类和投资的多元化。资产种类主要有两类:一类是实物资产,如房地产、艺术品等;另一类是金融资产,如股票、债券、基金等。资产配置的主要目标是基于投资者本身的风险偏好与收益预期,追求更高的投资收益-风险比,以及在一个较长的时间跨度内实现更高的回报和更低的风险。

  由于各种资产往往有着截然不同的性质,历史统计也显示,在相同的市场条件下它们并不总是同时反映或同方向反映市场信息,因此当某些资产的价值下降时,另外一些却在上升。如果将投资分散到收益变化方式有区别的资产中去,就可以部分或全部填平在某些资产上的亏损,从而减少整个投资组合的波动性,使资产组合的收益趋于稳定。

对于许多投资者而言,资产配置不仅仅意味着对收益、标准差和相关性进行数学的最优化运算,而且具有更深远的意义。资产配置综合了不同类别资产的主要特征,在此基础上形成投资组合,相对于每个组成部分,该投资组合都具有更好的风险/收益特征。此外,资产配置也是不断进行认知和平衡的权衡过程,其中在投资者的时间跨度、资本保值目标和预期收益来源方面的权衡尤其重要。

二、大类资产种类

大类资产是指根据同质性、排他性、相关性等特性,对资产的一种分类(Greer,1997)。在传统大类资产配置中,通常只考虑股票(如国内、新兴市场、发达国家股票等)、债券(如利率债、信用债;新兴市场、发达国家债券等)和货币(如7天回购等)。近些年,另类投资(如黄金、大宗商品、房地产、VC/PE、基础设施投资等)也逐步进入人们的视野,成为大类资产配置的新宠。

大类资产彼此之间的相关性通常较低,这使得配置大类资产可以有效分散非系统性风险,从而获得稳定的长期收益。这对于资金量庞大、配置期较长的主权财富管理基金、养老基金等投资机构尤为重要。中国社会保障基金理事会在管理社保组合时,就形成了包括战略资产配置计划、年度战术资产配置计划和季度资产配置执行计划在内的较为完善的资产配置体系。

三、资产配置的必要性

大家都知道,"不要将鸡蛋放在一个篮子里",似乎这就是资产配置,但资产配置的原因不止于此。一方面,由于单一资产选择面临难题,即难以精确挑选出一定时期内表现最好的资产,又有新的未知影响因素不断出现;另一方面,择时难度大。正因为市场影响因素的范围、方向难以预知,过于频繁地择时相比较长时间持有不一定会有超额回报,所以,利用资产间不完全相关的特征,可以获得更好的"预期回报-风险"组合。

1986年著名的经济学家布林森(Brinson)、胡德(Hood)、比鲍尔(Beebower)在联合发表的论文《资产组合业绩表现的决定因素》中,通过对91家大型养老金公司10年的投资绩效分解发现,总投资回报的91.5%由资产配置决定,只有4.6%由产品决定,1.8%由市场时机决定,剩下的2.1%由其他因素决定。伊博森和卡普兰(Ibbotson & Kaplan,2000)的研究表明,资产配置策略可以解释一个投资组合收益跨期波动的90%。因此,资产配置对于投资绩效具有重要意义。

单一资产风险太大或者收益偏低、各类资产风险收益不同,以及资产配置能够提高组合收益或降低风险都是投资者进行资产配置的原因。

(一)大类资产配置的本质

大类资产配置本质上是在对各市场内无法分散的风险溢价进行配置。风险溢价是资产定价研究的核心,指的是承担合理风险所获得的收益补偿,根据风险来源的不同,可以分为系统性风险溢价和非系统性风险溢价。大类资产配置即是对各市场内无法分散的系统性风险溢价进行配置。

(二)资产配置是投资的基石

在变幻莫测的资本市场,资产配置不仅是整体收益的保障,而且为各细分投资提供了大框架。除了权衡风险和收益(如在既定收益下承担最小风险或者在既定风险下取得最大收益),

资产配置的另一大意义在于其"防御性",合理的投资组合有助于平滑组合波动,从而维持正的复合资产收益率。

(三)资产配置是资产管理的起点

资产配置是机构投资者资产管理的重要环节,是资产管理中的战略配置。有效的资产配置是资产管理成功的关键因素之一,资产配置直接决定着投资绩效的好坏。在某种意义上讲,资产管理的一个核心课题就是资产配置的问题。

(四)资产配置是风险管理的起点

承担风险是获得超额收益的前提,资产配置需要决定"如何合理地承担风险",风险管理是资产管理的内生过程。正因为资产配置是控制风险、获取长期收益的主要驱动力,所以为了更好地理解资产管理中的风险管理,就应该从资产配置出发。

四、资产配置策略

资产配置策略在不同层面有不同分类:从时间跨度和风格类别上,可分为战略性资产配置、战术性资产配置和资产混合配置;从资产管理人的特征与投资者的性质上,可分为买入并持有策略、恒定混合策略、投资组合保险策略等。

(一)战略性资产配置与战术性资产配置

战略性资产配置策略是指投资者在对市场和投资者需求充分了解的基础上,制定的一个在较长时期内的资产配置策略。一般来说,战略资产配置策略一旦制定便在较长时期内不会轻易更改,除非市场环境和投资者偏好发生根本性变化,否则投资者都会在这一策略下进行资产配置。

战术性资产配置策略是指在投资者制定了战略性资产配置策略以后,对市场中具体的资产类别(如普通股票、优先股、国债、企业债等)进行分析和挑选,找出具有投资价值的资产,并赋予所选择的各种资产相应的权重,以实现在既定风险水平下获得最大预期收益的目标。

(二)买入并持有策略、恒定混合策略与投资组合保险策略

买入并持有策略是指在确定恰当的资产配置比例,构造了某个投资组合后,在较长期间内不改变资产配置组合状态的策略。买入并持有策略是消极型投资策略,适用于有长期计划的战略性资产配置投资者。

恒定混合策略是指保持投资组合中各类资产配置的比例固定。恒定混合策略是假定资产的收益情况和投资者偏好没有大的改变,因而最优投资组合的配置比例不变。恒定混合策略适用于风险承受能力较稳定的投资者。

投资组合保险策略是在将一部分资金投资于无风险资产从而保证资产组合最低价值的前提下,将其余资金投资于风险资产并随着市场的变动,调整风险资产和无风险资产的比例,同时不放弃资产升值潜力的一种动态调整策略。当投资组合价值因风险资产收益率的提高而上升时,风险资产的投资比例也随之提高;反之,则下降。

第二节 资产配置的过程

从投资需求看,资产配置的目标在于以资产类别的历史表现与投资者的风险偏好为基础,决定不同资产类别在投资组合中的比重,从而降低投资风险,提高投资收益,消除投资者对收益所承担的不必要的额外风险。

大类资产配置是一个定量与定性有机结合的投资决策体系,需要综合运用统计学、金融学和经济学的知识。大类资产配置的过程是一个系统化的流程,包括设定投资目标、战略资产配置、战术资产配置、再平衡和绩效回顾与调整这5个主要环节。[①]

一、设定投资目标

设定投资目标是大类资产配置的起点,包括收益目标和风险目标。对于机构投资者而言,收益目标往往与负债成本和负债期限结构相关。根据投资理念,可以将投资目标划分为绝对收益和相对收益,绝对收益和相对收益背后所蕴含的思维模式相差较大,对投资组合的风险水平、投资行为和结果有着很不一样的影响。

风险目标与投资者风险偏好相关,不同的投资者风险偏好不同。年轻人和老年人的对比是一个很好的例子:二三十岁的年轻人,其风险偏好往往更高,风险承受能力更强;而老年人风险偏好往往较低,因为本金亏损会直接影响其退休后的生活质量。对于机构投资者而言,风险偏好往往与公司的理念、文化相关;另外,负债结构与监管要求等也会影响机构投资者的风险偏好。最常用的风险指标是波动率,此外最大回撤、VaR(在险价值)等也从不同角度反映风险的大小。

设定投资目标时还需要考虑投资限制,包括投资期限、流动性、税收、法律法规等要求。

二、战略资产配置

实现投资目标需要严格遵循一定的投资策略,投资策略主要包括战略资产配置(Strategic Asset Allocation,SAA)和战术资产配置(Tactical Asset Allocation,TAA)。

SAA决定长期内(5年以上)不同大类资产的目标配置比例,一旦确定了目标配置比例,若无特殊情况,短期内不会调整(如图2-1所示)。

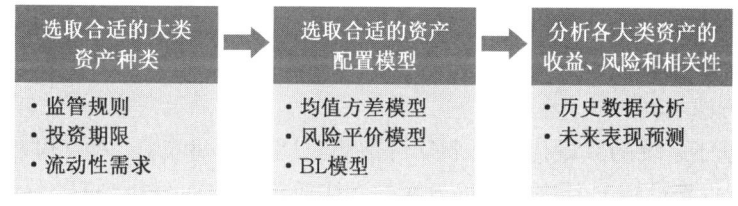

资料来源:广发证券发展研究中心。

图2-1 大类资产配置:SAA

---

① 陈杰.大类资产配置初探[B].广发证券,2017.

三、战术资产配置

TAA 着眼于抓住市场机遇变化或各大类资产相对价值变化所带来的短期投资机会(数月到1年不等)。通过 TAA,可以短期内迅速调整各大类资产的配置比例,以便及时抓住投资机会,在风险可控的前提下尽可能地增强投资业绩(如图 2-2 所示)。

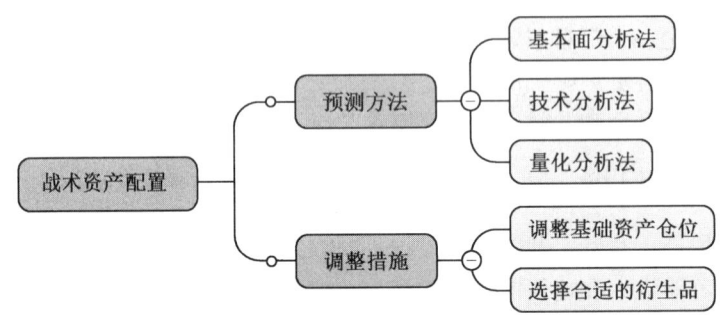

图 2-2　大类资产配置:TAA

良好的市场预测能力是 TAA 成功的关键。如果市场实际运行结果与事先预测相反,那么 TAA 不仅起不到增强业绩的功能,反而会带来负面影响。因此,在没有把握的情况下,最好的选择是不要盲目地通过 TAA 进行比例调整,坚守 SAA 比例不动反而是更好的选择。

预测市场的方法有基本面分析法、技术分析法和量化分析法。基本面分析法是较为适合策略研究员的一种分析方法,而量化分析法更适合金融工程研究员。但是这些方法并不是彼此独立的,综合运用可以提高判断的准确性。

一般而言,可以通过直接买卖各大类资产来实现 TAA 比例的调整,如果短期内调整仓位产生的交易成本或冲击成本过高,可以通过合适的衍生品实现 TAA。

SAA 和 TAA 具有显著的不同点:

1. 两者不是并列关系,而是先后关系

一般是先有 SAA,后有 TAA,TAA 是 SAA 的补充。如果对市场预测没有明确的把握,甚至可以不进行 TAA。

2. 两者的理念不同

SAA 是一种着眼于长期的自上而下的资产配置,而 TAA 则是着眼于短期市场机会对上述比例进行临时调整。

3. 两者的方法不同

SAA 往往基于系统的数量化方法来分析预测长期的预期收益、风险和相关性,然后根据合适的模型运行得到目标配置比例。而 TAA 往往通过基本面分析、技术分析和量化分析中的一种或几种方法对未来市场进行短期预测,然后进行比例调整。

四、再平衡

通过 SAA 和 TAA 设定了大类资产初始配置比例后,各种资产价格会发生变动,随着时间的推移各大类资产实际比例往往会偏离原先设定的配置比例,而且时间越长偏离越大,这时整个资产组合的收益、风险等特征也会发生改变,而再平衡就是将大类资产比例重新恢复到原先设定的配置比例。再平衡是大类资产配置中非常重要的一环,通过合适的再平衡操作,可以同时达到降低资产组合波动率和提高组合收益率这一看似不可能的效果。

一般来说,可以采用定期再平衡策略,即每隔一定时期进行一次再平衡。这实际上是一种特别强调投资纪律的方式,这意味着如果某种大类资产近期表现很出色,到了再平衡时点后,需要强制减仓;如果某种大类资产近期表现很差,到了再平衡时点后,需要强制加仓。很多投资者有追涨杀跌的倾向,而再平衡恰恰与之相反,这也是为何长期来看再平衡策略可以同时降低波动率和提高收益率的原因。资产价格不可能一直涨,总是有涨有跌的,当某种资产涨幅较高时,减仓可以兑现盈利,未来该种资产价格下跌时可减少损失;而某种资产跌幅较大时,加仓可以抓住后续反弹上涨的机会,也能增加盈利。再平衡策略中,低风险资产实际上充当了高风险资产的蓄水池。

五、绩效回顾与调整

大类资产配置的最后一个步骤是进行绩效回顾与调整。绩效回顾主要是回顾资产组合的收益和风险。绩效回顾完成之后,如果发现资产组合的收益、风险特征不符合投资目标,就需要重新调整资产组合;如果符合,则无须调整。

针对收益需要进行业绩归因分析。业绩归因分析的目标是解释投资收益到底来源于什么。一般来说,大类资产配置的投资收益来源可分解为资产配置、证券选择以及相互作用这三方面。

第三节 大类资产配置的主要理论

大类资产配置策略自诞生以来不断发展,与经济学理论的发展相比,大类资产配置方法更偏向实际操作。在其发展的历史中,实用性的导向十分突出,资本市场发展、资产类型的丰富,以及对于投资收益的不断追求成为大类资产配置理论的发展动力。

一、早期的大类资产配置模式

早期的大类资产配置,主要以恒定混合策略为主。典型的恒定混合策略包括等权重配置策略和60/40投资组合策略。

(一)等权重配置策略

等权重配置策略是指保持每类可投资资产的投资权重为$1/n$。很多学术研究表明,等权重投资模型比其他资产配置模型更有效(Demiguel,2009),并且由于其操作简单,长期收益效果好,所以受到很多投资者的喜爱,如瑞士经济学家和组合管理人麦嘉华(Marc Faber)。[1]

(二)60/40投资组合策略

60/40投资组合策略是指在资产组合中,60%股票+40%债券,这可能是被最广泛使用的资产配置模型。在20世纪50至70年代,最主流的投资策略是将资产配置到股票、债券、现金

---

[1] DeMiguel, Victor, Lorenzo Garlappi, Raman Uppal. Optimal versus Naive Diversification: How Inefficient Is the 1/N Portfolio Strategy? [J]. Review of Financial Studies, 2009, 22(5): 1915-1953.

之中,其长期的目标资产配置是60%股票、30%债券、10%现金。

二、马科维茨资产配置模型及改进

(一)马科维茨资产配置模型

20世纪50年代,诺贝尔奖获得者马科维茨(Markovitz)首次提出现代投资组合理论,将资产配置由实践层面的摸索提升到了理论层面。现代投资组合理论(MPT)是将预期风险和收益进行量化:一旦投资者明确了投资目标,MPT就可以帮助投资者形成最优的投资策略,即在既定风险下的最高收益的投资组合或既定收益率下的风险最低的投资组合。

马科维茨的均值方差模型是现代投资组合理论的基石,资产配置理论开始从定性向定量转变。均值方差模型首次使用期望均值衡量投资收益,以方差衡量投资风险,将资产配置问题转化为定量的多目标优化问题——市场有 n 种资产,资金如何分配于这 n 种资产上才能够得到使投资者满意的最优证券组合。

马科维茨理论是建立在下面5个假设前提基础上的:

(1)投资者用预期收益的概率分布来描述一项投资。

(2)投资者的目标是单期效应最大化,而且他们的效用函数呈现边际效用递减的特点。

(3)投资者以投资预期收益的波动性来估计投资的风险。

(4)投资者仅依靠预期的投资风险和收益来做出投资决定,所以他们的效用函数只是预期风险和收益的函数。

(5)一方面,在给定预期风险水平后,投资者偏好更高的预期收益;另一方面,在给定预期收益后,投资者偏好更低的风险。

设证券组合中包含 m 种证券,每种证券的收益率为一随机变量,分别记为 $r_1, r_2, \cdots, r_m$,各证券的期望收益率分别为 $E(r_1), E(r_2), \cdots, E(r_m)$,各证券的加权系数为 $x_1, x_2, \cdots, x_m$,且 $\sum_{i=1}^{m} x_i = 1, x_i \geq 0$,$\sigma_P^2$ 为证券组合 P 的方差,σ_i^2 为证券 A_i 收益率 r_i 的方差;ρ_{ij} 为 r_i 与 r_j 的相关系数($i, j = 1, 2, \cdots, m$)。

模型表达式为:

$$\min : \sigma_p^2 = \sum_{i=1}^{m} \sum_{j=1}^{m} x_i x_j \mathrm{cov}(r_i, r_j)$$

$$(\text{VP1}) \quad \text{s.t.} \begin{cases} \sum_{i=1}^{m} x_i E(r_i) \geq E_p^* \\ \sum_{i=1}^{m} x_i = 1, x_i \geq 0 \text{(不允许卖空)} \\ \text{或} \sum_{i=1}^{m} x_i = 1 \quad \text{(允许卖空)} \end{cases}$$

(VP1)称为第一类均值方差模型,即在保证一定期望收益的前提下,使得证券组合的投资风险最小。

$$\max : E_p = \sum_{i=1}^{m} x_i E(r_i)$$

$$(\text{VP2}) \quad \text{s.t.} \begin{cases} \sum_{i=1}^{m}\sum_{j=1}^{m} x_i x_j \sigma_{ij} \leqslant \sigma_p^{2*} \\ \sum_{i=1}^{m} x_i = 1, x_i \geqslant 0 (\text{不允许卖空}) \\ \text{或} \sum_{i=1}^{m} x_i = 1 \quad\quad (\text{允许卖空}) \end{cases}$$

(VP2)称为第二类均值方差模型,即在承担一定投资风险的前提下,使得证券组合的期望收益最大。

马科维茨方差模型开创了对金融风险进行定量测度的先河,是后续许多其他理论研究的基础。但马科维茨的投资组合理论在实践中存在以下明显的缺陷:

(1) 依赖资产历史表现,缺乏对资产收益的预见性。

(2) 参数估计的准确性极大程度上决定了配置结果。

(3) 若无卖空限制时,某些资产会产生强烈卖空;若有卖空限制时,大多数资产的配置权重为0,较大权重分摊给了小市值资产,也就是说配置结果十分集中。简而言之,配置不合理。

(4) 有效前沿组合权重对参数的变化非常敏感,因此,参数的估计误差,尤其是期望收益估计的误差,可能带来组合权重的巨大变化。

(5) 组合在样本外的表现不理想。

(二) 马科维茨资产配置模型改进

针对马科维茨投资组合理论在实践中存在的缺陷,人们做了一系列改进,主要有:

1. 风险用 VaR 或 CVaR 来替代

马科维茨资产配置模型中使用波动性来衡量风险,在实践中,波动性可能并不是一个很好的衡量风险的指标,许多金融机构使用 VaR 和 CVaR 来衡量风险。因此,对马科维茨资产配置模型的一个很自然的改进就是用 VaR 或 CVaR 替代波动性,在目标收益一定的情形下,寻求 VaR 或 CVaR 最小的组合进行资产配置。

与传统风险度量的手段不同,VaR 模型完全是基于统计分析基础上的风险度量技术。从统计的角度看,VaR 实际上是投资组合回报分布的一个百分位数。它较为通俗的定义是:在未来一定时间内,在给定的条件下,VaR 是任何一种金融工具和品种市场价格的潜在最大损失。其中,"未来一定时间"可以是任意一时间段,如 1 天,5 个月等。"给定的条件"可以是经济条件、市场条件、上市公司及所处行业、信誉条件和概率条件等。概率条件是 VaR 模型中的一个基本条件,也是最普遍使用的条件,如"时间为 40 天,置信水平为 95%(概率),所持股票组合的 VaR 为 2 000 元"。其含义为:40 天后该股票组合有 95% 的把握其最大损失不会超过 2 000 元。其中,置信水平即为发生最大损失的概率,随着概率的增加,最大损失额度会随即增加。

VaR 作为一种风险计量工具,已经得到广泛的运用,但是 VaR 存在重大的缺点。例如,在 VaR 的计算上有许多种方法,如方差-协方差方法、蒙特卡洛模拟方法、历史模拟方法,各种方法计算结果相差甚大。它不满足一致性公理,缺乏次可加性。

为了克服 VaR 的不足,洛克菲勒(Rockafeller)和乌亚赛弗(Uryasev)首次提出基于条件风险价值(CVaR)的风险测量理论。CVaR 不仅满足一致性和次可加性,而且具有凸性,容易计算。条件风险价值 CVaR 也称平均超额损失,CVaR 得出了损失额超过 VaR 部分的期望值。例如,给定置信水平 $\alpha=99\%$,CVaR 就是那些超过 99% VaR 的损失的平均值,所以 CVaR 不会小于 VaR。相比 VaR,CVaR 更能体现投资组合的潜在风险,且在投资组合优化决策时,以 CVaR 作为优化目标,可以采用线性规划的方法进行求解,求解的过程中还可以得到投资组合的 VaR 值。

2. 其他分散投资模型

针对马科维茨资产配置模型的缺陷,许多新的资产配置策略开始发展起来。归结起来主要从以下几个方向进行改进:

(1)应用贝叶斯方法对收益和协方差进行估计,缓解资产的收益和协方差矩阵估计的误差问题。

(2)对组合权重施加不同的约束条件,如:权重最少不低于某个比例、权重最高不超过某个比例等。

(3)根据协方差矩阵而忽略资产收益来选择资产组合,从而避免期望收益估计的误差对组合权重的影响。

(4)考虑投资者的非理性,从行为金融学角度发展行为投资组合理论。

三、风险平价模型

配置资产还是配置风险是两种不同的资产配置维度。传统的均值方差模型是以资产为配置对象,后来兴起的风险平价模型则把重点放在了对风险编制预算的环节上,运用这种方法,风险预测就更为重要了。波动率在资产配置、风险管理、衍生品交易等领域发挥着重要作用。

风险平价模型是现代资产配置策略的重要突破。在马科维茨均值方差模型中,股票类资产的风险贡献度远远高于债券类资产,在某类资产风险爆发时,组合将受到较大冲击。投资组合暴露给单一资产类别的风险是资产配置中应当避免的雷区。基于此,风险配置模型应运而生,旨在使各类资产的风险贡献度保持一致水平,实现投资组合风险结构优化。

2005 年,钱恩平博士(Edward Qian)正式提出了风险平价的概念,并建立了数学化的风险平价模型。该理论的关键在于使配置中各类资产对投资组合的风险贡献相等,因此也称为等量风险贡献组合,其理论核心是欧拉风险分解定理。

该模型的基本表达式如下:

考虑 N 个风险资产,组合权重记为 $W=(w_1,w_2,\cdots,w_N)'$,资产收益的协方差矩阵记为 V,则组合的标准差为 $\sigma(W)=\sqrt{W'VW}$,资产的边际风险贡献定义如下:

$$\frac{\partial \sigma(W)}{\partial W}=\frac{VW}{\sigma(p)} \tag{2-1}$$

记 $\partial_{w_i}\sigma(p)$ 为向量 $\frac{VW}{\sigma(p)}$ 中的第 i 个分量,则 $\partial_{w_i}\sigma(p)$ 表示了第 i 个资产对组合风险的边际贡献。

显然,组合的标准差也可以表述如下:

$$\sigma(W)=W'\frac{\partial \sigma(W)}{\partial W}=\sum_{i=1}^{N}w_i\partial_{w_i}\sigma(W) \tag{2-2}$$

定义 $\sigma_i(W)=w_i\partial_{w_i}\sigma(W)$,因此,可以将 $\sigma_i(W)$ 定义为组合中资产 i 对组合风险的贡献。等风险组合就是使得以下等式成立的组合:

$$\sigma_i(W)=\sigma_j(W),\forall i,j$$

在实际应用中,寻找等风险组合可以转化为以下优化问题:

(VP3)
$$\min_W \sum_{i=1}^{N}\sum_{j}^{N}(w_i(VW)_i - w_j(VW)_j)^2$$
$$\text{s. t.} \quad W'1_N=1, 0\leqslant W\leqslant 1$$

其中:$(VW)_i$ 表示向量 VW 中的第 i 个分量,1_N 表示长度为 N 的全部是 1 的列向量。注意这里我们施加了不允许卖空的限制。

四、其他资产配置模型

以上几种经典资产配置模型,一方面完全基于对资产本身的历史数据进行配置,并未深入研究资产变化背后的本质因素;另一方面不管是基于预期收益率还是风险水平的配置策略,都需要对资产未来表现(收益情况、波动情况)进行判断,所以对各类资产预期表现判断的准确与否,很大程度上就决定了配置模型表现的优劣。

随着市场竞争的不断加剧和量化方法的广泛使用,仅从历史数据中提取信息进行资产配置并不总是可行和有效的。尤其是当宏观经济环境剧烈变动或是经济政策大幅调整时,投资者先前所使用的资产定价方式和资本操作模式都可能不再适用。因此,一些经验丰富的机构投资者往往在进行大类资产配置时,除了使用量化模型,还会考虑经济周期走势和未来的政策预期;另外,市场也开始更加注重管理人的能力,包括寻找经验丰富的组合管理人及效仿顶级组合的投资风格等。

经济周期理论被融入资产配置策略。学术界和业界早在几个世纪之前就已经注意到了经济运行存在周期性现象。美林证券公司于 2004 年首次提出的投资时钟模型,其核心思想是不同种类大类资产在经济周期不同阶段的表现中存在规律性。该公司基于美国近 20 年的经济数据,以产业缺口和通胀指数的划分依据,将宏观经济周期划分为复苏、过热、滞涨、衰退 4 个阶段,将大类资产收益率和行业轮动联系起来,指导投资者进行资产配置。

2008 年"次贷"危机之后,现代投资组合理论受到广泛质疑。批评者指出,在经济危机期间各类资产之间的相关性更高,因而往往在投资者最需要资产配置的"多元化"优势时,反而效果甚微。然而当我们研究资产配置在当今投资组合中的作用时,最重要的是,只要各大类资产不具有完全相关性,资产配置的多样化仍然有意义。

目前全球各大投资机构已经可以根据自身情况,同时运用以上多项策略进行投资。各大机构根据自身的资产负债特性和风险收益偏好,在传统的资产配置理论的基础上进行改进与创新,发展形成各种风格的大类资产配置策略。

(一)大学捐赠组合模型

大学捐赠组合模型是典型的融入经济周期与主观判断的大类资产配置,因为一些大学的捐赠组合而得名。由于独特的资金来源和组织形式,大学捐赠组合具有以下两个特征:一是永续性,相比公募组合,大学捐赠组合没有赎回压力,每年的支出可控,这为其投资流动性低、投资周期长但回报率高的资产种类提供了可能,但由于其覆盖完整的经济周期,对管理者的主动管理能力要求也较高。曾任哈佛大学管理公司首席执行官的杰克·迈耶(Jack Meyer)在任职的 15 年间,使哈佛大学组合的资产从 47 亿美元暴增至 260 亿美元,年回报率达到 16%。他就曾准确地预测美国股市将遭遇科技泡沫,并避免了投资风险。二是规模较大,2016 年,排名第一位的哈佛大学捐赠组合规模高达 359 亿美元,耶鲁大学、斯坦福大学和普林斯顿大学紧随其后,分别为 239 亿、214 亿、210 亿美元。足够大的规模使得这些大学捐赠组合可以通过全球资产配置实现宏观风险对冲。

耶鲁组合是大学捐赠组合中的优秀代表。目前,从盈利能力来看,耶鲁大学投资办公室管理的耶鲁组合被称为全球运作最成功的大学捐赠组合。过去 20 年,耶鲁组合在大卫·斯文森(David F. Swensen)的管理下,平均年收益率达到 13.9%,超过美国大学捐赠组合 9.2% 的平均水平。良好的投资业绩使得美国各大高校捐赠组合纷纷效仿,甚至一些国家主权财富组合、家族资产组合、养老组合在管理过程中也或多或少地借鉴了耶鲁组合的资产配置方法。

哈佛大学及耶鲁大学捐赠组合为两所世界顶级常春藤大学捐赠组合。大学捐赠组合资产配置模式也常年有"哈佛派"及"耶鲁派"之争。成立于 1890 年的耶鲁捐赠资金被称为目前全球运作最成功的高校捐赠组合,"耶鲁模型"也创造了机构投资史无前例的成就。

"耶鲁模型"不仅体现在资产配置和长期价值投资的理念上,而且体现在有效的投资管理体系上。斯文森团队将所投资产划分为 VC、杠杆并购、公开市场权益投资(美国)、公开市场权益投资(非美国)、绝对收益、现金及固定收益、自然资源、房地产八大类,八大类资产中除固定收益外,均委托外部专业投资机构进行管理。

斯文森自 1985 年执掌耶鲁大学捐赠组合以来,其所代表的"耶鲁模型"配置理念主要有:(1)践行全类别资产配置;(2)积极的投资管理策略;(3)重仓另类资产;(4)高配权益资产;(5)定期动态再平衡。

耶鲁模型有两大亮点:一是均分资产用于投资多类相关性很低的大类资产,二是少配流动性资产。房地产有利于抵抗通胀、私募股权有助于增强收益,耶鲁模型深谙"少配流动性资产以减少收益牺牲"之道,在实际中体现为配置另类资产来扩充资产配置的有效市场组合前沿。

美国一流大学将风险控制贯穿于组合运行的各个环节:一是在管理层面上,通过完善组合管理机构和相关制度建设进行风险控制(机制控制);二是在投资过程中,主要通过采用多样化投资策略以及运用复杂的投资工具分散风险(产品分类控制、技术控制);三是通过各种评价手段对各种投资组合、外部投资机构和投资人员等进行评估,以减少风险发生。

(二)美林证券公司的投资时钟模型

另一种非常出名的大类资产配置工具是美林证券公司的投资时钟模型。"美林时钟"是 2004 年由美林证券提出,基于对美国 1973—2004 年的 30 年历史数据的研究,将资产轮动及行业策略与经济周期联系起来,是资产配置领域的经典理论,是一个非常实用的指导投资周期的工具。美林时钟将宏观经济周期、大类资产收益率和行业轮动联系起来,指导投资者识别经济中的重要拐点,在不同经济周期中进行资产配置。[①]

原始的美林时钟模型根据产出缺口和通货膨胀的不同状态,将中短期经济周期划分为复苏、过热、滞胀、衰退四个阶段。

如图 2-3 所示,美林时钟用经济增长率(GDP)和通货膨胀率(CPI)两个宏观指标的高和低,将经济周期分成了衰退期(低 GDP+低 CPI)、复苏期(高 GDP+低 CPI)、过热期(高 GDP+高 CPI)、滞胀期(低 GDP+高 CPI)4 个阶段。经典的繁荣至萧条的经济周期从左下方开始,4 个阶段顺时针推进,在此过程中债券、股票、大宗商品和现金依次优于其他资产。

[①] 美林时钟告诉大家一个真理,用中国人的表达,就是:"头伏饺子二伏面,三伏烙饼摊鸡蛋,什么季节吃什么饭。"

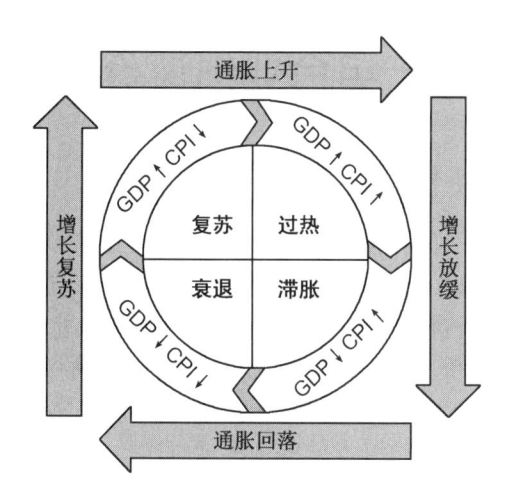

图 2-3 美林时钟模型

4个象限中,GDP 和 CPI 的特征:复苏期(高 GDP＋低 CPI)、过热期(高 GDP＋高 CPI)、滞胀期(低 GDP＋高 CPI)、衰退期(低 GDP＋低 CPI)。在不同经济周期阶段,大类资产配置建议如表 2-1 所示。

表 2-1　　　　　　　　　不同经济周期阶段的大类资产配置

时期	经济增长	通胀	最佳配置资产	最佳股票投资的行业	收益率曲线斜率
衰退	经济下行	通胀下行	债券	防御成长型	牛市陡峭
复苏	经济上行	通胀下行	股票	周期成长型	—
过热	经济上行	通胀上行	大宗商品	周期价值型	熊市扁平
滞胀	经济下行	通胀上行	现金	防御价值型	—

该模型很好补充了其他模型对宏观经济研究的缺失,将实体经济与资产配置策略动态地联系起来。但美林时钟模型也有缺陷,例如它只对经济周期和货币周期做出投资判断,未考虑当期资产本身价格的高低,容易出现高回撤风险;再如后危机时代,全球各大央行不断改变货币政策常使得经济脱离周期运行,从而使得美林时钟模型失去有效性。由于各国经济所处阶段不同,开放程度以及外在约束不同,在应用美林时钟模型时,需要对其不断调整和改进。

美林时钟策略与全天候策略并不相同。对于美林时钟策略,投资者已经非常熟悉,在这里仅简要介绍其与全天候策略的异同。两者都是基于经济环境变动对市场的影响,并认为在不同的经济环境下,有更适合的资产类别。但是具体的划分方式有不同之处,美林时钟策略通过经济和通胀的组合划分,而全天候策略则基于经济和通胀的超预期划分。更为重要的是,两者资产配置组合不同:美林时钟策略在不同经济环境下资产配置组合不同,而全天候策略以不变应万变。在这背后是两种策略配置目的的不相同,美林时钟策略是配置资产,全天候策略是配置风险。美林时钟策略意在通过展现不同经济环境下各类资产的表现来指导最优的资产配置,而全天候策略进行资产配置的核心是风险均衡,其资产配置是通过对投资组合中每类资产配置相同风险实现的。此外,全天候策略还加入了杠杆,用于改变某类资产的风险-收益比特征。

第四节　资产组合业绩评价与归因分析

一、资产组合业绩评价

分析资产组合业绩是为了评价投资策略能在多大程度上实现投资目标,评价投资基金经理执行投资策略的结果,即投资基金经理执行投资策略的成功程度。显然,对资产组合进行业绩评价也提供了一种辨别投资过程中的缺陷,并对效益不佳的投资活动加以改进的机制。在这种意义上,资产组合业绩评价不仅是一种评价资产配置价值的方法,而且是一种改进资产配置过程的反馈机制。从19世纪60年代开始,为评价投资业绩,学术界已经创立、精选出许多建立在资本市场理论基础上的方法,并在实践中得到应用。对过去的投资进行业绩评估,可以作为将来构建投资组合的起点,也可以作为改进现在资产配置过程的反馈机制,促使资产配置水平的提高。

(一)投资收益率测算与比较

投资绩效评估,首先要计算一定期间的收益率水平,比较其与预期收益率的偏离程度及承受风险程度的大小,了解实现投资组合目标的结果如何。

投资收益率定义为在评价期间投资组合的资产价值变化加上获得其他收益之和与资产成本的比值。投资组合的收益一般包括两部分,即买卖资产的差价和期间的利息、红利收益,由此,可以得到计算收益率的一般公式:

$$r_t = \frac{D_t + P_t - P_0}{P_0} \times 100\% \qquad (2-3)$$

其中:P_t表示某证券在时刻t的价格,D_t表示在时间段$[0,t]$内的红利收入,r_t表示该持有期证券的收益率。

另外,收益率也可用对数收益率计算:

$$r_t = \ln(P_t + D_t) - \ln(P_0) \qquad (2-4)$$

以上计算收益率的基本公式假设期间内组合资金数量不变,股利和利息收入发生在期末,若实际情况并非如此,则要通过其他方式计算期间收益率。

1. 隐含收益率

隐含收益率又称到期收益率,是将期间所有收益折现后等于初始投资额的收益率。隐含收益率是投资的真实收益率,真正反映了投资期间的回报。其计算公式如下:

$$P_0 = \frac{D_1}{1+r_p} + \frac{D_2}{(1+r_p)^2} + \cdots + \frac{D_k + P_k}{(1+r_p)^k} \qquad (2-5)$$

其中:P_0表示起初购入价格,D_i表示第i期利息或红利收入,P_k表示期末卖出价格,由此计算出的r_p表示隐含收益率。

2. 算术平均收益率

算术平均收益率是单位时间收益的算术平均值,它忽略了不同时间资产数目的差异,不能反映整个期间收益的大小,而反映期间内平均的投资水平。其计算公式如下:

$$r_p = \frac{(r_1 + r_2 + \cdots + r_n)}{n} \qquad (2-6)$$

其中：r_i 表示第 i 个单位期间的收益率，r_p 表示组合的算术平均收益率。

3. 时间加权收益率

时间加权收益率体现了复利计算规则，衡量组合在一定期间的复合增长率。它假定红利或利息都按照组合同样的收益率再投资，也称为几何平均收益率。其计算公式如下：

$$r_p = \sqrt[n]{(1+r_1)(1+r_2)\cdots(1+r_n)} - 1 \tag{2-7}$$

其中：r_i 表示第 i 期间的复利收益率，r_p 表示资产组合在总的期间的收益率。

(二) 风险调整后的业绩评估

用收益率衡量投资业绩忽略了投资风险的影响，要正确衡量投资业绩，应结合风险和收益两个方面。投资要求收益越高越好，同时风险越低越好，下面是常用的几种风险调整后的业绩评估指标。

1. 夏普指数

夏普指数（Sharpe Index）由诺贝尔经济学奖得主威廉·夏普（William F. Sharpe）于 1966 年在 CAPM 理论的基础上提出，用来衡量投资组合的业绩表现，其数学表达如式（2-8）所示：

$$S_p = \frac{R_p - R_f}{\sigma_p} \tag{2-8}$$

其中：S_p 表示投资组合 p 的夏普指数，R_p 表示投资组合 p 在考察期内的平均收益率，R_f 表示考察期内市场平均无风险收益率；σ_p 表示投资组合 p 在投资考察期内收益率的标准差。

S_p 可以理解为某投资组合在单位风险条件下收益率超过无风险收益率的程度，也可以理解为每多承受一份风险，可以获得超过无风险收益率多少的投资收益。如果 $S_p > 0$，则说明投资组合在该考察期内的收益要好于无风险收益率，若以国债利率或银行储蓄利率作为无风险收益率，说明该投资组合要好于购买国债或银行存款。S_p 越大，说明该组合在单位风险下可获得的收益越高；反之，则不应该投资该组合，因为该组合收益比银行存款的收益还小。

2. 特雷诺指数

特雷诺指数（Treynor Index）衡量的是单位系统性风险下所获得的超额收益，由美国经济学家杰克·特雷诺（Jack Treynor）在 1965 年提出。与夏普指数中风险指数不同的是，特雷诺指数中的风险指的是投资组合的系统性风险，而不是全部风险。其数学表达式如式（2-9）所示：

$$T_p = \frac{R_p - R_f}{\beta_p} \tag{2-9}$$

其中：T_p 表示特雷诺指数，R_p 表示投资组合在考察期内的平均收益率，R_f 表示考察期内平均无风险收益率，β_p 表示投资组合的系统性风险。

特雷诺指数越大，表示业绩越好，它隐含了在非系统性风险全部排除的情况下，仅含有系统性风险的组合业绩。在包含非系统性风险的情况下，特雷诺指数有可能提供错误的信息，不能评估组合非系统性风险的影响，它对于高度分散化的组合业绩衡量有重要意义。

3. 詹森指数

詹森指数（Jensen Index）由美国经济学家迈克尔·詹森（Michael C. Jensen）于 1968 年提出。该指标同样是基于 CAPM 理论提出的，通过投资组合的实际收益与其承受风险对应的预期收益之间的差额来评价该组合。

詹森指数的数学表达式如式（2-10）所示：

$$R_p - R_f = \alpha_p + \beta_m(R_m - R_f) \qquad (2-10)$$

其中：α_p 表示詹森指数，R_p 表示投资组合在考察期内的平均收益率，R_f 表示考察期内平均无风险收益率，R_m 表示市场组合收益率，β_m 表示投资组合和市场的相关系数。

若 $\alpha_p > 0$，则说明投资组合的收益要大于市场组合的收益，该值越大，表明收益越高；反之，则说明该组合收益不如市场组合收益。如果把大盘指数作为市场组合，那么 $\alpha_p < 0$ 说明在考察期内该组合没有跑赢大盘。

对于主动管理的投资组合或基金，追求的应是远超市场组合的收益率，所以詹森指数最大化也是主动型基金经理的目标之一。另外需要注意的是，詹森指数是反映投资组合收益率与市场组合收益率的高低，所以在使用该指数选择或评价基金时，应更加关注其正负，而不是关注实际大小。

4. 信息比率

信息比率（Information Ratio）是用投资组合 α 系数除以该组合的非系统性风险。它测量的是每单位非系统性风险所带来的超额收益。非系统性风险是指可以通过持有市场上全部投资组合而分散掉的那一部分风险。其计算公式如下：

$$IR_p = \frac{\alpha_p}{\sigma(e_p)} \qquad (2-11)$$

其中：α_p 表示组合的超额收益即投资组合的詹森指数，$\sigma(e_p)$ 表示回归模型的残差的标准差，即投资组合的非系统性风险。

信息比率是建立在马科维茨的均值方差模型之上。信息比率越大，说明该基金单位跟踪误差所获得的超额收益越高。可以测定基金经理在运作过程中根据非系统性风险折算的信息质量，反映组合收益率相对于基准收益率的表现。

5. 索提诺比率

索提诺比率（Sortino Ratio）与夏普比率较为类似，不同之处在于前者使用投资组合的下行标准差（仅计算组合收益率与最低要求收益率的差值小于 0 的部分的标准差），该指标认为高于最低要求收益率的波动不应计入风险。该指标适用于有最低要求收益率，且对资产价值下跌较敏感的投资者。其计算公式如下：

$$SR = \frac{R_i - R_f}{\sqrt{\sum_{-\infty}^{MAR}(MAR - R_i)P_r}} \qquad (2-12)$$

其中：R_i 表示某段时间内投资组合的实际收益率，R_f 表示无风险利率，MAR 表示投资者的最小可接受收益率，P_r 表示投资组合产生该历史收益率的概率。

6. 卡玛比率

卡玛比率（Calmar Ratio）是组合收益率相对无风险利率的超额收益与最大回撤的比值。其计算公式如下：

$$CR = \frac{R_p - R_f}{\max(D_r)} \qquad (2-13)$$

其中：R_p 表示组合收益率，R_f 表示无风险利率，$\max(Dr)$ 表示组合最大回撤。

卡玛比率越高，说明组合承受单位损失获得的回报越高，该组合的性价比也越高。

7. 贝克比率

贝克比率（Burke Ratio）与卡玛比率类似，但贝克比率运用前 k 次最大回撤幅度平方和的平方根度量风险。其计算公式如下：

$$Br = \frac{R_i - R_f}{\sqrt{\sum_{k=1}^{K} D_k^2}} \quad (2-14)$$

其中：R_i 表示组合收益率，R_f 表示无风险利率，D_k 表示第 k 次大回撤幅度。

8. 斯特林比率

斯特林比率(Sterling Ratio)与贝克比率类似，但斯特林比率衡量风险的指标为前 k 次最大回撤幅度的平均值。该指标同样适用于风险偏好小，对回撤容忍程度较低的投资者。其计算公式如下：

$$Sr = \frac{R_i - R_f}{\frac{1}{K}\sum_{k=1}^{K} D_k} \quad (2-15)$$

其中：R_i 表示组合收益率，R_f 表示无风险利率，D_k 表示第 k 次大回撤幅度。

(三)择时能力的评价

资产组合(基金)的风险调整收益反映了基金经理的整体绩效表现。法玛(Fama)认为基金的综合绩效表现是由基金经理的选股能力(Stock Picking)和择时能力(Market Timing)决定的。詹森指数对这两种能力的贡献无法区分，而且，基金经理的择时活动将会导致詹森指数失效。所以，除了风险调整后的业绩评价，还需对基金经理的择时能力进行评价。

选股是投资者应用自身的分析方法从全部可交易品种中选出目标投资品种的过程。择时能力是指投资者(如基金经理)能否根据市场走势的变化，将资金在风险资产和无风险资产之间进行转移，以便抓住市场机会获得更大绩效的能力。

假设基金经理用市场指数和国债两种证券构建了一个投资组合 r_p，该组合中两种证券的比例是一定的，则该组合证券特征线的斜率是一定的。该基金经理如果保持这一组合不变，即意味着其没有择时能力，如图 2-4 所示。

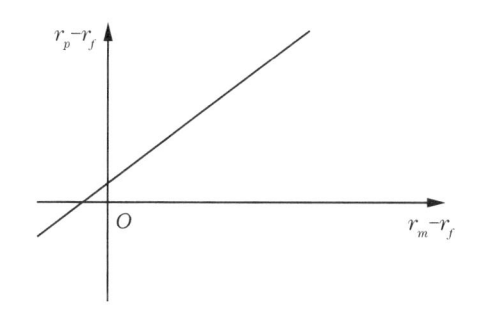

图 2-4 没有择时能力

如果基金经理能够抓住市场机会，在市场走势较好时将资金更多地配置到市场指数基金中，则其证券特征线如图 2-5 所示。

图 2-5 中证券特征线的斜率逐渐上升的原因在于，该基金经理抓住了市场牛市的机会，加大了对市场指数组合的投资比重，从而使 r_m 升高，证券特征线的斜率也随之增大。而当投资组合的收益低于无风险收益时，证券特征线的斜率递减，其原因在于，当市场为熊市($r_p < r_f$)时，为了避免市场下跌的风险，基金经理将资产更多地配置到了低 β 值资产中。

反映择时能力的证券特征线方程如下：

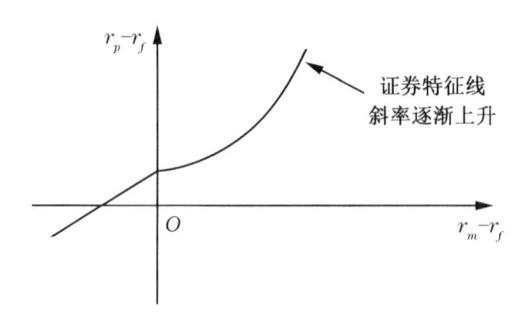

图 2-5 有择时能力

$$r_p - r_f = \alpha_p + \beta_1(r_m - r_f) + \beta_2(r_m - r_f)^2 + \varepsilon_p \tag{2-16}$$

该方程是由特雷诺(Treynor)和玛佐(Mazuy)提出的,因此被称为 T-M 模型。

式中:r_p、r_f 和 r_m 分别为基金收益、无风险收益和市场组合收益;α_p、β_1、β_2 为回归系数。其中 α_p 值表示基金经理的择股能力,正的 α_p 值表示基金经理具备择股能力,负的 α_p 值表示基金经理不具备择股能力。β_2 值表示基金经理的择时能力,正的 β_2 值表示基金经理具备择时能力,负的 β_2 值表示基金经理不具备择时能力。

在 T-M 模型基础上,亨里克森(Henriksson)和莫顿(Merton)提出了判断择时能力的 H-M 模型。该模型假设资产组合的 β 值为两值之一:当市场走势较好时 β 值取值较大,当市场走势较差时 β 值取值较小。这样,资产组合的证券特征线如图 2-6 所示。

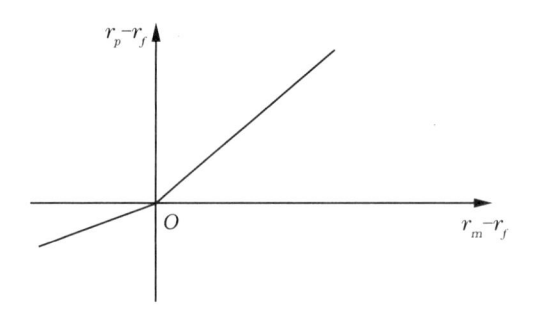

图 2-6 H-M 模型中的证券特征线

H-M 模型如下:

$$r_p - r_f = \alpha_p + \beta_1(r_m - r_f) + \beta_2(r_m - r_f)D + \varepsilon_p \tag{2-17}$$

其中:D 表示一个虚拟变量。当 $r_m > r_f$ 时,$D=1$;当 $r_m < r_f$ 时,$D=0$。这样,资产组合的 β 值在熊市时为 β_1,在牛市时为 β_2。H-M 模型与 T-M 模型的判断标准一样:正的 α_p 值表示基金经理具备择股能力,负的 α_p 值表示基金经理不具备择股能力;正的 β_2 值表示基金经理具备择时能力,负的 β_2 值表示基金经理不具备择时能力。

(四)业绩持续性评价

对产品的评价,除了关注其业绩指标外,业绩持续性的衡量同样重要。评价业绩持续性的方法主要包括横截面分析法、交叉积比率法和 Hurst 指数法等。

1. 横截面分析法

横截面分析法假设基金收益率服从正态分布,将样本期划分为长度相等的两个子期间,分别为评价期与持有期,检验一个评价期内的超额收益是否与后续的持有期内的超额收益有正相关关系。其计算公式如下:

$$\alpha_{i2} = \alpha + \beta \times \alpha_{i1} + \varepsilon \qquad (2-18)$$

其中:α_{i2} 表示基金 i 在评价期内相对于风险收益的超额收益;α_{i1} 表示基金 i 在持有期内相对于无风险收益的超额收益;α 表示截距项;β 表示超额收益持续性的系数,若 β 为正值且显著,说明基金业绩具有持续性,反之则不具备持续性。

2. 交叉积比率法

交叉积比率(CPR)法将样本期分为多个等长度期间,将某一期间收益率位于同类基金中位数以上的基金定义为赢家"W",将收益率位于同类基金中位数以下的基金定义为输家"L",连续两个期间均列入赢家则为WW,第一阶段为赢家、第二阶段为输家为WL,第一阶段为输家、第二阶段为赢家为LW,两个期间均为输家为LL。交叉积比率公式如下:

$$CPR = \frac{WW \times LL}{WL \times LW} \qquad (2-19)$$

其中:WW、LL、WL、LW 分别表示该基金在样本期内所有相邻期间中为双赢、双输、先赢后输、先输后赢的数量,且要求 WL、LW 均不为 0。若业绩不具有持续性,则 CPR 值应接近 1,CPR 值越大说明基金业绩持续性越明显,越小说明基金业绩反转现象越明显。

需要注意的是,当"赢输"或"输赢"数量为 0 时,交叉积比率计算无意义。

3. Hurst 指数法

Hurst 指数法研究的是时间序列历史取值以超出随机扰动的影响力影响着该时间序列的未来取值,是判断时间序列数据遵从随机游走还是有偏的随机游走过程的指标,即时间序列是否具有长记忆性。相较于前两个方法,Hurst 指数法对基金收益率分布无须假设收益率服从正态分布,没有要求 WL、LW 同时不为 0。能避免交叉积比率法 WL、LW 数量为 0 时,导致结果无意义的问题。

具体计算步骤如下:

(1)将样本期 N 的对数收益率时间序列$\{r_1, r_2, \cdots, r_N\}$等分为 A 个子集,每个子集长度为 $n = \dfrac{N}{A}$,每个子集的均值为 $e_a, a = 1, 2, \cdots, A$;

(2)计算每个子集 a 内第 k 个值的累计离差(每个子集中的值均按时间序列排列):

$$X_{k,a} = \sum_{i=1}^{k}(r_{i,a} - e_a), k = 1, 2, \cdots, n$$

(3)计算每个子集 a 内各值累计离差的极差:

$$R_a = \max(X_{1,a}, X_{2,a}, \cdots, X_{N,a}) - \min(X_{1,a}, X_{2,a}, \cdots, X_{N,a})$$

(4)计算每个子集内对数收益序列的标准差:

$$S_a = \sqrt{\frac{1}{n}\sum_{i=1}^{k}(r_{i,a} - e_a)^2}$$

(5)计算 A 个子集的重标极差的均值:

$$(R/S)_n = \frac{1}{A}\sum_{1}^{A}(R_a/S_a)$$

(6)$(R/S)_n$ 与 n^H 呈正比关系。其计算公式如下:

$$(R/S)_n = c \times n^H$$

即有

$$\log(R/S)_n = \log(c) + H \times \log(n) \tag{2-20}$$

其中:c 表示常数;n 表示观察值的个数;H 表示 Hurst 指数,0<H<1;n 表示可变值,通过变换 n,对上述公式进行回归,即可得到 c 与 H。对于 Hurst 指数 H:

(1)0.5<H<1,表示基金业绩具有正向持续性,Hurst 指数越接近 1,业绩持续性越强;

(2)H=0.5,表示基金收益可用随机游走来描述,业绩不具有持续性;

(3)0<H<0.5,表示基金业绩具有反转倾向,Hurst 指数越接近 0,业绩的反持续性越强。

二、资产组合业绩归因分析

投资组合管理的首要任务是管理风险,其次是增强收益。资管领域有"盈亏同源"之说。业绩评价可以衡量产品获得的回报,通过判断组合的风险调整后收益是否大于等于被动投资或基准收益,可以确定投资经理的操作是否为组合增加了收益。产品业绩评价回答了"我们表现得多好"的问题,但没有回答"我们如何才能表现得好"的问题。在实际操作中,不但要对产品业绩进行评价,而且要分析产生业绩的原因,即对产品进行业绩归因分析,以分析哪些因素导致了业绩的增加,哪些是需要关注的风险因素。业绩归因有助于深入评价产品各配置能力的相对强弱,帮助投资者和管理人分析投资经理的资产配置方案是否有效。业绩归因分析也是分析风险、进行风险管理的前提。

(一)Brinson 模型[1]

Brinson 模型由布林森(Brinson)和费希尔(Fachler)于 1985 年提出,该模型首次对组合业绩归因提出了具体的定量计算方法。Brinson 模型将组合的超额收益归因于 3 个部分,分别是资产类别(对混合组合而言)、行业板块等类别配置(对股票组合而言)、个券选择以及交互作用。

Brinson 模型通过四象限矩阵来计算每一个部分的贡献。Brinson 模型先构建了 4 个投资组合,分别是基准组合(Q_1)、类别配置组合(Q_2)、股票选择组合(Q_3)、实际投资组合(Q_4),如表 2-2 所示。

表 2-2   Brinson 业绩归因

	实际组合资产类别 j 收益	基准组合资产类别 j 收益
实际组合资产类别 j 权重	(Q_4) 实际组合 $Q_4 = \sum_j w_j^p \cdot r_j^p$	(Q_2) 类别配置组合 $Q_2 = \sum_j w_j^p \cdot r_j^b$
基准组合资产类别 j 权重	(Q_3) 股票选择组合 $Q_3 = \sum_j w_j^b \cdot r_j^p$	(Q_1) 基准组合 $Q_1 = \sum_j w_j^b \cdot r_j^b$

其中:w_j^p 表示实际投资组合中资产类别 j 的权重,w_j^b 表示基准组合中资产类别 j 的权

---

[1] 林晓明. Brinson 绩效归因模型原理与实践[R]. 华泰证券研究报告,2021.

重;r_j^p表示实际投资组合中资产类别j的收益率,r_j^b表示基准组合中资产类别j的收益率。

3个部分的绩效贡献可以通过如下公式计算:

总超额收益:
$$R = Q_4 - Q_1 = \sum_j w_j^p \cdot r_j^p - \sum_j w_j^b \cdot r_j^b \qquad (2-21)$$

类别配置收益:
$$R_{AA} = Q_2 - Q_1 = \sum_j (w_j^p - w_j^b) r_j^b \qquad (2-22)$$

个券选择收益:
$$R_{SS} = Q_3 - Q_1 = \sum_j (r_j^p - r_j^b) w_j^b \qquad (2-23)$$

交互作用收益:
$$R_I = R - R_{AA} - R_{SS} = Q_4 - Q_3 - Q_2 + Q_1 = \sum_j (w_j^p - w_j^b)(r_j^p - r_j^b) \qquad (2-24)$$

由于Brinson模型是假设基金经理通过自上而下的方法进行投资决策,即先资产/类别配置,然后进行个股选择,但是交互收益反映的是类别配置与个股选择的联合作用,投资经理难以根据该收益做出投资决策,因此部分研究人员认为交互收益应归入个股选择收益,即上述个股选择收益重新定义如下:

$$R_{SS} = Q_4 - Q_2 = \sum_j (r_j^p - r_j^b) w_j^p$$

此时绩效贡献为类别配置收益($R_{AA} = Q_2 - Q_1$)和个券选择收益($R_{AA} = Q_4 - Q_2$)。

(二)股票组合业绩归因

股票组合业绩归因模型主要为Barra模型。

1. Barra模型[①]

Barra模型最早由鲍劳·罗森伯格(Barra Rosenberg)提出,它是一类基于持仓的多因子模型,基于持仓数据从因子角度对收益进行拆解。

多因子模型认为股票的收益是由一些共同因子驱动。假设市场上有k个驱动股票收益的共同因子,那么Barra模型的主要形式如下:

$$r_i = \sum_{I}^{K} X_{ik} f_k + \mu_i \qquad (2-25)$$

其中:r_i表示股票的收益率;f_k表示因子的收益率;X_{ik}表示股票在因子上的暴露程度,一般取前期的因子暴露度;μ_i表示股票的特质收益率。

假设有一个由N只股票组成的资产组合,股票i在该组合中的权重为w_i,那么该投资组合R_p的收益率可以表示如下:

$$R_p = \sum_{i}^{N} w_i r_i \qquad (2-26)$$

同样,整个投资组合在风险因子上的暴露程度可以表示如下:

$$X_k^p = \sum_{I}^{N} w_i X_{ik} \qquad (2-27)$$

因此,投资组合的收益可以进一步表示为单个因子收益的加权形式,权重为X_k^p。

[①] 韩振国. Barra模型初探:A股市场风格解析[R]. 方正证券研究报告,2018.

$$R_p = \sum_{k=1}^{N} X_k^p f_k + \sum_{i=1}^{N} w_i \mu_i \qquad (2-28)$$

由式(2-28)可以看到，利用多因子模型可以将对 N 只股票的收益-风险分析转换为对 k 个因子的收益-风险分析。在实际运用过程中，股票数量 N 要远远大于共同因子数量 k，因此借助多因子模型进行分析可以起到降维的效果，在降低分析工作量的同时提高了预测准确度。

由于单个因子的收益与特质收益率互不相关，且不同股票的特质收益率之间也互不相关，因此投资组合的风险可以表示如下：

$$\operatorname{var}(R_p) = \sum_{k,l} X_k^p F_{kl} X_k^p + \sum_{i=1}^{N} w_i^2 \operatorname{var}(\mu_i) \qquad (2-29)$$

其中：F_{kl} 表示因子与因子之间的协方差矩阵。

2. Barra 模型的应用

经典 Barra 模型中的风格因子主要包括 9 大类因子、20 个小因子，其中大类因子包括：规模(Size)、贝塔(Beta)、动量(Momentum)、波动率(Volatility)、价值(Value)、流动性(Liquidity)、收益率(Earnings Yield)、成长性(Growth)和杠杆(Leverage)。

2018 年 8 月，MSCI 发布了基于 Barra 模型的中国股权市场的最新模型，即 CNE6。CNE6 因子体系在 CNE5 的基础上进行了一些完善和整合，并且新增了情绪(Sentiment)和股息(Dividend)这两个一级因子，提高了模型的解释能力。①

(三)债券组合的业绩归因

1. Campisi 模型②

Campisi 模型由斯蒂芬·坎皮西(Stephen Campisi)于 2000 年提出，该模型考虑了债券的特征和特殊风险，能够较好地反映自上而下的债券投资逻辑。

按照 Campisi 模型，所有投资的收益都可以表示为持有带来的债息收入部分和持有期内价格变动部分之和，即总收益＝持有收入＋价格变动。

Campisi 模型认为，纯债资产组合的收益来自其债券的价格变化和票息收入两大部分，其中价格变化可进一步用无风险利率和信用利差的变化来解释。该模型的核心思想是根据资产组合和基准两个债券组合的持仓数据，将资产组合和基准的总收益率以及资产组合相对基准的超额收益率(本章余下部分的"总阿尔法"指资产组合相对基准的超额收益率)分解为 4 个部分：收入效应、国债效应、利差效应和择券效应(见图 2-7)。4 个效应基本涵盖了票息率、无风险利率、信用利差和主动择券等影响纯债投资组合收益率的各类因素。

最后将纯债投资组合的各个效应减去其基准组合的对应效应，就可以得到投资组合的超额收益率在 4 个效应上的归因结果。基准组合没有择券效应，可视为其择券效应恒为 0。

收入效应阿尔法＝投资组合收入效应－基准收入效应
国债效应阿尔法＝投资组合国债效应－基准国债效应
利差效应阿尔法＝投资组合利差效应－基准利差效应
择券效应阿尔法＝投资组合择券效应

---

① 邓璎函. BARRA 中国市场模型(CNE6)解读[R]. 西南证券研究报告，2019.
② Stephen Campisi. Primer on Fixed Income Performance Attribution[J]. Journal of Performance Measurement；林晓明. 债券基金业绩归因之 Campisi 模型[R]. 华泰证券研究报告，2021.

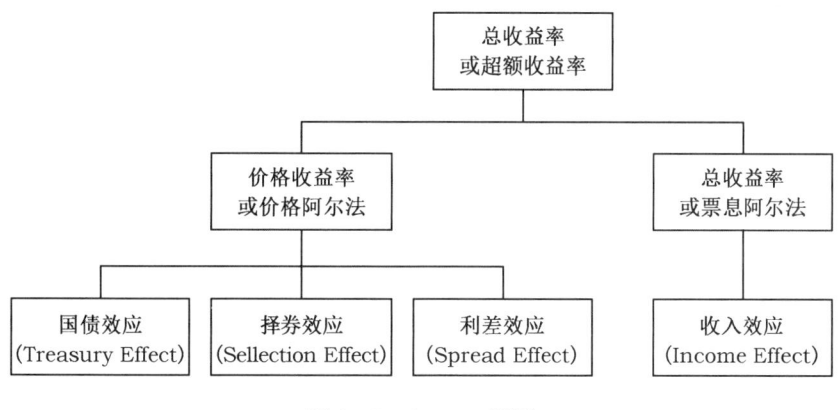

图 2-7 Campisi 模型

2. 多因子归因模型[①]

多因子归因模型认为，债券组合两个重要的公开数据是基金净值和持仓债券，对应的业绩归因有两种方法：时间序列分析和横截面分析。两种方法各有利弊。该模型试图对两种方法进行某种综合。

根据泰勒展开式，债券基金收益来源可以归因于收入效应、国债效应、利差效应与凸性效应（见图 2-8）。收入效应可以细分为息票收益和价格收敛收益。根据 Brinson 模型，国债效应可以细分为国债曲线效应、骑乘效应、久期配置收益和期限结构配置收益，利差效应可以细分为券种配置收益和个券选择收益。

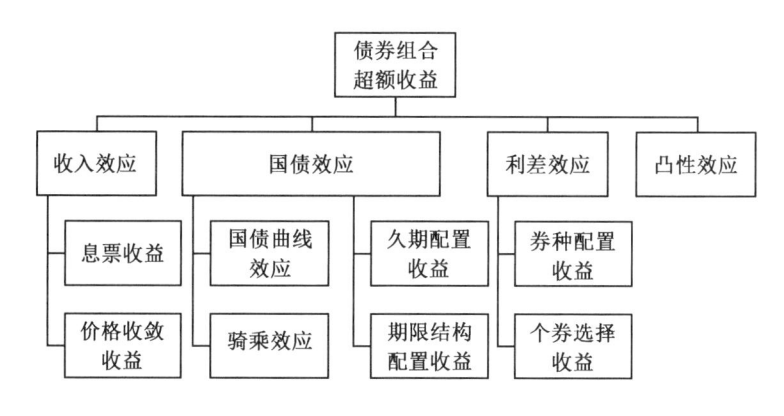

图 2-8 债券业绩归因的多因子模型

(四)风格分析

风格分析是由威廉·夏普提出的。有研究发现，在 82 种共同基金收益的差异中，有 91.5% 可以用基金在国库券、债券及股票的资产配置上的差异来解释。后续研究发现，有 97% 的基金收益可以单独由资产配置解释。夏普认为这可归结为基金的风格不同。

基金的风格可以用基金收益对每类指数进行回归分析得到，某类指数代表某个风格的资

---

① 姚育婷.金融工程：债券基金风格评价[R].东吴证券研究报告，2018.

产,如大盘股指数、增长股指数分别代表不同的风格,每个指数的回归系数就可以测度该风格资产隐含的配置额。回归的 R^2 表示由资产风格或资产配置引起的收益率变动,收益率变动剩下的部分是由股票选择或市场择时引起的。

例如,富达公司麦哲伦基金,1986 年 10 月到 1991 年 9 月的收益率对 7 种指数(每个指数代表一种资产风格)进行回归,结果如表 2-3 所示。

表 2-3　　　　　　　　　　富达公司麦哲伦基金的风格分析

组合风格	回归系数
国库券	0
小盘股	0
中盘股	35
大盘股	61
增长股	4
中等市盈率	0
价值股	0
总计	100
R^2	97.5%

资料来源:[美]滋维·博迪,亚历克斯·凯恩,艾伦·J. 马库斯. 投资学[M]. 北京:机械工业出版社,2012:552。

由表 2-3 可以看到,在 7 种指数中,只有 3 种指数的回归系数为正,且这 3 种风格的资产组合就可以解释 97.5% 的收益,也就是说,富达公司麦哲伦基金的收益可以只用上述 3 种风格的投资组合来解释。

收益率波动中不能被资产配置所解释的部分可以归因于股票选择或各类资产权重的变化。对于麦哲伦基金来说,这一部分仅为 2.5%(100%-97.5%),这说明股票选择或各类资产权重的调整并不特别重要,当然这种分析忽略了截距项的重要性。对于麦哲伦基金,截距为每月 32 个基点,在 5 年内的累积异常收益率为 19.19%。

本章小结

资产配置理论及业绩评价是资管机构风险管理的基础。本章首先介绍了资产配置的含义、策略及种类;然后介绍了资产配置的过程,包括设定投资目标、战略资产配置、战术资产配置、再平衡和绩效回顾与调整这 5 个主要环节;之后介绍了大类资产配置的主要理论,包括早期的大类资产配置(主要以恒定混合策略为主)、马科维茨资产配置模型及改进、风险平价模型、其他资产配置模型(包括大学捐赠组合模型、美林证券公司的投资时钟模型);最后介绍了资产组合业绩评价与归因分析,资产组合业绩评价主要包括投资收益率测算与比较、风险调整后的业绩评估、择时能力的评价、业绩持续性评价等,对于资产组合业绩归因分析,主要介绍了 Brinson 模型、Barra 模型、Campisi 模型、多因子归因模型以及风格分析。

关 键 词

资产配置(Asset Allocation)
资产配置理论(Asset Allocation Theory)
恒定混合策略(Constant Mixing Strategy)
马科维茨资产配置模型(Markowitz Asset Allocation Model)
风险平价模型(Risk Parity Model)
大学捐赠组合模型(University Donation Portfolio Model)
资产组合业绩评价(Asset Portfolio Performance Evaluation)
风格分析(Style Analysis)
美林投资时钟模型(Merrill Lynch Investment Clock Model)
资产组合业绩归因分析(Attribution Analysis of Portfolio Performance)

思考与练习

1. 什么是资产配置?资产配置有哪些策略?
2. 资产配置的过程是什么?
3. 大类资产配置的主要理论有哪些?
4. 资产组合业绩评价的方法有哪些?
5. 如何分析资产组合业绩的归因?

参考文献

1.〔加〕约翰·赫尔.风险管理与金融机构[M].王勇,董方鹏,译.北京:机械工业出版社,2013.

2.〔美〕拉瑟·海耶·佩德森.高效的无效:行家如何投资与市场如何定价[M].卢旸,余方,译.北京:中国人民大学出版社,2021.

3. 王明涛.金融风险计量与管理[M].上海:上海财经大学出版社,2008.

4.〔美〕滋维·博迪,〔美〕凯恩,〔美〕马库斯.投资学[M].陈收,杨艳,译.北京:机械工业出版社,2012.

5.〔美〕戴维·达斯特.资产配置的艺术[M].李康,译.上海:上海人民出版社,2005.

6. 胡金娥,杨万荣.我国证券投资基金绩效评估的实证研究[J].北京理工大学学报,2009(4):58-62.

7. 徐继金.私募基金管理人风险管理实操指引[M].北京:中国市场出版社,2019.

8. 中国保险资产管理业协会.保险资产管理实务[M].北京:中国金融出版社,2018.

9. Greer, Robert J. What is an Asset Class, Anyway? [J]. The Journal of Portfolio Management,1997,23(2):86-91.

10. Victor DeMiguel et al., Optimal Versus Naive Diversification: How Inefficient is the 1/N Portfolio Strategy? [J]. The Review of Financial Studies, Volume 22, Issue 5, May 2009, 1915-1953.

11. Ibbotson, R. G., P. D. Kaplan. Does asset allocation Policy explain 40,90,100 percent of performance? [J]. Financial Analyst Journal,2000,56(1):26-33.

第三章

金融风险管理的基本理论与方法

引 言

任何风险资产的投资都会面临投资风险,对于投资风险的管理需要理论作为支撑。资产管理机构进行的各项投资面临各种各样复杂的投资风险,对投资风险的管理是资产管理行业健康发展的前提,而风险管理的基本理论与方法是科学管理风险的基石。

本章首先介绍金融风险的基本概念、特征与分类,金融风险管理的目标、方式与步骤;然后介绍金融风险管理的一般理论与方法;最后分别介绍了市场风险、利率风险、信用风险及流动性风险的特点及管理的基本理论与方法。

第一节 金融风险管理概述

一、金融风险的基本概念

(一)金融风险的基本含义

风险是一个复杂的概念,有人认为风险是事情未来结果的不确定性,是收益的来源;有人认为风险是事情出错的概率;也有人认为风险是事情出错时造成损失的大小。一般认为风险是与损失的不确定性联系在一起的概念。

金融风险是风险的一个子集。关于金融风险的基本含义有两种观点:

第一种观点认为,金融风险是指由于金融资产价格的波动,造成投资收益率的不确定性或易变性,这种不确定性或易变性可用收益率的方差或标准差度量。

第二种观点认为,金融风险是由于金融资产价格波动给投资者造成损失的可能性或损失的不确定性。该观点认为只有在价格波动给投资者造成损失时才有风险,不造成损失的任何波动都不应视为风险。可用下方风险(Downside Risk)的方法度量风险。

(二)金融风险的特征

金融风险除负面性特征外,还有以下一些重要特征。

1. 风险的客观性

风险的客观性指风险是客观存在的。以投资为例,影响各种投资的基本要素(宏观经济形势和经济政策)往往是不确定的,投资者只能认识这些不确定性,却很难从根本上清除它们。这些不确定性既可能向着有利于投资者的方向发展,也可能向着不利于投资者的方向发展,因此风险是不确定因素作用的结果,这些不确定因素是客观存在的。

2. 风险的时限性

任何风险都是随时间变化而变化的。对投资风险来说,时间越短,影响投资损益的基本因素与技术因素的不确定性越小,损益值变动越小;反之,时间越长,影响投资损益的基本因素与技术因素的不确定性越大,损益值变动越大,因此,风险具有时间价值。

3. 风险的多面性

由于影响风险的因素众多,而且不同的人对风险的感觉不同,因此风险具有多面性。

4. 风险的可测定性

尽管风险变幻莫测,但仍有一定的规律性,可用一些技术进行测度。这是因为:对某项具体的投资项目而言,产生损失的可能性是符合一定统计规律的,可用概率论的方法描述;产生的平均损失或最大损失也是可以预先确定的。当然,由于风险具有多面性的特征,应从多个方面建立多种指标进行测定。

5. 风险的潜在性

风险只是不利结果产生的可能性,一旦不利结果变成现实,那就不是风险,而是损失了,故风险具有潜在性的特征。

6. 风险的相对性

风险的相对性具有以下几种含义:(1)风险是相对而言的。例如比较购买债券、股票和期货,债券的风险相对小得多。(2)风险是对某个目标水平而言的,如购买股票的风险是其收益率相对于无风险利率(或某个收益率)而言的,收益率小于无风险利益则有风险,否则无风险。

7. 损失和收益的对立统一性

除了纯粹风险之外,任何风险不可能只有损失而没有收益,损失和收益是相伴而生的。不确定因素的运动具有随机性,它既可能向有利于投资者的方向发展,使其获利;也可能向不利于投资者的方向发展,使其遭受损失。当不确定因素增强时,一方面会使损失和收益发生的概率增大,另一方面也会使两者发生的幅度增大。

二、金融风险的分类

对金融风险的分类,一般有两种方法:一是按风险的来源分类,二是按风险的性质分类。

(一)按风险的来源分类

根据产生风险的来源,金融风险可分为市场风险、利率风险和汇率风险、信用风险、流动性风险、政策风险、偶然事件风险等多种风险。

1. 市场风险

市场风险是指由于市场各种因素(如利率、汇率、通货膨胀率等)变化引起资产价格的波动而导致投资者亏损的可能性。当市场各种因素变化较大或较频繁时,投资者遭受损失的可能性或数额也会变大。市场风险一般是指资产价格波动的风险。

2. 利率风险和汇率风险

利率风险是指由于利率的变动而给投资者带来损失的可能性,或是指由于预期利率水平与到期时的实际市场利率水平产生差异而给投资者带来损失的可能性。这是固定收益证券持有者所面临的主要风险。

汇率风险是指由于汇率变动而给投资者带来损失的可能性。这是持有外汇现金流的投资者所面临的主要风险。

3. 信用风险

信用风险,也称违约风险,是指受信方拒绝或无力按时、全额支付所欠债务时,给信用提供方带来的潜在损失,包括由于借款人的信用评级的变动和履约能力的变化导致其债务的市场价值变动而引起损失的可能性。

4. 流动性风险

流动性风险是指当投资者希望卖出证券时,不能以现行的价格或稍低的价格将手中证券卖出,给证券投资者带来损失的风险,亦即交易对手提出的价格远低于合理价格水平。如价格处于涨跌停板时,成交稀少,投资者难以平仓,或市场交易不活跃,无法及时平仓,或通信等方面有问题,使投资者不能及时以所希望的价格成交。

5. 政策风险

政策风险是指由于政策的不确定性和传播渠道的非正规性,为投机者提供了市场的炒作题材,加大了市场波动的风险。

6. 偶然事件风险

偶然事件风险是指发生某些预料不到的事件时,给证券投资者带来损失的风险,如战争等。

(二)按风险的性质分类

按风险的性质,风险可分为系统性风险和非系统性风险。

1. 系统性风险

系统性风险是指由于某种全局性因素引起的投资收益下降的可能性。市场中所有证券资产的收益都会受到这些因素的影响,它们与市场的整体运动相关联,如利率、汇率风险和政治风险都是系统性风险。

系统性风险是所有投资者共同面临且无法避免的风险,该类风险的重要特征是不可通过分散化投资予以消除的,也就是说,投资者不可能通过多元化的投资消除或降低系统性风险。

2. 非系统性风险

非系统性风险是由个别资产本身的各种因素造成的收益不稳定性。如违约风险、经营风险等均属此类风险。该类风险的重要特征是可通过分散化投资予以消除的,也就是说,投资者可通过多元化的投资消除或降低非系统性风险。

一般来说,总风险等于系统性风险与非系统性风险之和。

需要指出的是,上述分类是相对的和有条件的,同时在内容上存在交叉,这主要是各种不确定因素相互交织在一起的缘故。

三、金融风险管理的目标、方式与步骤

(一)金融风险管理的目标

金融风险管理的目标,不是完全消除风险,而是在可容忍的风险水平下实现投资目标。任何经营体要想取得长期的成功,必须承担风险,因此风险管理系统只能确保经营体的合理目标得以实现,但它并不能消除管理决策失误、人为错误、不可预见的差错等的发生。具体来说,金融风险管理的目标有:

(1)对风险进行评估(使风险在一个可接受的限度内)。
(2)避免不必要风险造成的损失。
(3)在风险发生概率较高的情况下降低不利结果出现的频率,在不利结果较严重的情况下降低其影响。

(二)金融风险管理的方式

金融风险管理方式一般有两种,一种是外部控制法,也称为程序式管理方法;另一种是内部控制法,也称为基于风险的管理方法。

1. 程序式管理方法

程序式管理方法,也称为合规管理,是指按规定和流程处理风险的方法,其目的是通过遵守规则和流程来消除或控制风险。这种方法在立法和外部施加的管理中比较常见,如银行、证券等监管部门对商业银行和证券经营部门管理的法规等。

2. 基于风险的管理方法

这种方法通过对风险进行辨识、评估、分级,然后根据风险的影响和概率分布分别采取不同的管理方式。这种方法主要适用于内部控制,具体有:

(1)承受风险。分析为实现目标而准备承受风险的限度,自己承受,因为完全回避风险会降低收益;有时为获得超额回报,还要故意承担额外的风险。

(2)保险规避法。这种方法是通过购买保险将某些风险转嫁到保险公司身上。如公司可通过财产保险、人身保险等规避一部分风险,但这种方法受保险项目和保费的约束,使用范围较窄,有些风险保险公司不提供相关项目或保费太高,企业无法或不愿意投保。

(3)自我管理法。对于不能将风险转嫁给保险公司或他人的风险,企业必须"自我保险",即通过必要的方法降低风险发生的概率和不利影响。

(4)组合管理法。一家企业面临的风险是复杂多样的,因此,对风险的管理也必须采用组合管理法进行系统管理。如企业会同时面临利率、汇率、财产风险等,管理者应当采用组合管理法管理企业的风险。

(三)金融风险管理的一般步骤

金融风险管理的一般步骤包括:风险识别、风险评估、风险归类与排序风险组合管理等。各部分的基本内容如下:

1. 风险识别

(1)风险识别的含义。风险识别就是认识或识别企业所面临的各种风险,如战略风险、经营风险、财务风险、财产风险、声誉风险以及法律、法规风险等。

(2)风险识别的方法。识别风险的方法一般有两种:一种是自上而下的方法,另一种是自下而上的方法。

自上而下的方法是一种从最高管理层开始,逐步向下识别风险的方法。识别潜在风险的任务由董事会负责完成,董事会定期召开会议,或召集公司的个别员工共同探讨企业所面临的风险。运用这种方法,管理层不仅可利用"生成性风险标准清单",而且可以参考非执行董事的经验,并能从竞争对手的角度考虑企业面临的问题。这种方法的优点是可以从总体上把握企业所面临的风险,在风险管理方面具有整体性和全局性;但该方法的缺点是距离实际操作部门较远,不容易发现营运层面的风险。

自下而上的方法是一种从基层开始,逐步向上推进的风险识别方法。风险识别与评估由基层小组承担,然后逐级向上推进识别企业所面临的风险。这种方法的优点是距离实际操作部门较近,更容易发现营运层面的风险;缺点是不容易从总体上把握企业所面临的风险,在风险管理方面缺乏整体性和全局性。

在实际中,往往将上述两种方法结合起来使用,不但可以从战略层面发现风险,而且可以发现运营风险。

2. 风险评估

风险评估就是评价风险的严重性。风险评估主要从两个方面进行:一是从不利事件发生的频率或概率的角度,评估不利事件发生的可能性;二是评估风险的严重性或影响程度,即评估一旦不利事件发生将造成的损失。

风险总量是指在采取任何控制措施之前风险的严重程度与频率总和。一个损失不大但经常发生的风险可能比一个损失大但不经常发生的风险更具有威胁性。

3. 风险归类与排序

风险一旦得到识别与评估,接下来就要根据它们的风险特征进行归类,分别将它们列入不同的"风险级别",为风险管理奠定基础。"风险级别"可以根据发生频率及严重程度,将风险分为4类:严重但不经常发生、不严重也不经常发生、严重且经常发生及不严重但经常发生。风险管理方法应与风险级别相适应。

(1)严重但不经常发生的风险,应对风险进行投保,即在可能的条件下,为风险购买保险,否则,需要制订一套应急方案。

(2)不严重也不经常发生的风险,应自我保险。对其经常回顾,但减少此类风险的努力可能得不偿失。

(3)严重且经常发生的风险,应自我保险。马上采取行动,努力降低损失的严重程度与发生的频率。常通过衍生品进行保值。

(4)不严重但经常发生的风险,应自我保险。采取行动努力降低损失发生的频率。

4. 风险组合管理

风险组合管理体现在风险管理战略方面。一般风险管理战略主要有以下几种:

(1)接受风险。根据风险评估与排序,对那些发生频率低、损失小的无关紧要的风险可以暂时不去管它,采用接受与承担风险的战略。

(2)将风险全部或部分转移给第三方。对那些发生频率低但损失大的风险可以通过购买保险的方法转移给保险公司,或通过与几家其他公司成立合资公司分散风险。

(3)采用某种退出战略来消除风险。对于有些发生频率高、损失大且已超出投资者承受能力的风险可以通过撤出某个经营领域的方法消除风险。如期货投机风险过大且已超出投资者风险承受能力,可以退出期货投资以消除相应风险。

(4)采取防范措施对风险进行控制。对于那些发生频率高、损失较小或有些发生频率高、损失大的风险,投资者可以采取防范措施对风险进行控制。如采用期货、期权等进行套期保值控制风险等。

第二节 金融风险管理的基本理论与方法

一、金融风险管理的基本理论

金融风险管理的基本理论主要有保险理论、组合投资理论、无套利理论、风险管理制度化理论等。保险理论是根据保险学的基本原理管理风险的理论,其理论基础是概率论和风险分散化理论。企业通过购买保险将自己不易控制的风险转移出去予以防范。保险理论是保险学介绍的内容,我们这里主要介绍后3种基本理论。

(一)组合投资理论

组合投资理论认为,证券之间存在相关性,因此可以利用这种相关性,通过构造投资组合降低投资风险;一般证券之间的负相关性越大,组合投资降低风险的效果越明显。这是企业(或投资者)最主要的自我风险管理方法。

1. 投资组合效应

一般来说,多样化投资可以降低投资者把所有资金投资于单个证券所承担的风险。如果一个证券组合P是由证券A和B组成,当满足一定条件时,组合P的风险不大于证券A或证券B的风险,这称为投资组合效应。投资组合效应的大小主要取决于构成投资组合的证券之间相互关联的程度。当构成投资组合的证券之间关联程度越低甚至负相关时,通过组合投资降低风险的效果就越明显。下面我们以两种证券投资组合为例说明证券组合为什么可以分散和降低风险。

设有证券A、B,其收益率分别为随机变量r_A、r_B,各证券的期望收益率分别为$E(r_A)$、$E(r_B)$,各证券的加权系数分别为x_A、x_B,且$x_A+x_B=1$。

记:证券组合P的收益率为r_p,则有$r_p=x_A r_A+x_B r_B$。

这样,证券组合P的期望收益率和风险(方差)分别如下:

$$E(r_p)=x_A E(r_A)+x_B E(r_B) \tag{3-1}$$

$$\sigma_p^2=x_A^2\sigma_A^2+x_B^2\sigma_B^2+2x_A x_B \rho_{AB}\sigma_A\sigma_B \tag{3-2}$$

其中:σ_p^2为证券组合P的方差,σ_A^2、σ_B^2分别为证券A、B收益率的方差;ρ_{AB}为r_A与r_B的相关系数。

将$x_B=1-x_A$代入式(3-1)、式(3-2),得:

$$E(r_p)=x_A E(r_A)+(1-x_A)E(r_B) \tag{3-3}$$

$$\sigma_p^2=x_A^2\sigma_A^2+(1-x_A)^2\sigma_B^2+2x_A(1-x_A)\rho_{AB}\sigma_A\sigma_B \tag{3-4}$$

根据式(3-4),投资组合风险的大小取决于:(1)持有每一种证券的比例;(2)持有证券收益率的方差;(3)持有证券收益率之间的相关程度。在给定证券收益率的方差及其相关程度后,选择不同的投资比例,就可以得到不同的投资组合,从而得到不同的预期收益率和标准差。

在取不同相关系数的情况下,证券A和B组合的风险(标准差)与期望收益之间的关系不

同,如图3-1所示。不完全相关情况下,$0<|\rho_{AB}|<1$,由$E(r_p)$与σ_p的参数方程[式(3-3)、式(3-4)]确定的结合线是一条经过A、B两点的双曲线。结合线的弯曲程度决定于相关系数ρ_{AB}。ρ_{AB}越小,弯曲程度越大,随着ρ_{AB}的增大,弯曲程度将降低。当$\rho_{AB}=1$时,弯曲程度最小,为直线AB;当$\rho_{AB}=-1$时,弯曲程度最大,呈折线;不相关是一种中间状态,比完全正相关弯曲程度大,比完全负相关弯曲程度小。

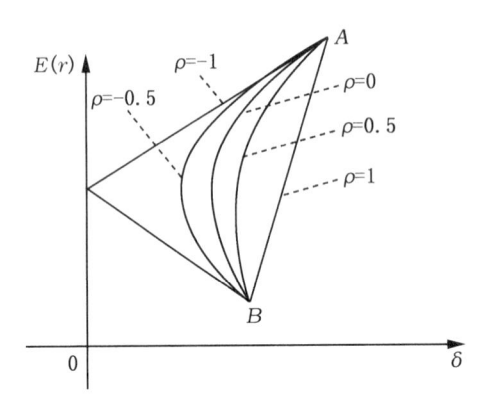

图 3-1 相关系数不同的证券组合

从组合线的形状来看,相关系数越小,在不卖空的情况下,证券组合可获得越小的风险,特别是完全负相关的情况下,可获得无风险组合。在不相关的情况下,虽然得不到一个无风险组合,但可得到一个组合,其风险小于A、B中任何一个单个证券的风险。当A与B的收益率不完全负相关时,结合线在A、B之间比不相关时更弯曲,因而能找到一些组合(不卖空)使得风险小于A和B的风险,比如图3-1中,$\rho_{AB}=-0.5$的情形。但图中$\rho_{AB}=0.5$时,则得不到一个不卖空的组合使得风险小于单个证券的风险。可见在不允许卖空的情况下,组合降低风险的程度由证券间的关联程度决定。

2. 因素模型

因素模型的基础是证券之间的相关性。它认为这种关联性是由于市场上的各种证券都受到一种或多种共同因素的影响造成的。因素模型是用一种线性结构方程来描述这些因素对每种证券收益率的影响。

(1)单因素模型

因素模型的实质是关于证券收益率生成过程的模型。单因素模型认为收益形成过程只包括唯一的因素。单因素可以是某一种对所有证券影响较大的因素,如 GDP、市场利率等。单因素模型假设:

$$r_{it}=a_i+b_iF_t+\varepsilon_{it} \tag{3-5}$$

其中:r_{it}为证券i在t期的实际收益率,F是决定证券收益率的唯一因素,b_i为证券i对因素F的敏感性,ε_{it}为证券i的随机误差项。而且假设:

$$E(\varepsilon_i)=0$$
$$\text{cov}(F,\varepsilon_i)=0$$
$$\text{cov}(\varepsilon_i,\varepsilon_j)=0(i\neq j)$$

由假设可以得出证券i的期望收益率为:

$$E(r_i)=a_i+b_iE(F) \tag{3-6}$$

证券 i 的方差为：
$$\sigma_i^2 = b_i^2 \cdot \sigma_F^2 + \sigma^2(\varepsilon_i) \tag{3-7}$$

两种证券 i,j 的协方差为：
$$\sigma_{ij} = b_i b_j \sigma_F^2 \tag{3-8}$$

根据单因素模型，证券组合的方差如下：
$$\sigma_P^2 = b_P^2 \cdot \sigma_F^2 + \sigma^2(\varepsilon_P) \tag{3-9}$$

$$b_P = \sum_{i=1}^{n} x_i b_i \tag{3-10}$$

$$\sigma^2(\varepsilon_P) = \sum_{i=1}^{n} x_i^2 \sigma^2(\varepsilon_i) \tag{3-11}$$

当一个组合更加分散时，每个权数将变得更小，这使得系数 b_P 平均化、正常化，使得非因素风险不断减少而趋近 0。

(2) 多因素模型

通常，证券价格和收益率的变化不会仅仅受到一个因素的影响。如股票价格，其影响因素很多，除了国民生产总值的增长率外，还有银行存款利率、汇率、国债价格等影响因素。当一个因素不足以解释证券的收益率以及证券间的关联性时，考虑增加模型中因素的个数是一种可行的办法。

一般地，设证券收益率普遍受到若干个共同因素 $F_1, F_2, \cdots, F_K$ 的影响，可建立多因素模型来描述证券收益率对这 K 个因素的敏感性：
$$r_{it} = a_i + b_{i1}F_{1t} + \cdots + b_{iK}F_{Kt} + \varepsilon_{it} \tag{3-12}$$

其中：$F_{1t}, F_{2t}, \cdots, F_{Kt}$ 为 K 个因素在 t 期的预期值；$b_{i1}, b_{i2}, \cdots, b_{iK}$ 为证券 i 对这 K 个因素的灵敏性。同单因素模型一样，ε_{it} 为证券 i 在 t 期的残差项。

则证券的期望收益率、方差和协方差分别为：
$$E(r_i) = a_i + b_{i1}E(F_1) + \cdots + b_{iK}E(F_K) \tag{3-13}$$

$$\sigma_i^2 = \sum_{j=1}^{K} b_{ij}^2 \sigma_{Fj}^2 + 2\sum_{s<t}^{K} b_{is} b_{it} \mathrm{cov}(F_s, F_t) + \sigma^2(\varepsilon_i) \tag{3-14}$$

$$\sigma_{ij} = \sum_{s=1}^{K} b_{is} b_{js} \sigma_{Fs}^2 + \sum_{s<t}^{K} (b_{is}b_{it} + b_{is}b_{jt}) \mathrm{cov}(F_s, F_t) \tag{3-15}$$

$$b_{PS} = \sum_{i=1}^{n} x_i b_{is} \qquad \sigma^2(\varepsilon_P) = \sum_{i=1}^{n} x_i^2 \sigma^2(\varepsilon_i) \tag{3-16}$$

同样，证券或证券组合的总风险可分解为因素风险和非因素风险。投资分散化的结果是因素风险趋于平均化，非因素风险将不断减少而趋近 0。

(二) 无套利理论

套利理论是指具有相同因素敏感性的证券或证券组合，应具有相同的期望收益率，否则将存在"套利机会"。无套利理论是资产定价的主要理论，在风险管理的套期保值方法中具有重要应用。

1. 套利的基本含义

套利是指不需要任何现金投入即可获得无风险收益的交易策略。如：一个价格为 0 而绝对有正盈利的组合，或有负的价格而有非负盈利的组合等。对于整个证券市场，这种套利机会还包括"相似"证券组合构成的"近似套利机会"，这种近似性可通过因素模型来描述。因素模型表明,具有相同因素敏感性的证券或证券组合,应具有相同的期望收益率,否则将存在"近似套利机会",投资者将利用此机会获取一定数量的无风险收益,他们的行为最终将使套利机会消失。

套利概念具有以下两方面的深刻内涵：

(1)套利不需要任何初始投资,即套利策略是自融资策略。

套利交易者要想购买任何金融产品,必须先卖出某种金融产品,然后用所得收益实现购买。比如,投资者通过对资产 A 的分析,发现资产 A 被市场低估,即资产 A 的市场价格低于其价值,投资者希望买入资产 A,以期获得无风险利润,在这种情况下,要发生套利行为,投资者必须寻找购买资产 A 的资金,因此必须卖出某一种资产 B,而且要保证到期卖出资产 A 的资金能买回资产 B。

(2)套利获得无风险利润。套利过程是一种客观的过程,不夹杂任何主观判断。

例如,如果投资者经过分析发现,某一种资产 A 的价值被低估,于是买入资产 A,过一段时间后,资产 A 的价格果然回到其价值,投资者获得利润;相反的情况是,如果投资者经过分析发现,某一种资产 B 的价值被高估,于是卖空资产 B,过一段时间后,资产 B 的价格果然回到其价值,投资者获得利润。这两种情况下的利润都不能称为无风险利润,因为资产 A 的价值可能长期被低估,而资产 B 的价值可能长期被高估。

无风险利润的要求,使得套利交易一定是某一个组合,而不是单个产品。套利交易组合紧紧抓住市场的价格体系,以金融资产背后的要求权为依托,挖掘市场对相同要求权定价的不同,通过买卖获得套利利润。同时,无风险利润决定了套利行为一定有明确的投资期间。

2. 无套利原理

无套利原理是指在金融市场上,不存在套利机会。此原理意味着:两个具有相同盈亏的证券组合,应具有相同的价格。如果违反此原则,则必定出现套利机会。

例如,期初有两个投资项目 A 和 B 可供选择,它们的投资期限相同。假设期末这两项投资可以获得相同的利润,再假设这两项投资所需的维持成本也相同。那么根据无套利原理,这两项投资在期初的投资成本(也就是它们期初的定价)应该相同。假如两者的期初定价不一致,比如项目 A 的定价低于项目 B,则套利者将卖空定价高的项目 B,然后用其所得买入定价相对较低的项目 A,两项收入的差即为期初实现的利润。到了期末,由于两项投资的回报以及维持成本相同,套利者正好可以用做多投资 A 的利润去轧平做空的投资 B。值得注意的是,套利者这么做的时候,没有任何风险。如果市场有效率,上述无风险利润的存在就会被市场其他参与者发现,从而引发一些套利者的套利行为,结果产生以下的市场效应：大量买入 A 导致市场对 A 的需求增加,A 的价格上涨;大量抛售 B 使 B 的价格下跌。结果 A 和 B 的价差迅速消失,套利机会被消灭。所以,投资 A 和 B 的期初价格一定是相同的。

3. 无套利定价方法

无套利定价方法就是应用无套利原理对资产进行定价的方法。这种方法的基本做法是,构建两个投资组合,若其终值相等,则现值一定相等。否则,则出现套利机会,即买入现值较低的投资组合,卖出较高的投资组合,并持有到期,可获无风险收益。无套利定价方法确定的资产价格是不存在套利机会时的均衡价格。

根据无套利定价方法,在有效金融市场上,任何一项金融资产的定价,应当使得利用该项金融资产进行套利的机会不复存在。换言之,如果某项金融资产定价使得套利机会存在,套利活动就会促使该资产的价格发生变化,直到套利机会消失。

[**例 3-1**] 假定货币市场上美元利率是 1%，欧元利率是 1.5%；外汇市场上美元与欧元的即期汇率是 1 美元兑换 0.900 0 欧元(1 美元＝0.900 0 欧元)，问：一年期的远期汇率是多少？是否仍然为 1 美元＝0.900 0 欧元？

答案是否定的，因为在此情况下会发生无风险的套利活动。套利者可以借入 1 美元，一年后要归还 1.010 1($e^{1\%\times1}$＝1.010 1)美元；在即期市场上，他用借来的 1 美元兑换成 0.9 欧元存放一年，到期可以得到 0.913 6($0.9\times e^{1.5\%\times1}$＝0.913 6)欧元；在即期市场上套利者在购买 0.9 欧元的同时按照目前的远期汇率(1∶0.9)卖出 0.913 6 欧元，换回 1.015 1 美元。

在扣除掉为原先借入的 1 美元支付的本息 1.010 1 美元之外，还剩余 0.05 美元(1.015 1 美元－1.010 1 美元)。如果不计交易费用，这个剩余就是套利者获取的无风险利润。显然，1∶0.9 不是均衡的远期外汇价格。

那么，在本例中，无套利的价格是多少？套利者借入 1 美元后，如果不进行套利活动，他一年后将得到 1.010 1 美元；如果他实施了套利活动，他一年后将得到 0.913 6 欧元。这两种情况都是从期初的 1 美元现金流出开始，到期末时两个现金流入的价值也必须相等。于是 1.010 1 美元＝0.913 6 欧元，即 1 美元＝0.904 5 欧元，这个价格才是无套利的均衡价格。若本例中外汇市场美元兑换欧元的远期汇率为 1∶0.904 5 时，市场上将不存在套利机会。

(三)风险管理制度化理论

金融风险管理制度化理论是指人们通过制定一系列的政策和措施来控制金融风险的理论。该理论认为只要人们按照一定的规范或规则进行操作，就可以有效抵御或消除一定的风险，它一直是传统风险管理的基本理论，也是防范风险的主要方法。

风险管理制度化理论的基本思想是任何业务运作都应当按照一定的程序与规范进行，这些程序与规范是业务规范运作经验的总结。如果严格按照程序与规范运作，业务出错的概率就会下降；否则业务出错的概率就会上升，运作风险增加。

风险管理制度化理论要求对业务统一平台，制定规范，对工作流程进行梳理优化，以提升标准化程度，进而提高业务运作效率，减少风险。

显然，基于该理论的风险管理方法是一种定性化方法，它是通过实行政策和措施，定期检查、考核评估、奖罚等方法来控制金融风险的方法，是传统风险管理的主要理论。

该理论主要应用于操作风险的控制，也用在信用风险、市场风险与流动性风险的控制方面。

我们以商业银行贷款的管理为例，分析如何建立相关的管理制度来规范贷款，降低贷款风险。

1. 制度约束

贷款管理制度，包括国家金融管理部门制定的有关法律、规定和商业银行结合业务特征制定的管理办法等。如 1995 年出台的《中华人民共和国商业银行法》，对商业银行贷款的政策、发放、担保方式、定价、规模和关系贷款等，都做出了原则性的规定。它要求商业银行在贷款投放中，根据国家政策，实行审贷分离、分级审批的制度，对借款人的资信状况、借款用途、偿还能力等方面进行严格审查，签订严密的书面合同。同时，商业银行在贷款中还应遵守中央银行制定的利率规定和资产负债比例管理的各项指标，不可优先向关系人发放贷款。

2. 机制约束

根据《中国人民银行贷款通则》的规定，中国各家商业银行及其分支机构都设立了贷款审查委员会,其主要职能是制定贷款政策和管理办法、审批大额贷款或特殊贷款、控制贷款的整体风险。

贷款审查委员会下的常设部门或贷款管理的职能部门一般为信贷部门;信贷部门内部按审贷分离的原则,设有调查岗、审查岗和检查岗等岗位。

二、金融风险管理的基本方法

根据风险管理的基本理论,在实际应用中,人们对风险管理的基本方法主要有风险保险方法、风险管理制度化方法、非系统性风险管理方法与系统性风险管理方法等。风险保险方法是指对公司无力控制或控制成本太高的风险或发生频率低损失大的风险,通过购买相应保险进行管理,如购买财产保险、人身保险等。风险管理制度化方法是指通过制定规章制度、操作流程、风险定期报告制度和经理负责等制度控制日常所面临的金融风险。非系统性风险与系统性风险管理方法是针对非系统性风险和系统性风险的管理方法。本书主要介绍非系统性风险与系统性风险的管理方法。

系统性风险是指由于某种全局性因素引起的投资收益下降的可能性,是所有投资者共同面临且无法避免的风险;非系统性风险是由个别资产本身的各种因素造成的收益不稳定性,是可通过分散化投资予以消除的风险。由于这两类风险具有不同的特点,所以,我们分别研究它们的管理方法。

(一)非系统性风险管理方法

非系统性风险管理方法有多种,主要有分散化投资法、投资分析法等。

1. 分散化投资方法

根据投资组合的基本理论,通过多元化投资,可以有效地分散非系统性风险,因此分散化投资是降低风险的有效方法。

西方有句俗语,"不要把所有的鸡蛋都放在同一个篮子里",这句话生动形象地表述了投资分散化的特点和作用。在金融领域里,尤其是证券投资中普遍应用投资分散化策略。投资分散化即投资者在投资证券时,不是把所有资本集中投资于某一种证券上,而是将资本分散地投资在多种不同的证券上。通过这种分散化,投资者可利用这种投资组合中不同证券所获得的收益和损失的相互抵补,在总体上达到消除风险的目的。

在进行分散化投资时,要注意以下几个问题:①投资市场的多元化,即资金在多个市场上进行分散化投资,如在债券市场与股票市场,也包括国际市场和国内市场。②投资品种类别的多样化,如在多个行业的股票中投资等。③注意风险与收益的匹配。由于风险与收益一般成正比关系,要实现收益目标,就要承担一定的风险。一般来说,投资分散化程度越高,收益越低,所以,为了实现收益目标,就要控制分散程度。④分散化投资降低非系统性风险是需要成本的。分散化投资可能给投资管理带来很大的难度,同时,会大量增加管理成本,因此,是否值得将资金完全分散化,是要做出选择的。实际上,投资者只要达到一定的分散程度就可以将非系统性风险降低到几乎可以忽略的程度,进一步分散化的边际效果已经很弱,与其相应增加的代价相比是得不偿失的。

2. 投资分析法

证券投资分析是指人们通过各种专业性分析方法对影响证券价值或价格的各种信息进行综合分析以判断证券价值或价格及其变动的行为。

投资者之所以对证券进行投资,是因为证券具有一定的投资价值。证券的投资价值受多方面因素的影响,并随着这些因素的变化而发生相应的变化。如债券的投资价值受市场利率水平的影响,并随着市场利率的变化而变化;影响股票投资价值的因素更为复杂,受宏观经济、行业形势和公司经营管理等多方面因素的影响。证券投资分析正是通过对可能影响证券投资价值的各种因素进行综合分析来判断这些因素及其变化对证券投资价值带来的影响,并评估证券的投资价值。只有当证券处于投资价值区域时,投资该证券才是有的放矢,否则可能导致投资失败,造成损失。

另外,证券投资的预期收益水平和风险之间一般存在正相关关系。然而,每一证券都有自己的风险-收益特性,而这种特性又会随着各相关因素的变化而变化。因此,对于某些具体的证券而言,由于判断失误,投资者在承担较高风险的同时,却未必能获得较高收益。投资者通过证券投资分析来考察每一种证券的风险-收益特性及其变化,可以较为准确地确定哪些证券是风险较大的证券,哪些证券是风险较小的证券,从而避免承担不必要的风险。从这个角度讲,证券投资分析有利于降低投资者的投资风险。

风险取决于不利结果出现的概率与损失的程度,投资分析法就是应用投资学的基本方法从上述两个方面减少投资风险。投资分析有多种方法,主要有价值分析法、技术分析法、头寸控制法等。

(1)价值分析法

价值分析法又称基本面分析,是指证券分析师根据经济学、金融学、财务管理学及投资学等基本原理,对决定证券价值及价格的基本要素如宏观经济指标、经济政策走势、行业发展状况、产品市场状况、公司销售和财务状况等进行分析,评估证券的投资价值,判断证券的合理价位,以提出相应的投资建议的一种分析方法。

价值分析法的理论基础是确定金融资产的"内在价值",并与当前市场价格进行比较,计算净现值 NPV,当 NPV 大于 0 时,不利结果出现的概率较小,即使出现亏损,其损失的程度也较小,投资风险较小。

价值分析法的重点是证券本身的内在价值。其理论基础是:①任何一种金融资产都有"内在价值",金融资产的内在价值等于该资产未来预期收益现金流量的现值;②当市场价格和"内在价值"不相等时,金融资产的价格将被误定,因此,当市场价格低于(或高于)内在价值时,便产生了金融资产的买(卖)机会。

(2)技术分析法

技术分析法是以证券市场过去和现在的市场行为为分析对象,运用一定的方法,探索证券价格变化规律,并据此预测价格走势的一种分析方法。如股市中"顺势而为"的方法是这种方法的具体体现,如果在牛市中买入证券、熊市中卖出证券,一般比与此相反的操作出现亏损的概率小,风险也小。该方法对于短期的行情预测准确性较高。

技术分析法是在价、量历史资料基础上,运用图表、形态、统计、数学计算等方法探索证券市场已有的一些典型变化规律,并据此预测证券市场的未来变化趋势的技术方法。技术分析方法种类繁多,形式多样。一般来说,可将技术分析法分为三大类,即图示分析法、技术指标分析法和量价关系分析法。

图示分析法是指运用图表、形态等方法,探索证券市场已有的一些典型变化规律,并以此预测证券市场的未来变化趋势的方法。其基本依据是,证券价格的波动会及时告诉投资者有关市场的一切信息。图示分析法就是按一定的图形将股价的变化描述出来,以此预测股价未来变化趋势的一种方法。常见的图示分析法有K线类、切线类、形态类、波浪类等具体方法。

技术指标分析法是运用统计、数学计算等方法,通过建立一个数学模型,运用数学上的计算公式,得到一个体现证券市场某方面内在本质的数字,以此数字指导投资决策的方法。常见的指标有相对强弱指标(RSI)、随机指标(KD)、平滑异同移动平均线(MACD)、能量潮(OBV)等。

量价关系分析法是通过分析历史上价格与成交量之间的关系,探索证券市场已有的变化规律,以此预测证券市场的未来变化趋势的方法。常见的量价关系理论包括古典量价关系理论、葛兰碧的成交量与股价趋势关系理论以及涨跌停板制度下量价关系理论等。

与价值分析法相比,技术指标分析法更接近市场,对市场的反应比较直接,分析的结果也更接近实际市场的局部现象,分析的结论时效性较强;技术指标分析法对市场长远的趋势不能进行有益的判断,对分析影响市场的宏观政策方面的因素,技术指标分析法作用不大。

(3)头寸控制法

头寸控制法也称为仓位控制法,是指通过控制投资仓位以控制投资风险的方法。根据风险计量的一般标准,风险的大小与处于风险中的头寸成正比。因此,可以通过控制投资风险资产的数量达到控制风险的大小。当预计熊市将至,投资风险较大时,可减少风险暴露的头寸(仓位),甚至退出该项投资。这也是实际中常用的一种控制风险的方法。

(二)系统性风险管理方法

由于系统性风险是因为某种全局性因素引起的投资收益下降的风险,因此,通过投资分散化的方法规避这类风险是无能为力的。当然,我们可以通过预测金融市场的变化趋势,当预计金融市场将出现系统性风险时,可以采用头寸控制法予以规避,然而这类预测有时很难做到准确。常用的管理系统性风险的方法是应用金融衍生工具。金融衍生工具主要有远期、期货、期权、互换等几类。金融衍生产品具有高杠杆、低交易成本的特点,且广泛应用于风险管理中。

应用金融衍生品管理风险主要有以下几种方法。

1. 用"确定性取代不确定性"方法

这种方法是利用一些金融衍生工具本身的特点,实现用确定性取代不确定性,以消除金融风险。如通过互换合同,可以将浮动利率转换为固定利率,以消除利率风险;利用远期合约、期货交割功能可以将证券价格锁定,消除价格风险。

[例3-2] 应用远期外汇合约管理外汇风险。一家中国企业期望销售价值1 000万美元的产品到美国,6个月收回货款。为了防范美元下跌的风险,该企业运用远期外汇合约锁定美元对人民币的汇率。假设美元对人民币的汇率如下:

日期	目前	30天	90天	180天
美元对人民币的汇率	6.210 0	6.190 0	6.150 0	6.120 0

为了防范美元下跌的风险,该企业进入一个远期合约,180天后以1美元6.120 0人民币的价格卖出1 000万美元,锁定美元对人民币的汇率,180天后得到6 120万元人民币。

[例3-3] 应用互换协议锁定贷款利率。假设某企业在2022年1月22日,以浮动利率借款1 000万元人民币。银行要求企业在未来的两年中每半年付一次利息,利息率为6个月的LIBOR+100基点,第一期的利率为现在的LIBOR+100基点,并且利息先付,利率每6个月修订一次。

企业希望将浮动利率借款转化为固定利率借款,以消除利率风险,为此,它可以通过利率互换协议做到这一点。设互换协议允许企业以 LIBOR 与 7.5% 的固定利率进行交换,这样,无论未来两年 LIBOR 如何变化,企业每 6 个月的净利息支出总是 425 000 元。企业所付的固定利率为 7.50%＋1.00%＝8.50%。

2. "消除不利风险,保留有利风险"方法

这种方法是直接利用期权的特性,将产生收益的风险(有利风险)留给自己,将造成损失的风险(不利风险)转移出去。通过买入看涨期权和看跌期权,以锁定损失,但收益可以是无限的。

[例 3-4] 应用看涨期权,消除不利风险,保留有利风险。假设一份看涨期权的执行价格 $X=85$ 元,期权费 $C=2$ 元,T 时期的即期价格为 S_T,同样标的股票的相同执行时间的看跌期权,它的执行价格 $X=85$ 元,期权费 $P=1.875$ 元。投资者可以同时买入这两种期权,从而消除股票价格的不利变动,锁定损失,但同时又能保留股价的有利变动。具体分析如下:

对于看涨期权:

若 $S_T \leqslant X$,则该期权不会执行,亏损等于期权费,即 $ML=-C=-2$ 元;

若 $X<S_T<X+C$,则期权会执行,但仍然亏损,且亏损减少,$ML=S_T-X-C$;

若 $S_T=X+C$,则期权执行,且盈亏均衡,$ML=0$;

若 $S_T>X+C$,则期权执行,且盈利 $MP=[S_T-(X+C)]$。

对于看跌期权:

若 $S_T \geqslant X$,该期权不会执行,亏损等于期权费,即 $ML=-P=-1.875$;

若 $X>S_T>X-P$,执行该期权,亏损将减少,且 $ML=X-S_T-P$;

若 $S_T=X-P$,该期权会执行,且此时盈亏均衡,即 $ML=0$;

若 $S_T<X-P$,则该期权执行,且盈利 $MP=X-S_T-P$。

同时买入上述两种期权,其盈亏情况为:

若 $S_T<X-P$,其盈亏为 $(X-S_T-P-C)$;

若 $S_T=X-P$,其盈亏为 $-C$;

若 $X-P<S_T \leqslant X$,其盈亏为 $X-S_T-P-C$;

若 $X<S_T<X+C$,其盈亏为 $S_T-X-C-P$;

若 $S_T=X+C$,其盈亏为 $-P$;

若 $S_T>X+C$,其盈亏为 $S_T-(X+C)-P$。

所以,如果股票价格在 T 期朝不利的方向变动时,最大亏损是 $(-P-C)$;而当股票价格朝有利的方向变动时,其盈利可以达到无限,从而实现"消除不利风险,保留有利风险"的目的。

3. 套期保值法

套期保值法的主要特点是利用标的证券与衍生证券之间的相关性,通过构造标的证券与衍生证券的证券组合来规避标的证券价格风险,是证券组合理论的具体应用。

一般来说,若需要保值的标的证券与保值工具(衍生证券)的价格正相关,我们就可利用相反的头寸(如标的证券多头,则衍生证券空头;反之,相反)构造证券组合,进行套期保值,防范标的证券所面临的价格风险;若标的证券与保值工具的价格呈负相关,我们就可利用相同的头寸(如标的证券多头,则衍生证券也为多头;反之,相反)构造证券组合进行套期保值。

[例 3-5] 美国一进口商于 2021 年 9 月 16 日与英国出口商签订合同,进口 12.5 万英镑货物,并约定于 3 个月后以英镑付款提货。由于预计英镑汇率将上升,因此为锁定进口成本,用外汇期货套期保值。此时是防止汇率上升的风险,因此,可以采用多头套期保值的方法,即

可以在期货市场先做多头,待汇率上升后再卖出对冲,以消除汇率风险。

假设 2021 年 9 月 16 日,3 个月英镑期货汇率为 1 英镑=1.621 5 美元。为了避免英镑汇率上升的风险,美国进口商买入 3 个月期货英镑,共支付 12.5×1.621 5=20.268 75 万美元。这样,3 个月后付款时,他就把英镑汇率固定在 1 英镑=1.621 5 美元左右。假设 3 个月后英镑的即期汇率为 1 英镑=1.651 2 美元,在没有套期保值的情况下,该进口商将支付 12.5 万×1.651 2=20.640 0 万美元,将多支付 0.371 25 万美元。但如果进行套期保值,在期货市场将产生 20.640 0－20.268 75=0.371 25 万美元的盈利,正好弥补了外汇现货市场的亏损,如表 3-1 所示。

表 3-1　　　　　　　　　　外汇期货套期保值

外汇现货市场	外汇期货市场
9 月 16 日 与英国出口商签订合同,进口 12.5 万英镑货物,并约定于 3 个月后以英镑付款提货。其汇率为 $1.621 5/£,共支付 12.5 万×1.621 5＝$20.268 75 万	9 月 16 日 买进 2 张 12 月份交割的英镑期货合约,成交的期货汇率为 $1.621 5/£, 合约总价值为:12.5 万×1.621 5＝$20.268 75 万
12 月 16 日 以当日即期汇率 $1.651 2/£买入 12.5 万英镑,实际支付:12.5 万×1.651 2＝$20.640 0 万	12 月 16 日 卖出 2 张 12 月份交割的英镑期货合约,成交的期货汇率为 $1.651 2/£,合约总价值为 12.5 万×1.651 2＝$20.640 0 万
盈亏:20.268 75－20.640 0＝－$0.371 25 万	盈亏:20.640 0－20.268 75＝$0.371 25 万

4."搭积木"方法

"搭积木"方法是运用各种金融工具(积木),构建一个证券组合,形成一个新的结构,对金融风险进行管理的方法。积木主要有 6 种,它们是资产(包括期货与远期)的多头与空头、资产看涨期权的多头与空头、资产看跌期权的多头与空头。

"搭积木"方法主要应用图形来分析资产收益、风险关系以及金融工具之间的组合、分解关系。例 3-6 反映了两类价格风险和收益的关系。

[例 3-6]　"搭积木"方法实例

如图 3-2 所示,标的资产多头与其看跌期权多头之和为其看涨期权多头,即买入资产的同时,再买入看跌期权,相当于买入一个看涨期权,这是期权保值策略的一种主要方法。

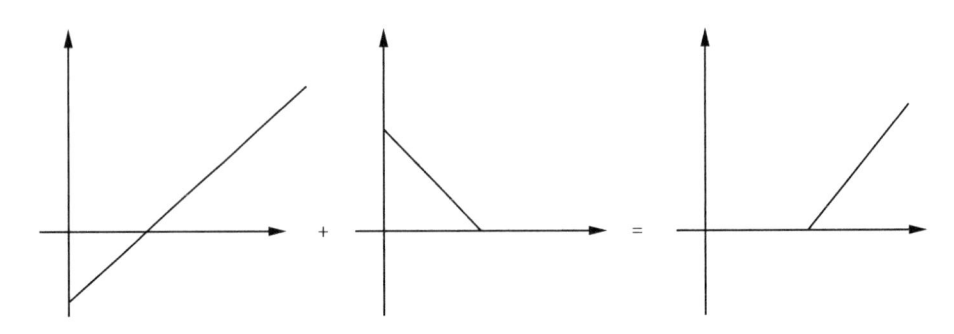

图 3-2　"搭积木"方法实例

第三节　市场风险管理的基本理论与方法

金融市场风险是指由于金融资产价格的波动,造成投资收益率的不确定性或易变性。一切影响证券资产价格波动的因素都是市场风险产生的原因。市场风险实质是价格风险,是由于资产价格波动给投资者造成损失的可能性。市场风险是人们在生产实践中所面临的主要风险之一。了解市场风险的特点及计量方法,对于风险管理具有重要意义。

一、市场风险的特点

市场风险一般具有如下特点:

1. 市场风险实质上是价格风险

市场风险是由于资产价格波动给投资者带来收益率的不确定或造成损失的可能性;从这个意义上说,任何引起资产价格波动的因素(包括系统性因素和非系统性因素)变化都可能导致投资者亏损或收益率的不确定,因此,市场风险应当是一种总风险。

2. 市场风险具有系统性风险的特征

因为在产生市场风险的因素中,有些是系统性因素(如利率、汇率风险、购买力及市场结构、宏观环境、政策因素等),这些因素带来的风险不可能通过分散化投资予以消除,因此,市场风险具有系统性风险的特征。

3. 市场风险具有非系统性风险的特征

因为在产生市场风险的因素中,有些是非系统性因素(如行业因素、个别企业的经营状况等),只影响部分或个别证券的价格变动,这些因素带来的风险则可能通过分散化投资予以消除,因此,市场风险具有非系统性风险的特征。

4. 其他一些风险可以看成市场风险的子风险

利率风险、权益价值风险、汇率风险、购买力风险等可以看成市场风险的子风险。因为,利率风险实质上是由于市场利率的变化给投资者造成损失的风险;权益价值风险是由于权益价格变化给投资者造成损失的风险;而汇率风险则是由于汇率的变化给投资者造成损失的风险。这些风险都属于市场中的某些风险因子变化所引起的资产价格波动给投资者造成的可能性损失,因此,可以将它们看成是市场风险的子风险。当然,如何将市场风险分解成这些风险是一个值得研究的问题,这不但有利于研究市场风险,而且有利于对市场风险的管理,目前这个问题没有得到很好的解决。

二、市场风险的计量方法

市场风险计量的方法有多种,主要有投资收益率波动方法(如收益率方差或标准差)、损失波动性方法(下方风险)、市场因子灵敏度法及 VaR 方法等。这里主要介绍 VaR 方法。

(一)VaR 的含义

VaR(Value at Risk)的基本含义是在险价值,是指一个风险暴露的头寸在未来一段时间内以一定的概率损失的最大值。例如,一个价值为 V_t 的头寸 $\alpha\%$,τ 天的 VaR 是指在未来 τ 天,V_t 以 $\alpha\%$ 的概率损失的最大值。

[例 3-7]　假设一个投资者投资 1 000 万欧元,欧元汇率为:1 欧元=0.564 美元,那么投

资者在欧元上的价值变化如下:

$$\Delta V_t = V_{t+1} - V_t = 10 mil M_{t+1} - 10 mil M_t = 10 mil M_t \left(\frac{M_{t+1} - M_t}{M_t}\right) = 10 mil M_t R_t$$
$$= 5.640 mil R_t$$

其中:M_t 表示欧元对美元的汇率;R_t 表示欧元汇率的收益率,即 $R_t = \frac{M_{t+1} - M_t}{M_t}$。

假设欧元汇率的收益率服从正态分布,则 ΔV 也服从正态分布。根据 R_t 的分布密度,我们可以画出 ΔV_t 的分布图,如图 3-3 所示(图中 ΔV_t 的日波动率为 0.6%)。99%、1 天的 VaR 是这样一个数据(-$78 711.84),即只有 1%的概率使得投资在 1 000 万欧元上的 564 万美元资产的变化低于这个数值。

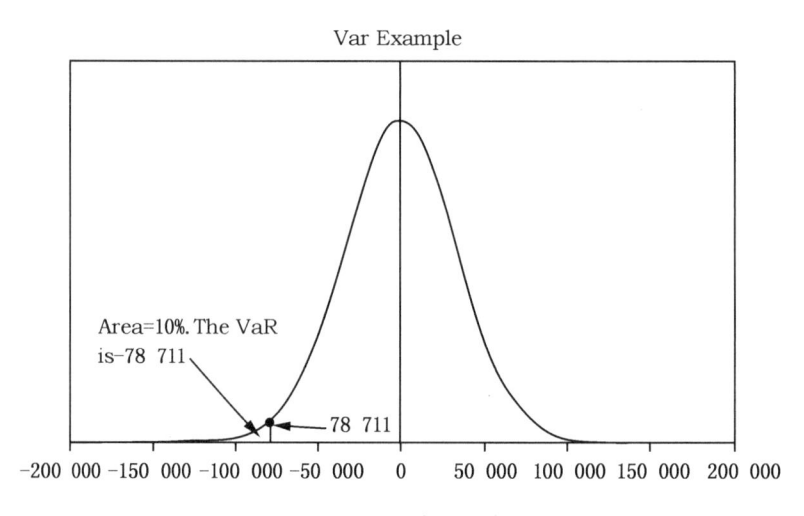

图 3-3 VaR 含义示意图

(二)单一证券 VaR 的计算

假设有一个价值为 V_t 的头寸,在未来 24 小时(1 天)的价值变化服从正态分布,即

$$\Delta V_t \sim N(\mu_V, \sigma_V^2) \tag{3-17}$$

其中:期望(μ_V)和标准差(σ_V)均为常数;时间单位为 1 天,即 μ_V 和 σ_V 是 ΔV_t 的日期望收益率和易变性(标准差),而不是年数据。

令 $Z(\alpha)$ 是标准正态分布的 α 分位数。分位数的含义:如果 $Z \sim N(0,1)$,$Z(\alpha)$ 表示这样的数字,即随机抽样中,$Z > Z(\alpha)$ 的概率正好为 α。例如,如果 $\alpha = 99\%$,则 $Z(\alpha) = -2.326$,说明从一个标准正态分布中,随机抽取一个数值,其值大于-2.326 的概率为 99%。也就是说,只有 1%的概率使得从一个标准正态分布中随机抽取一个数值,其值小于均值的 2.326 个标准差。

根据 $Z(\alpha)$ 的定义,可以计算分布为 $N(\mu_V, \sigma_V^2)$ 的分位数如下:

$$\Delta V(\alpha) = \mu_V + Z(\alpha)\sigma_V \tag{3-18}$$

这样,根据 VaR 的含义,$\alpha\%$、1 天的 VaR 如下:

$$VaR = -\Delta V(\alpha) = -[\mu_V + Z(\alpha)\sigma_V] \tag{3-19}$$

式(3-19)中的负号表示 VaR 测量的是损失而不是收益。

[**例 3-8**] 应用例 3-7 中的数据,求投资者在欧元上投资的 99%,24 小时的 VaR。

根据例 3-7 中的数据,投资者在欧元上投资的价值变化如下:

$$\Delta V_t = V_{t+1} - V_t = 10 mil M_t R_t = 5.640 mil R_t$$

假设欧元汇率的收益率 R_t 服从于均值为 0,标准差为 0.6% 的正态分布。根据上式,ΔV_t 的均值和标准差分别如下:

$$\mu_V = 0, \sigma_V = 5.640 mil \times 0.6\% = 33\,840$$

将 μ_V, σ_V 代入式(3-19),投资在欧元上 564 万美元的 99%,24 小时的 VaR 为:

$$VaR = -[\mu_V + Z(\alpha)\sigma_V] = -(0 - 2.326 \times 33\,840) = 78\,711.84(美元)$$

(三)证券组合 VaR 的计算

当投资者的风险暴露头寸是一个证券组合,而且构成证券组合的各个证券收益率服从正态分布,各证券收益率之间服从联合正态分布时,我们可以利用同样的方法求出证券组合的 VaR。

设有 m 种证券,投资者在 t 时刻投资在每种证券的价值为 $V_{1t}, V_{2t}, \cdots, V_{mt}$,证券组合 P 在 t 时刻的总价值 V_p 为 $V_{pt} = V_{1t} + V_{2t} + \cdots + V_{mt} = \sum_{i=1}^{m} V_{it}$,每种证券在 t 时刻的收益率为 $r_{1t}, r_{2t}, \cdots, r_{mt}(i=1,2,\cdots,m)$,各证券的投资比例为 $x_1, x_2, \cdots, x_m(i=1,2,\cdots,m)$。

证券组合价值的变化如下:

$$\begin{aligned}\Delta V_{pt} &= V_{p,t+1} - V_{pt} = \Delta V_{1t} + \Delta V_{2t} + \cdots + \Delta V_{mt} \\ &= \sum_{i=1}^{m}(V_{i,t+1} - V_{it}) = \sum_{i=1}^{m} V_{it}\left(\frac{V_{i,t+1} - V_{i,t}}{V_{it}}\right) \\ &= \sum_{i=1}^{m} V_{it} \sum_{i=1}^{m} \frac{V_{it}}{\sum_{i=1}^{m} V_{it}}\left(\frac{V_{i,t+1} - V_{i,t}}{V_{it}}\right) = V_{pt} \sum_{i=1}^{m} x_i r_{it} = V_{pt} r_{pt}\end{aligned}$$

其中,$r_{pt} = x_1 r_{1t} + x_2 r_{2t} + \cdots + x_m r_{mt} = \sum_{i=1}^{m} x_i r_{it}$。

如果 r_i 服从均值、方差分别为 $\mu_i, \sigma_i (i=1,2,\cdots,m)$ 的正态分布,那么证券组合的变化值也服从正态分布。证券组合 P 变化值的均值、方差如下:

$$\mu_V = V_{pt}\mu_p = V_{pt}(x_1\mu_1 + x_2\mu_2 + \cdots + x_m\mu_m) = V_{pt}\sum_{i=1}^{m} x_i\mu_i$$

$$\sigma_V^2 = V_{pt}^2 \sigma_p^2 = V_{pt}^2 \left(\sum_{i=1}^{m}\sum_{j=1}^{m} x_i x_j \sigma_{ij}\right) = V_{pt}^2 \sum_{i=1}^{m}\sum_{j=1}^{m} x_i x_j \sigma_i \sigma_j \rho_{ij}$$

其中:μ_p、σ_p 是组合收益率的期望值和标准差;ρ_{ij} 为 r_i 与 r_j 的相关系数($i、j=1,2,\cdots,m$)。

这样,99%,1 天的 VaR 可以由式(3-20)给出:

$$VaR = -[\mu_V + Z(\alpha)\sigma_V] = -V_{pt}[\mu_p + Z(\alpha)\sigma_p] \quad (3-20)$$

[**例 3-9**] 假设一个投资者投资 1 000 万欧元,10 亿日元,欧元汇率为:1 欧元=0.564 美元,日元汇率为 1 日元=0.007 29 美元。再假设欧元汇率与日元汇率的收益率服从联合正态分布,它们的均值和标准差分别为(0,0.6%)、(0,0.67%),相关系数为 0.593 9。求该投资者 99%,1 天的 VaR。

记:M_t 为欧元对美元的汇率,J_t 为日元对美元的汇率,R_{Mt} 为欧元汇率的收益率,R_{Jt} 为日元汇率的收益率。投资者在 t 时刻投资的总资产价值为 $V_t = 10mil M_t + 1bil J_t$。

那么投资者在 $t+1$ 时刻的价值变化如下：

$$\Delta V_t = V_{t+1} - V_t = (10mil M_{t+1} - 10mil M_t) + (1bil J_{t+1} - 1bil J_t)$$
$$= 10mil M_t R_{Mt} + 1bil R_{Jt}$$
$$= 5.640mil R_t + 7.629mil R_{Jt}$$

由于欧元和日元汇率的收益率都服从正态分布，则 ΔV_t 也服从正态分布。ΔV_t 的期望值和标准差分别如下：

$$\mu_V = V_{pt}\mu_p = V_{1t}\mu_1 + V_{2t}\mu_2 = 0$$
$$\sigma_V^2 = V_{Mt}^2 \sigma_M^2 + V_{Jt}^2 \sigma_J^2 + 2 \times V_{Mt} V_{Jt} \sigma_M \sigma_J \rho_{MJ}$$
$$= (5.64mil)^2 (0.006)^2 + (7.629mil)^2 (0.006\ 7)^2$$
$$\quad + 2 \times (5.64mil)(7.629mil)(0.006)(0.006\ 7)(0.593\ 9)$$
$$= (76\ 238.86)^2$$

$\sigma_V = 76\ 238.86$

这样，99%、1 天的 VaR 如下：

$$VaR = -[\mu_V + Z(\alpha)\sigma_V] = -(0 - 2.326 \times 76\ 238.86) = 177\ 331.59(\text{美元})$$

也就是说，投资者在未来 24 小时内，只有 1% 的概率，组合的损失大于 177 331.59 美元。

（四）连续复利正态分布收益率情况下 VaR 的计算

如果投资者的资产组合是由多种资产的乘积构成，在这种情况下，假设各种资产的收益率是连续正态分布，可以使问题的分析得以简化。为了方便，我们以两个资产的组合为例分析。

假设 V_1、V_2 是构成证券组合的两种资产，y_1、y_2 是两种资产的收益率，且为连续复利，证券组合的价值为 $V(V = V_1 \times V_2)$。

记 V_{1t}、V_{2t} 分别为两种资产在 t 时刻的价值，则它们在 $t+1$ 时刻的价值分别如下：

$$V_{1,t+1} = V_{1t} e^{y_1}$$
$$V_{2,t+1} = V_{2t} e^{y_2}$$

证券组合在 $t+1$ 时刻的价值如下：

$$V_{t+1} = V_{1,t+1} \times V_{2,t+1} = V_{1t} \times V_{2t} e^{y_1+y_2} = V_t e^y$$

其中，$y = y_1 + y_2$。

如果 y_1、y_2 服从正态分布，其均值、标准差分别为 (μ_1, σ_1)、(μ_2, σ_2)，则 y 也服从正态分布，其均值、标准差为 (μ, σ)，这里，$\mu = \mu_1 + \mu_2$，$\sigma^2 = \sigma_1^2 + \sigma_2^2 + 2\sigma_1\sigma_2\rho_{12}$。

证券组合从时刻 t 到 $t+1$ 的价值变化如下：

$$\Delta V_t = V_{t+1} - V_t = V_t e^y - V_t = V_t \times (e^y - 1)$$

记 $y(\alpha)$ 为 y_t 的 α 分位数，这样，我们可以计算 α, τ 天证券组合的 VaR。

$$VaR = -V(\alpha, \tau) = -V_t \times \left(e^{y(\alpha,\tau)} - 1\right) \tag{3-21}$$

［例 3-10］ 假设一个投资者在纽约证券市场上投资了 1 000 万美元的指数基金，设美元的日收益率为 y_a，纽约证券市场的该指数收益率为 y_s（均为连续复利）。假设 y_a、y_s 服从正态分布和联合正态分布，其均值和方差分别为 $(0, 0.6\%)$、$(0, 2.61\%)$，y_a、y_s 的相关系数为 -0.6。设现在美元兑人民币的汇率为 $1 : 7.100\ 0$，求该投资者 99%，24 小时的 VaR。

记:M_t 为第 t 天美元兑人民币汇率,S_t 为第 t 天纽约证券市场该指数的价格,在 $t+1$ 天,有

$$M_{t+1}=M_t e^{y_a}$$
$$S_{t+1}=S_t e^{y_s}$$

在 $t+1$ 天,投资者的财产价值(以人民币计)如下:

$$V_{t+1}=\frac{10mil}{S_t}\times S_{t+1}\times M_{t+1}=10mil M_t e^{y_a+y_s}=10mil M_t e^y=71mil e^y$$

由于 y_a、y_s 服从正态分布,则 y 也服从正态分布,其均值、标准差如下:

$\mu_y=\mu_{y_a}+\mu_{y_s}=0$

$\sigma_y^2=\sigma_{y_a}^2+\sigma_{y_s}^2+2\sigma_{y_a}\sigma_{y_s}\rho_{y_a y_s}$
$\quad=(0.6\%)^2+(2.61\%)^2+2\times 0.6\%\times 2.61\%\times(-0.6)$
$\quad=(2.3\%)^2$。

这样,$\sigma_y=2.3\%$

从 t 天到 $t+1$ 天指数基金的价值变化如下:

$\Delta V_t=V_{t+1}-V_t=V_t e^y-V_t=V_t\times(e^y-1)=71mil(e^y-1)$

根据 VaR 的计算公式,该投资者 99%,24 小时的 VaR 为:

$$VaR=-71mil\times\left(e^{(0-2.326\times 2.3\%)}-1\right)=3\ 698\ 540(元)。$$

三、市场风险的管理方法

根据市场风险的含义与特点,市场风险是价格风险,是一种总风险,它既有系统性风险的特征,也有非系统性风险的特征,因此,本章第二节所介绍的风险管理理论与方法都可以应用在市场风险的管理中,具体来说,市场风险管理有以下多种方法。

(一)制度化风险管理方法

制度化风险管理方法就是制定规章制度及检查监督制度以防范风险的方法,这种方法是实践中最常用和最有效的方法之一。例如,在证券投资过程中,通过制定规章制度,根据市场条件与环境选择投资品种、控制仓位、制定止损与止盈点、选择合适的投资方法(如分批建仓、低位补仓、股票债券在规定的情况下相互转换等)、及时进行检查监督等方法,降低市场风险。

这种方法的核心是规章制度的科学性和灵活性以及检查监督制度的有效性,如果规章制度不科学或缺乏灵活性,不适应市场的变化,那么,市场风险就会加大;反之,则能将市场风险控制在一定范围内,以满足投资者的要求。

要使风险管理规章制度具备科学性,就要对投资业务进行认真分析与总结,对工作流程进行梳理优化,提升标准化程度,并严格按规章制度办事,进而提高业务运作效率。在这种风险管理方法中,定期检查、考核评估、奖罚等方法是控制金融风险的主要内容,它需要长时间工作的积累与总结。

(二)分散化投资方法

由于市场风险有非系统性风险的特征,因此可以采用组合投资的方法分散一部分市场风险。分散化投资方法的基本原理是组合投资的基本理论,此方法也是基金等机构投资者管理

市场风险的主要方法之一。

根据投资组合的基本理论,通过多元化投资,可以有效分散非系统性风险,因此分散化投资是降低风险的有效方法。例如,开放式基金在投资时,在现金、国债(企业债)、股票上按一定比例分配资金,构成投资组合,其目的之一就是控制市场风险。

分散化投资的核心内容是投资比例的确定。确定的方法主要有定性方法与数量化方法两种。定性方法是根据证券分析师的经验构建和调整证券组合中各证券的比例关系,尽管已经出现了定量化的方法,但大多数组合管理者仍习惯采用这种传统的方法;数量化方法是运用数学规划模型,通过定量化的方法求解证券组合中各证券的最佳比例关系,目前,这种方法已经越来越受到重视。

(三)价值分析法

价值分析法也是控制市场风险的主要方法。价值分析可以判断证券的合理价位,评估证券的投资价值,如果证券的市场价格低于证券的"内在价值",也就是说,当证券价值被市场低估时,买进证券出现亏损的概率较小,市场风险就小。

价值分析法的核心是证券内在价值的确定,方法很多,如市盈率法、现金流贴现法等,然而要想准确确定证券的内在价值不是一件容易的事,需要投资者对宏观经济、行业发展以及公司的经营状况有全面深入的了解。

(四)应用金融衍生品管理风险的方法

由于市场风险具有系统性风险的特征,因此,用于系统性风险管理的方法也可以用于市场风险的管理。系统性风险管理的主要方法是应用金融衍生品。这里仅介绍金融衍生品管理市场风险的基本思路。

金融远期合约管理市场风险的主要目的是锁定证券的价格,其基本思路是,如果投资者是为了防范价格上升的风险,他可以购买金融远期;如果是为了防范价格下降的风险,他可以出售金融远期。使用金融远期合约管理市场风险的主要风险是远期合约交易对手的信用风险,因此,在防范市场风险的同时要注意信用风险。

应用金融期货合约管理市场风险的主要方法是套期保值方法。它是指在现货市场某一笔交易的基础上,在期货市场上做一笔价值相当、期限相同但方向相反的交易,并在期货合约到期前对冲,以期货的盈利(亏损)弥补现货亏损(盈利)的方法,以达到套期保值的目的。套期保值的基本原理是同一品种的商品,其期货价格与现货价格受到相同因素的影响和制约,虽然波动幅度会有不同,但其价格的变动趋势和方向有一致性。因此,一旦保值者在期货市场上建立了与现货市场相反的头寸,则无论市场价格朝哪一方向变动,均可避免风险,实现保值。金融期货套期保值一般有空头套期保值、多头套期保值等。套期保值的主要风险是基差风险。

应用金融互换合约管理市场风险的主要方法是通过交易双方在未来某一确定时间内交换一系列现金流的方法来实现的。如果预计股票组合的价值会在未来一段时间内下跌,我们就可以通过股票组合与债券组合现金流的互换来减少股票组合价值的损失,同时不出售股票组合;如果预计汇率变化会给投资者造成损失时,就可以利用货币互换将其外汇支出锁定。

应用金融期权合约管理市场风险的基本思路是,如果预计某证券的价格将上涨,为了减少价格上涨带来的成本增加,就可以买入该证券的看涨期权;同样,如果预计某证券的价格将下跌,为了减少价格下跌带来的损失,就可以买入该证券的看跌期权。另外,可以利用多个金融期权和标的资产对金融期权的交易进行套期保值。

第四节　利率风险管理的基本理论与方法

利率风险是指由于利率的变动给投资者带来损失的可能性,或是指由于预期利率水平与到期时的实际市场利率水平产生差异而给投资者带来损失的可能性。利率风险是固定收益类产品所面临的主要风险。

一、利率风险的计量方法

利率风险是一类特殊的风险,它的计量不同于市场风险,有其特殊性。根据利率风险的定义与特征,利率风险计量的方法主要有久期计量法、基点价值计量法、凸度计量法、利率敏感性缺口模型等。

(一)久期计量法

1. 久期的一般计算公式

久期,又称存续期,是以现金流量剩余期限用现值加权平均数形式计算债券的平均到期期限,是衡量债券持有者在收回本金付款之前平均需要等待的时间,一般以年表示。久期也是指债券的到期收益率变动一定幅度时,债券价格变动的比例,反映了债券价格对利率的敏感性。久期的一般计算公式如下:

$$D = \sum_{t=1}^{T} t\omega_t = \sum_{t=1}^{T} \frac{PV(CF_t)}{\sum_{t=1}^{T} PV(CF_t)} = \frac{\sum_{t=1}^{T} t \times PV(CF_t)}{\sum_{t=1}^{T} PV(CF_t)} = \frac{1}{P} \sum_{t=1}^{T} t \times PV(CF_t) \quad (3-22)$$

其中:D 表示久期,P 表示债券现值或债券价格,CF_t 表示第 t 期的现金流,T 表示距到期日产生现金流的时期数。式(3-22)也可以写成:

$$D_p = -\frac{1}{P}\frac{dP}{dy} \quad (3-23)$$

2. 利率风险的久期计量方法

根据久期的计算式(3-23),将微分离散化,则得出利率风险的久期计量模型如下:

$$\Delta P/P \approx -D_P \Delta y \quad \text{或} \quad \Delta P \approx -PD_P \Delta y \quad (3-24)$$

由式(3-24)看出,久期是一种风险计量指标,因为在市场利率变化一定的情况下(单位利率变动),债券的久期越大,债券价格变动越大,利率风险越大;反之,风险也越小。从因素模型的角度看,式(3-24)是一个单因素模型,风险因子为市场利率变化,其前面的系数,即久期,为因素敏感性指标,所以久期是计量利率风险的重要指标。

[例 3-11] 假设一个 10 年期的附息债券,其久期为 7.1 年,如果你拥有 1 000 万元的这种债券。当利率上升 1 个基点(0.01%),你手中债券的价值将下降多少?

根据式(3-24),有:

$\Delta P \approx -PD_P\Delta y = -1\,000 \times 0.01\% \times 7.1 = -0.71$(万元)

即当利率上升 1 个基点时,债券的价值将下降 0.71 万元。

(二) 基点价值计量法

在实际应用中,交易者经常使用一个相关的利率风险测度指标,即一个基点的价值(The Price Value of a Basis Point,PVBP)。每100万美元PVBP定义如下:

$$PVBP = -\frac{dP}{dY} = MD \times P \qquad (3-25)$$

可见,PVBP是久期的一个变换指标,等于久期与债券价格的乘积。从单因素模型看,PVBP是利率风险因子前面的系数,即因素敏感性指标,所以PVBP也是计量利率风险的重要指标。

应用PVBP计量的利率风险如下:

$$\Delta P = -\Delta y \times PVBP \times \frac{PV}{1\,000\,000} \qquad (3-26)$$

其中:PV表示债券的面值。

[例3-12] 假设一个证券组合的PVBP是710,如果该证券组合的价值是1 000万美元,那么,当利率上升1个基点时,该组合的损失是多少?

根据式(3-26),利率上升1个基点时,该组合的损失如下:

$$\Delta P = -\Delta y \times PVBP \times \frac{PV}{1\,000\,000} = -1 \times 710 \times \frac{10\,000\,000}{1\,000\,000} = -7\,100(\text{美元})$$

(三) 凸度计量法

1. 凸度的含义

久期代表了"债券价格-收益率曲线"上任一点切线的斜率,在收益率变化很小时,久期可近似地反映债券价格 P 的变动。但是,当收益率变化较大时,久期无法描述利率变动对债券价格的非线性影响,为此引入一种新的利率风险度量工具——凸度,它体现在债券价格 P 对收益率 y 的泰勒展开式中的第二项:

$$dP = \frac{dP}{dy}dy + \frac{1}{2} \times \frac{d^2P}{dy^2}(dy)^2 + \frac{1}{3!} \times \frac{d^3P}{dy^3}(dy)^3 + \cdots$$

从考察收益率变动对债券价格变化影响的角度,根据这个泰勒展开式,稍作变化:

$$\frac{dP}{P} = \frac{1}{P}\frac{dP}{dy}dy + \frac{1}{2} \times \frac{1}{P}\frac{d^2P}{dy^2}(dy)^2 + \frac{1}{3!} \times \frac{1}{P}\frac{d^3P}{dy^3}(dy)^3 + \cdots$$

我们可将凸度定义如下:

$$C = \frac{1}{P} \times \frac{d^2P}{dy^2} \qquad (3-27)$$

2. 利率风险的久期凸度计量方法

若仅考虑上述泰勒展开的前两项,则:

$$\frac{\Delta P}{P} = -D \times \Delta y + \frac{1}{2} \times C \times \Delta y^2$$

或

$$\Delta P \approx -PD_P\Delta y + \frac{1}{2}CP\Delta y^2 \qquad (3-28)$$

可以看出,凸度是利率变化平方项前的系数,根据因素模型(这里将利率变化平方作为一个风险因子),凸度应为利率风险的一个计量指标。要注意的是,凸度一般不能单独用于计量利率风险,而是与久期一起计量利率风险。

(四)利率敏感性缺口模型

1. 利率缺口的含义

利率缺口是指利率变动使资产和负债的利息收入或支付发生不对称的变化。缺口分析可测定这种利率风险敞口。

利率敏感性缺口,可根据敏感性资产和负债规模的相对大小分为3类:正缺口、负缺口和零缺口。若缺口为正时,当利率敏感性资产总量大于利率敏感性负债总量时,利率上升将使金融机构的净收入增加,利率下降将使其净收入减少;若缺口为负时,利率上升会使金融机构净收入减少,利率下降反而使其盈利提高。

缺口管理是根据银行的利率敏感性资产和负债之间的差额来调整资产负债组合以控制银行的利率风险。保守的缺口管理是始终维持零缺口,就是对利率的任何变化都尽可能地使资产收入与负债成本以相同方向和相近比例变化,起到对利率风险免疫的效果。积极的缺口管理,是根据利率未来趋势的预测形成或正或负的缺口。

2. 缺口分析报告

缺口分析报告是进行缺口管理的主要工具,它是将金融机构每一笔生息资产与每一笔计息负债,按照它们"需要重新定价的日期"分成不同时间段,以确定在每一个时间段里的缺口头寸。资产或负债需要重新定价的日期,是指从编制缺口头寸这一天开始至各类资产或负债剩余的利率调整日的那一段时间,即金融资产或负债至利率调整日的余期。

缺口分析报告分为两种:一种在内部使用,通常每旬一次,重新定价的具体时间段划分越细越好,银行管理人员的注意力通常都集中在近段时间的分析;一种是提交给监管机构,通常每季度一次。

3. 基于久期缺口的利率风险度量

假设一家金融机构的净市场价值等于其资产价值与负债价格的差额,即 $NV=A-L$;如果市场利率发生变化,则其市场净值的变动为 $\Delta NV=\Delta A-\Delta L$。

久期缺口管理的目的是构造金融机构"市场净值的久期零缺口",使得利率变动对资产 A 与负债 L 的久期影响相互抵消,以实现金融机构的市场净价值对利率变动不敏感。

只要净资产的久期缺口不为零,那么利率变动必然导致金融机构市场净价值的变动,从而使其面临利率风险。而且,净资产久期缺口的绝对值越大,金融机构承受的利率风险就越大。

二、利率风险的管理方法

利率风险的管理方法主要有利用利率衍生工具管理利率风险,利用久期构造免疫资产组合方法及缺口管理方法管理利率风险等。

(一)基于利率衍生工具的风险管理

利用利率衍生品是管理利率风险的重要工具,常见的利率衍生品有远期利率协议、利率互换合约、利率期货、利率期权和资产证券化等多种。

1. 远期利率协议

远期利率协议(Forward Rate Agreements,FRA)是买卖双方同意从未来某一商定的时刻开始在某一特定时期内按协议利率借贷一笔数额确定,以具体货币表示的名义本金的协议。

远期利率协议的特点是，交割日时不需实际收付本金，只是用 LIBOR 将利率协议期第一天确定的利率与该日前两个营业日时的 LIBOR 之间的利息差额贴现为现值，据此进行交割。

远期利率协议运用的原则是，未来时间里持有大额负债的一方，在预计利率上升、负债成本增加的风险时，应当买进远期利率协议；未来期间拥有资产的一方，在预计利率下降、收益减少的风险时，应当卖出远期利率协议，以此来锁定未来借贷利率，管理利率风险。

2. 利率互换合约

利率互换允许交易双方在未来的某一确定时间内，交换一系列利息流，其中一方以固定利率计算现金流，另一方以浮动利率计算现金流。这样，预计利率变动（上升或下跌）给交易者造成损失的一方可以利用互换合约将浮动利率转换成固定利率；反之，如果预计利率变动给交易者带来收益的一方可以利用互换合约将固定利率转换成浮动利率。

利率互换的参与者使用利率互换主要出于两个原因：(1)对冲利率风险；(2)在互换市场上投机，从固定/浮动利率交易中获利。利率互换对公司和银行还有以下好处：(1)协议双方可在一较长时间内把原来利率由固定转为浮动，或者相反；(2)降低筹资成本。

3. 利率期货合约套期保值

利率期货合约是由交易双方订立的、约定在未来某日期以成交时确定的价格交割一定数量的某种利率相关商品（各种债务凭证）的标准化合约。

套期保值是指在现货市场某一笔交易的基础上，在期货市场上做一笔价值相当、期限相同但方向相反的交易，并在期货合约到期前对冲，以期货的盈利（亏损）弥补现货亏损（盈利）的方法，以达到防范现货资产价格波动造成损失的风险。套期保值之所以能够达到规避价格风险的目的，其基本原理有两个：一是同一品种的商品，其期货价格与现货价格受到相同因素的影响和制约，虽然波动幅度会有不同，但其价格的变动趋势和方向有一致性。因此，一旦保值者在期货市场上建立了与现货市场相反的头寸，则无论市场价格朝哪一方向变动，均可避免风险，实现保值。不过，在套期保值中，保值者一般只能做到保值，而不能获利。因为，保值者在一个市场上获得的利润将被另一市场的损失所抵消。二是随着期货合约到期日的临近，期货价格和现货价格逐渐聚合，在到期日，基差接近0，两个价格大致相等。

利用利率期货交易进行套期保值的主要目的是锁定资金的价格，即得到预先确定的利率或收益。

4. 运用利率期权合约管理利率风险

利率期权是期权的一种，其品种主要有普通的利率期权、利率上限/下限期权和利率双限期权。普通的利率期权是指各种与利率相关的金融产品（如国债、存贷款等）以及它们的期货合约作为标的物的期权，买入者享有在未来一定时间内按照协定价格买进或卖出某种证券的权利。利率上限/下限期权是买卖双方签订一个固定的利率作为未来一段时间内的利率上限/下限，如果结算日市场利率高于（低于）利率上限（下限），则期权的买方可以行权，按协议签订的固定利率执行。利率双限期权是指买卖双方在一个协议中同时签订未来一段时间内的利率上限和下限，如果结算日市场利率高于利率上限或低于利率下限，则期权的买方可以行权，按协议签订的固定利率执行。

商业银行用普通利率期权对利率风险实施套期保值的原理：持有利率敏感性正缺口的商业银行，为规避利率下跌给商业银行可能带来的损失，可买入看涨期权，一旦未来市场利率下跌，作为期权基础资产的利率相关证券价格将提高，银行买入的看涨期权上的获利将弥补商业银行因持有利率敏感性正缺口而遭受的收益损失，从而控制利率风险；持有利率敏感性负缺口的商业银行,为规避利率上升给商业银行可能带来的损失,可买入看跌期权,一旦未来市场利率上升,作为期权基础资产的利率相关证券价格将下跌,银行买入的看跌期权上的获利将弥补商业银行因持有利率敏感性负缺口而遭受的收益损失,从而控制利率风险。

商业银行用利率上限/下限期权对利率风险实施套期保值的原理:由浮动利率债务的商业银行或拥有利率敏感性负缺口的商业银行,可买入利率上限期权,为利率债务成本设置上限,从而把利率风险控制在一定范围内;有浮动利率资产的商业银行或拥有利率敏感性正缺口的商业银行,可买入利率下限期权,为利率相关资产收益设置下限,以达到把利率风险控制在一定范围内的目的。鉴于商业银行利率敏感性缺口正负方向经常发生变化,商业银行也可以通过买入双限期权,既锁定利率上涨带来的风险,也防止利率下跌带来的收益损失。

5. 资产证券化管理利率风险

资产证券化是指将非流动性或流动性差的金融资产转变为可交易资产证券的一种技术。资产证券化的产生和发展与商业银行利率风险的管理密切相关,在20世纪70年代,发达国家的商业银行处于利率自由化后利率不断上升的环境下,而商业银行的收益却来自一些长期的低息贷款资产,因此,商业银行面临着不断增加的利率风险,为了减少利率风险,商业银行愿意将其低收益的固定利率贷款资产卖给可以接受这一现金流的投资者,从而刺激了资产证券化的发展。通过资产证券化,商业银行一方面可以把其所发放的长期贷款资产出售,用得到的资金进行短期投资,从而减少了资产负债期限不匹配所导致的利率风险;另一方面,在利率下降的环境下,长期贷款借款者可能提前还借款,从而使商业银行面临内含选择权风险形式的利率风险,而通过资产证券化,商业银行也通过对其资产的"真实出售"有效降低了该种形式的利率风险。

(二)利用久期管理利率风险

利用久期管理利率风险的方法有两类:一类是根据对利率变化趋势的预测,利用久期来达到盈利或降低风险的目的;另一类是利用久期构造免疫组合来管理利率风险。

1. 利用久期控制利率风险

根据利率风险的久期计量模型,债券的久期越大,利率的变化对该债券价格的影响也越大,因此利率风险也越大。在降息时,久期大的债券上升幅度较大;在升息时,久期大的债券下跌的幅度也较大。因此,当预期未来升息时,可选择久期小的债券,这时债券下跌的风险较小;当预期未来降息时,可选择久期大的债券,此时债券上涨的幅度较大。

2. 利用久期构造免疫组合

(1)免疫组合的概念

所谓免疫组合,是指在债券组合内部,利率变化对债券价格的影响可以互相抵消,因此债券组合在整体上对利率不具有敏感性。我们可以通过构造一个免疫组合的方法,防范利率风险。利用久期构造免疫组合是一种消极的债券投资策略。

(2)基本原理

根据债券组合的久期等于各债券久期加权平均和的原理,利用一组债券,可以构造久期等于0的债券组合,即免疫组合,该组合对利率不具有敏感性。

[例3-13] 一位债券投资经理,根据计划,在2年后有一笔支付1 000万元的现金流出。现在市场上有两种交易的债券,一种是期限3年,年息票利息80元,现在市价为950元,到期收益率为5%,久期为2.78年的债券;另一种是期限1年,年息票利息70元,现在市价为970

元,到期收益率为5%,到期一次支付1 070元的债券。问:债券投资经理如何构造免疫组合,防范利率风险?

解:假设债券投资经理构建的债券组合为P,因为2年后只有一次现金流出,故该债券组合的久期为2年。现债券投资经理有多种选择方案:

①可将所有资金投资于1年期债券,1年以后将所有本息再投资于1年期债券。这一做法的风险是,如果下一年利率下降,则再投资只能获得低于5%的收益(这是再投资风险);

②将所有资金投资于3年期债券,在第二年末出售以满足1 000万元的支付需求。这一做法的风险是,如果在出售以前利率上升,则债券价格会下降,出售的价格就会低于1 000万元(这就是利率风险)。

为了防范再投资风险和利率风险,债券投资经理可以将一部分资金投资于1年期债券,其余资金投资于3年期债券,构造一种免疫组合。

记 w_1、w_2 分别为投资于1年期和3年期债券上的比例,则有

$w_1 + w_2 = 1$

$w_1 \times 1 + w_2 \times 2.78 - 2 = 0$

其中:第一个方程表示两个权数之和必须等于1,第二个方程的含义是组合的久期必须等于现金流出的平均期限(这里要求的平均期限为2年,一年期债券的久期为1年)。

解得结果为 $w_2 = 0.561\,8$,$w_1 = 0.438\,2$,可知该投资经理应将43.82%的资金投资于1年期债券,其余的56.18%投资于3年期债券。

这里,投资经理需要9 070 295元[10 000 000÷(1.05)²]用以购买债券以构成充分的免疫资产。其中,3 974 603元用以购买1年期债券,5 095 691元用以购买3年期债券。

购买的数量如下:

1年期债券:3 974 603÷970=4 098(张)

3年期债券:5 095 691÷950=5 364(张)

免疫组合的免疫作用:如果收益率上升,组合在2年以后贴现3年期债券所遭受的损失正好可以被1年后1年期债券到期所回收的收入(以及3年期债券的第一年的息票利息)再进行高利率投资所带来的额外收益所补偿;相反,如果收益率下降,则1年后用1年期债券到期所收回的收入(以及3年期债券的第一年的息票利息)再进行低利率投资所造成的损失,正好可以被2年以后出售3年期债券的价格上升值所抵补。可见,该债券组合可以免受因未来利率变动所带来的任何影响。

(三)缺口管理方法

缺口管理方法是利用缺口理论对利率风险管理的方法,一般来说,在利率上升阶段,应采用正缺口战略;在利率转为下降趋势时,应及时调整为负缺口战略。敏感性缺口目标值,可由以下公式大致确定:

$$\frac{\text{敏感性缺口目标值}}{\text{敏感性资产}} = \frac{\text{资产负债利差率允许变动幅度} \times \text{资产负债利差率预期值}}{\text{利率变动预期值}}$$

(3-29)

缺口管理是一种粗略的利率风险管理办法,它没有考虑不同头寸或不同金融产品对利率的敏感性不同(基差风险);此外,在实际中很难将所有头寸在重新定价的时间段全部划分出来,这些都影响该方法的应用。

第五节　信用风险管理的基本理论与方法

信用风险是指受信方(借款人)拒绝或无力按时、全额支付所欠债务时,给信用提供方(贷款人)带来的潜在损失,包括由于借款人的信用评级的变动和履约能力的变化导致其债务的市场价值变动而引起损失的可能性。

狭义的信用风险通常是指信贷风险,一般分为商业信用风险和银行信用风险。信用风险的范畴还可以扩展到信用的接受者,是指由于供货方或银行因资金原因而无法提供商品、服务和资金等给受信方(商品购买者或借款方)带来损失的可能性。

一、信用风险的计量

信用风险的计量方法很多,主要有专家评级法、信用等级计量法、信用差额计量法、KMV模型和"违约距离"法、财务分析法、违约概率计算法、期望损失法、VaR法等。这里主要介绍前4种方法。

(一)专家评级法

1. 专家评级系统含义

专家评级系统是由相关部门的主管人员和行业资深人士对企业违约可能性做出的判断,并给出评价等级。在这个系统中,专家个人的经验、主观判断和对关键因素的不同衡量对最后的结果影响很大。专家评级系统中最为典型的是五"C"评级法,它是通过对5个关键因素的分析,评价企业的违约风险。

2. 5个关键因素

5个关键因素是指:

(1) Character:它衡量公司的信誉、偿还意愿、偿还债务的历史等。从经验上看,公司的成立时间可作为其偿债信誉的代表。公司成立时间越长,这一指标值就越高。

(2) Capital:包括所有者权益和股权-债务比。所有者权益越高,股权-债务比越低,公司资不抵债的可能性就越小,违约的可能性也就越小,这些指标值也越小。

(3) Capacity:偿债能力,可由借款人的收入、利润的波动率刻画。一般的,借款人收入的波动率越低,利润的波动率越低,说明借款人的经济状况越稳定,出现无法偿还借款的概率越低。

(4) Collateral:抵押品,指债务人一旦违约,则债务人拥有对抵押品的优先要求权。抵押品质量越好,违约可能性越小。

(5) Cycle Conditions:经济环境。一般来说,经济处于上升阶段,该指标值较大;经济衰退时,该指标值越小。在考察与经济周期紧密相关的行业时,这一因素在决定信用风险的大小时非常重要。

(二)信用等级计量法

信用等级计量法是用一些符号表示信用风险的等级,是一种定性的风险计量方法。目前国际中常用的信用等级计量法是S&P评级系统和Moody评级系统。

1. 两个主要的评级系统

(1) S&P评级系统。在S&P评级系统中,用AAA、AA、A、BBB、BB、B、CCC等表示信用

风险的等级,其中 AAA 级是最高(最优)等级,之后为 AA、A、BBB 等。评级越高的,信用风险越小;评级越低的,信用风险越大。

(2)Moody 评级系统。Moody 评级系统与 S&P 评级系统类似,信用风险的等级也是用一些符号表示,其中 Aaa 级是最高(最优)等级,之后分别为 Aa、A、Baa、Ba、B、Caa 等。评级越高,信用风险越小。

2. 评级系统的有关说明

(1)BBB(or Baa)以上的等级称为"投资级"(含 BBB),BBB(or Baa)以下的等级称为高收益债券(或称为垃圾债券 Junk Bonds)。

(2)相应等级后"+""-"和"1""2""3"的符号

我们可能看到在 S&P 评级中有"+"或"-"符号,例如,一个债券有 BBB+级,这表示这个债券为 BBB 级,但它前景看好,有可能很快升为 A 级。

在 Moody 评级中有"1""2""3"的符号,1 代表乐观的看法,2 代表中性的看法,3 代表悲观的看法。例如,一个债券有 Baa1 级,表示这个债券为 BBB 级,但它前景看好,有可能很快升为 A 级。

(三)信用差额计量法

信用差额(Credit Spreads)计量法是用某种债券的收益率与同期无风险债券收益率的差来计量该债券的信用风险,该差越大、信用风险越大。其计算公式如下:

$$R_c = y_B - y_f \tag{3-30}$$

其中:R_c 为某债券的信用风险;y_B、y_f 分别为债券的到期收益率与同期无风险债券的收益率。

例如,一个 5 年期的公司债券的到期收益率为 5.95%,相应期限的国债券收益率为 5%,则公司债券的到期收益率与相应期限的国债券收益率之间的收益率差如下:

$R_c = y_B - y_f = 5.95\% - 5\% = 0.95\%$

这里 0.95% 就表示该公司债券的信用风险。

(四)KMV 模型和"违约距离"法

1. KMV 模型

KMV 模型的基础是莫顿证券估价模型。KMV 模型首先求解莫顿模型中公司资产的价值和公司资产价值波动率,然后求出"违约距离",并用它来衡量公司的信用状况。

如果记 r_f 是无风险利率,$B(T)$ 是公司债的到期值,T 是公司债务的期限,σ_V 是公司资产价值的标准差,公司股票的价值可直接用布莱克-斯科尔斯看涨期权定价公式估计。

$$E(t) = V(t)N(d_1) - B(T)e^{-r_f t}N(d_2) \tag{3-31}$$

其中:

$$d_1 = \frac{\ln[V(t)/B(T)] + (r_f + 1/2\sigma_V^2)T}{\sigma_V \sqrt{T}}$$

$$d_2 = \frac{\ln[V(t)/B(T)] + (r_f - 1/2\sigma_V^2)T}{\sigma_V \sqrt{T}} = d_1 - \sigma_V \sqrt{T}$$

在式(3-31)中,$V(t)$ 与 σ_V 都是不知的,为此,莫顿提出了下列公式:

$$\sigma_E = \frac{V(t)}{E}\frac{\partial E}{\partial V} \quad \sigma_V = \frac{V(t)}{E}N(d_1)\sigma_V \qquad (3-32)$$

其中：σ_E 是公司股票价格的标准差。解式(3-31)和式(3-32)，可求出公司资产价值 V 及标准差 σ_V。

2. 违约点和违约距离

违约点是指公司资产开始不足以偿付协议支付额的临界点，一般取债务的票面价值。违约距离描述的是公司违约的可能性及程度，KMV 模型定义"违约距离"如下：

设公司资产价值分布为正态分布，债务的到期日为 T，时刻 t 的违约距离如下：

$$D_L = \frac{V - F(V,\tau)}{V\sigma_V} \qquad (3-33)$$

其中：D_L 表示债务的违约距离，$F(V,\tau)$ 表示违约点，$\tau = T - t$ 表示距离到期日的时间，σ_V 表示公司资产的波动率，$V = V_T$ 表示资产在 T 时的预期值。

"违约距离"反映公司资产价值距离违约点的标准差数。由于"违约距离"是一个标准化指标，因而不同公司使用该指标可以进行相互比较，以反映公司信用状况的好坏。该值越大，说明公司到期能偿还债务的可能性越大，发生违约的可能性越小，该公司信用状况越好；该值越小，说明公司到期偿还债务的可能性越小，有清盘可能，该公司信用状况越差。

二、信用风险的管理方法

根据信用风险的含义与特点，信用风险具有非系统性风险的特征，因此，非系统性风险管理的理论与方法都可以应用在信用风险的管理中，具体来说，信用风险管理有以下多种方法。

(一)分散化投资方法

根据投资组合的基本理论，通过多元化投资，可以有效分散信用风险，因为信用风险是属于单个企业债券的风险，即使选择了个别违约风险大的债券，通过分散化投资也可以有效降低这种选择错误的风险。

(二)信用风险分析法

信用风险分析法是通过对债务凭证的信用风险分析，选择低信用风险债券以降低信用风险的方法。一般来说，国债(国库券)的信用风险最小(可认为 0)；其次是金融债券，信用风险也很小；而企业债券的信用风险较大，我们可以用本章第二节介绍的方法对其信用风险进行评估，选择符合要求的企业债券。例如，可以参考 S&P 评级方法选择企业债券，如对信用风险要求严格，可以选择 AAA 级企业债券；如对信用风险要求不太严格，可以选择 AA 级、A 级企业债券。

(三)信用衍生品管理信用风险

尽管信用风险具有非系统性风险的特征，但最近十几年信用衍生品的出现，为信用风险的管理提供了有效的方法。信用衍生品有很多类型，这里仅介绍以下几种常用的信用衍生品。

1. 总收益互换

总收益互换(Total Return Swaps)与传统的互换一样，也有付出和接收两方。在总收益互换中，付出的一方将资产总收益付给接收一方，如企业债券利息收入与价差收入(包括收益与亏损);作为交换,接收一方定期支付给付出一方合同规定的支付款,如 6 个月 LIBOR＋利差。

总收益互换接收的一方不需要在他的资产负债表中拥有这些资产就可以得到这些资产的收益;付出一方可以在不清算标的资产(卖出标的资产)的情况下,使用总收益互换保护资产免受信用风险。总收益互换的管理成本一般比清算的成本低,而且,总收益互换可以使银行在不充分了解客户资信的情况下分散信用风险,因为资产本身是不转移的。

例如一家公司发行了 15 年期的浮动利率债券,其票面利率为 LIBOR＋60 个基点;债券当前的价格为 99.5,一个投资者进入了 3 年总收益互换协议,他支付的利率为 LIBOR＋80 基点(6 个月交换利息一次),收入该公司债券收益。投资者支付的比该公司债息高的原因是他认为该债券的价格将上升。如果互换协议是支付 LIBOR＋30 基点,则投资者可能认为该债券的价格将下降。在互换中,投资者既考虑债息,也考虑资本利得。

如果这家公司债券的信用等级下跌,债券的价格将下降,互换接收的一方就将遭受损失;如果这家公司债券的信用等级提高,债券的价格将上升,互换接收的一方就将获利。

2. 信用违约互换

信用违约互换是一种对现金流支付违约提供防范的方法。购买信用违约互换的投资者付给提供者一定的费用,以保证在投资违约的情况下获得现金流。这些现金流的获得可以是在互换协议开始时一次性支付,也可以是在合约的有效期内定期支付。

信用违约互换的提供者仅仅在初始投资存在某种程度违约时(如不付、少付利息或不付本金),才支付给投资者合同规定的现金流,以弥补信用违约互换购买者的损失。也就是说信用违约互换相当于一类保险工具,仅仅在违约发生时才支付赔偿的一种工具。

3. 信用中介互换

信用中介互换也是一种互换,只不过在这种互换中,一个机构(实体)作为一个互换中介服务于互换交易,以降低互换过程中的信用风险。

例如,假设有两家小公司,一家在温州,一家在宁波。它们想进入一个互换合同,但是,由于它们都是小公司,都需要对对方的市场地位进行调查,而且每一方都不能确信对方是否有能力存活到互换合同的结束。为了方便互换交易,它们都找到在上海的具有 AAA 等级的一家大公司。它们以这家大公司作为媒介来担保该互换交易。例如温州的公司承诺付给上海的大公司 6.0% 的利息,收到以 LIBOR 计息的收益;宁波的公司付给上海的大公司 LIBOR＋15 基点的利息,收到 6.0% 的固定利息收益。两家小公司都相信上海大公司的信誉,上海大公司获取 15 个基点的收益作为承担两家小公司信用风险的报酬。

4. 信用风险期权

信用风险期权与普通期权类似,具有一般期权所具有的一切要素,也可分为违约看涨期权与违约看跌期权两种;所不同的是,它只是一个保护投资者在投资违约时免受损失的期权,是与违约相关的期权。如投资者投资的债券信用等级变化(如从 A 到 BBB)或违约时,债券价格将下跌,投资者将遭受损失,信用风险期权则可能保护投资者免受这种损失,这种作用类似于一个看跌期权,当公司信用等级下降时造成的债券价格下跌给投资者带来的损失部分,由这种期权的出售方给予补偿。

5. 信用差衍生证券

信用差测度的是风险债券的到期收益率与政府债券收益率之间的差。基于这个差额的衍生证券,称为信用差衍生证券,有信用差期权、远期和互换等多种。例如,信用差看涨期权是基于信用差水平的看涨期权,如果信用差上升,看涨期权的价值就上升,如果在期权到期日信用差大于执行信用差,此时该期权购买者就将获利。

第六节 流动性风险管理的基本理论与方法

流动性风险是指投资者在特定时间内不能以市场公允价格买卖证券的风险。也就是说,当投资者希望卖出证券时,他不能以现行的价格或稍低的价格将手中证券卖出而给证券投资者带来损失的风险;当投资者希望买入证券时,他不能以现行的价格或稍高的价格买入证券而给证券投资者带来损失的风险。

一、流动性风险的计量

流动性风险的计量方法主要有流动性评级法、波动性方法(方差、标准差方法,流动性风险因子灵敏度法,流动性差额计量法)、流动性 Beta 计量法、流动性调整的 VaR(LVaR)方法等。由于市场流动性和流动性计量指标的复杂性,目前有关流动性风险的计量还处于探讨阶段,以下介绍几类流动性风险的计量方法。

(一)流动性评级法

与信用风险类似,我们可以将不同类型的资产,根据其特征将其评级,以区别它们的流动性差异。譬如,可以将现金的流动性定为一级(给 100 分),没有流动性风险;国债定为二级(90 分),股票为三级(80 分),房产为五级(30 分)等。

(二)波动性方法

由于流动性风险属于一种市场风险,因此可以仿照市场风险的测度方法计量流动性风险。具体来说,选定某一流动性指标作为计量某证券或市场的流动性指标,用该流动性指标的波动率作为流动性风险的计量指标。具体来说,可采用如下几种方法:

1. 方差、标准差方法

选定分析区间$[0,T]$,将分析区间分为 n 个小区间,计算每个小区间某证券的流动性指标值,形成流动性指标时间序列,计算该序列的方差、标准差,以作为该证券的流动性风险计量指标。

2. 流动性风险因子灵敏度法

根据多因素模型,第 i 个证券的收益率如下:

$$r_{it}=a_i+b_{i1}F_{1t}+\cdots+b_{iK}F_{Kt}+\varepsilon_{it} \quad (3-34)$$

令第 j 个因素 F_{ij} 为流动性风险因子(以某一个流动性指标计量),则在多因素模型中该因素前面的系数即流动性风险。

这种方法度量的流动性风险实际上是单位流动性的变化对资产收益率的影响,可以用收益率的变化对流动性变化的比率表示。

3. 流动性差额计量法

类似于信用风险的计量方法,如果存在两种证券,它们的期限和信用风险等均相同(或都不存在信用风险),仅仅流动性不同,其中一种证券不存在流动性风险,则另一种证券的流动性风险可用该证券的收益率与同期无流动性风险证券收益率的差来计量。该差值越大,流动性风险越大。

不同于信用风险的计量,市场上存在大量同期的无信用风险证券(如国债),而市场上却很少存在同期同信用风险的无流动性风险的证券,因此这种方法在实际应用中受到限制。银行定期存单与同期大额可转让存单之间的利差也许是这种方法应用的最好例子,另一个例子是同一家公司流通股与非流通股收益率的差异。流通股的收益率低于非流通股(净资产收益率)的收益率也主要是对流动性风险的补偿。股权分置改革就是解决非流通股(国有股、法人股)的流通问题,各种对价、现金补偿等也是对流通风险的补偿。

(三)流动性 Beta 计量法

Acharya and Pedersen(2003)在研究考虑流动性风险的资产定价问题时,提出了 LCAPM(Liquidity-Adjusted Capital Asset Pricing),在这个模型中,他们提出了用流动性 Beta 计量流动性风险的方法。

假设市场上有 n 只证券,第 i 只证券的总份额为 S^i,在时间 t,其红利为 D_t^i,排除红利效应之后的价格为 P_t^i,流动性成本为 C_t^i,这里 D_t^i、C_t^i 都是随机变量。市场中的主体能以价格 P_t^i 购买证券,但只能以价格 $P_t^i - C_t^i$ 卖出。设无风险利率为 $r_f > 1$。

证券 i 的收益率如下:

$$r_t^i = \frac{P_t^i + D_t^i}{P_{t-1}^i} \tag{3-35}$$

流动性成本 c_t^i、市场收益率 r_t^M 和相对的市场流动性 c_t^M 分别如下:

$$c_t^i = \frac{C_t^i}{P_{t-1}^i}$$

$$r_t^M = \frac{\sum_{i=1}^{n} S_t^i (D_t^i + P_t^i)}{\sum_{i=1}^{n} S_t^i P_t^i} \tag{3-36}$$

$$c_t^M = \frac{\sum_{i=1}^{n} S_t^i C_t^i}{\sum_{i=1}^{n} S_t^i P_t^i}$$

这样,可以将具有流动性成本的 CAPM 转化为没有流动性成本的 CAPM,表示如下:

$$E_t(r_{t+1}^i - c_{t+1}^i - r_f) = \lambda_t \text{cov}_t(r_{t+1}^i - c_{t+1}^i, r_{t+1}^M - c_{t+1}^M) \tag{3-37}$$

同样,上式可以表示如下:

$$E_t(r_{t+1}^i - c_{t+1}^i) = \frac{r_f + \lambda_t \text{cov}_t(r_{t+1}^i - c_{t+1}^i, r_{t+1}^M - c_{t+1}^M)}{\text{var}_t(r_{t+1}^M - c_{t+1}^M)} \tag{3-38}$$

其中,$\lambda_t = E_t(r_{t+1}^i - c_{t+1}^i - r_f)$ 表示风险价格,这样式(3-38)可分解如下:

$$E_t(r_{t+1}^i - c_{t+1}^i) = r_f + \lambda_t \frac{\text{cov}_t(r_{t+1}^i, r_{t+1}^M)}{\text{var}_t(r_{t+1}^M - c_{t+1}^M)} + \lambda_t \frac{\text{cov}_t(c_{t+1}^i, c_{t+1}^M)}{\text{var}_t(r_{t+1}^M - c_{t+1}^M)}$$

$$- \lambda_t \frac{\text{cov}_t(r_{t+1}^i, c_{t+1}^M)}{\text{var}_t(r_{t+1}^M - c_{t+1}^M)} - \lambda_t \frac{\text{cov}_t(c_{t+1}^i, r_{t+1}^M)}{\text{var}_t(r_{t+1}^M - c_{t+1}^M)} \tag{3-39}$$

由式(3-39)可以看出,它与传统的 CAPM 非常类似,说明资产的期望收益等于其相对流动性成本加上 4 个不同的 Beta 与风险价格的乘积。其中,第一个 Beta 与传统 CAPM 中的 Beta 一样,另外 3 个 Beta 则是基于流动性风险的。首先,$\text{cov}_t(c_{t+1}^i, c_{t+1}^M)$ 说明资产流动性与市场流动性之间的相关效应,暗示由于市场流动性的降低而导致资产流动性降低时,持有该资产的投资者需要有收益上的补偿;其次,$\text{cov}_t(r_{t+1}^i, c_{t+1}^M)$ 说明资产期望收益率与市场流动性之间的相关效应,该项前面的负号暗示如果一种资产在市场流动性较低的时候反而有较高的期望收益,投资者则情愿事先接受一个较低的期望收益,这表明投资者为了使手中的资产与市场流动性之间保持较为稳定的状态,而愿意付出的代价;最后,$\text{cov}_t(c_{t+1}^i, r_{t+1}^M)$ 说明资产流动性与市场期望收益率之间的相关效应,该项前面的负号暗示在市场收益率降低时,资产有较高的流动性,投资者乐意为此付出一定的成本,在熊市情况下资产往往较难出售,而且由于投资者财富的降低,他们更想将手中的资产变现。

这 3 个 Beta 就是阿查里雅(Acharya)和佩德森(Pedersen)提出的计量流动性风险的指标。可以看出,它们是由 LCAPM 得到的,与普通的 Beta 系数具有相似性。实证检验的结果是 LCAPM 对收益率的解释好于传统的 CAPM,说明流动性风险的确被定价了。

为了能够对 LCAPM 进行经验上的估计,利用概率等式:

$$E[\text{cov}(X,Y)] = \text{cov}(X - E(X), Y - E(Y))$$

得到:

$$E(r_{t+1}^i - r_f) = E(c_t^i) + \lambda \beta_i^1 + \lambda \beta_i^2 + \lambda \beta_i^3 + \lambda \beta_i^4 \tag{3-40}$$

其中:
$$\beta_i^1 = \frac{\text{cov}_t(r_t^i, r_t^M - E_{t-1}(r_t^M))}{\text{var}_t([r_t^M - E_{t-1}(r_t^M)] - [c_t^M - E_{t-1}(c_t^M)])}$$

$$\beta_i^2 = \frac{\text{cov}_t(c_t^i - E_{t-1}(c_t^i), c_t^M - E_{t-1}(c_t^M))}{\text{var}_t([r_t^M - E_{t-1}(r_t^M)] - [c_t^M - E_{t-1}(c_t^M)])}$$

$$\beta_i^3 = \frac{\text{cov}_t(r_t^i, c_t^M - E_{t-1}(c_t^M))}{\text{var}_t([r_t^M - E_{t-1}(r_t^M)] - [c_t^M - E_{t-1}(c_t^M)])}$$

$$\beta_i^4 = \frac{\text{cov}_t(c_t^i - E_{t-1}(c_t^i), r_t^M - E_{t-1}(r_t^M))}{\text{var}_t([r_t^M - E_{t-1}(r_t^M)] - [c_t^M - E_{t-1}(c_t^M)])}$$

二、流动性风险的管理

关于流动性风险的管理到目前为止并没有形成一个完整的体系。这里从流动性风险的概念及影响市场流动性的因素出发,提出流动性风险管理的一些思路与方法。

(一)积极发展多层次的金融市场,提高资产的流动性

人们建立各种市场的本质就是为了减少交易双方搜索的成本,提高商品的流动性,因此,建立集中型的市场本身就是提供流动性,所以,大力发展多层次的金融市场,如开通创业板市场、金融期货市场、期权市场、建立全球化市场,本身就是提高流动性、减少流动性风险的一种方法。

(二)在金融市场中引入竞争机制,提高资产的流动性

根据影响市场流动性的因素,我们知道,在金融市场中引入有效的竞争机制,可以提高资产的流动性;例如在报价驱动的市场中,增加股票等证券交易商的数量,引入竞争机制,可以提高资产的流动性,因为做市商本身提供流动性;同样,在指令驱动系统中,增加限价订单的提交者数量,可提高资产的流动性;当然,也可以将报价驱动系统与指令驱动系统相结合,提高资产的流动性。

(三)进行金融创新,提高资产的流动性

金融创新是提高资产流动性的有效方法。事实上,在实践中有很多提高市场流动性的方法。如:将非上市公司变为上市公司,可以提高公司资产的流动性;资产证券化的方法实质上是将流动性差的资产转化为流动性较好的资产,提高了资产的流动性;上市公司发行可转换证券,也是提高资产流动性的方法;如果债券的流动性相对于股票较差的话,发行可转换债券也就将流动性差的资产转化为流动性好的资产;商业银行发行大额可转让存单,使得不具有流动性的定期存单转变为具有流动性的资产。

(四)利用资产交易特征,进行流动性风险管理

一般地,交易价格和每笔交易规模越大,该资产的流动性相对较差,即随着资产价格的升高,资产的流动性将下降;也就是说,随着资产价格的升高,投资者追涨的意愿将下降,这就要求拥有大量证券资产的持有者(流动性较差),为了实现其账面利润,需要分批减持所持有的证券资产,这是基金等大机构进行流动性风险管理的主要方法。

一般来说,流动性高的资产(现金)容易转化为流动性低的资产(如股票),但流动性低的资产(股票)转化为流动性高的资产(如现金)将更容易遇到流动性风险问题。

(五)利用组合方法分散流动性风险

由于流动性风险有非系统性风险的特征,因此可以采用组合投资的方法分散流动性风险。其基本原理是组合投资的基本理论,这种方法也是基金等机构投资者管理流动性风险的主要方法之一。

根据组合投资的基本理论,资产组合的流动性风险不大于各组成证券流动性风险之和。因此要想提高资产组合的流动性,就应当增加组合中流动性大的资产比例,减少流动性小的资产比例,反之则相反。

(六)根据收益率的要求,保留适当流动性风险

由于流动性风险具有系统性风险的某些特征,因此流动性风险可以得到补偿,也就是说,适当承担流动性风险可以增加收益。所以,为了实现收益目标,应合理投资一部分流动性风险大的资产。

一般来说,收益与资产的流动性呈反向关系,流动性好的资产收益率较低,流动性差的资产收益率较高,这就是对流动性风险的补偿。如现金和国库券的流动性最高,其收益最低;房地产的流动性差,但收益较高。

本章小结

本章首先介绍了金融风险的基本概念、特征与分类,金融风险管理的目标、方式与步骤;然后介绍了金融风险管理的基本理论与方法,包括组合投资理论、无套利理论、风险管理制度化理论,金融风险管理的基本方法,包括非系统性风险管理方法、系统性风险管理方法(主要为金融衍生工具法);最后分别介绍了市场风险管理的基本理论与方法,包括市场风险计量的方法(主要有投资收益率波动方法、损失波动性方法、市场因子灵敏度法及 VaR 方法等)、市场风险的管理方法(主要有制度化风险管理方法、分散化投资方法、价值分析法及应用金融衍生品管理风险的方法),利率风险管理的基本理论与方法,包括利率风险的计量方法(主要有久期计量法、基点价值计量法、凸度计量法、利率敏感性缺口模型)、利率风险的管理方法(主要有基于利率衍生工具的风险管理、利用久期管理利率风险、缺口管理方法),信用风险管理的基本理论与方法,包括信用风险的计量方法(主要有专家评级法、信用等级计量法、信用差额计量法、KMV 模型和"违约距离"法、财务分析方法、违约概率计算法、期望损失法、VaR 法等)、信用风险的管理方法(分散化投资方法、信用风险分析法、信用衍生品管理信用风险),流动性风险管理的基本理论与方法,包括流动性风险的计量方法(主要有流动性评级法、波动性方法、流动性 Beta 计量法)、流动性风险的管理方法(积极发展多层次的金融市场;在金融市场中引入竞争机制;进行金融创新;利用资产交易特征,进行流动性风险管理;利用组合方法分散流动性风险;根据收益率的要求,保留适当流动性风险等)。

关 键 词

金融风险(Financial Risk)　　　　　风险管理(Risk Management)
非系统性风险(Unsystematic Risk)　　系统性风险(System Risk)
风险管理理论与方法(Risk Management Theory and Method)
组合投资理论(Portfolio Investment Theory)
风险管理制度理论(Theory of Risk Management System)
无套利理论(No Arbitrage Theory)
市场风险计量(Market Risk Measurement)
分散化投资方法(Decentralized Investment Approach)
价值分析法(Value Analysis Method)　金融衍生品(Financial Derivatives)
利率风险(Interest Rate Risk)　　　　久期(Duration)
基点价值(Basis-Point Value)　　　　凸度(Convexity)
信用风险(Credit Risks)　　　　　　信用衍生品(Credit Derivatives)
流动性风险(Liquidity Risk)　　　　流动性 Beta(Liquidity Beta)

思考与练习

1. 什么是金融风险?金融风险有哪些类型?
2. 金融风险管理的目标、方式与步骤是什么?

3. 金融风险管理的基本理论有哪些?
4. 非系统性风险管理的方法有哪些?
5. 系统性风险管理的方法有哪些?
6. 市场风险计量的方法有哪些?
7. 市场风险管理的方法有哪些?
8. 利率风险计量的方法有哪些?
9. 利率风险管理的方法有哪些?
10. 信用风险计量的方法有哪些?
11. 信用风险管理的方法有哪些?
12. 流动性风险计量的方法有哪些?
13. 流动性风险管理的方法有哪些?

参考文献

1. 王明涛. 金融风险计量与管理[M]. 上海:上海财经大学出版社,2008.
2. 王勇,官晶奇,隋鹏达. 金融风险管理[M]. 北京:机械工业出版社,2021.
3. 段国圣. 资产管理实务、方法与理论[M]. 北京:社会科学文献出版社,2018.
4. 〔加〕约翰·赫尔. 风险管理与金融机构[M]. 王勇,董方鹏,译. 北京:机械工业出版社,2013.
5. 〔美〕米歇尔·克劳伊,〔美〕丹·加莱,〔美〕罗伯特·马克. 风险管理精要[M]. 2版. 张礼卿,杨娉,史秀红,等译. 北京:中国金融出版社,2016.
6. 李向科. 证券投资技术分析[M]. 6版. 北京:中国人民大学出版社,2019.
7. 吴晓求. 证券投资学[M]. 5版. 北京:中国人民大学出版社,2020.
8. 田文斌. 证券投资分析[M]. 3版. 北京:中国人民大学出版社,2020.
9. 郎荣燊,裘国根. 投资学[M]. 6版. 北京:中国人民大学出版社,2021.
10. 张宗新. 投资学[M]. 4版. 上海:复旦大学出版社,2020.
11. Acharya,V. V.,L. H. Pedersen. Asset Pricing with Liquidity Risk[J]. Journal of Financial Economics,2005,77:375-410.

第二篇

资产风险管理篇

第四章

股票投资风险管理

引 言

股票是资产管理业务的重要投资工具。截至 2021 年 12 月 31 日,中国境内股票总市值已达 91.81 万亿元,是全球第二大股票市场,以公募基金、私募基金和保险机构等为代表的机构持股市值占比已达到 44%(剔除一般法人持股)。[①] 资管机构投资股票市场的目的、策略和方式各不相同,也面临多种风险。

本章主要介绍资管机构股票投资的风险及其管理。首先介绍中国股票市场概况;然后介绍股票投资相应的策略;接着介绍股票投资面临的风险及特有风险;最后介绍股票投资的风险管理方法,并用案例进行说明。

第一节 股票市场概述

一、股票的特征与分类

股票是股份公司发行给投资者证明其股东身份的凭证,是股东借以获得股息收入及行使权利的有价证券。股票一经发行,购买股票的投资者即成为公司的股东。股票代表股东对股份公司的所有权,股东凭借股票可以获得公司的股息和红利,并行使自己的权利,同时承担相应的责任和风险。股票属于权益类有价证券。

(一)普通股股票的主要特征

普通股股票具有以下一些基本特征:

1. 收益性

收益性是指股票可以为股东带来收益的特性,是股票最基本的特征。持有股票可获取两类收益:一类是股息和红利,这是股东对发行公司享有的经济权益。股息和红利的多少取决于股份公司的经营状况和盈利水平。另一类是资本利得,是股票持有者在市场上交易股票,股票

[①] 姚佩.A 股脊梁:机构投资者持仓近五成,成交超三成[R].东吴证券,2022.

市场价格高于买入价格时,卖出股票所赚取的价差收益。

2. 风险性

风险性是指持有股票可能产生经济利益损失的特性。由于公司经营的不确定性,股东能够获得的股息和红利收入也具有不确定性。如果公司倒闭,公司的股票可能一文不值。另外,股票的价格还受到社会、政治、经济、心理等多方面的影响,波动较大,如果股价下跌,股票持有者就会面临市值缩水的风险。

3. 流动性

交易上的流动性是指股票可以在证券交易所或柜台市场上自由买卖的性质。尽管股东无权向公司索回股本,但当他需要资金时,可随时出售,使得股票成为流动性很强的投资工具。

4. 永久性

永久性是指股票没有期限,无到期日,股份公司不对股东偿还本金,股东也无权提出退股索回股本的要求,这是股票与债券的主要区别之一。股东若想收回投资,只能将其转卖给他人(如在股票市场上出售),但这种转让只改变公司资本的所有者,而不涉及公司资本的增减。

5. 参与性

参与性是指股票持有人有权参与公司重大决策的特性。股东有权参与股东大会,并提出自己的意见和建议;股东有权对公司重大经营决策投票赞成或反对,以此参与公司的经营管理决策;普通股股东有权选举或被选举为公司的董事或监事等。

(二)股票的分类

股票从不同的角度有不同的分类:

1. 按股东权益分为普通股与优先股

普通股是股份公司基本的、最重要的股份,是构成公司资本的基础。普通股具有经营决策参与权、盈余分配权、剩余资产分配权、优先认股权(或配股权)等多种基本的权利。普通股的股息率一般不固定,随着企业经营业绩的变化而变化。优先股是相对于普通股而言的,是在普通股基础之上发展起来的,公司在筹集资本时承诺给予投资者某些特权的股票。它与普通股都属于公司股东权益的一部分,也可以自由买卖和转让。与普通股相比,优先股可优先以固定股息率按面值领取股息;在企业清偿时,优先于普通股按面额清偿。但优先股不能参与公司的决策管理(除非议项牵涉优先股股东的权益),不能享受公司利润增长的好处等。投资于优先股一般比较安全,且收益比高于投资债券。

2. 按上市地点和投资者可分为 A 股、B 股、H 股等

A 股是指由中国境内的公司发行,由境内个人和机构以人民币认购和交易的普通股股票。B 股是指以人民币标明面值,在中国境内证券交易所以外币认购和交易的普通股股票。H 股是指注册地在中国内地,在中国香港上市的外资股。除这些分类外,市场上还有股票存托凭证。股票存托凭证是指由存托人签发,以境外股票为基础在境内发行,代表境外基础证券权益的证券。

(三)股票的价格

股票有市场价格和理论价格之分。

1. 股票的市场价格

股票的市场价格即股票在股票市场上买卖的价格。股票市场可分为发行市场和流通市

场,因而,股票的市场价格也就有发行价格和流通价格的区分。股票的发行价格就是发行公司与证券承销商议定的价格。股票发行价格的确定有3种情况:

(1)股票的发行价格就是股票的票面价值。

(2)股票的发行价格以股票在流通市场上的价格为基准来确定。

(3)股票的发行价格在股票面值与市场流通价格之间,通常是对原有股东有偿配股时采用这种价格。国际市场上确定股票发行价格的参考公式如下:

$$股票发行价格=市盈率还原值\times40\%+股息还原率\times20\%+每股净值\times20\%+预计当年股息与一年期存款利率还原值\times20\% \quad (4-1)$$

式(4-1)全面地考虑了影响股票发行价格的若干因素,如利率、股息、流通市场的股票价格等,值得借鉴。

股票在流通市场上的价格,才是完全意义上的股票价格,一般称为股票市价或股票行市。股票市价表现为开盘价、收盘价、最高价、最低价等形式。其中收盘价最重要,是分析股市行情时采用的基本数据。

2. 股票的理论价格

股票代表的是持有者的股东权。股东权的直接经济利益表现为股息、红利收入。股票的理论价格,就是为获得股息、红利收入的请求权而付出的代价,是股息资本化的表现。

静态地看,股息收入与利息收入具有同样的意义。投资者是把资金投资于股票还是存于银行,这首先取决于哪一种投资的收益率高。按照等量资本获得等量收入的理论,如果股息率高于利息率,人们对股票的需求就会增加,股票价格就会上涨,从而股息率就会下降,一直降到与市场利率大体一致为止。按照这种分析,可以得出股票的理论价格公式如下:

$$股票理论价格=\frac{股息红利收益}{市场利率} \quad (4-2)$$

计算股票的理论价格需要考虑的因素包括:预期股息和必要收益率。

二、股票市场参与者

股票市场的参与者主要有股票发行人、股票投资人与市场中介机构。

(一)股票发行人

股票发行人是指因筹集资金的需要而向投资人发行股票的工商企业。工商企业是资金需求大户,它们通过在股票市场上发行股票筹措资金用于扩大再生产和经营规模。股权融资是一种可以供企业长期使用、不需归还的长期资金来源,有利于企业长期稳定的生产和经营,大量的企业愿意在证券市场进行股权融资。截至2021年12月31日,境内股票总市值91.81万亿元,含境外股份总市值96.53万亿元。境内上市公司合计4 697家,其中A股公司(含A+B、A+H、A+B+H)4 685家,仅发B股的上市公司11家,B+H股公司仅1家。3个交易所公司数量分别为上交所2 037家(含科创板377家)、深交所2 578家(含创业板1 090家)、北交所82家。

(二)股票投资人

股票投资人是指股票市场上从事股票买卖的交易者,包括个人投资者与机构投资者。个人投资者是以个人名义将自己的合法财产投资于证券市场的投资者。根据中登公司统计数据,截至 2022 年 8 月底,中国共有 2.09 亿名投资者,其中自然人投资者有 2.08 亿名。机构投资者是指法律规定允许从事证券买卖的金融机构,一般包括证券公司、投资基金、商业银行、保险公司、信托投资公司等。近年来 A 股机构投资者规模持续扩张,截至 2021 年 12 月,以公募、外资、私募为代表的机构持股市值占比已达到 44%(剔除一般法人持股)。A 股机构投资者成交占比大幅提升,当前已超三成。私募是 A 股成交占比最高的机构投资者,主要来自规模扩张+量化发展。[1]

(三)市场中介机构

市场中介机构是指专门为证券发行者和投资者提供专业服务的各种专职服务机构,主要有证券公司、证券投资咨询机构以及为各种证券发行和交易有关的会计财务、法律信息等提供鉴证服务的会计师事务所和律师事务所。市场中介机构仅仅提供代理服务,并不构成资金供应链中的一个环节。

三、股票市场的分类与运行

(一)股票市场的分类

股票市场一般分为发行市场和交易市场。

发行市场又称股票的一级市场,股份有限公司发行股票,必须由具有保荐和承销资格的市场中介——证券公司进行承销发行。交易市场又称股票的二级市场,是对已发行股票在投资者之间进行转让的市场。

交易市场一般分为两类,一类是通过证券交易所的集中交易市场,还有一类就是场外交易市场。中国股票的交易主要通过场内交易进行,只有已经退市的股票才由指定证券商在联网的场外市场进行交易。

(二)股票市场运行

1. 股票一级市场

股票一级市场的整个运作过程通常由咨询与管理、认购与销售两个阶段构成。

2. 股票二级市场

股票二级市场是投资者之间买卖已发行股票的场所。二级市场通常分为有组织的证券交易所和场外交易市场,但也出现了具有混合特性的第三和第四市场,这里主要介绍证券交易所市场。

证券交易所是由证券管理部门批准的,为证券集中交易提供固定场所和有关设施,并制定各项规则以形成公正合理的价格和有条不紊的秩序的正式组织。

(1)证券交易所的交易规则

①交易制度的类型。根据价格决定的特点,证券交易制度可分为做市商交易制度和竞价交易制度。

做市商交易制度也称报价驱动制度,在该制度下,证券交易的买卖价格均由做市商提出,买卖双方并不直接成交,而向做市商买进或卖出证券。

---

[1] 姚佩. A 股脊梁:机构投资者持仓近五成,成交超三成[R]. 东吴证券,2022.

竞价交易制度也称委托(指令)驱动制度,在此制度下,买卖双方直接进行交易或将委托通过各自的经纪商送到交易中心,由交易中心进行撮合成交。按证券交易在时间上是否连续,竞价交易制度又分为间断性竞价交易制度和连续性竞价交易制度。

②信用交易。信用交易又称保证金交易,是指证券买者或卖者通过交付一定数额的保证金,得到证券经纪人的信用而进行的证券买卖。信用交易可分为信用买进交易和信用卖出交易。目前中国的融资融券业务即信用交易。

③大宗交易。大宗交易又称大宗买卖,是指达到规定的最低限额的证券单笔买卖申报,买卖双方经过协议达成一致并经交易所确定成交的证券交易。

(2)证券交易程序

证券交易程序是指投资者通过经纪公司在证券交易所买卖股票的交易过程,它包括开户、委托、竞价成交、结算与过户登记等程序。

四、中国股票市场的现状

自1990年上海证券交易所成立以来,中国股票市场经历了从无到有、从有到优的变革历程,沪深交易所、中国证监会相继成立,从区域性到全国性的资本市场形成,承担助力中国经济转型、产业转型的重要历史使命。经过三十多年的发展,中国股票市场已经达到了许多国家几十年甚至上百年才达到的规模。作为资本市场的核心,中国股票市场在筹集企业发展所需的资金、改善企业融资结构、优化社会资源配置、促进中国经济发展等方面发挥了非常重要的作用。

当前,在注册制改革下的中国股票市场进入高质量发展新阶段。多层次资本市场体系建设加速,2019年科创板设立并试点注册制、2020年创业板试点注册制、2021年北交所成立并试点注册制。A股国际化进程加速,A股被纳入MSCI指数、富时罗素指数、陆股通、沪伦通设立。资本市场制度不断完善,2020年新证券法实施、再融资放松新规发布,2022年注册制全面实施。

股票市场的发展,可促进企业完善公司治理,加快实体经济发展。股权激励计划带动研发聚集效应,近两年股权激励热情高涨,2021全年股权激励计划数量达933个,较2010年提高14.3倍。做优做强制度安排为企业注入新活力,证监会于2018年正式推出"小额快速"并购重组审核机制并于2020年拓宽审核通道,进一步激发市场活力。截至2022年9月,当年并购重组事件合计110件,超过2021年(104件)。

第二节 股票投资流程与策略

资管机构投资股票,具有独特的管理流程、策略和投研体系。

一、股票投资的基本流程

(一)投前准备

资管机构在进行股票投资前,需要充分了解产品端的相关信息,包括具体产品期限、产品风险评级及客户的收益需求、风险承受能力、流动性要求等。根据产品端的要素情况,制定股票组合投资指引,确定投资品种范围、投资比例、收益率指引、风险控制机制等。在股票组合投资指引的基础上,结合对于市场的分析与判断,拟定投资策略,并构建相关股票投资池。

(二)投中管理

在做好充分的投前准备的基础上,资管机构应根据拟定的投资策略,制订投资组合构建方案,包括具体仓位安排、明确回撤控制方案;根据宏观经济、政策监管环境、行业发展前景及估值水平等实际情况,进行行业配置和个股方向的选择。

资管机构持续对宏观经济、行业及个股进行研究,在配置层面进行持续的策略跟踪研究,出具不同时间区间内的投资策略报告和配置方案;在个股层面进行必要的上市公司调研,对相关个股构建盈利预测模型,进行盈利预测及估值分析,出具个股投资报告等。在投资策略和相关个股研究成果的基础上,投资经理应在授权范围内构建投资组合,并根据市场变化对投资组合进行动态调整。

(三)投后管理

投后管理是股票投资流程中的重要组成部分,需要得到资管机构的充分重视。宏观经济、市场运行以及上市公司经营层面的情况在各种因素的影响下不断发生变化,从而增加了股票投资的不确定性和风险性,投后管理正是为管理和降低股票投资风险而进行的一系列活动。

投后管理包括对整体投资策略和账户操作情况进行定期回顾和评价,及时修正和调整;对已投资行业及个股的基本面情况进行动态持续跟踪和更新,对可能存在的风险持续关注,及时提示及提出应对方案;根据产品合同及监管要求,在合规范围内进行信息披露;相关账户或产品的估值及清算等。

二、股票投资策略

股票投资策略一般可以分为被动投资策略和主动投资策略。

(一)被动投资策略

被动投资策略的投资者认为股票市场是有效市场,在有效市场里,所有对价格产生影响的信息都反映在股价中,投资者很难利用择时选股等手段战胜市场,只能获得市场平均收益。因此,这类投资者一般选取特定指数的成分股作为投资对象,选择标的指数进行跟踪,常见的跟踪指数有中证 500 指数、中证 800 指数、沪深 300 指数、中小板指数、创业板指数等,每一种指数的跟踪可以分为指数复制策略和指数增强策略。

1. 指数复制策略

指数复制策略是复制指数,不主动追求超额收益,而是追求尽可能低的跟踪误差,涉及的复制方法有完全复制法和抽样复制法。

(1)完全复制法

完全复制法是指通过保持组合中每只股票的占比与标的指数成分股占比完全一致来实现指数跟踪,是最简单的复制策略。该方法较适用于成分股数量少、流动性较高的指数,尤其适用于大市值股票指数,如道琼斯工业指数、上证 50 指数等。

(2)抽样复制法

抽样复制法对市场结构进行细分,选取最有代表性的子样本证券拟合目标指数。对于如何分层进行抽样,主要有按行业分层、按股本分层、按聚类分层和按主成分分析几种方法。行业分层是指先对所有股票按照行业划分,然后在每个行业的股票池中进行抽样;股本分层是指先对所有股票按照股本大小划分不同区间,然后在每个股本区间的股票池中进行抽样;聚类分层是指先通过机器学习把具有相同特征的股票分到一类,然后在每一类中进行抽样;主成分分析是指通过主成分分析方法对所有股票提取主成分,提取的主成分已经实现对股票的抽样。

在资管机构中,对于个股有限的宽基大盘指数,如沪深300、上证50等,一般采用完全复制方法进行管理;但对于小盘指数或者标的股繁多的指数,如中证1000,罗素2000等,会采用抽样复制法。

2. 指数增强策略

指数增强策略不同于指数复制策略,其投资目标是在保证跟踪标的指数的基础上尽可能获取超额收益,追求的是较高的超额收益以及信息比率。由于该策略是在跟踪指数基础上获取超额收益,因此依旧属于被动投资策略。

(二)主动投资策略

不同于被动投资策略,主动投资策略的投资者认为股票市场不是有效市场,在市场中存在被误定的股票,投资者可以利用择时选股等手段战胜市场,获得超过市场平均收益的超额收益率。主动投资策略主要有以下几种:

1. 全市场相对收益策略

全市场相对收益策略是以主动管理战胜市场(业绩比较基准)为目标,组织研究资源、规划投资管理、实施策略投资的投资活动。相对收益策略是建立在投资人员进行投资标的价值分析基础之上,经过努力创造出超越资本市场一般回报的阿尔法策略,成为主动投资管理的价值基础。

全市场相对收益策略的投资者并不完全认同有效市场的理念。他们认为市场有很多领域是有效的,但并不总是有效的;市场有效性依赖于积极主动投资管理人的投资行为。因此,市场上总是存在或多或少的错误定价或者价格不够到位的投资机会,给奉行价值投资、理性分析和积极管理的投资者以超额收益的空间。

中国资本市场一方面受到宏观经济政策和资本市场政策的影响常常出现非有效变化,另一方面中国产业变化迅速、科技成长快捷、消费升级不断兴起、新的商业模式和盈利模式风起云涌,这些都给具备战略眼光、了解上市公司发展规律的投资者以较大的优势与市场机会。

2. 行业比较相对收益策略

行业比较相对收益策略是以行业为对象,组织协调研究与人力资源,将分散的行业研究与行业内重点个股的研究充分运用在策略选股的统一平台之上。该策略的出发点是充分利用投资团队在各个子行业的优势,使不同行业的投资经理首先战胜自己的行业,再由总体配置与轮动取得更好的超额收益。这种策略并不是被动的行业跟踪,而是主动地把握不同行业的特征与动态管理的阿尔法,因为策略仓位头寸的分散化,其策略容量很大,具备超出一般策略的优势。

行业比较相对收益策略的挑战也非同一般,掌握不好可能反而不及简单的相对收益策略。一是策略要求各个行业的研究深度与把握能力都比较好,可以在行业层面做出选股的超额收益;然而每个行业都选出整齐划一能力的投资经理/研究员是很困难的,一旦部分行业未获得超额收益,就有可能正负抵消而使得整个策略陷入平庸。二是市场行情的不同阶段,不同行业可能地位不同,机会不同,如果在主导性行业上没有取得成功,其他行业的成功也很难弥补,在概率上也给策略的成功增加了难度。三是行业轮动的把握非常困难。行业轮动的确存在超额收益的机会,但团队核心人物是否能够将所有产业的动态、传导、趋势、变迁、升级竞争把握得淋漓尽致,对人才能力的挑战很大。四是行业比较策略,其落脚点是上市公司,也使其投资存在一定的传导风险(因为行业的逻辑不一定被某些公司完全代表,而上市公司的优秀不一定能够反映行业贝塔上的优势)。

3. 价值投资策略

价值投资策略是广泛使用的概念,却又是容易误用的概念。巴菲特以"合理的价格买进好公司"来阐释价值投资的理念,可以说是价值投资最简洁准确的定义。价值投资的陷阱主要包括:一是用便宜的价格买进盈利能力衰退甚至劣质的公司,虽然可能有些清算价值,但可能被不断变坏的基本面拖下水;二是为好公司付出过高的价格,在周期顶点买入低 PE 股票,其经典教训就是美国 20 世纪六七十年代的"漂亮 50";三是买入隐藏资产丰厚,无催化剂的股票。

价值投资就是寻找那些市场定价明显低于内在价值的标的,这种价值评估,既可以是静态的也可以是动态的。一般来说,优质企业通常具有下述特征:第一,公司治理上,具备完善的法人治理结构和有效的激励机制;第二,发展战略上,拥有优秀的企业家或管理层,具有良好的业绩记录,管理层对所属行业有深刻理解和较强的前瞻性,形成了清晰的发展战略及有利于提升投资者价值的盈利模式;第三,商业模式及竞争优势上,具有优秀的商业模式和强大的"护城河";第四,财务指标上,包括资本回报率(ROIC)、企业加权平均资本成本(WACC)、企业成长等核心指标都具有中长期成长性。

4. 成长风格投资策略

成长风格投资策略强调投资于一个好的业务和商业模式,买入之后跟随公司一同成长,在公司价值的高速成长中获得丰厚的回报。成长风格投资并非与价值投资相矛盾,因为成长股也需要以合理的价格介入,没有安全边际的投资仍有可能遭受失败。市场上追捧热点成长股的过程往往只有最激进的定价者才能获得参与的机会,而一旦判断失误又可能成为胜利者的"诅咒"。所以成长股的困难不但在于识别一家好的公司和有潜力的业务,而且要找到可能合理的介入机会。对于高估值的成长股,其股价可能受到许多因素的影响而发生波动。对公司业务逻辑理解越清晰,对公司的盈利能力越了解,越有可能在较长的周期内保持正确的持仓决定,享有成长股的良好收益。

成长股的投资目标一般较为长远,通过眼光和耐心,与企业共成长,从股价的长期上升中获得丰厚的利润。

5. 绝对收益投资策略

绝对收益投资策略重视保护本金,追求风险可控前提下的可持续绝对投资回报(内部考核指标设置收益率及最大回撤)。控制回撤和下跌风险是本策略最核心的投资逻辑,寻找估值低、具有足够安全边际的品种择优配置,将估值低作为本策略控制风险的主要手段。

该策略以基本面研究为基础,以合理价格买入优秀公司。该策略的核心是构建高品质的公司组合,以分享其可持续的盈利增长红利;辅以固定收益品种投资,即商业模式清晰、高分红、低估值的公司。

第三节 股票投资风险及度量

在对股票投资进行风险管理之前,首先需要识别股票投资面临的风险,并对其度量。

一、股票投资的风险识别

在进行股票投资时,一般面临市场风险(系统性风险和非系统性风险)及流动性风险、跟踪误差风险等。市场风险是指由于市场各种因素(如利率、汇率、通货膨胀率、市场供求关系等)变化引起资产价格的波动而导致投资者亏损的可能性。当市场各种因素变化较大或较频繁时,投资者遭受损失的可能性或数额也会变大,市场风险就越大。

(一)系统性风险

系统性风险是指由于某种全局性因素引起的投资收益下降的可能性,市场中所有证券资产的收益都会受到这些因素的影响。它与市场的整体运动相关联,如购买力风险、利率汇率风险和政治风险等都是系统性风险。

系统性风险是所有投资者共同面临且无法避免的风险,该类风险的重要特征是不可通过分散化投资予以消除,也就是说,投资者不可能通过多元化的投资消除或降低系统性风险。

(二)非系统性风险(个股风险)

非系统性风险是指由个别资产本身的各种因素造成的收益不稳定性。如破产风险、违约风险、经营风险等均属此类风险。该类风险的重要特征是可通过分散化投资予以消除,也就是说,投资者可通过多元化的投资消除或降低非系统性风险。

(三)流动性风险

流动性风险是指当投资者希望卖出证券时,不能以现行的价格或稍低的价格将手中证券卖出,给其带来损失的风险;当投资者希望买入证券时,不能以现行的价格或稍高的价格买入证券,给他带来损失的风险。流动性风险是资管机构在股票投资时面临的另一个重要风险。流动性高的资产可以以接近预期价格快速买卖,但随着资产市场的流动性降低,交割价格的不确定性增加使得交易员更有可能承担由于流动性短缺造成的损失,因为他们面临更大的买卖价差。

例如,如果一家金融机构拥有 100 股贵州茅台股份,那么不存在流动性风险,因为每天有价值几十亿元的股票在交易所交易,股票的报价与金融机构出售股票的价格非常接近。然而,并非所有股票都能轻易转换为现金。如果持有一家市值很小的公司,在完全平仓之前可能就遭遇公司股价跌停,无法出售公司股票。

金融市场的另一个问题是,当一家金融机构发现需要平仓时,通常情况下,许多其他持有类似头寸的金融机构也需要做同样的事情,使得价格急剧下跌。

(四)跟踪误差风险

被动投资指数策略除了面临系统性风险外,还面临跟踪误差风险。跟踪误差风险是指构建的跟踪组合无法完全复制指数的走势,从而与目标指数之间存在差异的风险。

指数增强策略虽然是被动投资策略,但是涉及一些主动的因子选择,所以面临一些系统性和非系统性的风险。

当客户的赎回金额超出现金仓位的金额,或者申购金额超出对现金仓位的需求上限时,资管机构需要卖出或者买入组合中的股票,此时也面临流动性风险。

二、股票投资的风险度量

(一)市场风险的度量

市场风险的度量方法较多,一般有收益率的波动性、下行风险、最大回撤及 VaR 方法等。

1. 收益率的波动性

市场风险可以用股票投资收益率的方差或标准差度量,股票投资收益率的波动性越大,股票投资风险越大。描述股票收益率波动性的方法有两种,即历史波动率和未来波动率。

(1)历史波动率。历史波动率也称为已实现波动率。其计算方法如下:

$$\sigma_{realized}^2 = \frac{1}{n} \sum_{t=1}^{n} (\ln P_t - \ln P_{t-1})^2 \tag{4-3}$$

其中:P_t 为股票或组合在 t 时间的价格,n 为时间间隔数量。

(2)未来波动率。未来波动率是指对未来波动率的预测,有两种计算方法。一种方法是通过期权计算公式反推出来的波动率。由于期权行权时间在未来,因此也可以理解为市场对未来波动率的预测,一般使用 BS 公式反推得到,这种方法计算的未来波动率一般被称为隐含波动率。另一种方法是通过时间序列模型进行预测,例如 GARCH 模型。郑振龙和黄薏舟(2010)研究发现,在预测周期较短(1 周)时,GARCH(1,1)预测能力较强,而在预测周期较长(1 个月)时,隐含波动率的预测能力较强。

2. 下行风险

下行风险也称为下方风险。波动率包括向下的波动和向上的波动,但对于股票投资,只有向下的波动才算风险,向上的波动为盈利,所以有了下行风险的概念。其计算公式如下:

$$\delta(R, MARR) = \sqrt{\frac{1}{T} \sum_{t=1}^{T} [\min(R_t - MARR, 0)]^2} \tag{4-4}$$

其中:$MARR$ 为可接受的最低收益参考,R_t 为 t 期的回报率,T 为时间间隔数量。

3. 最大回撤

最大回撤是指选定周期内在任意一个时点投资后,可能亏损的最大值。其计算公式如下:

$$MDD(T) = \frac{P - L}{P} \tag{4-5}$$

其中:P 为选定周期内最大跌幅前的最高点,L 为 P 之后的最低点。

最大回撤最直接的用途是排除不适合自己的投资策略,比如一个投资策略的最大回撤为 20%,投资之前应考虑是否能承担 20% 的损失。另外,发生回撤后至少需要比回撤幅度还要大的上涨才能回本,存在时间成本和投资信心等问题。

4. VaR 方法

VaR 是最常用的风险指标,第三章已经介绍了 VaR 的含义、单一证券和组合 VaR 的计算,这里不再介绍。

(二)系统性风险度量

对于单个股票或组合,系统性风险是指对市场的敏感性,可以用 CAPM 模型中的 β 衡量。

$$R_i - R_f = \alpha + \beta(R_m - R_f) + \varepsilon \tag{4-6}$$

其中:R_i 为股票的回报率;R_f 为无风险利率;R_m 为市场收益率;一般选择相关的指数收益

率,通过滚动线性回归即可动态测度 β。

(三)流动性风险度量

流动性风险度量一般有以下几种方法:

1. 流动性调整的在险价值

VaR 旨在计算交易账簿"最坏情况"的市值变化估计值。虽然 VaR 和流动性风险度量涉及不同类型的风险,但一些研究人员建议将它们结合到流动性调整 VaR 度量中。流动性调整 VaR 定义为常规 VaR 加上正常市场中平仓的成本:

$$LVaR = VaR + \sum_{i=1}^{n} \frac{s_i \alpha_i}{2} \qquad (4-7)$$

其中:s_i 为第 i 只股票的有效价差,计算方法为 $\frac{\text{卖价}-\text{买价}}{\text{中间价}}$;$\alpha_i$ 为第 i 只股票的价格。或者定义为常规 VaR 加上压力市场中平仓的成本:

$$LVaR = VaR + \sum_{i=1}^{n} \frac{(\mu_i + \lambda \sigma_i) \alpha_i}{2} \qquad (4-8)$$

其中:$\mu_i、\sigma_i$ 为第 i 只股票买卖价差的均值和标准差,参数 λ 为给定的买卖价差置信度,如置信度为 10% 的情况,且假设价差服从正态分布,则 $\lambda = 2.326$。

2. 换手率

换手率是指一定时间内市场中股票转手的比率,换手率越高,代表股票流动性越好。其计算公式如下:

$$\text{换手率} = \frac{\text{一段时间内的成交量}}{\text{发行总股数}} \times 100\% \qquad (4-9)$$

对于换手率特别高的股票,其投资者构成大多为短期投资者,如果换手率为 10%,10 天所有股票即可转手一次,就意味着现在与 10 天后的投资者可能不是同一批人。

3. 变现能力

变现能力是从金额出发衡量股票的流动性。

$$\text{变现能力} = \text{换手率} \times \text{股票市值} \qquad (4-10)$$

从资产管理的角度来看,变现能力比换手率更为实用,因为可以参考变现能力直接决定某只股票投资多少金额。

4. 买卖量/成交量

资管机构在买卖股票时,如果需要交易 1 万股股票,且该股票的每日成交量在 5 万股,则买卖量/成交量的比值为 0.2。这个比值越小,代表资管机构交易该股票时对市场影响越小,即流动性风险越小。

(四)跟踪误差风险度量

度量跟踪误差首先需要计算跟踪偏离度:

$$TD_{ti} = R_{ti} - R_{tm} \qquad (4-11)$$

其中:TD_{ti} 为组合 i 在时间 t 内的跟踪偏离度,R_{ti} 为组合 i 在 t 时间内的收益率,R_{tm} 为时间 t 内的基准收益率,那么跟踪误差如下:

$$TE = \sqrt{\frac{1}{n-1} \sum_{t=1}^{n} (TD_{ti} - \overline{TD_i})^2} \qquad (4-12)$$

其中：n 为时间段数量，$\overline{TD_i}$ 为组合 i 在 n 个时间段的偏离度均值。

第四节　股票投资的风险管理

一、股票投资风险常规管理方法

(一)市场风险管理方法

市场风险是价格风险，是一种总风险，它既有系统性风险的特征，也有非系统性风险的特征，因此，可以应用非系统性风险与系统性风险的管理方法进行管理。

1. 分散化投资方法

对于股票投资的非系统性风险，一般采用组合投资的方法分散一部分市场风险。这种方法的基本原理是组合投资的基本理论，此方法也是基金等机构投资者管理市场风险的主要方法之一。

根据投资组合的基本理论，通过多元化投资，可以有效分散非系统性风险，因此分散化投资是降低风险的有效方法。例如，开放式基金在投资时，在现金、国债(企业债)、股票上按一定比例分配资金，构成投资组合，其目的之一就是控制市场风险。

分散化投资的核心内容是确定投资比例，确定的方法主要有定性方法与数量化方法两种，定性方法是根据证券分析师的经验构建和调整证券组合中各证券的比例关系，尽管已经出现了定量化的方法，但大多数组合管理者仍习惯采用这种传统方法；数量化的方法是运用数学规划模型，通过定量化的方法求解证券组合中各证券的最佳比例关系，目前，这种方法已经越来越受到重视。

2. 利用股指期货与期权管理系统性风险

对于股票投资的系统性风险管理，可以采用股指期货与期权进行管理。

应用股指期货合约管理系统性风险的主要方法是套期保值方法，它是指在现货市场某一笔交易的基础上，在期货市场上做一笔价值相当、期限相同但方向相反的交易，并在期货合约到期前对冲，以期货的盈利(亏损)弥补现货亏损(盈利)的方法，以达到套期保值的目的。套期保值的基本原理是同一品种的商品，其期货价格与现货价格受到相同因素的影响和制约，虽然波动幅度会有不同，但其价格的变动趋势和方向有一致性。因此，一旦保值者在期货市场上建立了与现货市场相反的头寸，则无论市场价格朝哪一方向变动，均可避免风险，实现保值。金融期货套期保值一般有空头套期保值、多头套期保值等。套期保值的主要风险是基差风险。

[例 4-1]　2022 年 8 月 1 日，某投资者预计 10 月 1 日将收到 200 万美元，计划购买 A 和 B 两只股票，投资比例为 0.6 和 0.4，A 和 B 两只股票的 Beta 系数分别为 1.2 与 0.8。为防止 3 个月内股市上涨带来的风险，准备用 S&P 100 股指期货做套期保值。2022 年 8 月 1 日，A 和 B 两只股票的价格分别为 12 美元和 8 美元；S&P 100 股指期货价格为 130(乘数 200)。2022 年 10 月 1 日，A 和 B 两只股票的价格分别为 15 美元和 10 美元，S&P 100 股指期货价格为 160。该投资者如何进行套利保值？套利保值的效果如何？

答：该投资者应当进行多头套期保值。

套期保值所需合约数如下：

组合的 Beta 系数：

$\beta = 0.6 \times 1.2 + 0.4 \times 0.8 = 1.04$

$h = \dfrac{2\ 000\ 000}{130 \times 200} \times 1.04 = 80$

套期保值的过程如表 4-1 所示。

表 4-1　　　　　　　　　　　股指期货套期保值

日期	现货市场	期货市场
8月1日	预计 10 月 1 日能收到 200 万美元,计划购买 A:12×100 000＝1 200 000(美元) B:8×100 000＝800 000(美元)	买入 80 份 S&P100 种股指期货,指数价格 130,乘数 200, 合约价值:130×200×80＝2 080 000(美元)
10月1日	收到 200 万美元,股价上涨 A:15×100 000＝1 500 000(美元) B:10×100 000＝1 000 000(美元)	卖出 80 份 S&P100 种股指期货,指数价格 160, 合约价值:160×200×80＝2 560 000(美元)
盈亏	多支付 500 000 美元	盈利:480 000 美元
结果	亏损:20 000 美元	

套期保值率＝480 000/500 000×100％＝96％。

应用股指期权合约管理系统性风险的主要方法是期权保险策略。如资管公司购买一股票组合后会面临股市下跌的风险。为防范这一风险,资管公司可买入股价指数的看跌期权。

[例 4-2]　股指期权保险策略

股票组合多头与其股指看跌期权多头之和为其看涨期权多头,即买入资产的同时,再买入看跌期权,相当于买入一个看涨期权,这样可以防范股指下跌的风险,是期权保值策略的一种主要方法。其组合过程如图 4-1 所示。

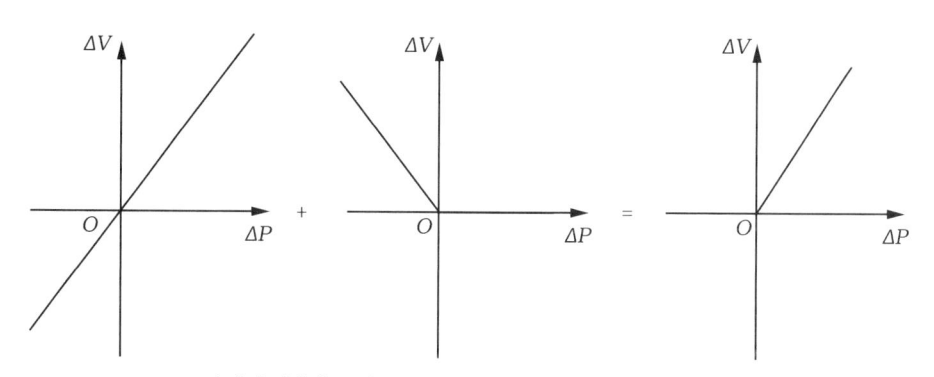

多头金融价格风险+多头看跌期权=多头看涨期权

图 4-1　股指期权保险策略

除分散化投资及应用衍生品管理股票投资市场风险外,还有价值分析法与制度化风险管理方法,详见第三章相关内容。

(二)流动性风险管理方法

对于股票投资的流动性风险,一般可采取以下方法:

1. 根据资管产品对流动性的要求,选择投资品种如果对流动性要求高,应选择大盘股、换手率高的股票;如果对流动性要求不高,可选择中小盘股、换手率不高的股票;也可把股票变现能力指标与买卖量/成交量指标作为选股的依据,以应对流动性的要求。

2. 利用分拆方法进行流动性风险管理

一般地,交易价格和每笔交易规模较大,该资产的流动性相对较差,即随着资产价格的升高,资产的流动性将下降。资管机构为了实现其账面利润,需要分批减持所持有的证券资产,这是其管理流动性风险的主要方法。

3. 利用组合方法分散流动性风险

根据资管产品对流动性的要求,可以采用具有不同流动性的股票进行组合投资以满足资管产品对流动性的要求。若想提高资产组合的流动性,就应当增加组合中流动性大的资产比例,减少流动性小的资产比例;反之,相反。

二、不同投资策略的风险管理

资管机构在投研体系的驱动和指导下投资股票,不同的投资策略收益来源不同,其风险来源也表现各异。这里介绍不同股票投资策略下的风险管理方法,主要针对个股风险、组合的系统性风险及跟踪误差等特别风险进行管理。

(一)被动投资策略的风险管理

1. 指数型产品的风险管理

指数型产品的风险管理一般有以下几种方法:

(1)组合再平衡

指数组合动态管理必须应对两个维度的变化进行再平衡交易。一是客户申购赎回行为等影响指数组合仓位的情形,二是指数产品自身结构产生变化的情形。两种情形的变化如不进行再平衡,就会影响指数的跟踪误差,从而导致对目标的偏离。

再平衡方式分为"仓位管理"和"组合调整"两种方式。

①仓位管理。如果组合仓位对指数跟踪误差很大,须分区间管理指数组合,防止组合累计偏差和跟踪误差的持续扩大。

为权衡交易频率与跟踪误差之间的关系,设立仓位调整区间。大多数公募指数基金的仓位为90%~95%,而大多数基准的比例也在95%。若日常申赎额度较小,可以在约5%的现金额度内解决而不必零星调整;但如果超出范围或者行情明显走出单边走势,则应当及时进行仓位的再平衡,使仓位回归到基准附近。如果出现大额申购赎回的情形,还应当预先进行现金流预测和仓位管理,可以考虑利用股指期货等工具进行仓位管理。

②组合调整。组合调整涉及指数组合内部的结构调整。可以将组合调整归结为两个来源:指数自身成分的调整和公司行为造成的调整。

指数调整的动态跟踪。指数一般会在季度或半年度进行成分股调整,更新成分股清单,并相应调整成分股在指数中的权重,部分如MSCI等不固定股票数目的指数还会新增或减少成分股数目。如遇重大事件,指数还会发生不定期临时调整。组合应当紧跟指数调整,及时调整组合股票清单以及权重,与指数保持一致。

公司行为的动态调整。公司行为(分红、送股、增发等)会改变个股的流通股本或市值,使得指数在个股和行业占比发生一定变化。指数公司会根据公司行为的类型和具体内容对指数权重进行相应调整,组合在指数调整发布后应及时调整,使组合个股权重与指数保持一致。

(2)风险监控

由于指数型产品为被动型投资,因此其风险控制须符合被动型投资的理念要求。有一些风险是指数型产品不可控或者说不必控制的风险,如,指数型产品受市场系统性风险影响而波动或整体回撤的风险、市场波动风险(可以通过仓位一定程度地减缓但不能消除)。

影响指数型产品核心目标的风险则须纳入产品管理的风险控制之中,包括以下几种:

①跟踪误差过大风险。对产品跟踪误差设立跟踪机制,对过大的偏离度与误差水平进行监控与提示,防止因跟踪误差的失控而导致产品失败。

②个股集中度风险。个股集中度过高容易造成组合偏差难以控制,应当在交易层面予以控制。

③流动性不足风险。若个股风险急剧恶化而仍保留在指数中,应当关注其对产品调仓冲击成本的影响。

④大额申购赎回风险。大额申购赎回会影响现有投资人的利益并可能导致跟踪误差控制的失效。公司应当及时分析与监管影响,必要时采取限制性措施进行管理。

⑤市场博弈风险。如果市场对指数型产品的未来调仓有比较充分的预期,同时一些机构或个人正活跃进行指数调仓套利,则指数产品应积极研究应对,以降低市场博弈环境下的损失。

(3)业绩归因与管理

①指数产品跟踪误差的归因分析。

根据指数收益率的权重分解计算法,当天指数的收益率可以分解为各成分股对指数的权重贡献 w 与各成分股当日收益率 r 的乘积之和。

$$r_t = \sum_i w_{it} r_{it} \tag{4-13}$$

指数组合日收益:

$$r'_t = \sum_i w'_{it} r'_{it} = \sum_i (w_{it} + \Delta w_{it})(r_{it} + \Delta r_{it}) \tag{4-14}$$

组合与指数收益来源于两个方面:Δw_{it} 为组合在各成分股上的权重 w'_{it} 与指数该日成分股实际权重 w_{it} 的偏差;Δr_{it} 为组合的成分股日收益率 r'_{it} 与成分股该日实际收益率 r_{it} 的偏差。

②组合与指数收益的日跟踪偏离归因。

$$\begin{aligned} r_t - r'_t &= \sum_i w_{it} r_{it} - \sum_i w'_{it} r'_{it} \\ &= \sum_i r_{it} \Delta w_{it} + \Delta r_{it} w_{it} + \Delta w_{it} \Delta r_{it} \end{aligned} \tag{4-15}$$

指数产品的跟踪误差控制主要以控制跟踪偏离为核心,及时根据指数及成分股权重变化对组合进行调整。由于关键指标跟踪误差对单次较大偏离非常敏感,因此控制单次事件的跟踪偏离非常关键。

熟悉指数编制规则,成分股构成及调整方法,紧跟指数变化,控制好仓位,及时调整持仓保持和指数成分股权重尽可能一致;精细处理各类型事件,尽量减小单次事件对组合日跟踪偏离的影响,严格整体控制账户跟踪误差;综合考虑仓位、成分股权重、特殊事件等因素的影响,及时对组合持仓进行相应的调整和处理,确保精确跟踪指数变化,减少跟踪误差;对可能造成较大偏离的事件进行预测,做好预案,提前布局,精细管理;同时做好客户沟通,从客户的行为意图和风险收益偏好出发,保护客户和公司的利益。

2. 指数增强产品的风险管理

指数增强产品的风险管理方法一般如下：

(1) 建立选股空间

指数增强产品应尽量挑选足够宽的备选股票池，而仅基于指数成分股内的增强策略会对信息比例形成较大损耗。这种理念可以在指数增强选股模型的长期表现中得以验证，即同一个选股策略，选股空间越大，信息比例也会越高。实务中，选股空间应当与基准指数有一定的对应关系，差异过大可能造成风险管理的复杂与困难，须折中权衡。

(2) 跟踪误差管理

国内指数增强产品要求的年化跟踪误差必须控制在 7.75% 以内，对应日跟踪误差为 0.5%，国内指数增强产品的基金经理通常会在实务中把跟踪误差尽量控制在 5% 以内。

在进行组合构建时，利用风险模型预测得到风险因子以及个股风险协方差矩阵，再根据公式对组合跟踪误差进行预测，其中 w 表示个股权重，B 表示股票在风险因子上的暴露，Q 表示股票协方差矩阵，Σ 表示风险因子协方差矩阵，S 表示个股特质风险协方差矩阵：

$$\sigma^2 = w'\Sigma w = (w'B)Q(B'w) + w'Sw \tag{4-16}$$

(3) 持仓调整

投资组合的再平衡主要是由模型的目标和设定来内生决定。通常量化指数增强策略的再平衡频率为每月一次，也有些模型按照季度或者周进行再平衡。

影响再平衡的因素是换手率，理论上包括备选股个数、跟踪误差设定、个股波动率以及因子的自相关系数。基于基本面信息的价值类、质量类因子自相关系数比较高，相应最优换手率较低，而技术类因子的自相关系数比较低，最优换手率较高。基金规模和跟踪基准对换手率也有较大影响。市场上指数增强基金的年化换手率差异较大，但大致规律是规模越大，基金换手率越低，跟踪基准为沪深 300 的基金换手率较跟踪基准为中证 500 的基金换手率低。

假设所有个股的波动率相同且为 σ_0；投资组合允许做空，量化策略理论上最优换手率公式 (Qian, 2006) 如下：

$$T = \sqrt{\frac{N}{\pi}} \frac{\sigma_{model}}{\sigma_0} \sqrt{1-\rho_f} \tag{4-17}$$

从上式可以看出，理想条件下组合换手率主要取决于 4 个要素：备选池股票数量、模型设定跟踪误差、个股自身波动率以及因子的自相关系数。

虽然换手率越高，模型的理论回报可能越高，但实务中由于交易摩擦、合规限制等因素的限制，过高的换手率可能反而影响策略的稳定性和收益。实务中，可以通过加入换手率限制条件或者在目标函数中施加类似 $-\lambda^* |w-w_0|$ 的惩罚项来找到相对合理的换手率。

(4) 归因分析

不同于一般权益类产品通用的基于行业选择和个股选择的 Brinson 归因方法，指数增强产品采用多因子体系，因此在业绩归因上也应当采用基于结构化因子体系的绩效归因方法，以便投资人员准确分析投资组合在阿尔法因子以及风险因子上的得失。

(5) 回撤管理

指数增强产品的风险管理需要关注事前控制。在有限的跟踪误差条件下，指数增强产品应尽量将风险限额应用在个股选择上。如果产品在风险因子上占比过高，回撤风险就会过大。事后的回撤管理需依据绩效归因情况逐层找到回撤出现的原因。

指数增强产品在个股持仓数量上相对较多，并且在个股暴露上一般会施加定量约束条件，单只股票下跌对组合整体负影响相对较小。

在选股层面,量化模型往往更偏爱低估值、高质量、低波动以及反转因子,这些因子在一定程度上可避免陷入对个股的追涨杀跌行为偏差。此外,公司量化投资中应对诸如成交龙虎榜、限售股解禁等负面事件建立模型,对部分未来下跌可能性较大的品种进行预警。

(二)主动投资策略的风险管理

1. 全市场相对收益策略

全市场相对收益策略是以投研为基础建立科学的投资组合。相对收益策略的市场风险管理方法如下:

(1)建立投研框架

①基本框架。从宏观、中观入手进行策略选择。宏观上,考虑长期因素(技术、人口、制度变迁)、周期性因素(增长-通胀组合下的投资时钟)、股票市场整体特征(流动性、整体估值、市场政策)等因素;中观层面,考虑产业景气度、风格板块估值、市场主题热度等因素。

②大类策略框架。多策略综合运用。可选的大类策略有:自下而上选股型策略,价值型、成长型、GARP(Growth at a Reasonable Price)、PB/ROE;自上而下宏观驱动的配置策略,多因子择时[①]、投资时钟;风格策略,动量与逆向、大小盘轮动、成长价值轮动、周期弱周期轮动、主题驱动;事件驱动策略,政策、主要股东增减持。

③个股研究。要求覆盖面广、对重点标的研究深、跟踪紧密。覆盖面广才能支撑多策略实现,各种风格股票都要研究跟踪;重点标的影响大,要理解透、钉得住。重点持仓和可能重点投资的品种对组合业绩影响大,要做到策略的相对收益,就要将影响组合业绩的重点标的和影响市场指数表现的重点股票进行全面跟踪和全面覆盖,使市场的全貌和变化在自己的掌握之中。

(2)构建投资组合

①组合构建策略。投资组合的构建有两种方法,一为多元均衡配置,二为动态多元策略轮动。

均衡配置是考虑在不同维度上的均衡,可以是风格均衡(如成长风格与价值风格的均衡、大中小市值维度的均衡等)、行业均衡(周期性行业与稳定性行业的均衡)、驱动因素均衡(组合的驱动力来源可以是宏观景气驱动,也可以是某个投资主体相关的因素)。在均衡配置策略下,由于组合的分散度较高,在策略配置上不激进,风格可能不够鲜明,整个组合的风险收益特征可能与所跟踪的指数较为接近,这样就需要进行个股优选以增强阿尔法。在构建组合时应偏向于选择质量高、低估值、低预期、GARP、长期高"天花板"的公司。

动态多元策略轮动在有明显获得超额收益的机会时适用,如2013—2015年的TMT主题投资、2014年下半年的证券、2015年中的航空、2016年以来的白酒。动态多元策略轮动很难有体系性的结构化投资框架,更多依据具体的投资场景判断。

②构建选股关注点。关注股票的质量因子,如ROE/ROIC、负债率、现金流等指标,这些指标直接反映公司质量的好坏,当个股的这些指标不够好时,需要慎重投资。

对机构抱团品种要慎重,由于机构的资金量巨大,如果选择投资机构抱团的股票,大概率是在"山顶"买入,并且由于存在信息不对称,若未进行充分研究,对于这类股票买入卖出的时

[①] 如国内某保险资产管理公司开发了MVPCT模型进行择时,充分考虑宏观经济(Macroeconomical)、估值(Valuation)、政策(Policy)、资金(Cash)和技术分析(Technological Analysis)等因素。

机很难把握,当风险事件发生时,机构的抛售还会造成"踩踏"风险。

(3)仓位管理

在均衡配置策略下,一般品种的仓位应在1%以下,重点投资品种在1%~3%,非常有把握的品种可以到5%左右,以保证组合的均衡和分散。在大幅偏离策略(动态多元策略轮动)下,个股投资比例上限也可以提升至10%。

(4)策略检视与轮动

不同市场环境下应选择不同的策略,当判断信心强时,进行较大程度偏离;当判断信心不强时,进行均衡配置;配置策略可左侧布局与右侧跟随。

(5)跟踪风险指标

以静态的多策略构建初始组合,需根据市场判断适度调整策略比例。检查对指数的偏离,对重要行业的偏离要深入论证、持续跟踪。检查组合风格特征,思考其是否符合市场趋势。

重仓股要控制持仓比例,重点检查股价风险,控制投资的行业,使风格均衡。非重仓股通过充分分散化保证阿尔法在一定概率上能够实现。原则上不对个股的下跌做纯技术止损。

2. 行业比较相对收益策略

行业比较相对收益策略的风险控制,大体上与全市场相对收益策略类似,主要有以下几个方面:

(1)建立投研框架

投研框架包括宏观、中观与个股研究3个层面。

在宏观层面上,自上而下致力于寻找不同经济阶段的核心产业,指引团队的资产配置导向。在中观层面上,致力于体系化、全面性地评估各个细分产业,掌握产业脉络、产业生命周期、产业周期规律、产业链生态、行业景气度、竞争格局,以把握投资时机。在个股研究层面上,以产业为核心,关注产业龙头及潜在的产业格局改变者。

(2)建立股票池

以产业为线索,选择"产业主要参与者"作为主要买入备选股票;同时结合自下而上的判断,精选优质企业。在产业层面上,考虑各个细分产业的主要参与者、潜在的格局改变者,结合考虑各产业链环节的覆盖度;在个股层面上,精选具备良好商业模式、治理结构完善、管理层优秀且财务表现突出的优质个股。

调整机制。一般每半年调整一次;核心关注IPO新增个股、新增细分产业、估值落入合理区间的股票;根据研究部的重点推荐/重点关注名单,及时调整。

(3)构建投资组合

基于宏观经济、估值水平、国家政策、资金面以及技术面这5个角度(MVPCT),全面分析权益市场环境,用其量化打分结果作为权益类资产仓位水平的初步决策依据。

基于策略特点,仓位管理更加关注下行风险。针对经济,核心关注中期趋势,而适当忽略短期的小波动;相对于增长速度,更为关注增长质量。针对政策尤其是流动性相关政策,采用前瞻性的专题研究,评估政策趋势。

基于基本面、估值、技术面等评估港股市场环境;重点关注A/H价差。基于产业逻辑,考虑特定产业、产业链环节等,将港股标的纳入产业链分析的框架,在对其投资价值、时间维度、市场估值等进行考量的基础上,驱动A股/港股的配置。

对于行业配置,以均衡配置作为基础,不极度偏离。行业组的超欠配基于中期的投资决策。

重仓股配置。细分产业的核心标的,优先考虑产业龙头;有望改变产业格局,在某些环节采用差异化竞争策略的潜在龙头个股;关注估值、业绩等指标。中长期具备投资价值的优质成长/价值个股,作为底仓持股。

(4)风格检视

检查整个产品的风格特征是否符合市场趋势。如果个别组合的风格特征不符合市场趋势,则采用对比分析,重点论证已配置产业和市场主流选择之间的优劣,并讨论市场趋势的演绎空间。

(5)风险指标管理

不做极致的行业组配置,同时控制细分产业占资产组合中的配置比例;重点检查重要行业的偏离,做到客观论证、密切跟踪。

控制下行风险,匹配长周期具有较高夏普比率的股票。

3. 价值投资策略

(1)建立股票池

利用业绩增速、估值(PE、PB)等指标,筛选出估值明显偏低、业绩增长加速、经营形势向好的股票作为潜在标的。买方和卖方研究员密切跟踪企业的动态信息,其推荐的股票经过筛选后,作为潜在标的。

(2)建立买入卖出原则

买入原则:考虑所选标的在中长期市场中能够做到绝对收益和相对收益兼具,立足于中长期角度战胜市场,而不是短期战胜市场。

卖出原则:跟踪基本面时发现公司基本面出现根本恶化;估值明显高估;有其他更好的机会;市场整体明显高估,系统性风险很大。

(3)不确定性和陷阱处理

价值投资的内在逻辑很完美,但实践起来非常难,因为对一家企业的价值很难准确估计。需要注意的常见陷阱有3个:一是处于周期顶点的低PE股票。当买入一个周期性股票时,一定不能只考虑当下的利润,因为这些利润可能是不可持续的。二是隐藏资产丰厚,无催化剂的股票。在A股和港股,很多上市公司有绝对大股东,这个大股东决定了是否把这个隐藏资产价值催化出来,作为小股东,没有任何办法强迫公司分拆或者出售隐藏资产。三是盈利能力正在衰退的企业。低市盈率的股票被压低股价,通常是因为市场价格已经反映了盈利急剧下跌的前景。买入这种股票的投资者也许很快会发现市盈率上升了,因为盈利下降了。

4. 成长风格投资策略

成长风格投资策略的实施方法与价值投资策略相似,所不同的是,在选股时满足成长性的风格,如要求公司的收入增速≥2倍名义GDP增速,市盈率(PE)在15~30倍,市值聚焦在30亿~500亿元,行业处于成长期转成熟期,隐含复合回报率达15%~20%的成长股企业。

投资风险的控制方法:成长型企业一般处在快速发展、竞争格局还未稳定的行业,行业变数与公司变数都较多,投资过程中有较多的不确定性和投资陷阱,一般通过"买入前详尽研究+买入后紧密跟踪"来应对。

买入前,由于大部分企业只是阶段性成长,若要持续地做成长股投资,就需要不断地拓宽研究范围,深化研究判断,扩大横向、纵向能力圈,才能保证持续地发现优质成长股,以获取长期稳定投资回报。研究过程中应尽量避免方向性错误,包括行业、公司、管理层等,成长股的投资陷阱往往是由"投错了人"而导致。除了长期成长空间外,对中期的行业周期与公司经营周期也需要进行详细研究,以免过早买入,摊薄投资回报率。买入价格上要留足安全边际,以便出现误判后也能减小损失甚至全身而退。

买入后,持续跟踪企业基本面情况,不断根据更新后的预期情况,调整该股票在组合中的持仓比例。

5.绝对收益投资策略

绝对收益投资策略的实施方法与上述其他投资策略类似,也包括建立投资框架、建立股票池、构建投资组合等内容。

对该策略投资风险的防范主要有以下几种方法:

(1)控制组合集中度,以降低非系统性风险

组合构建采用适度的集中度。个股比例:一般情况下组合中的个股不超过40只。单只个股买入比例不超过10%,如果因为涨幅较大,比例超过10%将不再继续买入。如果市场中大多数个股涨幅较大,绝对收益可选标的少,个别标的有明确投资机会,单只个股比例将会增加到20%。行业比例:一般情况下看好的行业比例在20%左右。行业景气度高,同时估值合理,会增加30%~40%行业比例,但单个行业比例一般不会超过40%。

当绝对收益投资组合中单只股票投资金额占单组合总资产的比例超过5%时,该投资品种必须来自股票二级备选库;当单只股票投资金额占单组合总资产的比例超过10%时,该投资品种必须来自股票三级备选库。

(2)仓位管理及回撤控制

公司每月召开MVPCT会、权益投委会,投资经理和权益投委会主席讨论是否调整账户基准。

通过仓位调整及个股选择控制回撤,以控制市场风险。除建仓期外,账户仓位一般保持稳定。通过公司MVPCT分析模型,投资经理对A股市场的大级别行情进行预判,在面临大的机会或风险的情况下,对仓位做出重大调整;否则保持仓位稳定,致力于通过个股选择创造超额收益。

个股选择。估值低、具有足够安全边际择优配置;基于基本面研究,以合理价格买入优质公司,构建质地好、有成长空间的公司组合,以分享其可持续的盈利增长;同时把握处于行业拐点和经营周期拐点的公司,以获得预期差修正带来的盈利。

案例分析

某公募基金管理公司定向增发策略与风险管理[①]

定向增发(以下简称"定增")在折价发行与流通中存在巨大的利润空间。公募、私募、券商资管等资管机构通过定增途径投资股票市场。特别是随着定增政策的调整和市场的发展,资管机构参与股票定增的策略不断创新,风险防控模式不断演化。本案例将通过资管机构参与定增策略的演变,剖析资管机构对该种投资风险管理的形式与效果。

---

① 根据公开信息整理,仅用于教学研讨。

一、定增、再融资新政及投资风险

1. 定增的含义与目的

定增是指上市公司采用非公开方式,向特定对象发行股票的行为。上市公司定增主要有以下目的:引入战略投资者;项目融资,为公司培养新的利润增长点;股权激励、股权争夺等。

2. 再融资新政

2020年之前,定增市场受2017年再融资规则及减持新规影响,融资规模小,发行难度大,定增市场供给紧缩。2020年2月14日,证监会发布《上市公司证券发行管理办法》《上市公司非公开发行股票实施细则》,对再融资规则进行修订。以再融资新政、注册制改革为首的政策组合拳陆续落地,激活再融资市场各方主体的积极性。再融资新政规定,发行折价率由原来的九折下降为最低八折,参与竞价投资者有6个月的锁定期,因此,资管机构参与定增有6个月的锁定期。

3. 定增投资风险

"折价"伴随着未来锁定期的不确定性,即一方面,定增享受折价,看似稳赢;另一方面,定增带有锁定期,牺牲流动性,未来股价不确定。收益对应风险、风险需要补偿,资管机构投资上市公司定增如何破解这一问题?

定增投资的收益来源主要有:

(1)折价收益。定增的发行价一般低于市价,折价增厚了安全垫。

(2)α收益(个股成长收益)。主要来自企业的内生性发展,比如公司盈利能力增强、公司治理结构改善、财务健康,公司内在价值提升后所获取的收益。

(3)β收益(市场波动收益)。这一部分收益来源于市场的博弈,虽然市场波动存在不确定性因素,但折扣收益又为市场波动提供了保护。

$$定增收益 = 折价收益 + 个股收益\alpha + 系统收益\beta$$

定增的收益来源其实主要来自折价收益和锁定期内二级市场的涨幅。

参与定增有很高的准入门槛,增发后有一段时间的锁定期。这对投资者而言,本质上是牺牲一定的流动性来换取购买打折股票的机会。

上述收益因子,也是定增的风险因子。

二、定增基金投资策略及实施效果

(一)定增基金投资策略

因为定增所具备的折扣优势,"躺着赚钱"的优质定增项目成为各路资金眼中的"香饽饽"。市场资金对优质定增项目趋之如鹜,甚至一度出现激烈拼抢的情况。为分享定增"盛宴",公募基金公司于2015年开始成立并发行定增主题基金。所谓的定增基金,是指以参与上市公司定增为主的基金,即主要投资于上市公司非公开发行的股票的投资基金。这里以原国泰融丰定增灵活配置混合型证券投资基金(501017.SH)为例分析定增基金投资策略。该基金投资策略如下:

从发展前景和估值水平两个角度出发,通过定性和定量分析相结合的方法评价定增项目对上市公司未来价值的影响。结合定增一二级市场价差的大小,理性做出投资决策。在严格控制投资组合风险的前提下,对行业进行优化配置和动态调整。

1. 采用定性分析方法进行价值挖掘

在充分分析与评价上市公司面临的市场环境及现有的业务环节、竞争优劣势的基础上,从定增的项目目的、发行对象、项目类别等角度,多层面分析定增项目可能对上市公司产生的影响,预测上市公司在完成定增项目后能够获得的资源质量、能够达到的经营状态以及能够实现的竞争优势等。

2. 在定性分析的基础上,采用定量分析的方法筛选具有较好投资价值的定增股票

通过分析定增项目公司的估值指标、成长性指标、现金流指标等财务指标,筛选出成长性确定、现金流量状况良好、盈利能力和偿债能力较强但价值相对被低估的公司,作为备选定增股票。再将定增对上市公司的影响量化为对财务指标的影响,预测定增公司未来在资产结构、运营效率、盈利能力等方面的动态变化趋势。将上市公司估值水平与市场整体估值水平、行业估值水平、主要竞争对手估值水平相比较,综合评价成长能力与估值水平,挑选具有良好投资价值的定向增发股票。

3. 构建投资组合并动态调整

经过严格的定性分析和定量分析,挑选部分非定增股票与定增股票组成股票投资组合,并适时进行投资组合调整。

(二)实施效果及风险管理

1. 实施效果

到了2017年2月,监管层发布再融资新规,对发行价格、发行规模和发行节奏均提出了明确要求。此后,叠加市场进入漫漫下跌路,定增投资收益的不确定性增加,定增项目成了"鸡肋",这些产品在2017年亏损了。

该基金的净值经历了一波很长期限的下跌走势,才慢慢回升到1元以上(见图4-2)。

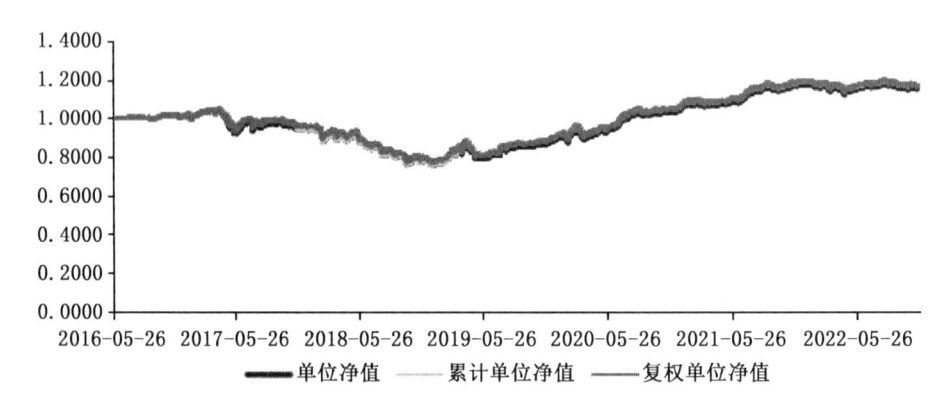

图4-2 某基金净值走势

资料来源:Wind。

2. 策略风险管理的缺陷

限售期内持有股票必然面对股票的波动风险。定增基金收益依赖于折价收益和大盘走势。分散化投资虽然会降低投资组合的风险,可以防范个体风险,但对市场波动往往无可奈何,不能够抵御市场风险。

三、定增量化对冲基金效果

既然组合投资不能防止市场下跌途中的净值下降,部分机构就创设定增量化对冲基金,以规避组合基金不能对冲系统性风险的缺点。

资管机构在参与定增时,选择性地参与多只定增的股票,以构建现货组合分散非系统性风险,采用股指期货等金融工具对冲系统性风险,从而锁定收益、减小风险。这种策略可以是"定增+期指""定增+融券"的对冲模式。

某公司在这类产品的宣传中提到,"××定增主题对冲投资基金的核心优势是用对冲工具管理市场风险,剥离掉不确定性市场波动,抓住折价收益和成长性收益这些确定性的收益,从而达到攻守兼备的效果。在定增组合足够分散的情况下,六七个股票就能复制市场80%~90%的波动,然后用对冲工具对冲,其对冲有效性将大大提高,在平滑风险时可以做到游刃有余"。

但是,这种策略的不足在于,构建的现货组合不能完全分散非系统性风险(如上述宣传中,仅能"复制市场80%~90%的波动"),在此基础上的对冲,是不完全对冲,在市场下跌过程中会有部分风险敞口。

四、"定增+量化配平+对冲"策略

针对定增量化对冲的对冲性不足的缺点,如果采用定增多个股票组合,再通过量化配平,构建一个与所使用的对冲指数几乎完全相关的组合,各类风险敞口尽可能地小,再用股指期货对冲,则可以在规避底仓波动的情况下实现定增组合折扣收益。因此,"定增+量化配平+对冲"策略应运而生(见图4-3)。

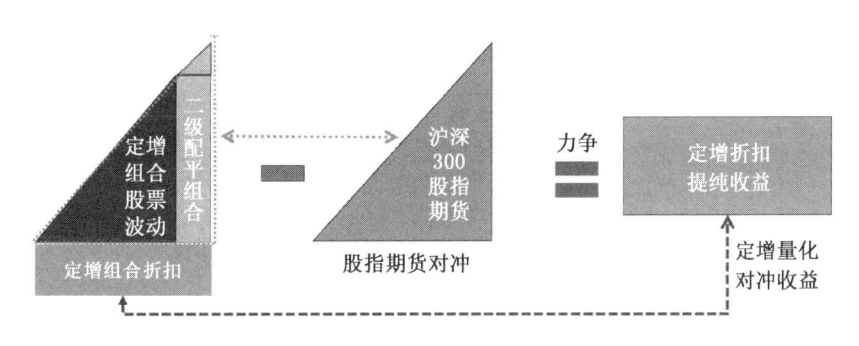

图4-3 "定增+量化配平+对冲"策略示意图

(一)基本策略

基于定增"安全垫",通过"量化+"的方式对定增策略进行"再组合",通过资产配置组合进一步平滑传统定增纯多头组合的波动,进一步对冲、降低整体组合投资的风险。通过对冲,将定增的折扣从组合Beta中部分剥离出来,力争使有意愿的投资者获得定增股票的折扣,而相对减少承担底仓的波动。

目前这个策略的主流产品期限是18个月左右,基本可以覆盖两轮定增周期。

(二)具体步骤

1. 构建定增组合

首先通过基本面量化筛选定增股票。用量化的方法对定增股票池进行初步筛选,力争剔除存在财务造假风险或报表结构不健康、未来可能业绩变脸的标的,保证客户可以赚取不被污染的定增折扣收益。使用的指标主要包括:分析师下调指标、业绩预亏指标、限售股解禁指标、预测亏损指标、监管警示指标。

然后,比较股票预期收益量化优选定增股票。基于"定增股票收益＝股票预期收益率＋定增波动项(折扣收益＋买入冲击成本－禁售流动性损伤)",通过比较股票预期收益,确定每一个定增项目有吸引力的折扣应当处以何等水平,并以该折扣报价。

经过上述流程,构建定增多票组合(30只股票左右)。

2. 构建配平组合

根据选出的定增组合,精选个股构建配平组合,使得(定增组合＋风险配平组合)这个二级组合在市值、行业等特征与要对冲的股指期货的指数大致相符,最大限度对冲定增组合底仓波动,从而部分剥离出定增股票的折扣阿尔法。

3. 股指期货对冲

对冲交易简单地说就是盈亏相抵的交易。对冲交易即同时进行行情相同、方向相反、数量相当、盈亏相抵的交易。考虑到中证500股指期货(IC)贴水较深、成本较高,上证50股指期货(IH)风格极端、对市场整体跟踪效果一般,本策略拟采用沪深300股指期货(IF)进行对冲操作(最终情况请以产品合同约定的策略为准)。

定增组合＋配平组合＋股指期货对冲的示意图,如图4-4所示。

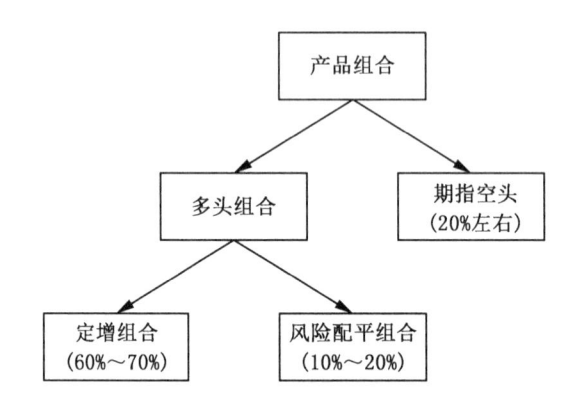

图4-4 "定增＋量化配平＋对冲"组合示意图

(三)风险管理逻辑与效果

"定增＋量化配平＋对冲"产品基于定增股票的折扣优势,产品多头仓位会布局定增标的,再利用股指期货组合,力争通过股指空头有效对冲定增组合系统性风险敞口,稳定获得定增组合的折扣收益。

根据该策略投资运作的某基金产品基本信息如表4-2所示。

表 4-2　　　　　　　　　某"定增＋量化配平＋对冲"基金基本信息

成立时间	产品规模	定增仓位	股指期货	平均折扣	净值(2021年7月22日市值法)
2020年12月28日	5.1亿元	约60%	沪深300	82.2%	1.115元

产品的风险归因情况如表 4-3 所示。策略多头由定增组合和风险配平组合两部分构成，多头持仓部分没有明显的波动率、流动性、动量、杠杆、成长、盈利、估值和大小盘偏好，产品策略多头的配平效果明显。

表 4-3　　　　　　　　　某"定增＋量化配平＋对冲"基金风险归因结果

风险因子	因子含义	风险敞口
非线性市值	通常代表中盘股	0.19
Beta	股票相对于整个股市的价格波动情况	−0.19
波动率	价格波动程度	0.01
流动性	交易活跃程度	0.09
动量	过去一段时间相对强势与弱势股票的收益差异	−0.03
杠杆	资产负债率	0.09
成长	销售或盈利增长	0.06
盈利	盈利能力、现金收益等	0.06
估值	市净率	0.01
市值	大盘股和小盘股之间的收益差异	−0.36

总收益＝定增折扣收益＋配平后组合收益＋基差波动。从净值走势可以看出，策略整体保持权益敞口中性，策略的主要收益来源为定增股票折价，市场 Beta 对冲效果较为稳定(见图 4-5)。

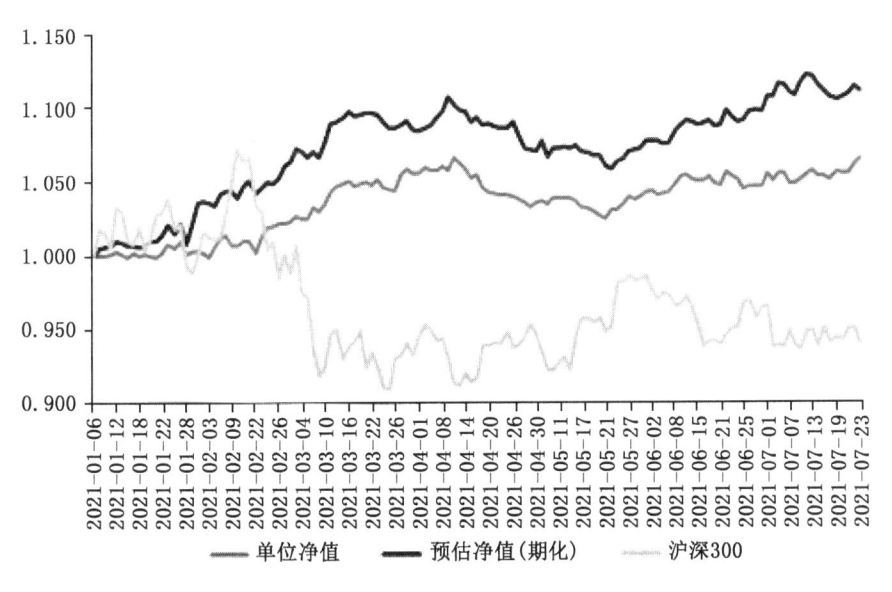

图 4-5　某"定增＋量化配平＋对冲"基金净值走势图

资料来源：Wind。

本章小结

股票是资产管理的重要品种,在资产管理业务中占有重要地位。如何管理股票投资风险是资产管理机构关心的重要问题。本章首先介绍股票的特征与分类、股票市场参与者、股票市场的分类与运行以及中国股票市场的现状;然后介绍了股票投资的策略,一般可分为被动投资策略和主动投资策略两大类;接着分析了股票投资所面临的各类风险,给出了各类风险的度量方法;之后,先给出股票投资风险的常规管理方法;最后,结合每类股票投资策略提出了相应的风险管理方法。

关 键 词

普通股(Common Stock) 优先股(Preferred Stock)
融资融券交易(Securities Margin Trading) 股票市场(Stock Market)
被动投资(Passive Investment) 主动投资(Active Investment)
市场风险(Market Risk) 下行风险(Downside Risk)
最大回撤(Maximum Drawdown) 流动性风险(Liquidity Risk)
流动性调整的在险价值(Liquidity-Adjusted VaR)
换手率(Turnover Rate) 跟踪误差(Tracking Error)

思考与练习

1. 中国股票市场的现状如何?
2. 股票投资有哪些策略?
3. 被动投资策略的投资逻辑是什么?有哪些跟踪方法?
4. 股票的市场风险是什么?如何度量?
5. 股票的流动性风险是什么?如何度量?
6. 股票市场风险管理的一般方法是什么?
7. 股票投资流动性风险管理的一般方法是什么?
8. 不同的投资策略面临哪些特定的风险?如何管理?

参考文献

1. 艾熊峰.投资方法论系列1:基本面投资四大门派的道与术[R].国金证券,2022.
2. 段国圣.资产管理实务、方法与理论(三)[M].北京:社会科学文献出版社,2018.
3. 古翔.定向增发投资策略系列研究:定增投资正当时[R].光大证券,2022.
4. 李倩,孙林岩.国外指数化投资的发展与研究述评[J].证券市场导报,2008(8):46-51.
5. 吴晓求.中国资本市场三十年:三座丰碑、一个目标[J].中国经济评论,2020(3):8-17.

6. 张馨元. 定增市场全景投资手册[R]. 华泰证券,2020.

7. 郑振龙,黄薏舟. 波动率预测:GARCH 模型与隐含波动率[J]. 数量经济技术经济研究,2010,27(1):140-150.

8. 中国证券投资基金业协会. 证券投资. 基金[M]. 北京:高等教育出版社,2017.

9. Butler,J. S.,Barry Schachter. Estimating value-at-risk with a precision measure by combining kernel estimation with historical simulation[J]. Review of Derivatives Research,1998,1(4):371-390.

10. Boudoukh,Jacob,Matthew Richardson,Robert Whitelaw. The best of both worlds[J]. Risk,1998,11(5):64-67.

11. Hull,John,Alan White. Incorporating volatility updating into the historical simulation method for value-at-risk[J]. Journal of Risk,1998,1(1):5-19.

12. Almgren,Robert,Neil Chriss. Optimal execution of portfolio transactions[J]. Journal of Risk,2001(3):5-40.

13. Dunis,L. C.,Ho,R.,Cointegration portfolios of European equities for index tracking and market neutral strategies[J]. Journal of Asset Management,2005(6):33-52.

14. Dowd K. Measuring Market Risk[M]. Wiley,2005.

15. John C. Hull,Risk Management and Financial Institutions[M]. John Wiley & Sons,2018.

16. Edward Qian,Eric H. Sorensen,Ronald Hua. Information Horizon,Portfolio Turnover,and Optimal Alpha Models[J]. The Journal of Portfolio Management,2007,34(1):27-40.

第五章

债券投资的风险管理

引 言

资管机构投资具有安全性、收益性和流动性的要求。债券由于其风险特征与股票的不同,有着稳健的收益性和规范的流通市场,成为资产管理机构最重要的投资品种之一。

本章首先介绍债券市场的发展历程、债券的分类和市场现状,帮助读者对债券市场有一个初步的了解;接着介绍债券的投资策略;然后分别介绍债券投资的市场风险、信用风险和流动性风险、操作风险及合规风险的管理;最后是债券投资的案例分析,通过信用债违约案例分析违约企业的特征及相关风险的识别与防范措施。

第一节 债券市场概述

从1981年恢复国债发行开始,中国债券市场在曲折中前行,走过了四十多年不同寻常的发展路程。随着1996年末中央托管机构的建立,债券市场由此进入快速发展期。经过多年发展,中国债券市场已形成门类基本齐全、品种结构较为合理、信用层次不断拓展的全球第二大债券市场。

一、中国债券市场概述

(一)中国国债市场发展历程

自1981年中国国债发行重启以来,中国债券市场经历了一个不同寻常的发展过程。中国债券市场的发展有几个重要时间点,如图5-1所示。

1988—1991年,中国的债券市场仍处于初级发展阶段,场外交易市场(包括地方债券交易中心)占主导地位,个人投资者通过商业银行和证券公司的柜台进行交易,但由于没有统一的基础设施支持,当时的债券市场尚显稚嫩。1991年,随着上海证券交易所和深圳证券交易所的成立,债券首次进入中国的交易所市场,债券市场开始由场外回流至场内。1995年,国债招标发行试点成功,启动了中国国债发行市场化进程,国债收益率形成机制逐步市场化。1997

```
1981年          1987年          1998年          2005年          2015年
财政部正式发行    颁布《企业债券    颁布《政策性银行  颁布《信贷资产    颁布《公司债券
国债,企业自发    管理暂行条例》    金融债券市场发行  证券化试点管理    发行与交易管理
向社会或内部集                    管理暂行规定》    办法》            办法》
资
```

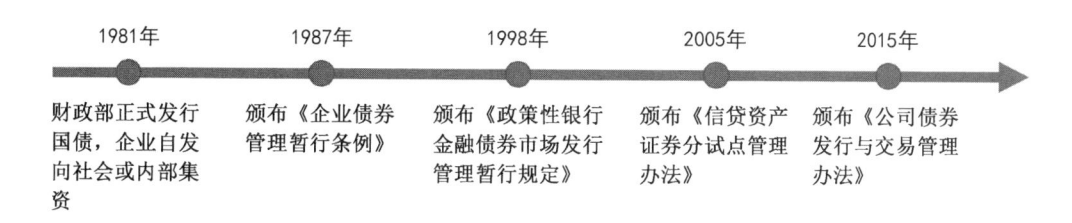

图 5-1 中国债券市场发展历程

年,央行要求商业银行将其交易场所切换到中国外汇交易系统(CFETS)场外交易市场,这标志着中国银行间债券市场(CIBM)的启动。最初有 16 家商业银行参与,随后是经中央银行和监管机构批准的各类金融机构。自此,银行间市场发展迅速,市场参与者更加多元化,市场活跃度日益提升,对外开放稳步推进,制度框架也逐步完善,这反过来提高了机构投资者的参与度,并激发了更多的市场创新。

债券市场的重要性日渐凸显。中国共产党十八届三中全会决议提出,要发展并规范债券市场,提高直接融资比重。"十三五"规划纲要指出,要完善债券发行注册制和债券市场基础设施,加快债券市场互联互通,稳妥推进债券产品创新。"十四五"规划纲要指出,要完善市场化债券发行机制,稳步扩大债券市场规模,丰富债券品种,发行长期国债和基础设施长期债券。作为资本市场的重要组成部分,中国债券市场正步入重大战略机遇期。

截至 2022 年 9 月底,中国债券市场存量规模突破 140.18 万亿元(如图 5-2 所示)。债券市场规模总量已经超过 GDP 总量。

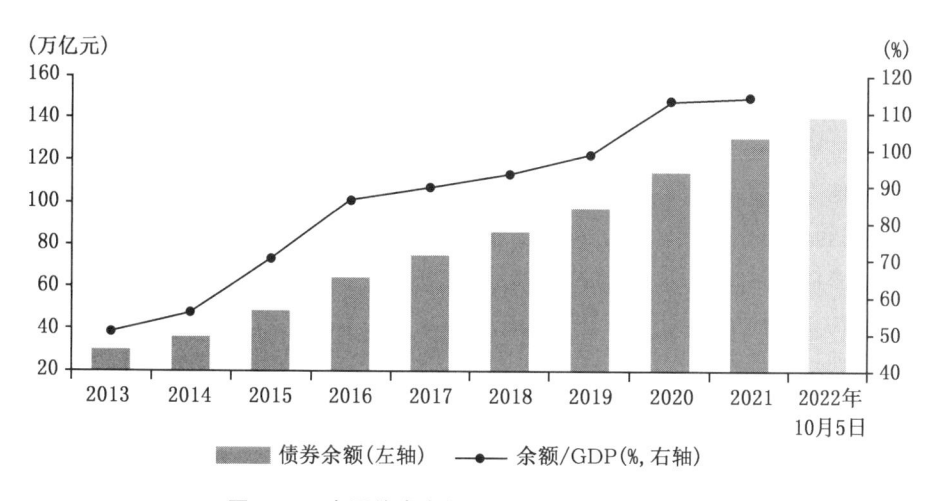

图 5-2 中国债券市场 2013—2022 年历史存量

(二)债券市场的构成

中国债券市场逐渐形成了以银行间市场和交易所市场为主、商业银行柜台市场为补充的市场格局。

1. 银行间市场

银行间债券市场成立于 1997 年。从整体规模和交易活跃度来看,中国银行间债券市场是

最主要的构成部分,占债券融资的86%,是国债、政策性金融债以及同业存单等国际投资者最为关注券种的主要流通市场。

银行间市场是债券市场的主体,经过二十余年的发展,金融基础设施不断完善,市场参与主体与投资品种不断丰富,对外开放进程稳步推进。截至2021年12月末,银行间债券市场托管余额近115万亿元,年内交易量突破1 400万亿元,市场参与主体有近3 800家各类机构投资者,属于场外批发市场。

银行间市场的交易品种最多,包括现券交易、质押式回购、买断式回购、远期交易、互换、远期利率协议、信用风险缓释工具等,通过双边谈判成交,典型的结算方式是逐笔结算。

2. 交易所市场

交易所市场是债券交易的场内市场,机构投资者和个人投资者均可参与,属于批发和零售混合的市场。交易所市场交易的品种包括现券交易和质押式回购,典型的结算方式是净额结算。

3. 商业银行柜台市场

商业银行柜台市场是银行间市场的延伸,参与者限定为个人投资者,属于场外零售市场,只进行现券交易。

二、债券市场主要参与者

(一) 发行人

1981年,财政部主要采取行政摊派方式发行国债,一些企业自发向社会或内部集资,类似债权融资,形成信用债的雏形,此时集资行为既没有政府审批,也不受法律法规的规范。1987年,《企业债券管理暂行条例》颁布,企业债的发展有了一定的规范。1998年11月,人民银行颁布了《政策性银行金融债券市场发行管理暂行规定》,债券市场得到进一步规范。2005年4月,《信贷资产证券化试点管理办法》颁布,标志着资产证券化正式进入中国的资本市场。2015年1月,《公司债券发行与交易管理办法》发布,公司债发行主体由上市公司扩大至所有公司制法人,公司债发行爆发式增长。

债券发行主体包括财政部、中国人民银行、地方政府、政策性银行、商业银行、财务公司等非银行金融机构、证券公司、非金融企业或公司等。

债券可以通过3种方式发行:债券招标发行、簿记建档发行和商业银行柜台发行。目前,国债、央行票据、政策性金融债绝大多数通过招标发行,部分信用债券通过簿记建档方式发行,只有传统凭证式国债通过商业银行柜台发行。从发行规模看,作为准国债性质的央行票据居于主导地位,其次是政府债券,再次是金融债券。2022年9月30日,中国债券市场存量分布如表5-1所示。

表 5-1 中国债券市场存量分布

（按照债券类型，截止日期为 2022 年 9 月 30 日）

	债券类别	只数	余额（亿元）	余额比重（%）
利率债	国债	258	245 447.89	17.51
	地方政府债	8 932	345 323.02	24.63
	央行票据	3	150.00	0.01
	政策银行债	305	219 442.42	15.65
	利率债合计	9 498	810 363.34	57.80
信用债	金融债	2 298	110 665.44	7.89
	保险公司债	80	3 088.50	0.22
	证券公司短期融资券	133	2 430.00	0.17
	商业银行次级债券	618	53 693.25	3.83
	商业银行债	332	23 754.22	1.69
	同业存单	15 248	144 483.50	10.31
	证券公司债	959	22 076.97	1.57
	其他金融机构债	176	5 622.50	0.40
	企业债	2 817	21 853.18	1.56
	集合企业债	3	14.80	0.00
	一般企业债	2 814	21 838.38	1.56
	公司债	11 745	104 664.29	7.47
	一般公司债	4 532	51 848.26	3.70
	私募债	7 213	52 816.03	3.77
	中期票据	8 294	88 480.04	6.31
	一般中期票据	8 294	88 480.04	6.31
	短期融资券	2 813	25 645.34	1.83
	一般短期融资券	584	5 500.90	0.39
	超短期融资债券	2 229	20 144.44	1.44
	定向工具	3 584	22 914.19	1.63
	国际机构债	19	430.00	0.03
	政府支持机构债	184	18 225.00	1.30
	资产支持证券	9 364	44 780.63	3.19
	银保监会主管（ABS）	1 300	15 034.78	1.07
	交易商协会（ABN）	1 841	8 834.19	0.63
	证监会主管（ABS）	6 223	20 911.65	1.49
	可转债	468	8 008.82	0.57
	可交换债	84	1 411.47	0.10
	项目收益票据	28	126.10	0.01
	信用债合计	56 946	591 688.00	42.20
	合计	66 444	1 402 051.34	100.00

资料来源：Wind。

（二）投资人

中国债券市场的投资者正在扩大并且越来越多样化，为债券市场的发展注入了巨大活力。目前，中国银行间债券市场（China Interbank Bond Market，CIBM）有超过 25 000 名参与者，其中包括约 3 400 家注册机构。银行间债券市场的活跃投资者包括商业银行、证券公司、共同基金、资产管理产品和海外机构。

(三)其他参与机构

1. 监管机构

银行间市场的监督管理机构主要是中国人民银行。中国人民银行在国务院领导下,制定和执行货币政策,防范和化解金融风险,维护金融稳定。此外,市场参与者根据主体类型的不同,还会受到国家金融监督管理总局和中国证券监督管理委员会的监管,在外汇使用方面受到国家外汇管理局的监管。

2. 托管与清算机构

中国债券市场基本实现了债券登记、托管、清算和结算集中化的管理,如交易所市场托管机构为中国证券登记结算有限责任公司(简称"中证登"),银行间市场托管机构为中央国债登记结算有限责任公司(简称"中债登")和银行间市场清算所(简称"上清所")。

3. 承销商

承销商是指指导与帮助发行人完成债券发行,参与债券发行投标或认购,在发行期内将承销债券向其他结算成员(和分销认购人)进行分销,并在债券存续期内牵头其他市场中介一起监督债券发行人履行相关义务的金融机构。承销商由依法取得承销资格的商业银行、证券公司担任。

4. 做市商

做市商是指经人民银行批准,在银行间债券市场开展做市业务,享有规定权利并承担相应义务的金融机构,由商业银行和证券公司担任。做市商按照有关要求连续报出做市券种的现券买、卖双边价格,并按其报价与其他市场参与者达成交易。截至 2021 年 12 月 31 日,银行间债券市场现券做市商综合类成员共 79 家。

5. 货币经纪公司

货币经纪公司是指经国家金融监督管理总局批准在中国境内设立的,通过电子技术或其他手段,专门从事促进金融机构间资金融通和外汇交易等经纪服务,并从中收取佣金的非银行金融机构。其进入银行间债券市场从事经纪业务须向人民银行备案。

第二节 债券投资策略

真实的债券市场变幻莫测,宏观经济数据、债券流动性及资金面等都会给债券收益率带来一定的扰动,收益率曲线可能有相对平稳的阶段,可能有剧烈波动的阶段,也可能出现趋势向上/向下的阶段,相应的投资策略也应运而生。在对市场进行合理预判后,根据组合投资目标进行策略的运用和调整,可以获得超额收益,以下对债券市场上常用的几种投资策略进行介绍。

一、骑乘策略

骑乘策略是在收益率曲线上的经典交易策略之一。其逻辑是,收益率曲线正常是向上倾斜的,长端收益率大于短端收益率,因而可以通过购买一只中长期债券,在持有一段时间后,债券剩余期限缩短,以一个更低的收益率卖出,在获得稳定的票息收益外,获得资本利得。如果收益率曲线不变,买入长期债券,持有一段时间后卖出,比直接买入相同到期时间的短期债券收益要高。

如图 5-3 所示,若持有到期期限为 T_0 的债券,并在到期期限还有 T_1 时卖出,此债券的估值收益率从 A 到 B,获得的收益包括利息收入和价差收入两部分,价差收入为此策略的超额收益。

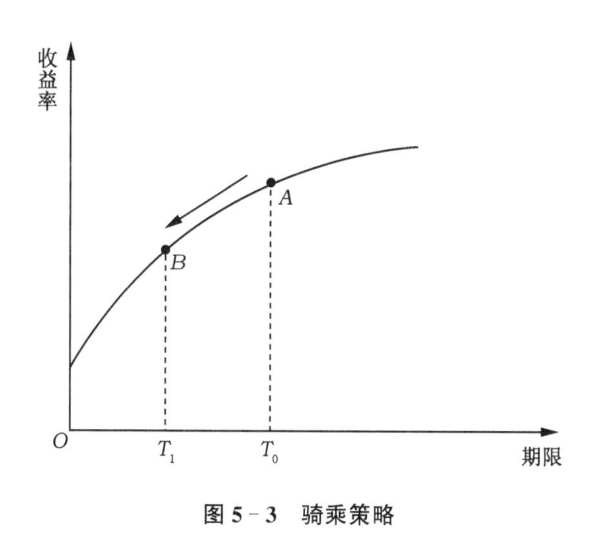

图 5-3 骑乘策略

二、杠杆套息策略

杠杆套息是债券投资中最常见的投资策略,其操作逻辑比较简单,通过债券短期回购融入资金,买入期限更长收益率更高的债券,套取短期回购融资成本和长期限高收益债券之间的利差。

套息交易本质上是进行收益互换,执行的前提是能获得稳定、低成本的融资渠道,往往以隔夜、七天为主,更适合在货币宽松的市场操作。同时,加杠杆也会扩大组合久期,对利率风险更加敏感,利率市场波动对高杠杆组合的收益影响更大。所以,杠杆套息策略要时刻关注市场资金价格和利率市场走势,一旦市场资金或者债券利率即将上行,就要及时调整组合持仓,降低杠杆率。

三、收益率曲线交易策略

收益率曲线交易策略是指分析和预测收益率曲线变化,通过提前交易债券使得在收益率曲线发生变化时带来收益,包括曲线平移策略、曲线陡峭/平坦化策略、蝶式交易策略等。

收益率曲线交易策略主要包括 4 个步骤:预测收益率曲线的变化、选取合适的交易策略、选取最优交易品种、评估策略收益。其中,未来曲线形状的预测是整个策略的核心。

(一)曲线平移策略

曲线平移是指预测未来的债券收益率整体向上或向下平移,如果预测曲线向上平移(收益率上升),债券价格就会下跌,应卖出债券或者购买短期债券以减小损失;如果预测曲线向下平移(收益率下降),债券价格就会上升,应买入长期债券以获得资本收益。

(二)曲线陡峭/平坦化策略

正常的收益率曲线是向上的,期限越长,利率越高。如果预测收益率曲线变陡,就可以通过做多短期债券,同时做空长期债券获得收益;如果预测收益率曲线变平坦,则可以通过做空短期债券,同时做多长期债券获得收益。

(三)蝶式交易策略

蝶式交易发生在预测收益率曲线凸度变化的情况,即收益率曲线中端发生变化的情况。如果预测中端收益率上升,通过做多中期债券,同时做空短期和长期债券就可以获得收益;如果预测中端收益率下降,通过做空中期债券,同时做多短期和长期债券可以获得收益。

四、其他策略

(一)行业信用利差策略

对于信用债来说,信用利差可以分解为行业利差和个券利差,如图5-4所示。行业利差策略是指选择行业中相同评级债券的平均或中位利差为基准。此策略的核心是在行业利差处于高位时买入,并持有至行业利差处于低位,以获取利差收窄的价差收益。

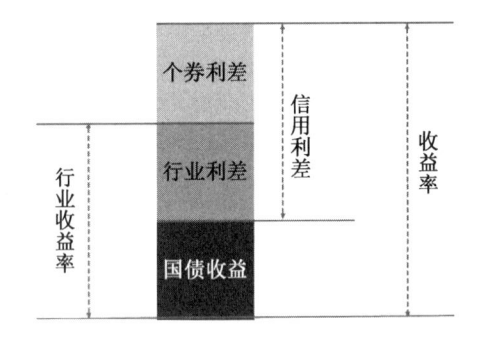

图5-4 信用债收益率分解

这个策略在计算行业利差时未考虑不同期限,其原因在于中国信用债的交易并不活跃,无法为每个期限提供足够的样本,另外有研究表明,由于历史0.5~5年的行业信用利差的期限效应并不明显,因此影响不大。

(二)品种利差策略

对于利率债,即使期限相同且同属政策性银行债,如国开债(国家开发银行债券)、农发债(中国农业发展银行债券)等也存在品种利差。对于信用债,即使是同一发行人发行的相同期限的债券,不同品种(公募债和私募债)、不同市场(银行间和交易所)的债券收益率也不一样。此策略就是通过购买同一品种或同一发行人发行但利率最高的债券获取利差收益。

存在品种利差的原因在于:不同利率债的流动性不一样,对于相同期限的利率债,按照流动性排序,国开债>农发债>口行债(中国进出口银行债券);不同品种的信用债流动性、违约风险都不一样,公募债比私募债流动性好,且违约时企业更倾向于优先偿还公募债。

(三)事件驱动策略

在信用债市场,债券的成交价格通常会受到发行人的舆情影响。舆情中的负面消息可能并不会影响发行人的信用,但是会造成市场恐慌,一些金融机构出于对公司准入或者预警管理的需要也会清仓债券,导致债券出现折价成交。该策略就是在出现折价时买入发行人偿债能力并无实质恶化的债券,以实现超额收益。

(四)信用下沉策略

信用下沉策略的核心是寻找信用风险被市场高估的信用债进行投资,具体操作可以分为3种:

(1)寻找整体资质恶化的行业中,财务状况较好,但违约风险较低的企业(一般为行业龙头)发行的信用债进行投资。

(2)如果某个行业或者某个区域被认为短期不会发生违约,投资其中信用利差大的债券可获得高额收益。

(3)构建高收益债券投资组合,分散投资,使得风险调整后的综合收益更高且稳定,本质是通过风险分散化的方式获取超额收益。

(五)税收策略

税收策略的核心是投资对业绩考核有利的债券。不同债券品种的税收政策不同,比如同为利率债,国债的利息收入免税而政策性银行债的税率为25%。另外,为了鼓励公募基金的发展,公募纯债基金是免税的,同时信用债利息收入的增值税也减半,如果寻求绝对收益,就应考虑税后收益。

第三节 债券投资的市场风险与管理

债券投资通常面临一种或多种风险,如市场风险(利率风险)、信用风险、流动性风险、交易对手风险等。根据资管产品策略和定位的不同,需关注的风险类型也各有侧重,如针对曲线交易策略,重点关注利率风险;针对信用下沉的套息策略、信用利差策略等,重点防范违约风险;针对高杠杆套息策略,重点关注流动性风险等。

一、市场风险及其来源

对于一般债券,二级市场交易产生的成交价格为债券的结算价格(全价),从全价中扣除其中确定的应计利息,就是债券的净价,债券价格可以拆解如下:

$$\begin{aligned}全价 &= 净价 + 应计利息 \\ &= \sum 未来现金流的贴现 \\ &= \sum_{i=1}^{n} \frac{CashFlow_i}{(1+y)^{t_i}}\end{aligned} \quad (5-1)$$

其中:$CashFlow_i$ 为第 i 笔现金流,y 为到期收益率,t_i 为第 i 笔现金流距离计算日的时间(年化)。

由此可以看出，债券的到期收益率是形成债券价格最重要的指标，而到期收益率中包含了债券的各种风险特征，如无风险利率、信用利差、流动性利差等。通常情况下，利率上升将带来价格下降，投资将遭受损失，这种风险被称为市场风险或利率风险。

二、市场风险的度量

(一)久期

1. 久期

久期(Duration)，又称存续期，是以现金流量剩余期限用现值加权平均数形式计算债券的平均到期期限。久期也是指债券的到期收益率变动一定幅度时，债券价格变动的比例，反映了债券价格对利率的敏感性。在实际应用中，常用的有麦考利久期、修正久期和关键利率久期。

(1)麦考利久期

麦考利久期的计算公式如下：

$$D_{Mac} = \frac{1}{P} \sum_{t=1}^{n} \left[\frac{t \times C}{(1+y)^t} + \frac{n \times M}{(1+y)^n} \right] \tag{5-2}$$

其中：P 为债券的现价，C 为每周期付息金额，M 为到期价格（面值），y 为到期收益率，n 为偿付周期数量。

(2)修正久期

实务中更偏向应用修正久期。其计算公式如下：

$$D_{Mod} = -\frac{1}{P} \cdot \frac{dP}{dy} \tag{5-3}$$

其中：P 为债券现价，dy 为利率变化，也可以通过麦考利久期快速计算：

$$D_{Mod} = \frac{D_{Mac}}{1+y} \tag{5-4}$$

(3)关键利率久期

关键利率久期(Key Rate Duration, KRD)衡量的是债券价格对收益率曲线上关键期限利率水平变化的敏感程度。其计算公式如下：

$$KRD = \frac{P_{i-} - P_{i+}}{P_0 \times (R_{i+} - R_{i-})} \tag{5-5}$$

其中：R_{i-}、R_{i+} 分别为关键期限利率向下或向上变动后对应的利率，P_{i-}、P_{i+} 分别为关键期限利率向下或向上变动后的债券价格。

如果收益率曲线是平行移动，就可以用修正久期或有效久期；如果收益率曲线发生非平行移动，就只能用关键利率久期估计债券价格变化。

(二)基点价值

基点价值(Price Value of a Basis Point, PVBP)是一个在实践中广泛使用的衡量债券价格弹性的指标，也称为基点美元值(Dollar Value of All 01, DV01)，其含义是相对于初始价格，如果收益率上下波动1个基点时，债券价格的变动值。其计算公式如下：

$$DV01 = D_{Mod} \times P \times 0.001 \tag{5-6}$$

(三)凸性

凸性是债券价格对利率的二阶敏感性,即对利率泰勒展开的二阶导数。其计算公式如下:

$$c = \frac{d^2 P}{dy^2} = \frac{1}{P \times (1+y)^2} \sum_{t=1}^{T} \left[\frac{CF_t}{(1+y)^t} (t^2 + t) \right] \quad (5-7)$$

凸性也是一个利率风险测度指标,用来计算债券价格变化更加精准。当利率发生变化后,考虑凸性之后的债券价格变化公式如下:

$$\frac{\Delta P}{P} = -D_{Mod} \Delta y + \frac{1}{2} c (\Delta y)^2 \quad (5-8)$$

三、市场风险的管理

对于利率风险的管理,常见的方法有:利用久期管理利率风险、利率衍生品管理利率风险、限额管理及业绩归因分析等。

(一)利用久期管理利率风险

利用久期管理利率风险有两类方法:一是通过预测利率的变化趋势,利用久期实现降低风险的目的或盈利;一是通过构造久期免疫资产管理利率风险。

1. 利用久期降低利率风险

根据利率风险的久期计量模型,债券的利率风险与其久期相关,债券久期越大,利率的变化对该债券价格的影响越大,利率风险越大。因此,当预计未来利率下降时,可购买久期大的债券,债券上涨的幅度较大;当预计未来利率上升时,可购买久期小的债券,债券价格下跌的风险较小。

2. 构造久期免疫组合

免疫组合策略是债券久期的应用,是指通过构造债券组合,使得债券组合的久期和债务的久期相等,这样利率变动对投资者的债权与债务的影响可以相互抵消,从而对冲利率风险。免疫组合策略又可以分为单期免疫组合策略和多期免疫组合策略。如果未来的债务只有一期,即只需要支付一笔确定的现金流,那么投资者构造的免疫组合就称为单期免疫组合;如果未来的债务是一系列的现金流支出,那么投资者构造的免疫组合策略就称为多期免疫组合策略。单期免疫组合在第三章已有介绍,这里介绍多期免疫组合。

多期免疫组合是让构建债券组合的久期与未来一系列负债的久期满足相应条件,使得不论利率如何变化,债券组合和未来一系列负债所受利率的影响能相互抵消。为了达到这一目的,一般可以有两种方法加以实现。第一种方法是将每次负债产生的现金流视作一个单期的负债,然后利用单期免疫的策略对每次负债分别构建债券组合,使得各债券组合的久期和现值与各期负债的久期和现值相等。第二种方法是直接构建债券组合,使得债券组合的久期与负债现金流的久期加权平均值相等。

[例 5-1] 设某公司在 3 年、4 年和 5 年后需要支付三笔资金,第一笔资金的现值是 100 万元,第二笔资金的现值是 50 万元,第三笔资金的现值是 70 万元。试进行多期免疫。

按照第一种方法,为了对这三笔负债进行免疫,该公司需要投资 3 个债券组合,其中:第一个债券组合的现值为 100 万元,久期为 3 年;第二个债券组合的现值为 50 万元,久期为 4 年;第三个债券组合的现值为 70 万元,久期为 5 年。

按照第二种方法,该公司需要设计一个债券组合,该组合的现值如下:

100+50+70=220(万元)

组合的久期如下:

$$\frac{100\times 3+50\times 4+70\times 5}{100+50+70}=3.86(年)$$

(二)利率衍生品管理利率风险

为降低组合的利率风险敞口,在既定的风险限额内,可使用利率衍生品有效管理利率风险,常用的利率衍生品有利率互换、国债期货、债券远期及利率期权等。

1. 利率互换管理利率风险

利率互换是交易双方在未来的某一确定时间内,交换一系列利息流,其中一方以固定利率计算现金流,另一方以浮动利率计算现金流。这样,预计利率变动(上升或下跌)给他造成损失的一方可以利用互换合约将浮动利率转换成固定利率;反之,如果预计利率变动给他带来收益的一方可以利用互换合约将固定利率转换成浮动利率。

[例5-2] 利率互换应用实例

假定某资管机构购买了某家公司发行的固定收益债券。该资管机构于是暴露在利率上升的风险之中,因为未来利率如果上升,其债券价格将下降,它的投资收益也将下降。如果该机构希望规避利率上升的风险,就可以通过利率互换达到上述目的。

该机构可以进入这样一个互换中,其中收取浮动利息,并支付固定利息。这样,该资管机构在投资该公司债券时,不用调仓就可以获取更高的收益,以规避利率上升的风险。

2. 利率期货管理利率风险

利用利率期货管理利率风险,常用的方法是利率期货的套期保值。利率期货套期保值是指在现货市场某一笔交易的基础上,在期货市场上做一笔价值相当、期限相同但方向相反的交易,并在期货合约到期前对冲,以期货的盈利(亏损)弥补现货的亏损(盈利)的方法,以达到防范利率波动造成损失的风险。

[例5-3] 中长期利率期货套期保值实例

设某投资者7月5日,持有面值1亿美元,2030年到期,息票利率为8.5%的美国长期债券,为防止2个月内利率上升带来的风险,准备用美国长期国债期货做套期保值。该现货债券价格为98-21,久期为8.25年,期货价格为92-12,久期为9.45年。9月5日,该现货债券价格变为94-16,期货价格为87-22。问:如何进行套期保值?

答:

(1)该投资者应当进行空头套期保值。

(2)套期保值所需合约数如下:

$$h=\frac{98.656\ 25\times 8.25}{92.375\times 9.45}\times \frac{10\ 000}{10}=932$$

(3)套期保值的过程如表5-2所示。

表 5-2　　　　　　　　　　　　　中长期利率期货套期保值实例

现货市场	期货市场
7月5日,持有1亿美元的长期国债,价格为98-21,合计9 865.625万美元	7月5日,以92-12的价格卖出932张9月份到期的美国长期期货合约,总价值为92 375美元
9月5日,该长期国债价格为94-16,合计9 450万美元	8月5日,以87-22的价格买进932张9月份美国长期期货合约,总价值为87 687.5美元
损失:415.625万美元	盈利:436.875万美元

套期保值率(效果)如下:
$$k=\frac{436.875}{415.625}\times 100\%=105.11\%$$

3. 运用利率期权合约管理利率风险

利率期权合约主要有普通的利率期权合约、利率上限/下限期权和利率双限期权合约,这些合约的概念见第三章相关内容。为防范利率上升的风险,可以购买普通的利率看涨期权、利率上限和利率双限;为防范利率下降的风险,可以购买普通的利率看跌期权、利率下限,或卖出利率双限。这里以利率上限为例,介绍利用利率期权防范利率上升的风险。

[例 5-4] 利率期权防范利率风险实例

某资管机构预计市场利率会在现有4%基础上上升。该机构持有1 000万美元的债券价值将受损失。为了弥补此损失,计划用利率上限防范此风险。该机构买入面值为1 000万美元,利率上限4%的3个月期利率上限期权。当市场利率为5%时,此时,利率上限提供的收益为1 000×0.25×(5%-4%)=25 000(美元),可一定程度上防范利率上升的风险。

4. 运用远期利率协议或债券远期合约管理利率风险

实践中,也可以运用远期利率协议或债券远期合约管理利率风险。持有大额债券的资管机构,在预计利率上升、债券价格下跌时,可以买进远期利率协议,以远期利率协议的收入弥补债券价格下跌的损失;也可以进入债券远期合约空头,以确定价格在债券远期合约到期时卖出债券,防范利率上升的风险。

(三)限额管理

通过设置市场风险指标限额并进行监控预警,是对市场风险事中和事后管理的常规方法,债券组合风险限额包括组合杠杆、久期、凸性及损益类指标等,投资过程中须严格执行风险限额要求,实时掌握风险指标,以免指标预警或超限。

在组合成立前,需根据产品定位明确组合的收益风险目标,了解组合收益回撤及波动率的可承受范围,以此建立组合的风险限额。如对于固收绝对收益组合,若投资者承受收益波动的能力极低,则需严格控制组合的收益回撤;组合久期带来的收益波动应不超过组合的静态收益率水平,可对久期、利差久期、杠杆等明确风险限额。

(四)业绩归因分析

对于固定收益类资管产品,既可以通过对债券部分的归因分解来评估投资经理的业绩,也可以衡量出投资经理的市场风险管理能力。

以Campisi模型为例,将债券投资收益拆分为利息收入与价差收入两部分,而价差收入又分为国债效应和总利差效应,如图 5-5 所示。归因中的国债效应即无风险利率曲线变动带来的收益,等于债券久期与国债收益率变动的乘积,通常用来评估投资经理的久期管理能力,可反映组合受市场利率的影响程度。总利差效应是指债券信用利差的变化带来的收益,等于债券久期与信用利差的变化的乘积。

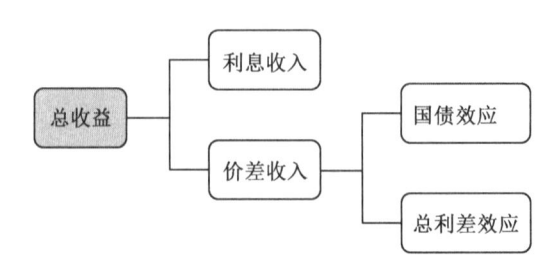

图 5-5 简化的 Campisi 模型

第四节 债券投资的信用风险与管理

信用风险是债券投资的另一类主要风险。自 2014 年"11 超日债"开启中国信用债市场违约以来,已有近百家发行信用债的公司发生违约,债券交易中交易对手违约的事件也时有发生,这些都要求资管机构高度重视债券投资中的信用风险管理。资管机构对信用债投资中的信用风险管理,是以债券及交易对手内评体系为核心的管理体系。

一、信用风险及其来源

(一)债券发行人违约

信用风险是信用债的主要风险,若发行人无法按时支付本金或利息,将会对投资人造成损失,尤其对于市场上常见的杠杆套息策略。根据债券的定价公式(5-1),债券价格依赖于发行人未来本金和利息的支付,而对于信用类资产而言,市场价格往往隐含了对发行人是否可以按时支付利息或偿还本金的预期,这一部分将会产生相对于利率债的信用利差。一般来说,对发行人违约的预期越高,信用利差越大。

债券发行人违约有外部和内部两方面的原因。

1. 债券违约的外部因素

宏观环境恶化、行业风险等因素,都会导致企业债券发生违约。

(1)宏观经济下行的影响

成熟市场(如美国)债券违约率与 GDP 的增长率呈典型的负相关关系,在经济下行时(GDP 增长率下降),企业的信用状况会恶化,企业所发行的公司债违约率会上升,债券市场违约率与失业率变动(本年失业率减上年失业率)呈现较为明显的正相关关系。从统计上看,宏观经济的波动总体能解释违约率 40%~50% 的变动,对于投机级违约率的解释能力更强。

(2)行业不景气、周期性调整等因素,也会导致企业债券发生违约

从美国债券市场经验来看,不同行业违约率具有如下特征:为经济提供基础服务、受到严格管制的行业违约率最低,如公用事业、航天与军火、银行、金融保险等;竞争类行业的违约率

最高,如酒店博彩等休闲业、媒体出版、制造业、能源与环境、零售与分销、交通运输等。每次信贷危机的发生总是伴随着一个主要行业的违约:20世纪70年代的能源企业违约,20世纪80年代末和90年代初的储贷和房地产危机,2000年网络泡沫破灭、通信产能严重过剩而导致通信行业及其上下游企业的违约。

2015—2016年,国内经济下行压力加大,过剩产能行业盈利下降,国企密集违约,钢铁、煤炭、有色行业共有5家国企出现违约(分别为"中钢股份""桂有色""东特钢""中煤华昱"及"川煤炭")。

2. 债券违约的内部原因

企业自身由于治理缺陷、战略失误、投资激进和经营不善等内部因素,导致债券发生违约,企业违约之前往往存在传导链条:实际控制人性格和企业治理(违约前 N 年)→企业战略(违约前3~5年)→经营指标(违约前1~2年)→财务指标(违约前1年~前1季度)。[①]

(1)治理缺陷是导致企业违约的主要因素

治理缺陷一般是导致违约的伴生性因素,或是加剧发行人资金链紧张的导火索,在个别极端情况下,会成为引发违约的首要因素。如山水水泥的控制权之争、金立实控人赌博、亿利实控人被逮捕、丹东港实控人贿选等,均出现于企业自身本已遭遇资金链困境的背景下,事件深度发酵带来的"破窗效应"成为遭遇债权人"挤兑"的导火索。

(2)战略激进及盲目扩张是导致企业违约的重要因素

企业战略风险属于内生性风险中最核心的部分。进行与原有业务无关的多元化扩张、盲目投资、投资失败或者投资收益不足以弥补融资成本,恰又进入融资紧缩周期,资金链断裂,这些都可能导致企业违约。近几年多家"巨头"企业债券违约,如中民投、中信国安、海航系、方正,还有多元化转型失败的银亿和华业,激进扩张的天威集团、脱实向虚的雏鹰农牧,最根本的原因就是信贷扩张期战略失误、大额举债扩张。此外,企业战略失误,还容易衍生财务舞弊风险。对于战略风险的识别,可从主业聚焦性、战略激进性、商业合理性、前后一致性等角度进行衡量。

(3)管理混乱与经营困难是导致企业违约的根本原因

一般而言,较为强势的行业及行业内较为强势的、地位较高的企业,往往应收账款、预付款项比较小,应付账款、预收款项比较大。反之,如果因为行业地位较低而被迫采取被动的信用销售政策,资金被交易对手方占用过于严重,也可能导致资金链断裂。例如2018年违约的神雾环保由于受工程总承包的垫资业务模式的影响,违约前数年应收账款不断增加,资金占用的问题愈发突出,成为导致其违约的重要影响因素之一。

(4)财务造假往往是企业违约前的常用手段

要提防企业通过应收账款虚增收入以及利用关联企业往来业务进行财务造假的情形。2014年违约的天联滨海及2017年违约的保千里都是通过财务造假掩盖风险,造成风险积聚并恶化后,最终导致企业违约的典型案例。

企业债券集中到期,又遇到内部资金紧张、外部融资受限,是造成债券违约的直接原因,企业违约机理如图5-6所示。

---

① 周冠南.风波初定:114个信用债违约主体因素分析汇总——债券违约复盘系列之一[R].华创证券,2019.

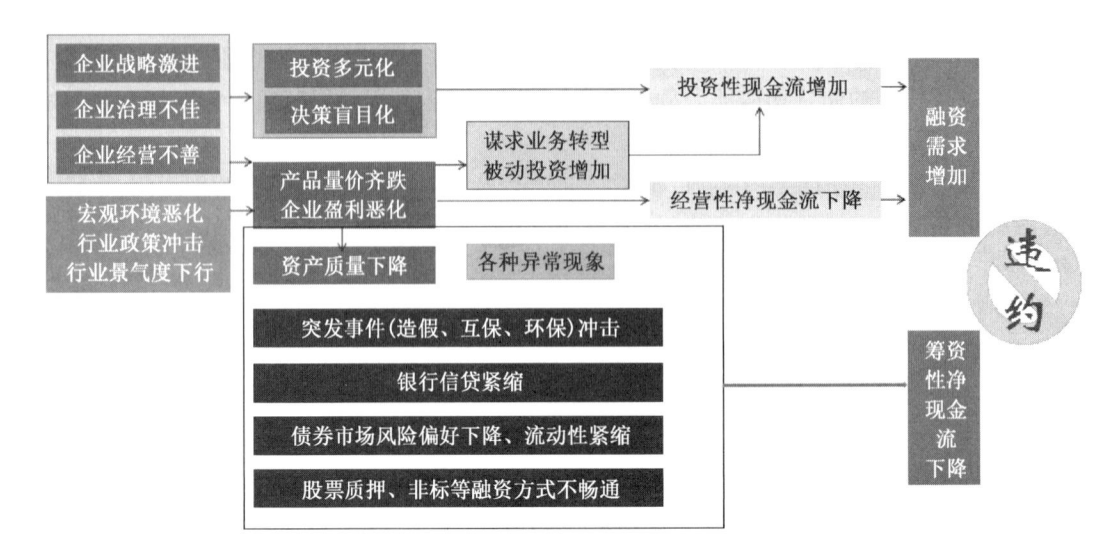

图 5-6 企业违约机理示意图

(二)交易对手风险

交易对手风险主要发生在交易端,债券的银行间市场和交易所固收平台是一对一交易,没有中间商做担保,交易条款是双方协商的结果,最终交易完成的时间具有不确定性,主要的交易对手风险可以分为以下 3 类:

1. 主动毁约

银行间债券交易中有 3 个步骤:通过专业通信工具谈成交易,通过银行间前台系统成交,后台完成资金的交收和现券的交割。如果是回购交易,到期时还需要完成回购资金的转回和现券的转回或者解冻。

在债券的交易中,最重要的是信誉,双方完成第一步操作确认成交后,默认对方会完成后续的操作。但是对于一些职业素养和信誉较差的交易对手,可能因为在后台看到更有利的价格反悔而不在前台系统成交,或者回购到期后强行要求续约等。

发生主动毁约的根本原因是交易对手方缺乏职业素养和工作信誉,当对手方利益和已达成的交易冲突时,会将利益放在第一位。市场波动越大、交易从谈成到最终交割的时间越长,发生利益冲突的可能性就越大。

近年来随着投资交易人员公示制度的推行、各类机构的投资和交易部门普遍分离以及通过录音、专门即时通信软件留痕等交易管理制度的普及,主动毁约的情况越来越少见,但仍不可忽视。

2. 被迫违约

此类违约不同于主动毁约,并不是交易对手职业素养和信誉问题,而是交易对手的自身条件对市场突发事件和价格波动的防御能力较弱,导致资金链条断裂被迫违约。

被迫违约的交易对手账户内通常具有债券信用资质弱且财务杠杆高的特征,需要不断地滚动融资,通过新的正回购融资偿还已经到期的正回购的本息。当市场资金突然收紧,融资对手方没有多余资金向其续借,或者债券价格快速下跌,债券质押率下降,质押融资来的资金无法偿还到期的正回购本息时,就会发生被迫违约。

3. 不可控因素

这种违约通常是不可控的。比如交易对手方的上家交付过慢,导致其无法及时与己方进行交付,或者由于交易对手方的操作风险导致违约。

二、信用风险的识别

与股票分析不同,信用风险分析强调的是对偿债能力的评估,相较于股票对企业利润增长前景的重视,信用债更关心的是企业现金流的充沛程度和经营状况的稳定性。宏观、中观及微观的因素都会影响信用风险,因而行业通用的信用分析框架是定性和定量分析相结合,甚至于以定性为主,以定量为辅。信用债的分析框架与要素,如表5-3所示。信用风险定性分析的要点包括宏观环境、行业整体状况、企业竞争地位、企业经营状况、经营策略等;定量分析主要包括企业现金流状况、盈利能力、资本结构、偿债能力等。对于有担保、抵质押、流动性支持等条款的信用债而言,除了对发行人的主体信用进行评价,还需评价这些增信条款对债务到期兑付的支持力度,最终形成对债券的信用分析结果。

对企业偿债能力而言,现金流是核心,资产质量是保障,外部支持是托底。公司盈利能力和收入变现能力作为企业持续经营的现金流的第一来源,是企业偿债能力的最基本保障,而影响上述能力的因素涉及行业因素、企业经营因素、信用销售政策因素、财务因素等诸多方面,需要全面分析方能有效确认。对于发债企业的违约风险识别,要通过定性分析发现问题,再用定量分析验证。

表5-3　　　　　　　　　　信用债分析框架与要素

指标分类	指标细项	重点关注
定性分析	宏观环境	全球经济景气程度、国内经济增长形势
	行业状况	上游原材料供应、下游产品需求、产业政策
	竞争地位	行业排名、市场占有率、技术壁垒
	管理战略	股权集中度、战略规划、经营重心、并购
	公司属性	是否国企、是否上市公司、股东背景
定量分析	现金流状况	经营/投资/筹资净现金流、经营净现金负债比
	盈利能力	主营业务收入、分业务毛利率、净资产报酬率
	资本结构	资产负债率、有息债务占比、长期债务占比
	偿债能力	EBITDA/负债总额、流动比率、速动比率、现金短债保障率
增信条款	担保人	担保人信用资质、担保兑付意愿
	抵质押	抵质押物估值、抵质押率
	流动性支持	流动性支持函的法律效力、责任范围

如上节所述,一家企业的信用资质首先会受到宏观经济环境的影响,既包括全球经济景气程度,也包括国内经济增长形势。通过分析当前所处经济周期的阶段特征,继而预判当前经济周期对行业景气度和未来发展的影响。例如,对于煤炭等周期性行业,行业景气度主要受到宏观经济和国家调控政策的影响,经济增速下行带来行业需求不足,煤炭价格下跌进而影响企业的盈利能力;对于房地产行业,由于其对国民经济增长发挥着支柱作用,政府往往会对其交易价格和交易行为进行调控指导,因而地产行业周期往往与政府宏观调控周期紧密相关。

对于企业个体而言,行业上下游的供需会影响整个行业的盈利状况,而企业在整个行业的竞争地位也会直接影响经营收入。对于上游、周期性行业,产品自给率、成本控制比较重要;对于中游、制造业,技术壁垒较为重要;对于下游、消费行业,市场占有率等更为重要。

分析企业的经营能力,最终需要选择可量化的财务指标来检验,比如通过资产负债率、有息债务占比、长期/短期债务占比来分析资本结构;通过主营业务收入、分业务毛利率、净资产报酬率等分析企业的盈利质量;通过经营/投资/筹资净现金流、资金流入对资本支出保障分析企业的现金流状况;通过流动/速动比率、利息保障倍数等来分析企业的偿债能力。此外,除了基本的财务指标外,每个行业也有相应的特有指标,比如高速公路企业的单公里通行费、房地产行业的预收账款和土地储备等。

三、信用风险计量与信用评级

(一)信用风险计量

信用风险计量方法主要包括专家评级法、信用等级计量法、信用差额计量法、KMV模型和"违约距离"、财务分析方法、违约概率计算法、期望损失方法、VaR方法等,这些内容在第三章均有涉及,在这里不再赘述。

(二)信用评级

1. 信用债的外部评级

债券的外部评级为信用债发行时第三方评级公司给出的信用资质评价结果,可以分为发行人主体评级和债券的债项评级,当债券没有担保、次级等特殊条款时,主体评级一般与债项评级相同。

国际上比较著名的第三方评级公司主要有穆迪、标普和惠誉,评级结果分为"投资级"和"投机级",在标识上,用 AAA 到 C 进行区分,并附上"正面""稳定""负面"等评级展望,"投资级"对应 BBB 级及以上。国内的评级体系与国外基本一致,从评级结果上看,国内被评 AAA 级的债券在国际体系上较接近于投资级。

目前国内债券市场评级机构中大部分为发行人付费的公司,其中,中诚信国际、联合资信、上海新世纪、东方金诚和中证鹏元在市场业务量占比较高,而中债资信为投资人付费,评级结果相对于发行人付费的评级结果更为严格,因而受到一些低风险偏好投资人的青睐。

2021年随着《公司债券发行与交易管理办法》《关于实施债务融资工具取消强制评级有关安排的通知》等政策的修订和发布,监管已开始放开对债券外部评级的强制性要求,逐步弱化外部评级结果。

2. 信用债的内部评级

(1)构建内部评级体系的必要性

目前外部评级主要存在如下弊端:第一,外部信用评级的区分度不够,大多拥挤在 AA、AA+和 AAA;第二,外部评级机构的商业模式决定了独立性不够,往往受被评级企业的影响;第三,出现高等级债券违约,如华信主体评级 AAA、大量主体评级 AA+评级违约;第四,信用评级调整不合理,如新光债被上调;第五,信用级别与债券发行及交易利率不匹配。

在外部评级存在上述问题的情况下,有必要建立内部评级体系。

(2)构建内部评级体系的目的

构建内部评级体系的主要目的是使信用资质有相对合理的高低排序;排除违约风险最高的债券,并相对外部评级有一定领先性;帮助投资者挑选性价比较高,即风险溢价相对其实际风险覆盖比较充分的标的;预警评级下调等估值风险;风险资产估值与风险计提。

(3)资管公司建立自身内部评级体系的主要方法

基于上述原因,大部分资管公司建立自身的内部评级体系,其方法主要有:打分卡、Logistic 回归等,这些都是市场上比较传统和普适的信用分析模型。

四、信用风险管理

对于资管公司,债券投资信用风险管理的方法主要如下:

(一)内评体系及债券池管理

1. 内评体系建设

首先对违约风险进行建模,常规建模步骤包括数据收集和清洗、数据分析和模型建设,如图 5-7 所示。

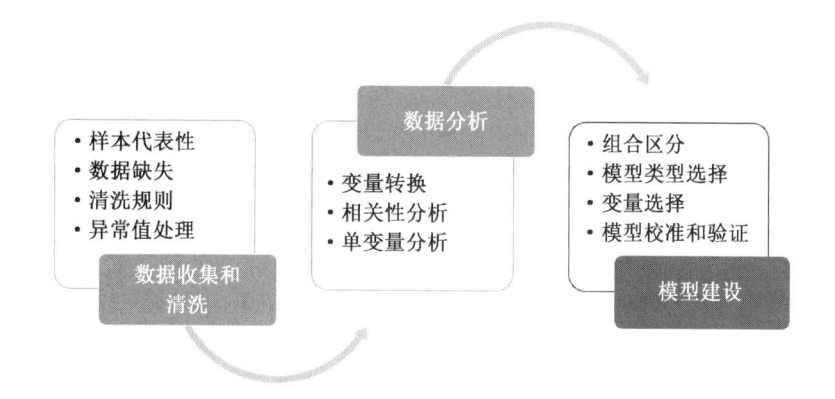

图 5-7 违约风险建模的流程

常用的违约风险评级模型分为三大类:

(1)专家模型

专家模型主要基于信贷分析师的经验和判断,建立打分卡模型给出债券的评级,又被称为专家经验法。

(2)统计模型

统计模型包括传统方法与非传统方法两类,统计模型是基于数据和统计分析,包括线性回归、Logistic 回归、判别分析、数学规划等;非传统方法是使用模式识别与分类等衍生计算方法,如人工神经网络方法等优化债券的信用评级结果。

(3)混合模型:结合专家判断和统计模型

构建信用评级模型之后还需要验证模型是否可用,需要考虑 3 个问题:

第一,模型区分能力是否强大?

第二,指标的相关定义和模型的总体评级结果是否具有经济含义?

第三,模型对样本集外的样本是否适用?

衡量模型区分能力可以用 ROC 曲线(Receiver Operating Characteristic 曲线,简称"受试

者工作特征曲线")、AR 值(Accuracy Ratio,准确率)和 KS 值(Kolmogorov-Smirnov 值[①])等检验方法。检验模型稳定性,可以用模型稳定性指数。检验模型审慎性,可以用卡方检验和二项检验。

下面就专家模型进行简要说明。专家模型的核心是建立打分卡,打分范围一般局限在一个细分行业内,根据行业及主体的相对排名进行打分。

首先,需要专家根据每个行业的特征和差异确定相应的指标和权重,常规的指标大类包括行业经营风险(如上游供应、下游需求、产业政策等)、企业经营风险(如行业地位、实控人、产品技术壁垒、成本控制能力等)、盈利能力(如 ROE、毛利率等)、偿债能力(EBITDA 利息保障倍数、流动比率、速动比率等)等,除了基本的财务、经营数据外,每个行业也需要增加行业特有的关键指标,比如房地产企业的土地储备、城投企业的平台重要性、高速公路企业的单公里通行费等。

然后,考虑如何对每个指标单独打分,需要将每个指标的计算结果在行业中进行排名,对排名结果进行分档,如资产负债率的权重为 5%,即满分为 5 分,可分档为排名前 20% 为 5 分,前 20%~40% 为 4 分,前 40%~60% 为 3 分,前 60%~80% 为 2 分,后 20% 为 1 分。

实践中,打分卡模型需在完整提取行业和发债主体数据后,赋予每个主体相应指标的得分,与权重相乘相加后即可得到所有发债主体评分,根据评分结果和企业及资管产品的投资偏好设置相应的准入标准。打分卡模型和内部准入标准往往也会根据投资风险偏好的调整、行业违约风险案例进行不定期的调整。

2. 债券池管理

内部评级结果的区分度较外部评级更强,可根据企业内部的风险偏好构建信用分级标准,构建债券分级可投池。如图 5-8 所示,核心池的主体/券可投资规模最高,重点池次之,黑名单的主体/券禁止投资。总的来说,通过内部评级的结果可以更有效地管理信用风险,建立差异化的准入和集中度管理标准。

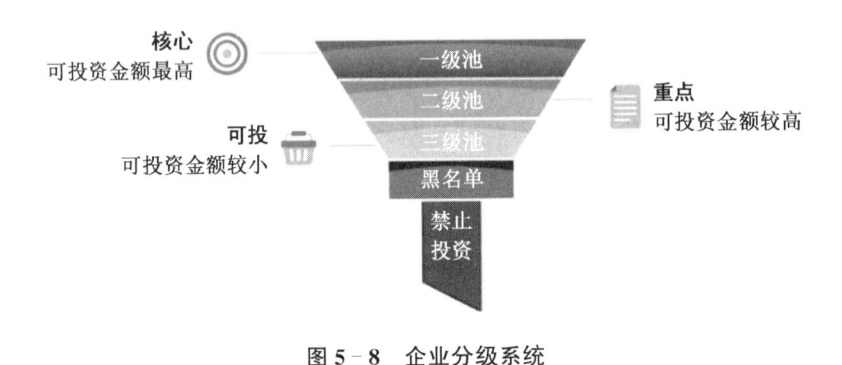

图 5-8 企业分级系统

3. 信用组合管理

资管产品在成立时,往往会详细列举出产品的可投资品种,同时会通过一些较宽泛的集中度限额来约束投资经理进行分散化的信用组合管理,如"AA 级以下信用债比例不超过净值的 10%"。公司在建立内部评级及债券分级可投池后,可进一步根据投资人的风险偏好建立更细

[①] 一般来说,ROC 曲线离纯机遇线越远,表明被试的辨别力越强;AR 值越大,模型分值的区分度越好,当然也要提防过拟合问题;KS 值越大,模型分值的区分度越好,KS 值为 0 代表最没有区分度的随机模型。

化的信用组合管理,如"二级池内单只信用债占比不超过净值的5%"等,以控制组合整体的信用风险。一般来说,投资人的风险偏好越低,投资集中度限制越多。

(二)信用风险预警

1. 基本面监控

主要监测企业长期经营状况、发展趋势及外部融资环境。通过对企业所在行业、所在地区的分析,以及企业治理架构、经营及财务状况的分析,获得发债主体整体基本面健康程度的判断。对财务状况的监测还应该包括对发债企业的财务粉饰情况进行分析和辨别。

2. 舆情监控

利用大数据和人工智能工具进行监控,具体内容包括:选择模型、阈值设定、排除噪声和干扰项。

3. 隐含评级监控

市场隐含评级包括部分行业、企业及市场的信息,在债券违约预警方面能够发挥前瞻性作用,对于外部级别下调和估值下调亦有一定的预测作用。

4. 价格异动监控

债券的市场成交价格较前一日价格偏离较大往往释放了市场对该债券发行主体的违约预期。

5. 现场调研

可以对风险事项证实或证伪,具体包括:行业和企业资料收集、针对性访谈和调研。

对信用风险监控的主体及内容,如图5-9所示。

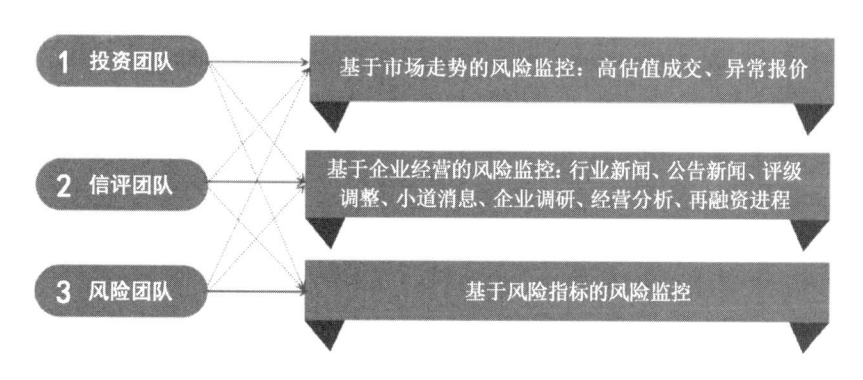

图5-9 不同团队的风险监控

(三)信用风险对冲

在投资策略中已经介绍,如果持有信用债,可以购买信用违约互换(CDS)对冲信用风险,使得虽然名义上持有信用债,但实际上已不承担信用风险。

CDS本质上可以认为是信用债的违约保险,信用债的持有者作为CDS的买方,需向CDS的卖方定期或一次性支付一定比例的保费,保费的价格往往依赖于对信用债发行人的违约预期,当持有债券发生违约,投资者可以收到一定的保险赔付,信用风险也因此被转移至CDS的卖方。

2010年10月,银行间交易商协会公布了《银行间市场信用风险缓释工具试点业务指引》,

创设了中国版的CDS,即信用风险缓释工具(credit risk mitigation,CRM)。2016年9月,交易商协会修订了CRM业务规则,将合约类型推广为4种:信用风险缓释合约(CRMA)、信用风险缓释凭证(CRMW)、信用违约互换(CDS)、信用联结票据(CLN)。

2018年以后,民企"爆雷"逐步显现,CRMW被推广应用于改善民营企业融资,创设机构以商业银行为主,部分证券公司(如中信证券)、担保公司(如中债增信)也参与发行。

(四)交易对手违约风险管理

对于非担保交收或者不存在中央对手方的场外交易,一般需要考虑交易对手本身的信用资质带来的风险,比如银行间质押式回购交易或者同业拆借市场,资金融出方面临到期时交易对手不履行还款义务的风险。

对交易对手风险的管理办法最常用的是建立分级的交易对手库,可以将所有潜在的交易对手分为3类:第一类不限制累计净头寸暴露金额,第二类限制累计净头寸暴露金额,第三类禁止新增交易。

这种分类常用的标准是,把资金来源稳定,几乎没有爆仓风险的中大型金融机构归入第一类交易对手,比如中大型银行、证券公司、保险公司等;把资质较好,充分尽职调查后的其他金融机构和资管账户归入第二类交易对手,并参考其公司规模、产品规模等因素分配净头寸暴露上限;将其他资质较弱或者暂时还未尽职调查的账户和机构归入第三类交易对手,比如小型财务公司、租赁公司等,待完成尽职调查或者资质达到要求后再转入第二类交易对手。

2019年5月,包商银行因出现严重信用风险,被中国人民银行和银保监会联合监管后,市场出现了严重的同业信用危机,各参与机构均下调了风险偏好,收紧了质押式逆回购等资金融出交易的交易对手和可质押债券的范围,这种全市场同方向的操作引发了银行间资金面的快速收紧,部分公司涉及结构化发债的账户融资链断裂,无法偿还到期正回购资金,逆回购方因此面临交易对手到期违约的风险。如果在事前对该类交易对手进行充分尽职调查,发现其存在持仓债券集中度过高、杠杆过高、涉及结构化发债等违规或风险事项,及时调整出交易对手库,就可以避免遭受因回购到期无法收回资金的损失。

部分证券公司自营部门会开展债券撮合成交业务,通过自身的资源和信息优势,在市场上同时找到一只债券的买方和卖方,以一个较低的价格从卖方手中买入债券并在当天以较高价格卖给买方,赚取中间差价,而且不影响日终头寸。但是如果对交易对手尽职调查不充分,自己买入债券后下家违约,不履行买入义务,则该债券将被迫滞留在公司自营账户中。为了避免此类风险,在做好交易对手尽职调查的同时,也可将大额的债券交易拆成若干笔较小金额进行逐笔结算,在上一笔结算完成后方进行下一笔结算,从而降低交易对手风险。

在做好交易对手分类后,如果由于种种原因仍发生了违约事件,则在督促交易对手解决问题的同时也要寻找新的交易对手开展应急方案,以避免爆仓。如果与原交易对手仅做口头成交,还未通过前台成交,则最好可以达成谅解取消交易,这样没有额外损失。即使已经在前台完成了交易,如果双方同意,则可以不做后台结算,填写"全国银行间同业拆借中心结算失败登记表",双方公司盖章后提交协会报备,也可以避免损失。

第五节 债券投资的流动性风险与管理

流动性风险是指投资者在特定时间内不能以市场公允价格买卖证券或者融资的风险。

一、流动性风险及其来源

对于资产管理产品,通常会面临投资人赎回导致的兑付问题。不同于股票、基金等容易变现的资产,债券在变现时,可能需要面临债券变现难的风险,主要是由于债券市场的交投不活跃,导致短期内无法以合理的估值出售债券,尤其是对资质较弱的信用债。

二、流动性风险的评价指标

(一)债券的变现能力

评估债券的变现能力不能完全套用股票的方法,这主要是由于两者在投资者结构、交易机制、流通市场等方面差异较大。对于债券来说,过去一段时间没有成交量并不一定代表它的流动性很差,不是每天甚至每月都有成交,因而对债券而言,无法单纯靠换手率、日均成交量来评估变现能力。

比较流行的量化方法是通过机器学习评估债券流动性,通过选取可能与债券流动性相关的特征进行流动性分析。以下是可供参考的评估指标:

1. 过去一段时间的成交量/成交天数、市场报量

理论上,过去有流动性的债券未来也会有类似的流动性。

2. 债券余额

一般来说,债券余额的大小和成交量的大小显著正相关,债券余额越大,流动性越好。

3. 存续时间

一般来说,新券比老券的流动性更好,因此新券相对于老券有更低的到期收益率,老券享有流动性溢价。

4. 到期收益率

流动性溢价体现在到期收益率上,因此理论上到期收益率越低的债券,流动性越好。对于地方债和信用债,可以使用 Z-spread 来代替到期收益率,从而消除了无风险利率的影响。

5. 到期收益率的历史波动率

该指标衡量个券近期的价格风险,理论上,到期收益率波动率越高,未来流动性越低。

6. 是不是活跃券

对于国债和国开债来说,各期限活跃券的流动性显著高于非活跃券。

7. 各类信用债

信用债是否有担保、是否城投主体、外部评级、债券类型等,如信用等级高的城投债相对流动性更好。

8. 各省地方债

对于地方政府债来说,不同的省份存在不同的利差,因此可能对流动性也有一定程度的影响,如北京地方债相对新疆地方债利差较低,流动性更好。

通过输入以上特征变量可以训练机器学习模型,如打分卡模型、线性模型、随机森林回归模型,通过比较样本内和样本外预测准确度,选取预测能力最佳的模型衡量流动性。

(二)负债端的资金成本

债券交易中负债端的流动性风险是指因所持债券的信用资质较低、流动性不好而影响其

作为正回购质押物时的市场适用面、接受度、质押率以及正回购价格的风险。特别是对于将稳定的正回购作为含杠杆的债券组合运作的关键要素策略,正回购融资的难易程度、资金成本即所谓的负债端流动性风险。

(三)流动性压力测试现金流缺口

对于资管产品,其募集所得的资金是属于负债的,流动性风险就是由于资产和负债流动性不一致造成的,可以通过设定短期资产和负债的资金流入和流出的压力情景来量化评估组合未来一段时间的潜在现金流缺口,对于存在现金流缺口的组合,需提前做好风险防范措施。

但债券的压力测试不同于股票,信用风险、市场风险、交易对手违约、公司声誉风险等都有可能间接传导组合流动性承压,需要考虑的变量和传导机制较复杂,包括无风险利率、不同等级的信用债利差、违约率、违约损失、质押品折价幅度、负债端的赎回比例等。

三、流动性风险管理

债券投资组合的流动性风险管理一般是指投资经理如何高效应对投资者的赎回压力。通常来说投资经理不会持续在账户预留太多现金应付未知的赎回需求,因为现金收益极低,过高的现金占比会拉低账户整体的投资收益率,而良好的流动性风险管理可以在维持高收益的同时,满足投资者的赎回需求。

这里介绍几种常用的流动性风险管理方法,各有其优缺点和适用的场景。实际投资中需要根据不同的情况综合运用进行流动性风险管理。

(一)持有一定规模的高流动性资产

无论是公司内部的风险管理制度还是监管机构对各类投资组合的监管要求,都涉及了投资组合持有高流动性资产比例的要求,如《公开募集开放式证券投资基金流动性风险管理规定》中规定了"流动性受限资产"和"7个工作日可变现资产"的范围和最低持有比例。虽然这些高流动性资产的收益率较低,但各投资组合都需要严格执行相关的外部规章和内部制度,以减小投资组合的流动性风险。

(二)正回购融资

当投资者申请赎回时,投资经理在满足组合杠杆要求下可优先考虑通过正回购融资满足其赎回需求,相对卖出债券的冲击成本,质押融资往往对组合的损益影响更小。这种情况下,需要考虑组合的杠杆上限以及可质押券的融资能力,以评估正回购融资是否可有效应对赎回。

值得注意的是,由于债券的银行间市场是 T+0 交易,正常情况下对资产端的影响很小,但是正回购的价格受市场资金价格的影响较大,正回购操作相当于把债券市场的流动性风险转化为资金市场的流动性风险,在极端情况下(如2016年的"钱荒"),市场对短期资金需求过高可能借不到钱,存在爆仓风险。

(三)现金流期限匹配

现金流期限匹配适用于预先知道未来具体哪些时间点会有赎回的情况,如 T+N 定期开放投资组合,组合资产端和资金端进行一定的期限匹配,针对性地购买对应期限的债券,债券到期兑付的现金正好可以用来应对赎回需求。

但在实际业务中除了个别机构投资者外,大部分投资者的赎回具有很强的不确定性。即使提前知道赎回在年末、季末或某个节假日之前,也知道特定的金额,在这个时间点到期的债券收益率也会比正常的债券低一些,进而影响整体的收益率。

(四)建立流动性风险应急机制

为了避免某些账户对突发情况未及时应对导致出现流动性风险事件,对公司声誉造成严重影响的情况,一般来说,公司内部会建立针对资管产品的流动性风险应急机制,明确应急程序、资金来源等,也会通过定期的应急演练来检验应急机制的有效性和可行性。

第六节 债券投资中的操作风险及合规风险管理

一、操作风险及其管理

(一)操作风险及其来源

常见的操作风险主要是人员操作造成的。

交易员的错误主要包括:(1)在洽谈之前算错了当天的头寸;(2)记错交易标的,如债券品种、回购期限等。

投资经理的错误主要包括:(1)投资指令下达错误;(2)让交易员卖出被冻结的债券;(3)买入本不应该买的债券。

交易执行时涉及投资管理系统(在国内一般是恒生O32系统)、银行间交易前台系统和交易所/银行间的后台系统,操作流程比较烦琐,在这个过程中也可能有各种操作失误,包括:(1)交易员在不同系统中录错了交易数据;(2)发错了交易账户名称;(3)错误质押了打算卖出的债券(俗称"押错券");(4)未及时发送交易指令,错过了可交易的时间。上述错误都是最典型、低级的操作失误,但是在各大债券投资机构中发生的频率并不低。

另一类操作风险是操作失误和内部控制的结合造成的,包括:(1)交易谈成后发现对方不在己方的交易对手库中,交易对手无法入库或者入库手续过于烦琐,导致交易的失败;(2)己方与对手方的净头寸暴露已达上限,无法进行新增交易;(3)在回购交易时,发现质押券没有入库,需要走入库流程。如主体不在库内,需要发起入库流程,所需时间可能更长;(4)质押券的发行主体无法入库或者发行主体集中度达到上限;(5)与交易对手是关联方且关联交易额度达到上限。

还有一类不可抗因素导致的操作风险,包括公司内部计算机系统发生错误、银行间前后台系统故障导致交易中断等。

(二)操作风险管理

只要债券交易会用到人和计算机,操作风险就不可避免,时不时会发生,只能尽可能减少操作风险的发生。惩罚员工不是最有效的方式,反而容易加大员工的心理负担,应对微小又难免的事件给予充分理解和原谅,在各个系统中预留充分的冗余,并对常见的风险事件做好预案,每个部门制作详细的业务流程图,重要操作岗位实行经办复核制,定期向新员工进行培训,明确不同岗位的分工等,减小操作风险发生概率的同时降低发生风险事件后的损失。

二、合规风险及其管理

(一)合规风险及其来源

合规的意思就是投资操作需要符合业务和相关监管的规定,对资管机构的投资经理而言,最重要的规定文件就是基金合同,基金合同的内容既包括了各项监管规定,也包含了基金的估值方法、披露信息范围、投资范围和投资限制。估值方法和信息披露的规定影响了每日净值的波动和与客户沟通的方式,最终将影响客户的申赎并体现在业绩上,投资范围和投资限制则直接约束了投资经理的每日业务操作。

(二)合规风险的管理

合规风险的管理除了依靠合规部门进行整体的合规管理之外,也需要让投资经理了解相关的监管条例。有时不同的管理人、交易系统对相同法规的解读存在差异,如果投资经理知晓投资工作中涉及的各类监管规定和各类约束指标的计算,还可以主动避开合规中常出现的陷阱。

案例分析

富贵鸟信用债券违约[①]

一、案例背景

民营企业在国民经济发展中发挥着巨大作用。党的二十大报告要求:"优化民营企业发展环境,依法保护民营企业产权和企业家权益,促进民营经济发展壮大。"但是,在过去一段时期,民营企业融资环境不佳,民营企业违约风险相对较高,这二者又形成不良循环。这里,通过剖析民营企业富贵鸟股份有限公司债券违约的案例,分析其深层次原因,以期找到改善民营企业治理和融资环境的方法。

富贵鸟股份有限公司的前身为石狮市富贵鸟鞋业发展有限公司,于1995年成立,2012年整体改制变更为闽港合资的股份有限公司,并于2013年成功在香港上市(股票代码:01819.HK)。公司主要从事皮鞋和服装的研发、生产和销售。

14富贵鸟公司债券(122356.SH)发行总额8亿元,期限5年,附第三年末发行人上调票面利率选择权和投资者回售选择权,前3年票面利率为6.30%,应于2018年4月23日兑付回售本金6.52亿元和第三个付息年度的利息5040万元。

发行人于2018年4月23日公告称,公司前期存在大额对外担保及资金拆借,相关款项无法按时收回,公司无法按期偿还应付本金及利息,担保人林和平也未能履行担保责任,14富贵鸟债券发生实质性违约。同时公告提示,发行人目前尚有一只私募公司债16富贵01存续,本次14富贵鸟违约可能触发16富贵01提前到期。

2019年7月31日,富贵鸟发布公告称,公司正在破产重整,将根据破产重整的进度安排

---

① 根据公开资料(富贵鸟相关公告及相关报道)编写。

复牌计划。2019年8月12日,富贵鸟发布公告,称2019年8月9日,联交所向公司发出函件,告知公司股份的最后上市日期为2019年8月23日,公司上市资格于2019年8月26日9时起取消。

2019年8月24日,泉州中院公告及民事裁定书宣告富贵鸟股份有限公司破产。在裁定中,泉州中院驳回了富贵鸟管理人关于"批准重整计划草案"的申请,并终止富贵鸟重整程序。

二、违约原因分析

(一)行业风险

皮鞋和服装行业处于下行阶段,公司盈利能力、收入质量及现金流均较差,公司债务不断增长,偿债能力不断变差。2015年,公司在年报中称,"鞋服行业受宏观经济景气度及鞋服行业自身发展周期的影响,仍处于筑底阶段"。

公司各项财务指标均出现不同程度的下滑。公司2015年营业收入和税前利润首次出现同比下滑,而且,2011年以来,营业收入和税前利润增长率也呈现下滑趋势。收入放缓,应收账款、预付账款以及存货继续增加,公司现金流质量较差;应收和存货周转天数逐年增加,营运压力较大;与此同时,公司2014年以来总债务金额逐年增加,偿债压力较大。公司财务状况如表5-4所示。

表5-4　　　　　　　　　　富贵鸟财务报表

指标	2015-12-31	2014-12-31	2013-12-31	指标	2015-12-31	2014-12-31	2013-12-31
营业总收入(亿元)	20.32	23.23	22.95	应收账款(亿元)	7.80	6.68	8.34
同比(%)	−12.54	1.23	18.75	预付账款(亿元)	1.04	0.31	0.41
税前利润(亿元)	5.23	6.02	5.930	存货(亿元)	3.54	2.51	2.46
同比(%)	−13.04	1.49	37.36	预收账款(亿元)	0.18	0.34	0.10
应收账款周转天数(天)	129.45	117.03	94.55	总债务(亿元)	15.64	5.65	5.39
存货周转天数(天)	88.41	63.61	61.96	自由现金流量(亿元)	−8.8	−2.0	−2.5

(二)报表科目不合理,报表存在造假的可能

1. 销售净利率显著高于同行

如表5-5所示,富贵鸟的销售净利率自2013年起就维持在接近20%的水平,能达到这一水平线的除了富贵鸟以外只有安踏体育,远超其他品牌。

表 5-5　　　　　　　　　　同行业销售净利率对比　　　　　　　　　　单位:%

品牌	2015 年	2014 年	2013 年	2012 年
富贵鸟	19.30	19.42	19.34	16.74
奥康国际	11.75	8.71	9.81	14.86
红蜻蜓	10.11	10.47	8.00	9.66
千百度	8.36	8.74	9.58	13.29
安踏体育	18.77	19.40	18.21	17.74

2. 大存大贷

2014 年富贵鸟发行 8 亿元公司债、2016 年 3 月初发行 13 亿元私募债、2016 年 3 月底发行不超过 4 亿元人民币的短期融资券,发债理由均为用作补充运营资金及偿还集团的银行贷款。

截至 2015 年底,公司货币资金 27.8 亿元,短期银行贷款只有约人民币 5.54 亿元,债券约 7.94 亿元,在集团已处于净现金的水平下,2016 年还建议发债 19 亿元人民币。

推断:公司账上实际的货币资金似乎没有 27.8 亿元。或者说,公司的货币资金大多为受限资金,也可能是通过存单质押的方式将信用输送到关联股东的企业。

(三)管理和治理混乱的端倪

1. 更换审计师,报表质量难以保证

2016 年中报审计师(毕马威)发现前期未发现担保事项并与公司发生较大争议,随后,公司将审计机构由毕马威变更为中安达。

2. 独立董事辞职,公司内部治理混乱

2017 年,公司两名独立董事辞职,辞职原因为:(1)财务数据意见分歧;(2)未有就事实资料回应港交所的问询;(3)未经审核委员会委任新任审计师。

3. 体系外风险

大股东涉嫌通过预付账款、其他应收款科目和对外担保等方式挪用公司资金并进行对外投资(P2P 和矿产)。

(1)公司其他应收款余额较 2016 年从 1 650 万元增长到 10.12 亿元,增长了 60 倍。预付账款由 2014 年的 0.31 亿元增长到 1.06 亿元,增长幅度为 2.25 倍。

根据公司年报,这些其他应收、预付和担保对象均为贸易公司,注册资本很小,而金额却达上亿元。通过全国企业信用信息系统查询,这些其他应收、预付以及担保对象互为关联方,都与实际控制人有一定的关联,大概率以贸易等方式掩盖其转移上市公司资源的目的。根据中国证监会出具的警示函来看,其在 2016 年年报中存在 11.06 亿元的对外担保未披露,而 2017 年新增对外担保合计 10.7 亿元,超过了公司 2016 年末净资产 25.76 亿元的 20%,也没有临时公告。所以通过预付其他应收和对外担保转移出上市公司的资金高达三十多亿元,如果无法收回,则肯定会造成毁灭性的影响。

(2)从公开信息看,转移的资金大概率通过石狮市富贵鸟集团有限公司去投资 P2P 和矿业领域,并且都以失败告终。

石狮富贵鸟通过富银金融信息服务有限公司投资了叮咚钱包(共赢社),石狮富贵鸟也在

2017 年 3 月将股份转让。

另外一个方向是矿业，主体是富贵鸟矿业集团有限公司。虽然从股权和高管关系上无法看出有任何联系，但富贵鸟矿业被执行和诉讼大部分与石狮富贵鸟、林和平绑定在一起，很大概率属于同一控制人，而从与金融机构涉诉结果来看，其经营肯定也遇到了问题。通过被执行人网站等相关网站查询，石狮富贵鸟被执行的涉诉金额达 5 亿元，从裁判文书和金额看大概率是金融机构，这间接说明实际控制人上市公司体系外的产业经营和偿付能力出现了较大问题。

从 2016 年以后的年报可以推断出，上市公司本身的资金遭到大股东挪用，挪用的资金被大股东投资到与主业无关的 P2P 平台和矿业。从后续的公开信息来看，大股东对外投资（P2P 和矿业）均遇到了不同程度的麻烦，对上市公司的偿债能力产生了巨大影响。

三、案例启发

(一)违约企业的普遍特征

对于违约企业，普遍存在以下一些特征：

1. 企业平台化

企业平台化是指企业虽然有自己的商品品牌，但是通过贴牌等方式发展成一个销售或者服务平台，提供给同行业其他供应商做销售渠道。企业在发展过程中，可能由于主营业务不赚钱从而平台化，缺乏核心竞争力，使得对抗外部冲击的能力较弱。

2. 战略多元化

战略多元化是指企业不断进入新的事业领域，一般代表企业原业务的盈利能力下降，不得不开拓新的市场以寻求新的发展机会。

3. 治理混乱化

治理混乱化是违约企业非常明显的一个特征，一家正常运转的企业治理是不会混乱的。

4. 财务操纵化

盈利能力较好的企业无须操纵财务，只需向公众展示自身的基本面即可融到成本较低的资金。只有在企业内部"岌岌可危"的情况下，为了保证企业的存续，才会通过操纵财务等违规手段掩饰真实情况，试图向不明真相的投资者融资。

5. 经营异常化

经营异常是指企业没有在法定期限公示年度报告，或者未在责令的期限内公示有关企业信息等情况，被工商局纳入经营异常。通常来说企业在经营情况出问题的时候，可能是为了伪造财务报表或者其他目的，才会使得年报或者相关信息未及时公布。

(二)民企相较于其他企业违约风险大

民企相较于其他企业违约风险大，主要有以下几点原因：

1. 易受外部冲击、抗风险能力差

民企相较于国企，缺少足够的外部支持和资源调动能力，且由于信息不对称等原因，"融资难""融资贵"的问题使得民企抵抗外部冲击的能力较弱。

2. 激进的战略，盲目的扩张

大多数民企缺乏专业的管理人员，在制定发展战略时可能由于对企业情况和市场情况缺乏清晰的认识，制定的战略过于激进，盲目扩张，使得风险较大。

3. 融资条件、再融资难度明显高于其他企业

大多数民企治理不够规范，缺乏专门的财务人员，向银行等金融机构融资时，投资方常常需要花费大量人力物力对企业进行调查，这些成本会反映到企业的融资利率中。另外，民企融资金额较少，可抵押资产价值也较低，如果银行等金融机构对其放贷，利率一般都比较高。

4. 财务瑕疵、报告真实性受质疑

民企在发展初期，人员不足，通常没有专门的财务人员，使得财务报告的记录较为随意且缺乏规范，其真实性容易受到质疑。

本章小结

固定收益证券市场是金融市场中最大的市场之一，债券是资管业务中的重要资产。本章首先介绍了中国债券市场的发展历程、债券市场的构成、债券品种及债券市场主要参与者。其次，介绍了债券的投资策略，包括骑乘策略、杠杆套息策略、收益率曲线交易策略、行业信用利差策略、品种利差策略、事件驱动策略、信用下沉策略等。再次，分别介绍了债券投资的市场风险、信用风险和流动性风险、操作风险及合规风险的来源、度量方法及管理方法。最后，通过信用债违约案例，分析了违约企业的特征及相关风险的识别与防范措施。

关 键 词

固定收益证券（Fixed Income Securities）
利率债（Interest Rate Bond）　　　信用债（Credit Bond）
交易所市场（Exchange Market）　　银行间市场（Inter-bank Market）
商业银行柜台市场（Commercial Bank Counter Market）
债券投资策略（Bond investment Strategy）
久期（Duration）　　　　　　　　　修正久期（Modified Duration）
基点价值（Price Value of a Basis Point）　凸性（Convexity）
业绩归因（Performance Attribution）
市场风险及管理（Market risk and management）
违约风险及管理（Credit risk and management）
流动性风险及管理（Liquidity risk and management）

思考与练习

1. 中国债券市场的品种有哪些？是如何分类的？
2. 主动投资策略有哪些？每个策略的逻辑和收益来源是什么？
3. 债券的市场风险如何度量？如何管理？
4. 债券的信用风险如何度量？如何管理？
5. 债券的流动性风险如何度量？如何管理？
6. "固收＋"策略有什么特定的风险？如何管理？

7. 违约企业都有哪些特征?

8. 为什么民企的违约风险较大?

9. 对于一个包含A、B两个债券的投资组合,A债券的投资金额和债券的久期为10 000元和3年,B债券为20 000元和8年。市场上还有C、D两个债券,久期分别为2年和7年,如何利用C、D两个债券进行久期风险对冲?

参考文献

1. 陈健恒.中国信用债违约后处置全回顾[R].中金公司,2018.
2. 陈健恒.信用债违约后处置再回顾:境内篇[R].中金公司,2020.
3. 陈健恒.债市宝典之信用篇[R].中金公司,2015.
4. 陈健恒.违约新常态下的信用债分析[R].中金公司,2019.
5. 何羿.债券实操指南[M].北京:中国铁道出版社,2022.
6. 龙红亮.债券投资实战(1)[M].北京:机械工业出版社,2019.
7. 龙红亮.债券投资实战(2)[M].北京:机械工业出版社,2021.
8. 于明明.资产配置研究系列之一:基于目标风险的固收+产品设计[R].信达证券,2021.
9. 张旭,赵璐媛.中国债券市场体系简介[R].光大证券,2015.
10. 张健强.中国债券市场介绍[R].华泰证券,2019.
11. 张健强.信用债分析框架和应用[R].华泰证券,2020.
12. 张晓春.固定收益基础系列报告之二:债券分类解读[R].国联证券,2016.
13. 朱剑涛.东方证券宏观固收量化研究系列之(五):基于机器学习模型的债券流动性预测[R].东方证券,2021.
14. Chen L., Lesmond, D. A. and Wei, J. Corporate Yield Spreads and Bond Liquidity[J]. The Journal of Finance,2007,62:119-149.
15. Sarig, O., Warga A. Some Empirical Estimates of the Risk Structure of Interest Rates[J]. The Journal of Finance,1989,44:1351-1360.

第六章

非标债权投资的风险管理

引 言

非标债权的全称是非标准化债权资产(简称"非标资产"),是相对于在银行间市场或交易所市场交易的标准化债券而言的。非标资产属于另类资产[①]的一种,具有较独特的风险收益特征。配置非标债权资产是银行理财、保险资管和信托公司的差异化优势之一,这些资产管理机构可依靠较强的非标债权资产价值挖掘与创设能力,提升资管产品的收益。

国内非标债权发展与金融监管政策密切相关,发展路径不寻常,本章首先介绍非标债权的定义、形式、发展历程和特点,非标债权的种类、特征;接着介绍非标债权投资的风险,由于非标债权的特殊性,本章重点介绍其信用风险;然后介绍非标债权投资的风险管理方法,包括风险的管理原则、流程和措施;最后通过实例,说明非标债权投资的风险以及管理的原则和方法。

第一节 非标债权市场概述

一、非标债权的定义

非标业务的发展一直受到监管部门的高度关注。监管部门对非标债权的认识也经历了一个逐步深化的过程。非标债权的定义有以下几种:

(一)银监会的定义

中国银监会在2013年3月中首次提出了非标债权[②]的定义,认为非标债权是未在银行间市场及证券交易所市场交易的债权性资产,包括但不限于信贷资产、信托贷款、委托债权、承兑

[①] 另类资产一般指传统公开市场交易的权益、固定收益和货币类资产之外的资产类型,包括私募股权投资(PE)、风险投资、对冲基金、艺术品投资等。

[②] 《关于规范商业银行理财业务投资运作有关问题的通知》(银监发〔2013〕8号)。

汇票、信用证、应收账款、各类受(收)益权、带回购条款的股权性融资等。在2016年1月,中国银监会又将非标债权扩展到券商两融收益权和收益凭证以及保理、融资租赁等资产。2017年版《理财业务统计表》(G06表)在对非标认定上,将股票质押式回购从原权益类资产转为非标债权类资产。

(二)证监会的定义

中国证监会通过修订资管月报填报指引的形式对"非标"予以认定,证监会从资产大类和债权类资产的形式分别加以明确:非标资产包括未上市公司股权和非标债权资产。其中,非标债权资产的认定明确按照《资管新规》的认定,同时进行了大概的列举,指出非标债权资产包括但不限于委托贷款、信托贷款或票据资产、附加回购或回购选择权的"明股实债"投资、以债权融资为目的的各类财产(受)收益权等。如果是投资其他资管计划,应穿透底层资产识别非标资产。

(三)《资管新规》的定义

在《资管新规》中,对非标资产做了初步的界定。2018年4月的《资管新规》将标准化债权类资产定义为"在银行间市场、证券交易所市场等国务院和金融监督管理部门批准的交易市场交易的具有合理公允价值和较高流动性的债权性资产;其他债权类资产均为非标准化债权类资产"。这一定义进一步扩大了非标债权资产的范围,在考虑交易场所的基础上,还新增了公允价值变动和对于流动性的要求。

2020年7月,《标准化债权类资产认定规则》(《资管新规》配套文件)将债权类资产分为如下3类:

1. 标准化债权资产

在《标准化债权类资产认定规则》中直接列出的标准化债权资产,包括债券、资产支持证券等固定收益证券,主要包括国债、中央银行票据、地方政府债券、政府支持机构债券、金融债券、非金融企业债务融资工具、公司债券、企业债券、国际机构债券、同业存单、信贷资产支持证券、资产支持票据、证券交易所挂牌交易的资产支持证券,以及固定收益类公开募集证券投资基金等。对于未列入的产品,需要根据《标准化债权资产认定规则》按照相关程序进行标准资产的认定。

2. 非标准化债权类资产

在《标准化债权类资产认定规则》中直接列出的非标准化债权资产,如理财登记托管中心理财直接融资工具,银登中心有限公司的信贷资产流转和收益权转让相关产品,北交所债权融资计划,中证机构间报价系统收益凭证,上海保交所债权投资计划、资产支持计划。其他未同时符合5项标准所列条件的[①]、为单一企业提供债权融资的各类非标资产。

3. 非标资产除外类别

非标资产除外类别包括存款(含大额存单)、债券逆回购、同业拆借等形成的资产。央行认为:"上述资产既不符合标债资产认定标准,也不符合原先非标资产特征,不宜简单列为标债资

---

① 债权类资产被认定为标准化债权类资产的,应当同时符合以下条件:(一)等分化,可交易;(二)信息披露充分;(三)集中登记,独立托管;(四)公允定价,流动性机制完善;(五)在银行间市场、证券交易所市场等国务院同意设立的交易市场交易。

产或非标资产。鉴于金融监管部门对这类资产已有较为系统、严格的监管规定,故称为非标资产除外类别,不按照有关非标资产监管要求处理。"

关于非标债权的定义与范围,本书参照《标准化债权类资产认定规则》中的定义对非标准化债权资产风险进行分析。非标准化债权资产,简称为"非标债权"或者"非标资产",是指不能划入《标准化债权类资产认定规则》所指标准化债券资产类型的债权类资产。

二、非标债权的主要形式

资管机构投资的非标债权主要包括类贷款、类资产证券化、带回购的股权融资及类债券4种形态:

(一)类贷款形式

类贷款形式的非标资产是资管机构通过信托计划 SPV(Special Purpose Vehicle)向融资方发放的信托贷款或委托贷款,其运作方式如图 6-1 所示。对融资方而言,通过类贷款形式的非标融资,形成了新的负债。

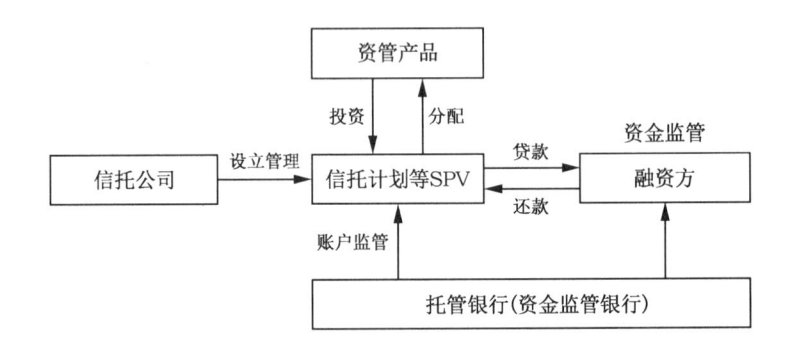

图 6-1 信托贷款类非标资产运作示意图

类贷款形式非标债权的投向可以是基础设施项目融资、房地产项目融资、工商企业流动资金贷款、并购贷款等。

类贷款形式非标债权增信措施包括:资产抵押、股权质押、集团或实控人担保等,并按约定向信托公司支付利息、归还本金,信托再向投资者分配投资收益和本金。

(二)类资产证券化形式

类资产证券化形式的非标资产,是资管机构通过资管产品认购信托计划等 SPV,SPV 受让融资方的债权类资产,如应收账款、租赁融资、小额贷款、贷款类信托受益权、票据资产等,这些债权类资产所产生的现金流用来支付给 SPV,或者融资方回购债权类资产。一般来说,融资方对现金流提供担保或者差额补偿。这种非标债权融资,类似于债权类资产的资产证券化。与标准的资产证券化相比,差异在于标准的资产支持证券在交易所或银行间市场挂牌交易,而类资产证券化形式的非标未能挂牌流通。

类资产证券化形式非标融资与贷款类非标债权的交易结构差异在于:前者通过受让融资方的债权资产向融资方借款,后者直接向融资方贷款。

(三)带回购的股权融资(明股实债)形式

一种典型的带回购的股权投资(明股实债)形式非标资产,是资管产品认购信托计划或者其他 SPV,SPV 以受让股权、增资扩股、增加资本公积(以及股东借款)或新设公司的方式投入项目公司,计入注册资本,增资完成后,SPV 持有项目公司相应比例的股权,通过对股权的分红、减资或转让获得投资收益,再向投资者返本和分配投资收益。在合同期内,项目公司的关联公司保证对 SPV 投入的资金进行一定的分红,并确定时间计划和对价对 SPV 所持有的项目公司股权进行全额回购,SPV 实现投资退出。带回购的股权融资形式的非标资产运作方式如图 6-2 所示。

在这种融资模式中,SPV 可仅用信托资金中很少的一部分入股项目公司成为股东,然后将剩余的信托资金按照股东借款的形式进入项目公司,同时这部分资金的偿还顺序排在银行贷款或其他债务之后。

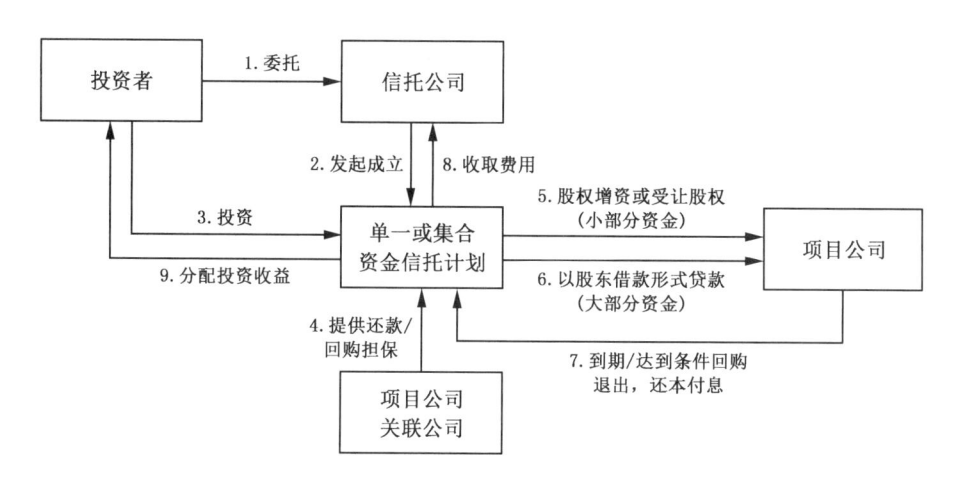

图 6-2 带回购的股权融资形式的非标资产运作示意图

在带回购的股权融资(明股实债)模式下,投资收回方式为定期分红和到期偿还本息,与债权无异。

(四)类债券形式

类债券形式包括银行理财直接融资工具、北京金融资产交易所(北金所)债权融资计划、保险债权投资计划和券商收益凭证等。这些非标债权资产是最接近标准化债券的资产,对其风险管理可以参照标准化债券进行。

1. 银行理财直接融资工具

银行理财直接融资工具是指由商业银行作为发起管理人设立,以单一融资企业的直接融资为资金投向,在指定的登记托管结算机构统一登记托管,在合格投资者之间公开交易,在指定渠道进行公开信息披露的标准化投资载体。

银行资管及理财公司通过理财产品认购理财直接融资工具的份额,并在中央结算公司登记该份额,就能在其提供的业务平台上进行双边报价及转让;单家银行资管及理财公司管理的所有理财计划持有任一直接融资工具份额比例不超过该直接融资工具总份额的 80%。

理财直接融资工具产品要素：

(1)适用对象：符合国家产业政策要求、转变经济增长方式和调整经济结构要求的行业，要求非商业房地产行业、政府融资平台等行业，企业评级符合相关要求。

(2)用途：可用于补充营运资金、项目建设、偿还借款等。

(3)期限：理财直接融资工具申报融资期限不超过5年。

(4)价格：发行价格结合市场行情、融资期限、增信措施等综合确定。

理财直接融资工具由具有资格的商业银行发起管理，采用市场化的注册制度，无行政审批，由银行从业人员、会计师、律师等组成的专家评估组评议，市场自我约束，较为简便；同时，理财直接融资工具发行定价也具有市场化的机制，主要采用簿记建档方式，面向商业银行的资管业务部门及银行理财公司发行。相比较而言，理财直接融资工具减少了中间环节，缩短了发行时间，降低了发行费用。理财直接融资工具的融资主体和融资投向上有较为严格的限制，有一定的信息披露要求。债权融资工具具有私募性质，类似于没有交易平台的保险债权计划，但因为中央结算公司为其提供了一个交易转让平台，所以具有一定的流动性。

2. 北金所债权融资计划

北金所债权融资计划是由北京金融资产交易所推出的一种向合格投资者以非公开方式挂牌募集资金的债权性固定收益产品。其创新之处主要体现在发行流程非常简单、备案材料明显减少、资金用途灵活、资金使用期限灵活等。

债权融资计划依据企业融资实际需求，自行确定发债额度；不要求强制外部评级，市场参与主体自行判断风险；资金用途灵活，可用于长期项目资金，也可用于短期流动资金，也可用于归还借款等；放宽项目准入标准，在符合国家方针政策的前提下，可灵活调整。

业务基本流程包括：

(1)参与主体开户。融资人、投资者、主承销商等相关业务参与主体与北金所签署"北京金融资产交易所综合业务平台客户服务协议"且提交开户材料，北金所为客户开立系统账户、发放数字证书。

(2)备案。融资人(主承销商代)向北金所提交债权融资计划备案材料，北金所通过完备性核对后发放"接受备案通知书"。

(3)挂牌。融资人(主承销商代)进行债权融资计划信息披露，由挂牌管理人及投资者开展申购、定价配售及挂牌资金划转工作，最终在北金所完成初始信息记载。

(4)转让。持有人出让债权融资计划，投资者受让债权融资计划，完成债权融资计划的变更信息记载。

(5)其他资金划转。融资人按照当期债权融资计划"募集说明书"约定的时间、方式和金额，向持有人划转本金、利息等资金，完成债权融资计划的注销信息记载。

(6)存续期信息披露，主承销商督导融资人和中介机构及时进行信息披露。

3. 保险债权投资计划

保险债权投资计划是指保险资产管理公司发起设立的投资产品，通过发行投资计划受益凭证，向保险公司等委托人募集资金，投资主要包括交通、通信、能源、市政、环境保护等国家级重点基础设施或其他不动产项目，并按照约定支付本金和预期收益的金融工具。

保险债权投资计划参与方主要有委托人、受托人、受益人、托管人、独立监督人。其中，委托人是指在中华人民共和国境内，经国家金融监督管理总局批准设立的保险公司、保险集团公司和保险控股公司。受托人是指根据投资计划约定，按照委托人意愿，为受益人利益，以自己的名义投资基础设施或其他不动产项目的保险资产管理公司。受益人是指委托人在投资计划中指定,享有受益权的人。投资计划受益人可以为委托人。托管人是指根据投资计划约定,由委托人聘请,负责投资计划财产托管的商业银行,负责为保险债权投资计划资金提供资金存管、划拨、清算等托管服务。独立监督人是指根据投资计划约定,由受益人聘请,为维护受益人利益,对受托人管理投资计划和项目方具体运营情况进行监督的专业管理机构。

保险债权计划交易结构及立项实施流程如图6-3所示。

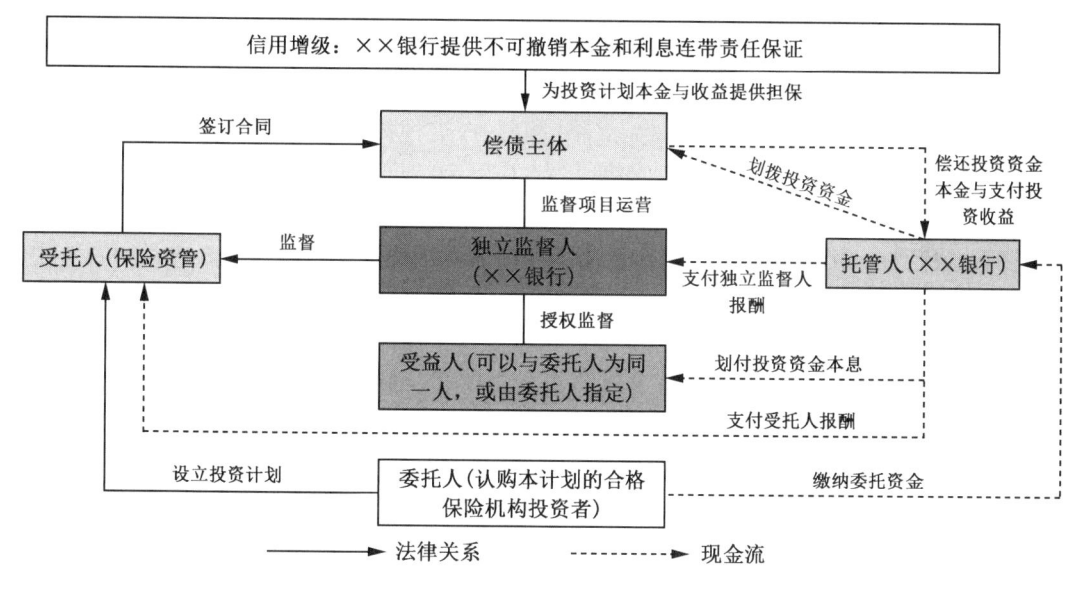

图6-3 保险债权计划交易结构及立项实施流程

4. 券商收益凭证

券商收益凭证是指证券公司以自身信用发行的,约定本金和收益的偿付与特定标的相关联的有价证券。特定标的包括但不限于货币利率,基础商品、证券的价格,或者指数。一种是按照合同约定支付固定收益的"固定收益凭证",另一种是按照合同约定支付与特定标的资产表现挂钩的浮动收益的"浮动收益凭证"。

券商收益凭证是一种债务融资工具,属于证券公司的负债,这一负债的背后是整个证券公司的信用。券商收益凭证在券商的OTC(Over-the-counter,场外交易市场)柜台市场和机构间私募产品报价与服务系统交易流通。

三、非标债权在中国的发展现状

非标债权资产是近20年中国金融市场最重要的创新产品之一,其发展变化大致经历了4个阶段:

(一)起步发展阶段(2006—2008年)

非标债权发端于银信合作。2003年,"信贷资产信托化"(也称"准信贷资产证券化")类产品在中国陆续推出,这是银信合作的最初尝试,也是最早的具有非标资产雏形的理财产品。2005年11月1日,《商业银行个人理财业务管理暂行办法》和《商业银行个人理财业务风险管理指引》的发布实施,为商业银行开展个人理财业务提供了法律依据。2006年,第一只人民币信贷类理财产品在国内市场出现。在资产端,商业银行作为单一机构委托人,与信托公司签订单一资金信托合同并形成信托关系,通过银信合作形式实现放款。在资金端,投资者与商业银行签订人民币理财产品协议,两者形成委托关系。随着银信合作的进一步发展,银信连接理财产品逐步成为商业银行绕过存贷比监管进行放贷的重要手段(张帆,2014)。

(二)快速发展阶段(2008—2012年)

2008年12月,银监会发布的《银行与信托公司业务合作指引》(银监发〔2008〕83号)首次以部门规章的形式对银信合作予以认可和规范。

自2009年年初开始,商业银行的信贷投向和整体贷款规模受到监管约束,表内信贷业务在地方融资平台、房地产行业等领域受到严格限制。在这种背景下,市场融资主体纷纷寻求变通的资金融通方式,非标资产呈现快速发展态势,在资金端增加了同业拆借等货币市场渠道。非标资产的快速发展扩大了商业银行的总体负债规模、降低了存款在商业银行负债中的占比,进而使商业银行在一定程度上规避了存款准备金和监管指标的束缚。这种表内资产表外化的模式在这个阶段被大量复制。

2010年8月,银监会发布《关于规范银信理财合作业务有关事项的通知》(银监发〔2010〕72号),对银行与信托合作发展理财业务进行了全面规范,明确规定融资类业务在银信理财合作业务余额中的占比不得超过30%;同时,对银行与信托合作的表外业务进行严格监管,要求商业银行在两年之内将表外业务全部转入表内,相应的资产应计提拨备和资本。

2011年,银监会发布《关于进一步规范银信理财合作业务的通知》(银监发〔2011〕7号),对银信理财合作业务进行更加严格的监管,导致融资类银信合作业务的规模进一步被压缩;同时规定对于银信合作的信托类贷款,如果商业银行没有及时转入表内核算管理,与之合作的信托公司应按照10.5%的比重计提风险资本。在严格的监管约束下,非标业务规模较大的商业银行在资本充足率、拨备覆盖率等监管指标方面面临较大的压力,非标资产的通道成本也大幅上升,银信直接合作开展融资业务的利润空间受到压缩,由此银信直接合作模式"沉寂"下来。

在2011年之后的两轮信用扩张下,非标开始飞速扩张,从最初的银信合作发展为更复杂的资管模式。2012年10月,证监会发布《证券公司客户资产管理业务管理办法》,对实施集合资管和定向资管的具体规则进行了细化描述和更新,极大地鼓励了证券公司和基金公司发展资管业务,因此银行同证券公司的合作越来越频繁,新的业务模式不断涌现,非标业务数量也随之增加,非标资产的规模再次出现快速上升趋势。在打通了券商、基金等通道后,非标资产可以绕开银信合作监管规则的约束,由此导致银行、券商和基金层层嵌套模式日益盛行(郭晨,2016)。

(三)"倔强"生长阶段(2012—2017年)

在非标资产打通了银证信通道大幅增长的背景下,为了从总量上对非标资产进行严格限制,防止其过快扩张而引发各种风险,2013年3月,中国银监会出台了"8号文"明确规定,非标债权投资占比不得高于商业银行当年理财产品总余额的35%和上一年末总资产的4%。2014年4月,中国银监会办公厅发布《关于2014年银行理财业务监管工作的指导意见》(银监办发〔2014〕39号),强调"解包还原"和"穿透原则",明确要求在计算监管指标时对非标资产使用"穿透原则",以实际业务的底层资产进行指标计算。在监管政策的约束下,"非标资产"规模增速降低。但非标业务的高收益率仍是吸引银行开展此类业务的重要动力,加上理财资金总额上升,因此非标债权资产总额还在小幅上升。2017年年末,非标资产在社会融资规模存量中的占比约为15%,较2013年的最高点下跌了约3%。

(四)规范发展阶段(2017年至今)

"非标债权"业务游离于监管体系之外,成为中国大部分"影子银行"的载体(非标业务的资金主要来源于影子银行),干扰了政府宏观调控机制和政策效力,抬高了实体企业融资成本,造成资金在金融体系内的空转,长期以来形成的资金池以及期限错配也积累了诸多风险隐患。2017年12月,随着《关于规范银信类业务的通知》(银监发〔2017〕55号文)的发布,监管机构对银信类业务的监管范围进一步扩大,将资产(收益权)类业务和表内外资金业务划入其中。《关于规范银信类业务的通知》特别强调"实质重于形式"的审查原则,要求对银信类业务实施"穿透式"监管,堵住非标资产通过绕道各类通道以规避监管的漏洞;明确在银信类业务中信托机构只是作为通道发挥作用,商业银行不能掩盖业务风险的实质,不能掩盖资金投向、资产分类,不能规避拨备计提、资本占用等监管指标考核进行"监管套利"。

2018年4月,《资管新规》发布,明确了非标资产不能多层嵌套、不能期限错配,且产业基金类产品只能通过私募发行的方式募集资金。受此项监管规则的影响,后续新发行的非标资产的资金端只能通过封闭式理财产品进行对接。

2018年1月开始,非标资产余额保持下降趋势。截至2021年年末,6家国有大行理财子公司的非标资产占比已经全部低于6.1%,相较2021年中期的非标占比均大幅下降甚至腰斩,且下降的趋势还在持续。严厉的监管政策正在将有能力和有意愿承担风险的投资者引导至资本市场其他领域,但是由于非标债权的收益一般比标准债券高,所以对于资管机构来说,非标债权仍是可选的资产类别。

"非标债权"投资业务是特殊历史时期的产物,其快速发展的背后,既有其深刻的内生原因(满足参与的金融机构监管套利需求),也有必然的外在因素(满足企业融资需求,特别是那些不符合表内贷款要求的中小型或民营企业的融资需求)。大量非标资产投资于基础设施建设项目、地产项目及产能过剩行业,回款周期长且流动性较差,而金融机构对该类业务的审核往往也没有传统信贷业务那么严格,如果行业政策变动或行业进入下行周期,便可能导致相应的信用风险集中爆发,给投资人带来损失。

四、非标债权的特点

非标债权具有结构复杂、形式灵活、透明度低、流动性差和相对收益率高等特点。

(一)结构复杂

图6-4展示了带回购的股权融资(明股实债)类非标债权结构的复杂性。投资方可以是多种资管机构,如银行理财、信托、保险资管;同时需要有SPV主体,包括股权投资计划、信托计划、私募股权投资基金等;交易过程包括认购、投资入股和退出环节,退出方式又可以是回购、第三方收购、对赌、分红等。

非标债权的复杂性包括以下方面:
(1)交易主体多。不仅包括投资方和融资方,而且包括通道方,通道越长涉及的主体越多。
(2)各主体之间利益和法律关系复杂。一旦有一方发生违约,追究起来就较为复杂。
(3)资金流转链条长。一旦通道方由于资金压力没有及时转移资金,就会发生违约。

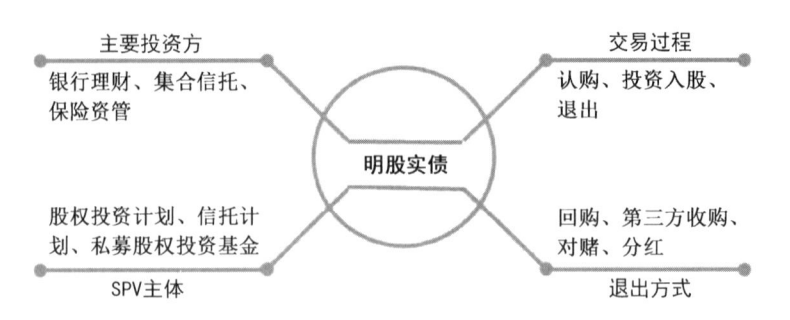

```
主要投资方                    交易过程
银行理财、集合信托、          认购、投资入股、
保险资管                      退出
              明股实债
股权投资计划、信托计          回购、第三方收购、
划、私募股权投资基金          对赌、分红
SPV主体                      退出方式
```

图 6-4 非标债权类资产的复杂性

(4) 产品嵌套非常普遍，交易结构较复杂。

(5) 虽然非标资产业务运作中大多采取增信措施，但是缺乏强有力的抵押担保措施。如果融资方有强有力的抵押担保措施，会倾向于直接向银行贷款，存在逆向选择的问题。

业务结构的复杂性，对其风险管理提出了很大的挑战，具体体现在：风险识别难度大、信用风险难把握、金融交叉风险大、风险管控难度大（法律、合规、操作风险）、风险处置难度大。

（二）形式灵活

非标资产是基于监管规避而产生的一类资产，资产存在形式处于不断变化和衍生的过程中，从广义上讲，一切未在银行间市场和交易所交易的债权性资产，都属于非标资产。参照原中国银监会于 2013 年 3 月 25 日出台的《关于规范商业银行理财业务投资运作有关问题的通知》（即银监会 2013 年"8 号文"）及中央国债登记结算有限责任公司的资产分类，现有的非标资产种类多达十几种。

（三）透明度低

由于非标业务结构较复杂、业务链条较长，且非标业务多为场外协商开展，并且由于大多数非标债权资产没有一个公开的发行、交易和流转市场，无具体的信息披露要求和外部评级要求，市场上对于此类资产鲜有公开的、可查找的披露信息，因此，非标资产的业务结构及融资主体透明度较低。非标资产俨然是信息采集的"黑匣子"，信息严重不对称。

（四）流动性差

由于非标资产的形式及特点各异，无统一的标准化业务模式和要素，非标业务的开展大多根据融资需求进行方案定制，因此，非标资产一旦形成之后很少有转让的需求，大多由非标资产发起创设人持有至到期，期间基本不进行交易或转让。此外，非标资产目前在国内没有统一规范的交易平台，已有交易历史的非标资产一般通过场外协商的方式完成交易。

（五）相对收益率高

一般来说，非标资产的收益率显著高于公开市场债券利率。近年来，部分非标资产的单一信托类产品收益率接近 8%，远高于同期 AA 级别 3 年期中期票据的平均发行利率。从风险溢价和流动性溢价的角度，可以解释这种高收率表现。事实上，越是难以获得正常表内外融资的企业越可能愿意接受高利率融资，非标资产存在着较大的风险隐患。

第二节 非标债权投资管理流程

规范的资产管理机构,对于非标债权资产的投资是建立在严谨科学的投资研究和管理体系之上的。通过建立非标债权研究分析体系,定性研究和定量分析相结合,对非标债权组合的配置择时和节奏进行分析,为非标债权资产投资提供科学的指导。

科学的非标债权投资研究体系包括宏观经济与金融政策、实体经济供需、信用与估值研究等多个方面,在每个大类分析领域,通过若干细分的指标进行分析和判断。

资产管理机构设立专门的非标资产投资团队,团队成员应具有丰富的非标资产投资经验和研究背景,专业负责非标资产相关研究、投资工作。非标资产投资部门在各职能部门的支持和相关风险约束下,寻找合适的非标债权投资标的,通过分析特定非标债权的产品要素及交易结构、增信方式、融资主体及担保主体(若有)等要素,使非标资产满足相关授权决策机构的投资标准,并尽量创造超额收益,以提升资管产品的收益水平。

非标债权投资工作流程主要包含项目储备、项目立项、尽职调查、项目评审、投资决策、项目签约、项目放款及投后管理 8 个部分,各部分均设立相应的标准、清单及分工等具体规章制度,按照各自所对应的规则与流程有序运作。

一、项目储备

非标债权项目获取及储备是非标债权投资流程的起点。在充分理解各负债方可投资范围和投资标准后,非标资产投资团队与商业银行等机构建立了广泛的业务合作关系,建立起一套客户分级机制和重点企业关注机制,构筑全面和畅通的信息渠道,通过专人负责制对接外部合作机构,积极储备非标资产项目。

二、项目立项

项目立项是非标债权投资的"起手式"。在此环节中,投资经理既需要对前期广泛储备的项目进行横向比较、优中选优、筛选出市场上最好的项目,又需要与各负债方需求进行对照,找出适合负债方投资需求的非标资产予以立项。

投资经理发起产品立项流程,由非标资产立项管理部门(或机构)对产品的交易结构、合规性、偿债能力、担保能力、收益水平、风险因素等关键因素进行初步评估,并决定是否通过该产品的立项申请。

三、尽职调查

项目尽职调查是通过访谈、实地考察、聘请专业机构,全方位、多角度深入了解偿债主体、担保企业、拟投项目的真实情况,最大限度消除企业和拟投项目的信息不对称,实现对投资价值、潜在合作机会的精确把握,在控制风险的基础上,最大化综合收益。

尽职调查后,投资经理根据尽职调查情况撰写投资建议分析报告,主要内容包括交易要素、交易结构、拟投项目情况、融资主体情况、担保主体情况、投资价值、项目优势及风险等。

四、项目评审

非标债权项目评审是指对单个非标债权的投资优势和风险进行综合评审和终审,以追求合理风险溢价的关键环节。

风险管理部门非标项目审查人员对项目进行审查和综合风险评估,对于审查通过的项目提交决策人或者机构进行项目终审。一般来说,资管机构授权首席风险官(风险总监)或者非标债权项目评审委员会(以下简称"评审会[①]")对非标项目进行终审。

对于终审通过的非标债权项目,将上报后续投资决策机构进行投资决策。对于项目终审中提出尚待落实的事项,投资经理应与客户进行商业谈判,调整交易要素及交易结构,推进其满足终审提出的相关要求。

五、投资决策

非标资产的投资决策是投资决策机构对通过评审会项目确定用何产品去投资、确定投资额度等决策事项的过程。非标资产的投资决策机构是由公司分管投资的高管、非标投资经理、产品经理、信评人员、评审人员等人员组成的非标资产投资决策委员会(又称"投决会")。

六、项目签约

签约和放款流程是由非标资产投资部门发起并进行各环节的推进和跟踪,风险管理部门、法律合规部门及运营管理部门等相关人员共同把控的流程。

投资部门对非标项目的合同签署、要素确认进行审核和把控,由投资部门团队负责人、部门负责人审批通过后提交风控、法务和合规人员进行审核把关。

七、项目放款

项目签约流程完成之后,投资经理整理好项目法律文本、抵质押材料等,提起拟投资非标资产的放款申请流程,由非标资产投资部门的团队负责人、部门负责人审批通过后提交风控、法务和合规人员进行审核把关,由运营团队进行资金划拨操作,及时完成项目放款步骤,并通知投资经理转账操作的结果。

八、投后管理

放款完成后,投后管理部门根据签署合同中的约定,履行相应投后管理职责。更加全面有效的投后管理,是公司非标业务健康发展的保障。

投后管理日常事务由投后管理部门负责,但是因为投资经理是对非标资产法律条款、偿债主体还款能力等理解最深的人员,当出现突发风险、异常事项时,由投资经理牵头处置。

第三节　非标债权投资的主要风险

非标债权投资最初是金融机构为了规避监管被设计出来的,由此建立的"通道"涉及主体较多,许多信用资质较差的企业和项目也能通过非标资产满足自身的融资需求,所以信用风险是非标债权投资的主要风险。另外,非标资产通常收益高、形式灵活,增强了资产的表面吸引

[①] 评审会组成人员来自风险管理团队、法律合规团队、信用研究团队和投资经理团队。评审会决策实行表决制,表决分为"同意""不同意"和"暂缓"3种选择。经半数以上参会委员表决"同意"的,视为表决通过。经2/3以上参会委员表决"不同意"的视为表决未通过。部分公司赋予评审会主任一票否决权,这是一种审慎的决策机制。

力,但产品本身是否符合监管规定存在不确定性,存在合规风险。

非标债权投资的风险复杂度高,具体表现在风险类别多、风险识别难度大,各类风险相互影响机理复杂;信用风险管理链条长,把控难度大,风险处置难度大。

一、信用风险

非标资产投资的信用风险是指非标债权发行人或融资方,发生信用违约或者信用状况实质性恶化,使非标资产实际收益率低于预期收益率,甚至出现非标资产投资的本金受到损失的风险。

与信用债的信用风险来源类似,非标资产的信用风险一方面可能来自融资人、担保人的信用等级下降;另一方面可能来自所投资的标的质量未达到预期效果,产生的现金流不能覆盖项目本金和利息之和。此外,违约造成的损失还受到交易结构和增信措施的影响。

两方面原因导致非标资产的信用风险更为突出。一方面,通过非标途径融资的企业或者项目,通常信用资质较低或者缺少较好的担保措施,主体及担保的信用资质不高;另一方面,非标资产涉及复杂的金融交易结构,且交易链条过长,使得实体经济融资风险不易被察觉,因而潜在金融风险更大。

以城投公司非标融资为例,2018—2021年由城投融资的非标产品违约共有140个,由城投担保的非标产品违约超过60个,这两类非标产品呈现出相似的特征:

(1)主要分布在省内经济财政实力较弱或债务率较高的区域;

(2)违约非标产品的相关城投主体行政层级低;

(3)城投不管是作为融资方还是担保方,大部分未履行兑付或代偿责任,债权人往往提出诉讼追偿,结果多被法院判决强制执行。[①]

导致城投非标违约的因素包括:一是区域偿债能力不足,发生过非标违约事件的地级市(州)债务率显著高于全国整体水平。二是流动性压力较大且持续增加,流动性指标的恶化具有很强的指示性。2018年以来,每年首次违约城投,在违约前流动性压力均大幅增加,即短期带息债务大幅增加;带息债务已大幅高于全国整体水平且呈短期化态势,短期带息债务占比高于全国整体水平,货币资金对短期带息债务覆盖率大幅弱于全国整体水平。三是大规模对外担保、非标融资占比高,发生过非标违约,城投平台整体非标占有息负债比例和对外担保率较高。[②]

非标结构、操作管理不善等因素也是导致非标违约的原因之一。如在本章案例分析中分析的供应链非标项目,就是一个典型的例子。

二、操作风险

引起操作风险的原因包括:人为错误、电脑系统故障、工作程序和内部控制不当等。非标产品设计的对手方较多、从立项到签订合同再到最后放款流程较长、内部运作流程长、涉及的岗位和部门多,在商务谈判、合同签署、资金划拨和投后管理等方面,都可能因为操作不当或流程缺失引起操作风险。

---

① 孙彬彬.如何看待城投非标违约?[R].天风证券,2022.
② 叶凡.哪些因素导致了城投非标违约[R].西南证券,2022.

三、法律风险

法律风险是指合约在法律范围内无效而无法履行或者合约订立不当等原因引起的风险。非标资产投资通常涉及较复杂的交易结构,项目签订多个法律合同,明确各方权利义务及法律责任,法律关系和条款较复杂,法律风险更显突出。

对于多层嵌套结构、非法定担保或类资产证券化等交易结构应重视交易结构设计及相应条款带来的法律风险。

四、合规风险

非标债权投资面临的合规风险主要包括监管政策与产业政策的合规风险。

在监管层面,很多非标资产的投资,跨多个监管主体,合规要求相对较多,防范合规风险的难度较大。特别是,对于非标资产投资,如果涉及政府信用类项目的,涉及当地政府预算回购的,需要经过地方各级人民代表大会审查通过,并获得预算决议,方能视为合法合规。如流程未能切实有效落实,则可能面临相关预算无法作为回购款或者相关担保程序不合规的风险,从而给保险资金的本金的回收带来重大不利影响。

在产业政策层面,非标资产的资金投向必须符合信贷政策、产业政策,否则会产生产业政策的合规风险。

五、流动性风险

非标资产因其自身交易结构个性化特征明显、信息不对称性较强,无法像公开市场流通的债券一样形成有效的定价机制和交易机制,往往具有较差的流动性。所以在资管产品配置非标资产时,如果没有充分考虑资管产品负债端的流动性以及资产端的流动性,很可能导致理财产品发生流动性风险,甚至引发系统性风险。

第四节 非标债权投资的风险管理

一、风险管理原则

非标准化资产面临复杂和多样化的结构,不在公开市场发行,也缺乏流动性。投资者投资非标资产后一般要在项目结束以后,才能获得投资收益。所以投资者在选择非标资产时,重点需要放在投前的风险管理上,因为一旦发生风险事件,投资者无法中途退出,也很难处置风险。因此,非标资产的风险管理要遵循系统性、实质性和合规性原则。

(一) 系统性原则

系统性原则是指对主要融资人、担保人的风险进行整体管控,纳入统一授信额度管控体系和集中度管控体系。资管机构可以参考《商业银行风险监管核心指标》和《商业银行大额风险暴露管理办法》的规定,控制单一客户表内外授信额度的上限,使表内外风控标准保持一致。

对非标融资的整体风险进行把握。对非标融资的各个主体,包括基础资产、借款人、担保人和通道方,都要进行严格的把控。避免出现单方面的风险不高,但是由于存在不同方面风险的相关性而导致整体风险超过风控要求的情况。

对信用风险、合规风险等进行整体管控。不仅需要纵向考虑非标融资的各个主体,而且需要横向对不同种类的风险综合管控。

风险管理覆盖整个业务周期。对非标资产的风险管理重点是在投前,但是投后非标资产的基本面可能发生变化,所以并不意味着投后可以放松风险管理,一旦发现风险,需要及时准备处置方案。

(二)实质性原则

实质性原则就是穿透管理,面对非标的融资需求时,需要穿透纷繁复杂的架构,厘清核心业务模式的真实逻辑和风险点;穿透分析底层资产,把控实质风险;保证第一还款来源的有效性、真实性;把握真实的融资用途,避免投资不合理、不健康的融资项目;分析真实的用信主体,把控其实质风险点,分析范围包括企业经营战略与公司治理、运营能力、财务状况、信用记录、外部支持等。此外,也不能放过可能、可行的增信措施,但增信措施不能空泛、虚化,否则就失去了增信的效用。

(三)合规性原则

投资非标资产时,首先应确保各类业务模式符合监管规定和各类政策,包括金融政策和规定(如《资管新规》等)、产业政策、财政政策和环保政策等;其次应在避免监管套利的前提下,坚持业务创新,否则后续监管措施完善后,项目收益会受到影响;最后要坚决拒绝不符合规定和政策导向的融资主体与项目。

二、信用风险管理

信用风险是非标债权投资的主要风险之一。对非标债权信用风险的管理,主要包括信用风险的识别、评估和融资人、担保方的信用风险,并且通过融资项目的管理、抵质押物的管理和融资结构设计,完善第一还款来源,降低融资人和担保方信用风险等。

资管机构对非标项目的信用风险管理与银行对表内信贷资产的信用风险管理有相似之处,按照信用风险识别、评估、控制和信用风险控制的逻辑展开,贯穿投前、投中和投后3个环节。

(一)投前管理

对非标债权投资投前信用风险的管理,可通过尽职调查达到部分信用风险识别的目的,此外,交易结构设计也是对非标债权投资信用风险识别的途径,同时也是对信用风险进行控制的重要途径。

1. 尽职调查

资管机构作为资管产品的管理人应该对投资项目、融资客户、合作机构、担保主体(抵押资产)进行充分的尽职调查,对拟投项目及相关企业的历史数据和文档、管理人员的背景、法律风险、财务风险、业务风险等做全面深入的了解,降低交易过程中的信息不对称,并准确评估拟投项目偿还本息的能力及投资价值,做到真正在源头把控第一道风险。

(1)尽职调查方式

尽职调查方式包括但不限于:对公司董事、监事及高级管理人员等进行访谈;查阅公司营业执照、公司章程、重要会议记录、重要合同、账簿、凭证等;实地查看重要实物资产(包括物业、厂房、设备和存货等);通过比较、重新计算等方法对数据资料进行分析,发现重点问题;询问公司相关业务人员;与注册会计师、律师密切合作,听取专业人士的意见;向包括公司客户、供应商、债权人、行业主管部门、同行业公司等在内的第三方就有关问题进行查询(如面谈、发函询证等)等。对尽职调查内容复杂的项目,项目组及风险管理部可申请聘任中介机构参与尽职调查。

(2)尽职调查的主体

参与项目尽职调查的人员包括公司内部人员和外部人员两种。内部人员要双人参与尽职调查。对风险较高的项目,合规与风险管理部需委派专人直接参与项目尽职调查,评估项目风险。视项目情况而定是否需要外部机构(一般包括评级公司、律师事务所、会计师事务所等第三方机构)人员参与尽职调查。

(3)尽职调查的原则

①审慎性原则。即保持在调查流程方面和获得资料方面的谨慎态度,对拟投项目和企业进行审慎的调查。收集的资料尽可能为第一手材料,如只能提供复印件的要与原件核对一致。

②全面性原则。即尽可能系统全面,尽可能覆盖非标项目运作和管理中的各种方面,充分揭示或规避各种潜在风险,以利于后续分析和评审。

③透彻性原则。即对非标项目和相关权益做出全面透彻的了解,要与相关当事人、政府机构和中介机构等进行调查和沟通。

④区别性原则。针对不同类别的非标项目,尽职调查应该有所侧重。

(4)尽职调查的内容

尽职调查的范围包括融资主体、担保主体(担保资产)和拟投项目,尽职调查内容如下:

①对融资主体及担保主体的调查。

主体要素,包括注册地址、成立时间、法定代表人、统一社会信用代码、经营范围、注册资本、公司股权结构及实际控制人、公司治理结构、管理层等。

经营要素,包括公司主营业务情况、公司产品营销情况、公司主要产品行业地位及产品的市场前景、公司主要产品的技术优势及研发能力、公司的业务发展目标、业务经营指标、资产质量、关联方、关联关系及关联交易情况等。

财务数据,包括资产负债表中资产结构、债务结构、债务存量及公开债等;利润表中主营业务收入、净利润、收入结构等;现金流量表中各项活动现金流量等。

优势和发展,获得政府/母公司支持力度、经济形势、政策变动、经营业务、盈利能力、偿债能力、运营效率、未来融资需求、现金流状况、经营业务(主营业务板块及收入情况)。

或有事项,包括对外担保情况、诉讼情况等。

对融资及担保主体进行尽职调查,对于不同企业的尽职调查内容可能有所侧重。

②对融资项目的尽职调查。

对融资项目的尽职调查,一方面可以明确借款实际用途、资金需求和期限;另一方面有利于对非标融资项目还款来源进行正确识别和判断。区别不同的融资项目,尽职调查有不同的侧重点。在此以房地产项目及并购项目为例进行说明。

对房地产融资项目,虽然有商业房地产、住宅地产等区分,但是尽职调查的内容大致相似,主要包括:项目所在城市的经济实力、各辖区的经济定位(如商业区、老城区、办公区、住宅区、新建开发区等);项目所在地区居民收入情况、购买力和购房需求,项目位置,查看周边环境特点(住宅项目关注周边生活设施、环境、相关教育、公共配套设施,商业项目关注所在区域的经济定位以及周边配套);查看项目规划图,了解项目定位;若涉及拆迁,需了解拆迁进度、难度及解决措施;工程施工计划、进展、业务安排(主要了解其他融资安排的规模、期限以及成本)、自有资金到位情况等;了解项目周边地价、房地产项目当前售价、周边可比项目售价及历史走势;项目进度情况,核实是否与企业提供的相关进度说明一致、是否与企业总投和已投数据相匹配;项目证照是否完备、项目原件与企业提供的复印件或电子版是否一致,查验企业提供的项目介绍、可行性研究报告、评估报告与证照批复的内容是否相互对应;房地产企业提供的销售数据、网上备案数据及预售证原件列示的可售面积相比对;查验土地出让合同、出让金发票、契税完税凭证原件,核对彼此是否一一对应,查验工程款付款回单并与已投资数据相比较;向当地银行或其他主体了解房地产企业及项目情况(企业和项目认可度、声誉等)。对于成熟的商业物业通过类资产证券化进行非标融资的底层资产,要重点调查物业租金及物业管理收入合同分布情况、租客分布、租约长短,调查租金等的真实性、稳定性。

对并购融资项目,尽职调查的内容包括:并购双方基本情况(股权结构、公司治理、组织架构、管理层、生产经营、生产技术及产品情况),并购目的(买方目的及卖方目的),并购双方财务和非财务情况,并购双方行业前景、市场结构、经营战略、企业文化等,并购交易合法合规性调查(产业政策、行业准入、反垄断、国有资产转让是否履行相应手续并符合要求),并购交易后续的整合计划或者退出计划,并购标的分红计划,并购股权估值信息等。

对房地产项目和并购项目,拟定尽职调查清单以后,可以组织协调中介机构对企业进行实地调研,判断搜集到的资料是否属实,特别是企业提供的资料,以减少面临的道德风险。

③对增信措施的尽职调查。

主要对担保方的尽职调查,不再赘述。

对于抵质押资产,要调查权属的真实性、合法性和完整性(有无权利瑕疵);对于抵质押资产,要对其价值进行调查,核查是否高估。调查内容包括:担保物权属证明文件(权属登记证书或其他能够证明担保物权属的法律文件)、担保物取得过程合法的证明文件、担保物目前权利限制状况的说明及证明文件、担保物评估报告或其他可以有效证明担保物合理价值的文件等。

2. 交易结构设计

交易结构设计既可以进一步识别信用风险,也可在此基础上通过相关条款和结构的设计,降低和控制信用风险。具体措施包括:

(1)增加风险化解手段

为了降低非标投资的风险,通常在投资时会要求对方提供相应的质押品。增加风险化解手段就是从抵质押品入手,从投前把控抵质押品标准,到投后加强对抵质押品价值的评估和管理。抵质押品应选择价值波动小、流动性高的产品,在发生违约时,这类产品更容易变现并覆盖损失。另外,在抵质押品的结构上,应避免集中持有单一品类的产品,减少单一品种行情下行导致抵质押品价值集中下跌带来的风险。如果选择设备类的抵质押品,应偏向于具有核心技术的设备,防止设备更新换代较快带来的大幅贬值。在评估抵质押品价值时,必然涉及外部评估机构,应对外部评估机构设置准入条件,保证外部评估机构提供公正、客观的价值评估报告,充分反映抵质押品的公允价值。抵质押品的价值也不是一成不变的,所以还要定期重新评估抵质押品的价值,且针对不同类型的抵质押品,重新评估的时间也应有所不同。

对于结构化的非标资产,需要关注劣后级资产持有者是否系第三方真正参与和是否真实出资,客观评估优先劣后的偿付顺序对优先级资金所起的安全保证作用。

(2)优化交易结构

交易结构的不同,对风险的影响不同。适当的产品交易结构,有助于防控信用风险。如对于主体优质、交易结构清晰、行业景气度高、市场需求旺盛的非标项目,可以将交叉违约条款的涉及主体由融资主体及其关联方调整为融资主体及其并表子公司,以减轻交叉违约监测的难度,同时达到风险防范的目的。

(二)投中管理

1. 项目评审

项目评审是资管机构非标债权投资中风险把控的重要环节,包括非标项目风险评估和审批,通过判断非标项目的实质风险,改进交易结构,防范信用风险。

项目审查人员及终审人员针对投资建议分析报告,重点审查和评估项目融资主体信用风险、担保主体信用风险、拟投项目情况(投资价值、项目优势及风险)、还款来源、合作机构、交易要素与交易结构等。

(1)关于融资主体及担保主体信用风险的评审

主要根据公司内评体系对融资主体及担保主体进行信用风险分析和信用评级。

对于融资主体为项目公司的,关注项目公司股权结构,了解其实际控制人、操盘方,特别要了解相关主体过往经营经验和历史;关注融资历史、或有负债情况,了解项目背景是否"干净",是否存在多次换手、民间借贷等情形。

(2)对所投资标的进行风险评审

分别以房地产项目融资和并购贷款为例进行说明。

对房地产项目而言,重点审查:项目基本要素(包括项目背景、位置、现状、相关政策)、规划设计要点、投资预算和已投情况、项目资金安排、销售预测、压力测试和敏感性分析等。

对于并购贷款项目,重点审查:买方并购目的(扩大规模、延伸产业链、获得技术或者品牌、获得监管牌照或税收便利等)、卖方出售目的(一般而言,应谨慎介入有对赌协议或者回购协议的项目)、并购标的估值逻辑与估值方法(对于成本法、市场法、收益法和期权法等方法合理选择合适的估值防范,并充分比较)、资金来源审核(原则上并购贷款不超过并购交易价款的60%)。应从并购双方行业前景、市场结构、经营战略、管理团队、企业文化和股东支持等方面评估战略风险,包括但不限于以下内容:并购双方的产业相关度和战略相关性,以及可能形成的协同效应;并购双方从战略、管理、技术和市场整合等方面取得额外回报的机会;并购后的预期战略成效及企业价值增长的动力来源;并购后新的管理团队实现新战略目标的可能性;并购的投机性及相应风险控制对策;协同效应未能实现时,并购方可能采取的风险控制措施或退出策略。此外,还要进行并购项目整合风险评审,包括但不限于分析并购双方是否有能力通过发展战略整合、组织整合、资产整合、业务整合、人力资源和文化整合等方式实现协同效应。

(3)对还款来源的风险评审

还款来源的评审是非标债权业务风险评审的基础。非标债权项目对于低信用主体尤其要重点审查第一还款来源,充分测算项目第一还款来源是否充足可靠,还款来源是否具备较好的监管条件,其他还款来源的充分性及可靠性。

以底层用途是并购贷款的非标项目为例,资管机构对借款人并购贷款还款保障性分析其实还是基于优质的借款人,担保抵押等仅是风险缓释手段。借款人本身偿债能力极佳或借款人并购等标的物质量极佳,或者借款人股东背景实力极为强大,会提供源源不断的现金流。

项目评审人员建立审慎的财务模型,测算并购双方未来的财务数据,以及对并购贷款风险有重要影响的关键财务杠杆和偿债能力指标。在财务模型测算的基础上,充分考虑各种不利情形对并购贷款风险的影响。不利情形包括:并购双方的经营业绩(包括现金流)在还款期内未能保持稳定或呈增长趋势;并购双方的治理结构不健全,管理团队不稳定或不能胜任;并购后并购方与目标企业未能产生协同效应;并购方与目标企业存在关联关系,尤其是并购方与目标企业受同一实际控制人控制的情形。

(4)对交易结构的风险评审

对于交易结构,一般包括收益率、期限、投资规模,要综合评估其风险。不合理的产品要素,如规模过大、期限过长、不合理的还款结构等本身就放大了产品的风险。项目期限过长将导致还款不确定性及利率损失风险,项目规模过大将导致集中度偏高的风险。不合理的还款期限和节奏,也可能加剧项目方违约的风险。

主要根据资金用途综合评价。重点评估交易结构复杂性带来的风险。对于多层嵌套结构、非法定扣保或类资产证券化等交易结构,应重视交易结构设计及相应条款带来的信用风险、法律风险及后期管理的难度。

对风险控制措施和增信措施进行评审,重点评估其实质性增信作用。风险控制措施和增信措施包括但不限于不动产抵押、股权质押、担保保证、分级(优先劣后)偿付机制设计、设置资金监管账户及签署回购条款等。对于信用担保,需要客观评估担保方的信用质量及其与交易对手的关联风险等;对于抵押物,由于抵押物本质上只能提高回收率而不是降低违约率,因此需要高度关注抵押物的变现能力和价值评估结果,关注出具评估报告的机构的资质情况;对于结构化设计方面,需要关注劣后是否系第三方真正参与和是否真实出资,客观评估优先劣后的偿付顺序对优先级资金所起的安全保证作用。

(5)对合作机构的风险评审

非标债权业务中合作的中介机构较多,如发放委托贷款的商业银行、发放信托贷款的信托公司,其风险控制能力和尽职水平对非标产品的安全性会起到较大作用,是信用风险评审的重要考量因素。资管机构对合作机构一般采用准入制和名单制。

2. 投资决策

资管机构在对非标资产进行决策时,最主要的工作是控制实质风险,并对承担什么风险、回避哪些风险及取得何种风险补偿(估值水平)进行决策。

投资决策还需要对相关主体的信用风险额度进行管控,将对融资人、担保人、SPV 的信用风险敞口计入主体额度进行管控,授信后相关主体的信用风险敞口不应该超过公司对其最高风险限额。风险管理部门负责通过监测行业集中度如房地产风险限额、中等信用等级额度控制等,进行集中度管理,并通过设定不同的风险限额预警区间进行限额管理,当风险程度落入预警区间时,及时做出风险提示;由非标债权投资决策委员会集体决策具体非标债权投资额度上限。

(三)投后管理

投后管理是对信用风险监测和管理的重要途径。资管机构建立投后管理团队和相应的管理制度(包括投后管理责任主体、主要工作流程和保障措施等)、投后管理的考评制度(对投后管理团队或个人的工作进度及完成力度、处理违约风险的能力等进行评价,建立相应奖惩机制),落实项目投后管理。

1. 结合业务特点设计投后管理方案

根据融资主体和融资结构的不同,不同类型的债权投资业务有差异化的风险因子,如产业需求减弱、市场过度竞争、重复建设、盈利指标持续下降、债务偿还能力下降、评级下调、延迟披露审计报告、发生安全事故、大量抵押或对外担保、改聘会计师事务所、高管变动不合理、遭遇反倾销诉讼、提供担保代偿等。针对上述各类风险因子,投后管理人员应制订差异化的管理方案。投后监测的相关指标简洁有效,投后监控方式应该切实可行。

2. 持续监控后判断项目风险情况

投后管理部门根据投后管理方案,通过现场检查及非现场监测等多重手段,监控存续期内融资人或者增信方履约能力及意愿,监控项目投放的进展、监控抵质资产及其价值变化。必要时可邀请外部信评机构、独立监督人、受益人等外部机构组织或个人联合尽职调查。

(1)持续跟踪融资和增信主体的信用风险情况

对融资和增信主体进行现场访谈和非现场调查,监控相关主体所在行业和相关法律法规及政策发展变动情况,持续跟踪资金使用情况、建设、经营、管理、财务及资信资产状况等;跟踪评级情况及其他可能影响项目本息回收安全的重要信息。跟踪抵质押物的价值变化情况等。

(2)持续跟踪监控资金投放及项目进展

持续研判非标项目所在行业和市场相关法律法规及政策变化,监控项目建设、资金使用、投产后运营、关键合同条款、业务指标、跟踪评级、抵押物价值等变化。

(4)对于"明股实债"项目的特殊管理

对这类项目,重在项目管理。资管机构或者 SPV 需要向项目公司派驻董事、财务管理人员,落实投后条款和责任。

3. 做好突发和风险事件处置

在非标项目投后管理过程中,一旦偿债或担保主体发生违约事件,应立即启动处理机制及预案。如果针对此笔业务的应急处置执行完毕,仍不能消除不利影响,且无法恢复正常状态,仍存在本金或利息损失的另类投资资产,则可以定为不良资产形成,需启动资产处置及保全程序。

进入资产处置环节的非标项目,要明确牵头处理人员并成立专项小组,制订资产处置方案并执行。首先要进行资产保全,通过法律维护自身利益;而后要将融资客户的抵质押品进行变现。

4. 做好项目到期资金回收工作

对于正常项目到期清算平稳退出,实现本金和利息回收工作。

三、操作风险管理

由于业务的复杂性,非标债权投资涉及的人员较多,因此,操作风险也是非标债权业务的主要风险之一。防范非标业务中的操作风险,一方面要加强业务培训并招募专业人员,另一方面则要在工作机制上予以防范:

(一)尽职调查环节的操作风险管理

(1)双人尽职调查,互相监督制约,这是一个基本的原则。

(2)拟定尽职调查程序、清单和规范并遵照执行。

(3)合理使用第三方调查机构。对于第三方调查机构,要有准入标准和准入评估。

(4)对重点项目进行尽职调查要有的放矢。如对于应收账款转让等类资产证券化项目的尽职调查,资管机构必须核实以下事项的真实性:①贸易合同、销售发票;②货物物流核实,包括出库、入库、运输单据；③融资方上游采购和下游付款的资金流水。

(二)办理抵押担保环节的操作风险管理

(1)对房地产权证权属、抵押担保合同、保函等进行双人查证。除了查验质押品，还要掌握企业其他可质押产品的信息，并交叉验证，防止信息伪造的情况。

(2)双人办理抵押和担保手续，并尽可能录像留底。

(3)对房地产权证、担保合同等进行双人保管，并归入质押品档案保管，避免企业将同一质押品重复抵押。

(4)对于质押品管理系统，要保证质押品的冻结先于资金投放，质押品的释放晚于资金收回。

(三)签约及放款环节的操作风险管理

1. 签约环节

签约之前，必须经过双人审核。审核的要素包括项目的基本要素、项目评审要求意见落实情况、认购及交易合同等。若出现不符合相关审核要求的情况，各部门审核人员均可在流程中留言并驳回签约申请，实现对签约流程的同时管控。

对于合同文本，必须由双人(至少一人为中后台人员)对对方印章等进行核对，双人面签。对于"应收账款转让确认函"等重要文档必须面签。面签时，应该进行拍照或者录像存档备查。

2. 放款流程

签约完成后，投资经理提起拟投资非标资产的放款申请流程。在流程中写明非标资产的起息日、到期日、放款时间、放款金额和放款条件，并上传非标资产基础资料、生效的产投会决议、已签署认购合同扫描件和签约流程流转完毕的截屏。

放款必须经过审批。首先是投资部门内对该项目的放款要素是否满足放款条件进行确认和把控，由投资部门团队负责人、部门负责人审批通过；在投资部门相关领导审批通过后，系统自动流转至流动性管理人员、运营管理人员、法务人员、合规人以及相关部门负责人。流动管理人员主要负责确认各账户缴付出资头寸准备及现金流安排；法务人员及合规人员做放款前最后审核及确认，相关合同文件是否已经满足产投会决议要求及合规要求；运营管理人员在流动性管理准备工作完成，法务人员及合规人员核实法律文件及合规情况无误后，进行最终资金划拨操作，及时完成项目放款步骤，并通知投资经理转账操作的结果。

为保证防火墙机制的有效性，由法律合规部门而非非标资产投资部门对合同签约及资金划拨做最终的把关和控制。

放款完成之后，投资经理应及时把已签署合同归档，并在合同管理系统中完成签署合同关键要素的填写。

(四)投后操作风险管理

投后阶段，应该双人进行投后监测和管理，严格指定投后管理方案，防范操作风险。

四、合规风险管理

资管机构非标债权投资面临的合规风险主要包括监管政策合规风险和产业政策合规风险，对两类合规风险的管理方式如下：

(一)监管政策合规风险管理

1. 总规模限额

《资管新规》第十六条规定:"同一证券期货经营机构管理的全部资产管理计划投资于非标准化债权类资产的资金不得超过其管理的全部资产管理计划净资产的35%。"即,投资的非标资产总额在任何时点不超过其管理的全部资产管理计划净资产的35%。

2. 投资准入

(1)公募产品:银行理财和保险资管的公募产品投资非标债权,必须满足《资管新规》关于非标准化债券类资产投资的期限匹配、限额管理、信息披露等监管要求;(2)私募产品:所有资管机构私募产品都允许投资非标债权资产。

3. 久期匹配

资管产品直接或间接投资于非标债权类资产的,其终止日不得晚于封闭式资产管理产品的到期日或开放式资管产品的最近一次开放日。

4. 产品结构

必须满足《资管新规》的相关要求。

5. 关联交易

应当建立健全关联交易管理制度,全面准确识别关联方,完善关联交易内部评估和审批机制,规范管理关联交易行为。

(二)产业政策合规风险

1. 项目建设是否合规

项目是否经有权部门批准立项或项目可行性研究报告已获有权部门批准;项目环境评价报告是否已获有权部门审批通过;项目占用土地的审批是否依法合规,建设用地是否符合国家规定。

2. 贷款类资金投向是否合规

对限制进入行业的配套流动资金需求要严格把控,如高耗能高污染的行业、产能过剩的行业。对于上述行业或生产经营与之密切相关下属企业及上下游企业的流动资金需求,审慎支持,防止贷款被变相挪作他用。

五、法律风险管理

资管机构对非标项目法律风险的管控,贯穿投前、投中和投后3个阶段,且在每个阶段具有不同的工作重点。

(一)投前阶段

在投前阶段,法律人员要针对非标交易结构复杂多样、交易对手及投资标的设计多种个性化法律风险的情形,要在与业务团队人员充分沟通商业诉求的基础上,协助设计合法有效的交易结构和交易安排,评估法律风险,参与法律尽职调查。

投前评估法律风险,包括但不限于分析以下内容:(1)非标债权交易各方是否具备并购交易主体资格;(2)非标债权交易是否按有关规定已经或即将获得批准,并履行必要的登记、公告等手续;(3)法律法规对非标债权交易的资金来源是否有限制性规定;(4)担保的法律结构是否合法有效并履行了必要的法定程序;(5)借款人对还款现金流的控制是否合法;(6)融资人或者相关主体权利能否获得有效的法律保障;(7)与非标债权相关的其他法律问题。

在评估法律风险的基础上,参与法律尽职调查。

(二)投中阶段

投中阶段的法律风险管理措施主要是协助完成交易文件的起草和谈判直至签署工作(核心在于在交易文件中将投前阶段的风控措施落实到法律条款中),同时调查投资的交割/放款条件是否满足,直至确保交易顺利完成交割,以实现公司商业诉求、保护公司商业利益。

特别要注意审核交易文件中是否落实商业要素和交易安排、检查和审核交易文件中设置的核心条款,控制投资过渡期和投后违约风险。

在合同签署和履行环节,要争取在交易对手注册地或实际经营地面签合同,由专业律师见证合同签署和履行的关键环节,严格核查参与合同签署和履行环节的交易对手人员的身份证明及授权文件,在可行情况下对签署合同和办理重要履约手续的过程进行拍照、录像等,以确保保留了相关证据。

(三)投后阶段

投后阶段法律风险管理的重要内容包括:

(1)协助非标资产的退出,提供投后阶段合同依据,设计交易退出安排,修改和审核退出法律文件。

(2)处理违约事件,防范违约风险,设计诉讼机制、做好诉讼准备、防范诉讼风险(包括程序选择不当的风险、诉讼请求不当风险、证据不足风险、丧失时效风险和无财产可执行风险)。

六、流动性风险管理

非标资产的流动性很差,但当其作为资管产品的一部分时,就存在流动性问题,即资管产品有到期期限,要求其中非标资产的期限与之匹配。这样,非标资产投资的流动性风险管理,包括以下两个方面。

(一)产品与非标资产期限匹配

主要是根据产品特征来匹配非标资产的持仓配比,将产品的期限与非标资产的到期日进行匹配。

目前《资管新规》要求非标资产期限需要和理财产品期限匹配,或者不能超过理财产品的到期日或最近开放日,不得进行非标错配。

对于期限较长的非标资产,资管机构应该发行与负债久期相匹配的资管产品进行匹配。

签约放款流程发起前,投资经理应提前和账户管理及流动性管理部门进行沟通,双方确认具体资金缴付的金额、日期等要素,以免出现产品资金流动性不足的问题。

(二)非标资产配置领域和项目现金流的匹配

非标产品一般有明确的付息和清算期限,标的项目现金流流入流出的时间匹配极其重要。目前非标资产最终资金投向多为与经济周期关联度较大的房地产或制造业等行业,因此需要对项目现金流进行综合评估,进行必要的压力测试和敏感性分析,可以通过测算偿债覆盖倍数和贷款价值比等指标,考察其在不同压力环境下是否可以按时兑付。另外,评估现金流时需要保持独立客观,并核查相关中介机构估值是否公允。

案例分析

某资产管理公司供应链非标债权违约[①]

一、案例背景

N财富管理公司(简称"N财富")是国内知名的财富管理机构,主营业务分为财富管理和资产管理,两项业务的目标客户群体均为可投资金融资产在600万元以上的高净值投资者。财富管理是指N财富作为销售渠道方,向高净值和超高净值客户分销金融理财产品,收入来源为外部金融机构支付的一次性产品募集费和基金管理费用分成;资产管理业务则主要由公司旗下2010年成立的上海GF资产管理有限公司(简称"GF资产")负责,业务板块覆盖以母基金和S基金为主的私募股权投资、房地产基金投资、公开资本市场投资、家族财富及全权委托业务和以目标策略为主的对冲基金业务,收入来源为基金管理费和超额收益业绩报酬。

2019年7月8日晚,N财富发布公告称,公司旗下GF资产管理公司的信贷基金为CX国际控股集团有限公司(简称"CX国际")的相关第三方公司提供了总金额为34亿元人民币的供应链融资,该资管产品"爆雷",CX国际违约,未能归还借款。

2019年7月9日,CX国际股价闪崩,跌幅一度超过80%。同时,N财富创始人内部沟通信件流出,信件中称GF资产作为基金的管理人,已针对CX国际实控人被捕及诈骗事件做出相应措施,并对相关方提起了刑事和司法诉讼。

二、非标资管产品投资与风险管理分析

(一)非标资管产品运作模式

2018年初开始,N财富旗下的GF资产管理有限公司,发行名为"创世核心企业系列私募基金"的资管产品,为CX国际募资约34亿元,用于CX国际与JD的供应链融资。

"创世核心企业系列私募基金"是类资产证券化非标债权投资,具体操作大致如下:

(1)CX国际作为融资方将其对JD公司(某知名电商平台,简称JD)的应收账款债权转让给N财富[合并口径,具体为N财富旗下的GF资产和N财富(上海)融资租赁]。

据查询,广东CX控股集团有限公司所涉及的73笔应收账款质押和转让登记中,58笔质权人为上海GF资产管理有限公司,此外还有3笔质权人为N财富(上海)融资租赁有限公司。这些债权的登记最早可追溯到2017年10月,金额为2.18亿元,最近一笔为2019年6月10日,金额为2.59亿元。合同显示,涉及的三方分别为上海GF资产管理有限公司、广东CX控股集团有限公司以及北京JD世纪贸易有限公司,相关合同上均加盖了三方公章。

(2)N财富将债权资产包装成私募基金产品对外销售,募集资金用于CX国际借款。

[①] 根据公开资料(N财富招股说明书及相关报道)对某财富管理公司非标资产违约案例编写,参见 https://www.sohu.com/a/326708818_803365。

(3)CX国际承诺以应收账款回款还款,或设立共管账户以便JD直接将款项汇给N财富,或到期回购标的债权。

(4)在风险完全暴露于媒体之前,N财富要求CX国际实际控制人LJ女士将所持CX国际股份质押进行增信。

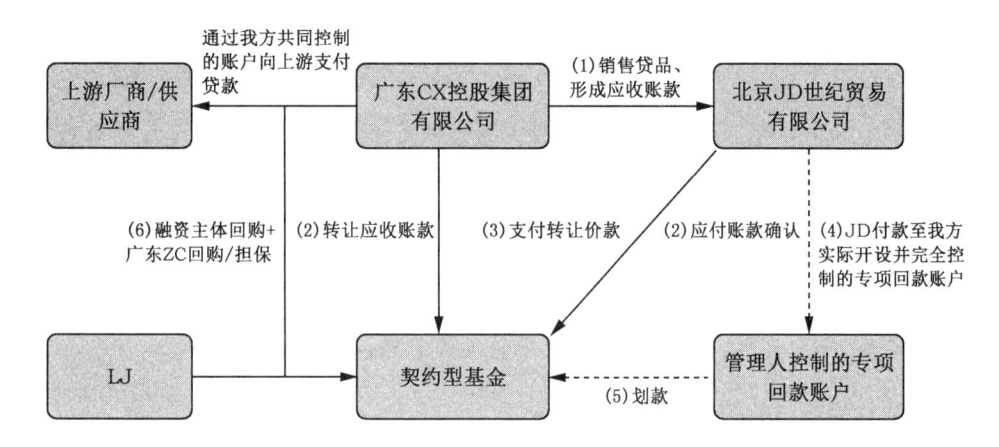

图6-5 创世核心企业系列私募基金运作示意图

注:图中虚线表示资金流。

(二)产品风险管理剖析

首先,JD声明"CX国际涉嫌伪造和JD的业务合同",并指出N财富"在被诈骗的过程中自始至终没有通过任何方式和JD进行合同真实性的验证"。

底层资产质量对于实业资产包装而来的金融产品非常关键,若连底层资产的真实性都不能保证,那么由此产生的任何金融价值都瞬间化为乌有。如果管理人对底层资产没有核实,确实会影响整个产品的结构,放大信用风险。

其次,"创世核心企业系列私募基金"发售之初,是否只有应收债权转让一项风控措施? CX国际控股股权质押办理的时间是2019年6月19日,CX国际实际控制人LJ女士被刑事拘留的前一天。查封上市公司股票,查封相关银行账户,发催款函等均在风险完全暴露之后。这似乎说明,该项非标资产只有应收账款转让一项风控措施。仅这一项底层资产,是否进行了充分的尽职调查,核实资产的真实性、规避了信用和操作风险呢?

再次,补充的风控措施是否有效?

作为增信措施的CX国际控股股权,自2019年6月底以来股价暴跌近90%,并于2019年7月19日停牌。股价暴跌和股票停牌使得股票质押增信形同虚设。

最后,即使底层资产真实、质押股权股价稳定,N财富为CX国际进行供应链融资的行为仍存在众多风险点。

通常供应链金融是核心企业运用自身信用为上下游提供融资便利,如知名供应链金融平台——"TCL简单汇平台"、"海尔云单平台"、中国中车牵头打造的"中企云链平台"都是围绕核心企业展开。CX国际在JD、SN供应链中处于非核心弱势地位。非核心企业供应链融资即便债权真实,后续也需面临回款周期、回款时点、资金监控、核心企业或融资企业违约风险等多重不可控因素。

(三)后续发展

N财富对违约非标投资者的善后处置。据N财富的港股招股书披露,此次事件共有818名客户受到牵连,其中33名对N财富子公司GF资产提起诉讼,索赔金额约为1.16亿元;595名客户接受了N财富的和解协议,选择"以股换债",接受公允价值约12.91亿元的N财富限制性股票,期限不超过10年,占公司总股本约1.6%,N财富在2020年计提一次性和解费用金额18.29亿元。

N财富对旗下GF资产的战略调整。"CX案"之后,GF资产停止分销私募债权产品,同时减少了房地产和信贷投资,重心进一步向私募股权投资倾斜。截至2021年年底,GF资产的总资产管理规模中私募股权投资业务高达1 309亿元,占总资产管理规模比重接近85%。

三、问题与启示

通过此案例,可以发现在投资非标债权时的风险管理问题并获得启示。

(一)该项目暴露出的信用风险管理问题

1. 对于类资产证券化项目,没有核实对方资产的真实性

供应链金融中贸易的真实性至关重要。"CX国际系"的公司与JD之间有货值近百亿元的应收账款,这应该是一家很大的供应商才符合常理。但是JD声明"CX国际涉嫌伪造和JD的业务合同",并指出N财富"在被诈骗的过程中自始至终没有通过任何方式和JD进行合同真实性的验证"。底层资产的真实性和质量对于类资产证券化非标债权融资非常关键,若连底层资产的真实性都不能保证,则整个交易结构的核心就被动摇了。

2. 最初风控措施的有效性

如前所述,"创世核心企业系列私募基金"发售之初,可能只有应收债权转让一项风控措施。如果底层担保落空,对于非标债权投资来说,相当于对融资人发放信用贷款,信用风险未能有效控制。

3. 追加增信措施的有效性

如前所述,追加增信的CX国际控股股权股价暴跌,并未能形成有效的增信。这也反映出项目投后管理中的措施和手段的重要性。

(二)类资产证券化非标债权投资的风险管理

此案例涉及应收账款转让,属于"类资产证券化非标债权投资",真实贸易背景是此类业务的关键要素之一,也是非标债权风险管理原则强调穿透管理的原因所在。供应链金融类非标债权业务,通过自偿性的交易结构以及对物流、信息流和资金的有效控制,通过专业化的操作环节流程安排以及引入第三方监管的方式,控制风险。面对非标投资纷繁复杂的架构,底层资产、实际用款人、第一还款来源等,都必须调查清楚。在此基础上的风控措施才有意义。如果对交易对手的核心业务模式、底层资产调查不清晰,最后就必然导致风险控制手段的虚化,加剧信用风险。业内对此类业务操作的规范性和有效性有很高的要求。因此,必须穿透调查、核实和分析底层资产,以利于把控实质风险。

供应链金融中的资金要形成闭环,在应收账款模式中,采购方向供应商采购货物形成应收账款,供应商以应收账款进行融资用于生产或购买货物,最后采购商支付货款作为还款来源。

交易真实性是按时还款的基础条件,一般通过掌握商流、信息流、物流、资金流的四流合一确保交易的真实性。

对于如何识别供应链金融中的虚假贸易,有两种方法:一是面签,通过了解细节辨别真伪。二是对材料交叉验证,一般有3种交叉验证方法,分别是确权,对付应(收)账款逐笔确权;从公开信息中进行交叉验证;应收账款的规模是否与营收规模相匹配。

在确认供应链金融是真实贸易之后的风险管理,需要注意几点:

(1)传统的供应链金融业务对线下风控能力要求较高。资产管理公司必须建立完备的风控体系,明确核查要素,不放过每一个细节。

(2)在人员配置上要合理安排,形成相互监督的机制。

(3)持续完善制度,减少业务操作风险和道德风险。

(4)尽可能通过管理信息系统进行业务和流程管控,防范信用、操作和流动性风险。

(5)关注供应链金融在经济下行周期中的风险暴露。供应链金融受宏观经济影响比较明显,融资需求方一般为产业链上的中小企业,抗风险能力较弱,在宏观经济下行的大环境下,经营情况容易出现恶化,从而影响还款能力。并且风险易于在产业链的企业中传导,出现行业的系统性风险。

本章小结

非标债权的全称是非标准化债权资产,是相对于在银行间市场或交易所市场中的标准化债券而言的。资产管理机构投资的非标债权主要包括类贷款形式、类资产证券化形式、带回购的股权融资(明股实债)形式及类债券形式4种。非标资产的发展经历了起步、快速发展、"倔强"生长和规范发展的4个发展阶段。非标债权具有结构复杂、形式灵活、透明度低、流动性差和相对收益率高等特点。

对于非标债权的风险管理要遵循系统性原则、实质性原则和合规性原则。资产管理机构对非标债权投资的信用风险管理,贯穿投前、投中和投后3个环节。投前信用风险管理措施包括尽职调查和交易结构设计,投中信用风险管理措施包括项目评审和投资决策,投后信用风险管理措施包括结合业务特点设计投后管理方案、持续监控后判断项目风险情况、做好突发和风险事件处置、做好项目到期资金回收工作。

防范非标业务中的操作风险,一方面要加强业务培训并招募专业人员;另一方面要在工作机制上予以防范,贯穿投前、投中和投后环节。

非标债券投资面临的合规风险主要包括监管政策合规风险和产业政策合规风险。对于监管政策合规风险管理,要做好总规模限额、投资准入、久期匹配、产品结构和关联交易管理;对于产业政策合规性,要确保所投资项目的合规性和贷款类资金投向的合规性。

资产管理机构对非标债权投资的流动性风险管理,需要做好产品与非标资产期限匹配以及非标资产配置领域和项目现金流的匹配。

关 键 词

非标准化债权资产(Non-Standardized Debt Asset)
交易结构(Transaction Structure)

非标债权投资管理流程(Management Process of Non-Standard Debt Investment)
风险管理原则(Risk Management Principles)
信用风险与管理(Credit Risk and Management)
操作风险与管理(Operational Risk and Management)
合规风险与管理(Compliance Risk and Management)

思考与练习

1. 非标债权是如何发展起来的？有什么特点？非标市场现状如何？
2. 非标债权类资产包括哪些类别？
3. 资管机构投资非标债权资产的流程是什么？
4. 资管机构投资非标债权时面临的风险有哪些特点？
5. 投资非标债权时的风险管理原则是什么？
6. 资管机构投资非标债权资产时，如何管理其信用风险？
7. 资管机构投资非标债权资产时，如何管理其操作风险？
8. 资管机构投资非标债权资产时，如何管理其流动性风险？
9. 资管机构投资非标债权资产时，如何管理其合规风险和法律风险？

参考文献

1. 董汉勇,华文龙.发现灰犀牛——信贷审查的逻辑[M].北京:现代出版社,2017.
2. 段国圣.资产管理实务、方法与理论(四)[M].北京:社会科学文献出版社,2018.
3. 郭晨.商业银行非标准化债权资产业务模式及监管研究——基于银行间市场的分析[J].海南金融,2016(1):44-49.
4. 李爱民,王巍.非标资产管理业务的金融创新与风险管理[M].北京:经济管理出版社,2017.
5. 刘元庆.信贷的逻辑与常识[M].北京:中信出版集团,2016.
6. 崔晓雁.第三方财富管理怎么了？[R].华金证券,2019.
7. 姜森.商业银行非标理财业务的风险管理——以A银行为例[D].南京:南京大学,2018.
8. 戴志锋.供应链金融角度点评NOAH爆雷事件:为什么出风险？[R].中泰证券.2019.
9. 张帆.中国商业银行非标资产:现状、模式、风险与应对[J].金融市场研究,2014(8):85-96.
10. 张聪.非标投资业务的风险管理——以A银行为例[D].南昌:江西财经大学,2019.
11. 孟娜娜.非标资产的演化历程、积极作用与风险防控[J].南方金融,2018(11):59-66.
12. 严骄、李红成.非标业务常见风险及应对[M].北京:中国法制出版社,2018.

第七章

ABS 投资的风险管理

引 言

近年来,中国加快金融市场创新以更好地服务实体经济,其中,资产证券化的发展备受关注,以 ABS(Asset-Based Security,资产支持证券)为代表的资产证券化产品受到资管机构等机构投资者的追捧。

从严格意义上讲,资产支持证券属于固定收益范畴,其市场、信用和操作风险的管理框架与一般的债券相似。但是,作为一种结构化的金融产品,ABS 具有鲜明的特点,因此,本章对其含义与市场概况、投资策略和风险管理进行专题分析。

本章首先介绍 ABS 的基本知识,包括资产证券化的含义、操作流程、特点和 ABS 产品分类;其次介绍几种 ABS 的投资策略;然后分析 ABS 投资过程中所面临的几种主要风险及其度量方式,包括市场风险、信用风险和流动性风险,并针对这几种主要风险提出风险管理方法;最后通过案例对资产证券化产品的违约原因进行深度分析。

第一节 ABS 市场概述

一、ABS 的含义

资产支持证券(Asset-Backed Security,ABS)是一种债券性质的金融工具,是资产证券化产生的证券。资产证券化是原始权益人和金融机构将预期能够产生现金流的资产通过结构化等方式进行组合,以其现金流为支持发行有价证券出售给投资者,这些证券就叫"资产支持证券"[1]。其向投资者支付的本息来自基础资产池产生的现金流或剩余权益。与股票和一般债券不同,资产支持证券不能对某一经营实体的利益有要求权,而只是对基础资产池所产生的现金流和剩余权益有要求权,是一种以资产信用为支持的证券。

资产证券化的概念最早由美国投资银行家刘易斯·雷尼尔(Lewis Rainier)于 1977 年提

---

[1] 证券化产品包含交易所发行的企业类 ABS、银行间市场发行的 ABN 和信贷类 ABS。

出,随后众多学者从不同角度出发对其做出了不同的定义。弗兰克·法博齐(Fabozzi,1994)认为,证券化可以被定义为一个过程,通过这个过程将具有共同特征的贷款、消费者分期付款合同、租约、应收账款和其他不流动的资产包装成可以市场化的、具有投资特征的付息证券。这种定义强调了资产证券化的流动性,即将非流动性资产转变为可在二级市场交易的流动性证券。除此之外,也有学者从广义的角度对其进行定义,具有代表性的是美国学者加德纳(Gardener),他认为:资产证券化是使储蓄者与借款者通过金融市场得以部分或全部匹配的一个过程,开放的市场信誉取代了由银行或其他金融机构提供的封闭的市场信誉。这种定义强调了资金的匹配,涵盖了所有融资方式,如股票、债券等。概括来说,资产证券化是将预期能产生现金流的基础资产通过结构化等方式加以组合,使其能够在市场上发行和交易的融资手段。资产证券化的示意图,如图7-1所示。

根据基础资产的不同,ABS可以分为两大类,即信贷类ABS(主要是抵押贷款支持证券,Mortgage-bcacked Securities,MBS)和企业类ABS。MBS是最早出现的资产证券化品种,其基础资产是住房抵押贷款。ABS实际上是MBS在技术上的拓展,只不过将基础资产拓展到了除住房抵押贷款以外的其他资产。其中,MBS可进一步分为抵押贷款支持证券(RMBS)、商业地产抵押贷款支持证券(CMBS)及担保抵押债券(CMO);按是否由政府机构发起又可以分为机构抵押证券和非机构抵押证券。ABS包括狭义的资产支持证券(如车贷ABS、信用卡贷ABS、学生贷ABS等)及担保债务凭证(CDO),CDO作为一种再证券化产品,包含债券抵押债券(CBO)和贷款抵押债券(CLO)。

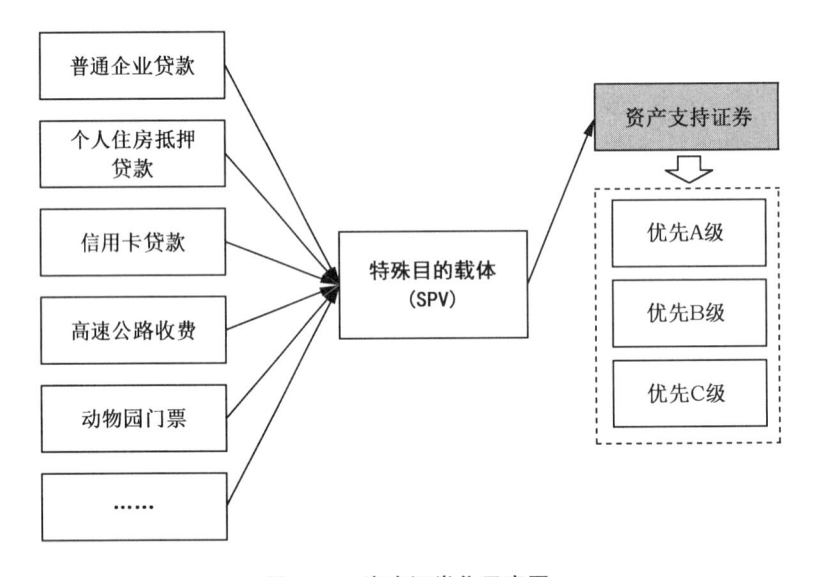

图7-1 资产证券化示意图

二、资产证券化流程与特点

(一)资产证券化流程

一般来说,一个完整的资产证券化融资流程的主要参与者有:发起人、投资者、特殊目的载体(SPV)、承销商、信用评级机构、信用增级机构、托管人等(见图7-2)。通常来讲,资产证券化的基本运作程序主要包括以下几个步骤：

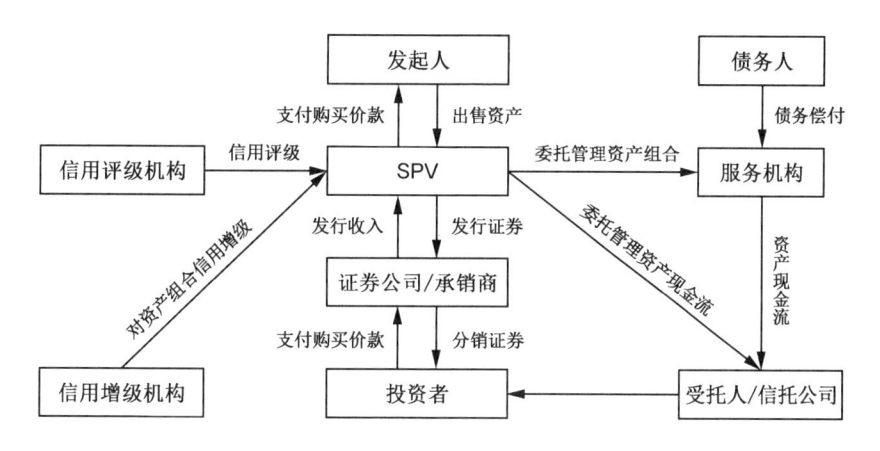

图 7-2 资产证券化的交易流程

1. 构造证券化资产

发起人（一般是发放贷款的金融机构）根据自身融资要求，确定资产证券化目标，对所拥有的未来能够产生现金流入的信贷资产进行清理、估算和考核，并决定借款人信用或抵押担保贷款的抵押价值等，然后将应收和可预见的现金流资产进行组合。这一步可以按照贷款的期限结构、本金和利息的重新安排或风险的重新分配等方式进行，根据资产证券化目标确定资产数量，最后汇集形成一个资产池。

2. 建立特设信托机构，实现破产隔离

特设信托机构是一个以资产证券化为唯一目的的独立信托实体，也可由发起人设立，注册后特设信托机构的活动受到法律的严格限制，其资金全部来源于发行证券的收入，资本化程度很低。特设信托机构是将资产转化成证券的中介，是实现破产隔离的重要手段。

3. 完善交易结构，实行信用增级

特设信托机构需要与发起人完成一系列签订程序，包括：与指定的资产池服务公司签订贷款服务合同、与发起人一起确定托管银行并签订托管合同、与银行达成必要时提供流动性支持的周转协议、与券商达成承销协议等一系列的程序等，这一步的目的是完善资产证券化的交易结构。另外，在对证券化资产进行风险分析后，特设信托机构必须对资产集合进行风险结构的重组。为了降低可预见的信用风险，还需通过额外的现金流来源对可预见的损失进行弥补，从而提高资产支持证券的信用等级。

4. 对资产支持证券进行信用评级

资产支持证券的信用评级是投资者选择证券的重要依据，信用评级一般由投资者所认可的独立评级机构进行。信用评级中所考虑的因素主要为资产的信用风险，不包括由利率变动等因素导致的市场风险。

5. 安排证券销售，向发起人支付

在实现信用增级并公布信用评级结果之后，承销商将负责向投资者销售资产支持证券，方式可采用包销或代销。特设信托机构获得证券发行收入后，按照约定的价格，把大部分发行收入支付给发起人，从而实现发起人的筹资目的。

6. 上市交易及到期支付

资产支持证券发行完毕到证券交易所申请挂牌上市之后,就实现了金融机构的信贷资产流动性的目的。但除此之外,发起人还要对资产池进行管理,或指定相关资产池管理公司进行管理,负责收取、记录资产池产生的现金收入,并将这些收入存入托管行的收款专户。

(二)资产证券化的特点

与传统融资方式相比,资产证券化具有两个重要的特点:风险隔离和信用增级。其中,风险隔离通过建立特殊目的实体,将基础资产转移给受托机构,从而实现资产所有权的转移和风险的隔离。信用增级则结合了一定的金融技术,对资产证券化产品进行个性化设计,从而实现风险和收益组合的多样性和最优化。

1. 风险隔离

风险隔离是资产证券化的基本特征。通过建立特殊目的实体,发行人可以突破自身信用及融资条件的限制,以更高的信用评级获得低成本融资。资产证券化的风险隔离具有两层含义:一是资产卖方及其债权人不能对证券化的资产进行追索;二是当资产池出现损失时,投资者的追索权也仅限于资产本身,不能追溯至资产的卖方或原始所有人。资产证券化产品必须设计合理的风险隔离机制,才能保证产品的风险只与基础资产本身相关,而与卖方或原始所有人无关。

资产证券化产品实现风险隔离的重要工具是特殊目的载体(SPV)。通过 SPV 实现风险隔离的过程分为两步:第一步,发起人将能够产生现金流的基础资产出售给 SPV;第二步,由 SPV 发行以该现金流为支持的证券化产品。SPV 是资产证券化交易中的核心主体,其主要功能在于隔离资产出售人和被出售资产之间的权利关系。一般来讲,SPV 采用特殊目的公司(SPC)或特殊目的信托(SPT)两种形式,两者均能实现基础资产所有权转移和风险隔离的目的,区别在于:SPC 作为一个独立的公司接受发起人的基础资产转让,而 SPT 则是通过以基础资产设立信托的形式实现资产转移。在中国的法律体制下,资产证券化产品基本采用 SPT 的形式实现风险隔离,即将基础资产设定为信托资产,转移给受托人所有,再由受托人发行相关证券化产品。

2. 信用增级

虽然 SPV 中的资产实现了风险隔离,但与此同时也隔离了收益。为了吸引更多的投资者并降低发行成本,提高资产支持证券的信用等级,就需要对资产证券化产品进行信用增级,这是资产证券化的另一个重要设计。信用增级可以提升产品的信用质量和现金流的稳定性,从而更好地满足投资者的需要。

信用增级的方式多种多样,按照增级的来源不同可以分为内部增信和外部增信两类。内部增信是从资产支持证券基础资产池的结构设计、产品的增信机制设计角度开展,主要包括优先级和次级的结构安排、利差支付制度、超额抵押设置、保证金和现金储备账户等;外部增信则是以外部企业或金融机构提供的信用担保为主,包括机构担保、差额支付承诺、回购承诺、流动性支持等。

相同的基础资产池通过不同的内部增信手段进行改造,会形成不同的现金流组合,从而形成不同信用等级的资产支持证券。实际上内部增信是基础资产池构建的有机组成部分和必要步骤之一,是通过不同的条款设计使基础资产池达到自我完善的过程,这是传统债券较少使用的增信方式。在内部增信后依然不足以达到投资人要求时,需要从外部加入独立于基础资产的增信手段。外部增信和传统债券的增信方式较为类似,主要是根据外部增信实施人的信用等级来评判信用增级的效力。

三、中国 ABS 的分类

中国资产证券化包括央行和国家金融监督管理总局监管的信贷资产证券化（信贷 ABS）、证监会监管的企业资产证券化（企业 ABS）、交易商协会主管的资产支持票据（ABN）以及少量的保险机构资产支持计划（如表 7-1 所示）。

表 7-1　　　　　　　　　　　　我国资产证券化产品分类

要素	信贷资产证券化	企业资产证券化	资产支持票据	保险资产支持计划
基础资产	银行等金融机构的信贷资产	企业债权类资产、收益权类资产	与企业资产证券化类似	与企业资产证券化类似
原始权益人	金融机构	以非金融机构为主	以非金融机构为主	以保险公司及非金融机构为主
交易场所	银行间市场	证券交易所、证券业协会机构间报价与转让系统、柜台市场等	银行间市场	上海保险交易所
收益率特征	利差相对较窄，住房抵押贷款类产品收益率较高	利差分化明显，商业房地产抵押贷款类产品收益率较高	利差较大，租赁资产债权类产品收益率较高	—
期限特征	期限分化程度高	以中短期为主	以中长期为主	—
发行方式	公募	私募	公募+私募	私募
发行载体（SPV）	特殊目的信托	券商专项资管计划、基金子公司专项资管计划	特殊目的信托	保险公司资管计划
监管机构	央行、国家金融监督管理总局	证监会	交易商协会	国家金融监督管理总局
监管审批方式	信息登记制	备案制	注册制	初次申报核准、后续产品注册
登记托管机构	中债登	中证登	上海清算所	具备保险资金托管资质的托管人

（一）信贷资产证券化

中国信贷资产证券化于 2005 年首次发行，是中国启动最早的资产证券化项目，由人民银行和国家金融监督管理总局监管，发起人主要是银行业金融机构，其 SPV 是特殊目的信托，受托机构为信托公司，发行场所是全国银行间债券市场。

信贷资产证券化产品的基础资产以银行等金融机构的信贷资产为主，一般单笔金额小而贷款笔数多，标准化较高。目前，中国信贷资产证券化产品的基础资产类型特别丰富，包括个人住房抵押贷款支持证券、个人汽车贷款支持证券、个人消费贷款支持证券、金融租赁资产证券化、对公贷款信贷资产支持证券以及不良资产证券化等。

1. 个人住房抵押贷款支持证券

个人住房抵押贷款支持证券（RMBS）的基础资产是个人住房按揭贷款，发行人以国有商业银行为主,银行把持有的住房按揭贷款汇聚重组为资产包,然后将资产包中的贷款及其附属担保权益转让给受托机构,接着以资产支持证券的形式发行并出售给投资者,并以底层资产所产生的现金流来支付资产支持证券收益。RMBS 产品具有基础资产高度分散、产品成熟度高且优先档、证券信用风险低等特点,能够较好地满足风险偏好低的投资者的投资需求。

RMBS 自 2017 年成为发行体量最大的信贷 ABS 产品后,2018 年发行量迎来井喷,且自此之后发行规模维持在信贷 ABS 市场发行总量的一半以上,持续占据信贷 ABS 市场发行首位,并具有绝对主导地位。2021 年,RMBS 共发行产品 62 单,发行规模合计 4 993.00 亿元,同比增长 17.65%,在信贷 ABS 的当年发行总规模中占比 56.56%(如图 7-3 所示)。

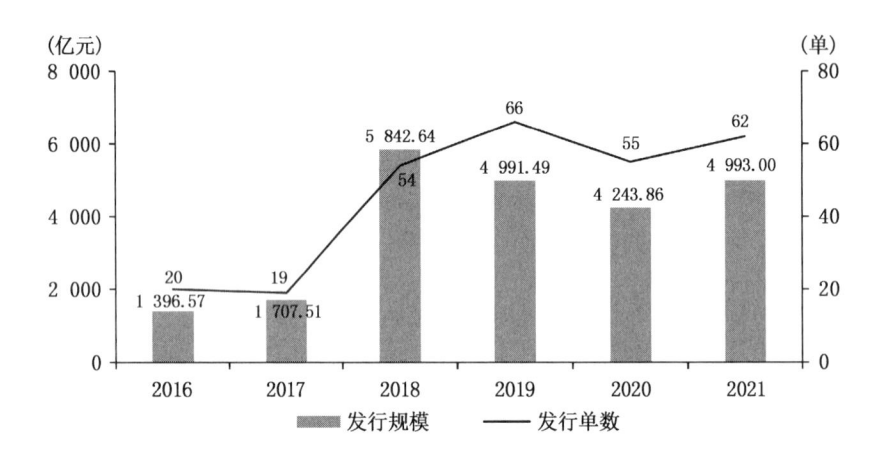

图 7-3 2016—2021 年 RMBS 发行情况

资料来源:Wind。

除一般的商业性 RMBS 之外,RMBS 还包括公积金贷款 ABS(或称公积金 RMBS),其贷款抵押率较低,从历史数据来看违约和逾期的风险都很低,分散性很强,且实质上具有地区政府信用的色彩,是安全性很强的 ABS 品种,但期限相对较长,适合长期资金配置。

2. 个人汽车贷款支持证券

个人汽车贷款支持证券(Auto-Loan ABS)的基础资产是个人汽车贷款,发起机构以商业银行、汽车金融公司和汽车财务公司为主,具有小额分散、高利差、期限短、有抵押等特点。2021 年,汽车贷款 ABS 发行产品 52 单,发行规模合计 2 635.12 亿元,发行数量及发行规模同比分别增长 26.83% 和 35.81%,占全年信贷 ABS 发行总规模的 29.85% 和 29.85%,继续位于信贷 ABS 市场发行第二位。

近年来,中国汽车贷款 ABS 产品的交易结构日益标准化,基础资产具有同质性强、金额和地区分散度好、车辆品牌集中度较高、基础资产还本付息频率高、收益率持续下降等特点,随着二手车、商用车市场的活跃以及新能源汽车的普及,未来基础资产标的车辆类型也将愈加丰富。

3. 个人消费贷款支持证券[①]

个人消费贷款支持证券(简称消费贷 ABS)的基础资产主要为发起机构发放的个人消费贷款,发起机构以商业银行为主,交易结构以静态交易结构为主,具有小额、分散、高利差、期限

---

① 这里包含了信用卡分期 ABS 产品。

短、无抵押等特点。2021年,消费贷ABS产品发行数量16单,发行规模合计471.88亿元,同比增长25.03%,占全年信贷ABS发行总规模的5.35%,位列第三位。其中,基础资产为个人消费贷款的产品发行规模合计243.68亿元,基础资产为信用卡分期的产品发行规模合计228.30亿元。

4. 金融租赁资产证券化

金融租赁资产证券化(简称金融租赁ABS)属于租赁资产证券化的一种(另一种为融资租赁ABS),是以租赁资产为基础资产,由租赁公司作为发起人/原始权益人发行设立的资产证券化产品。金融租赁ABS的发起机构为金融租赁公司,基础资产的承租人主要是国企等大型企业,其基础资产的信用质量一般较高,入池资产笔数较少,最大的特点就是集中度较高。

5. 对公贷款信贷资产支持证券

对公贷款信贷资产支持证券(CLO)的基础资产为银行对公贷款,目前主要包括企业贷款和小微贷款两类,发起机构以股份制商业银行、城市商业银行、政策性银行以及国有大型商业银行为主。

企业贷款CLO入池借款人与基础资产信用质量整体较好,但资产池在借款人地区、行业及借款人集中度上偏高,受单一借款人影响大;小微贷款CLO虽入池借款人资质偏弱,易受经济环境变化影响,但资产同质化程度较高且高度分散,并具备一定的超额利差优势。目前,小微贷款CLO在信贷资产支持证券的比重仍很小,但随着多方面政策的扶持、金融机构对小微企业贷款投放增长及资产转出需求有望带动该类产品进一步发展。

6. 不良资产证券化

不良资产证券化(NPAS)的基础资产主要包括对公类、个人抵押类、个人信用类和微小企业类不良贷款四大类,整体来看已发行的产品基础资产以个人抵押类不良贷款和个人信用类不良贷款为主。NPAS的发起机构主要包括国有银行、股份制银行、城商行和资产管理公司4种类型。这类产品的基础资产多有"不良记录",且分散性有限,但一般具有较好的抵押品,且次级档一般提供较强的信用支持,因此优先级的信用风险实际不高。

(二)企业资产证券化

企业资产证券化由证监会监管,发起人以非金融企业为主,其SPV是资产支持专项计划,受托机构为证券公司或基金管理公司子公司,交易场所是证券交易所、机构间私募产品报价与服务系统、柜台市场等,审批方式为备案制,发行流程相对简便。

企业ABS的基础资产丰富多样,包括应收账款、基础设施收费、消费性贷款、企业债权、租赁租金、商业房地产抵押贷款支持证券(CMBS)、信托收益权等二十多类(如表7-2所示)。

表7-2 企业资产证券化产品分类

资产类别	产品类别
债权类	应收账款、委托账款、企业贷款、个人消费贷款、混合贷款、融资租赁债权、融资融券债权、股票质押回购债权、保单质押贷款、购房尾款、个人住房公积金贷款、票据收益权、商业物业抵押贷款、信托受益权
收益权类	基础设施收费收益权、物业费收益权、客票收费收益权、其他收费收益权
不动产资产	商业物业、工业物业等不动产

(三)资产支持票据

资产支持票据(ABN)由交易商协会监管,发起人为非金融企业,目前不强制要求设立SPV,需要在交易商协会注册,交易场所是全国银行间债券市场。ABN 的基础资产以票据收益为主,除此之外还包括应收债权类资产、租赁债权资产等,与企业资产证券化的基础资产结构类似。目前,ABN 的基础资产类型不断丰富,产品创新程度不断加深,已经成为实体经济有效的融资手段。

(四)保险资产支持计划

保险资产支持计划是由保险资产管理公司等机构作为受托人设立的,面向保险机构等投资者发行的收益凭证,目前发行规模非常小,基础资产包括融资租赁类资产、不良资产重组类资产、小额贷款类资产以及保理融资类等。

第二节 ABS 投资策略

对资管机构而言,投资 ABS 的优势主要有:第一,丰富信用产品投资品种,拓展投资有效边界。从产品特性而言,ABS 产品收益率较高,代价是流动性较差,现金流稳定性也参差不齐。这对于那些流动性要求不高的投资者不失为一个好的选择。此外,由于产品有分层结构,投资者选择余地较大。第二,相对收益高,实际信用风险小,评级稳定。ABS 的基础资产通常按一定的标准进行筛选,而且在发展初期选择的资产也多是较为优质的资产,再加上分层等信用增强措施,违约风险较低。第三,基础资产具有分散性,更能较好地抵御信用风险的冲击。由于 ABS 产品的基础资产往往具有一定的分散性,使得产品资产池的逾期违约率和损失率更容易估计,出现极端情况的概率更小,通过合理的交易结构设计,优先档抵御信用风险的能力更强。正因为这些原因,ABS 成为资管机构的重要投资品种。

资管机构投资 ABS 的策略包括:买入持有策略和交易策略两种。

一、买入持有策略

买入持有策略:选择好要购买的 ABS,然后持有到期。买入持有策略的核心是选择要持有到期的证券。其方法主要有:

(一)选择优先级证券

从本质上讲,优先级证券可以视为与看跌期权相叠加的固定收益产品。作为多头,其回报有一个上限。夹层级证券及次级证券都为优先级证券提供信用支持,优先级证券的风险在所有级别的证券中是最低的。随着时间的推移,优先证券评级下调的可能性较低,这是风险偏好较低的投资者的最佳选择。

(二)选择夹层级证券

夹层级证券是一种垂直利差证券,其收益与风险高于优先级证券。夹层级证券以其自身的收入和本金为优先级证券提供了信用支持,因此其可容忍的违约率要高于优先级证券。从评级的角度来看,尽管优先级证券的评级随时间推移而降低的可能性很低,但它们的大多数评级是 AAA,提高的空间有限。然而,在证券存续期间,夹层级证券评级上调的可能性仍然存在,因此,除了采取持有至到期策略之外,投资夹层级证券还可以在中后期降低产品风险,同时使收益保持不变;持有的夹层级证券也可以在评级变化时出售,评级上调后,由于利差压缩,证券价格上涨,从而可以获得更高的收益率。

(三)选择次级(劣后级)证券

次级证券的期权属性为看涨期权,其现金流与资产池违约率之间呈现出陡峭的线性关系。它用自身本金收入为优先级证券和夹层级证券提供信用支持,因此任何资产违约都将对次级证券的收入甚至本金产生重大影响,因此次级证券是风险最高的产品。根据上海证券交易所和深圳证券交易所发布的上市指引,应收账款级融资租赁企业资产证券化产品的发行人必须持有 5% 的份额,因此大多数次级证券由发行人自己持有。随着资产证券化市场的不断成熟,相关的信息披露制度将进一步完善,次级证券也将更加具有可投资性,但即便是在成熟的市场中,次级证券高风险和高收益的特点也不会改变。

(四)杠铃投资策略

杠铃投资策略是根据投资者预设的比例,同时投资资产证券化产品的优先级证券和次级证券。当违约率较低时,该策略的投资回报略高于夹层级证券投资策略;当违约率较高时,投资收益也高于夹层级证券投资策略。只有在有限且相对狭窄的范围内,夹层级证券投资策略的投资收益才会高于杠铃投资策略。

二、交易策略

交易策略就是将 ABS 看作普通债券进行交易,如第五章所述进行各种策略交易,在此不再赘述。

第三节 ABS 投资风险与度量

ABS 投资风险可以从狭义和广义两个维度来分析。从狭义的角度来看,资产证券化的风险主要取决于资产质量的好坏和证券化产品自身的设计,例如信用降低、资产质量发生变化、法律变更、实际销售等方面产生的风险。从广义的角度而言,资产证券化的风险还包括证券化产品的投资风险。资产证券化产品的风险特征与固定收益产品相似,投资者也面临着来自市场的利率风险、发行人的信用风险以及流动性风险等。

一、ABS 的定价、市场风险与度量

(一)ABS 的定价

ABS 的定价一般分两步,第一步是对基础资产池定价,即相当于确定资产池未来的现金流分布(包括现金流时间、规模及对应的概率分布等);第二步是各类别 ABS 的定价,即根据产品合同的约定,将各层证券的现金流根据资产池的特点确定出来,根据一定的贴现对其定价。

在预期现金流情况下,使用资产证券化产品定价的基本方法是未来现金流量的折现公式:

$$R=\frac{M_1}{(1+r_1)}+\frac{M_2}{(1+r_1)(1+r_2)}+\cdots+\frac{M_n}{(1+r_1)(1+r_2)\cdots(1+r_n)} \quad (7-1)$$

其中:R 为资产证券化产品的价值,即未来各期收入的现值之和;M_n 为未来第 n 期净现金流量;r_n 为第 n 期的即期无风险利率。

(二)ABS 的市场风险

从式(7-1)可以看出,市场利率的变化会对 ABS 价值产生影响,进而影响资产价格。利率风险主要来源于市场利率的波动,而导致市场利率变化的因素有很多,主要包括宏观经济情况、货币政策、信贷市场变化等。

ABS 具有固定收益属性,其价格也像固定收益产品一样受到市场利率的影响。当市场利率上升时,ABS 的价格会下降;此外,市场利率的变化也会影响底层资产。当市场利率下降时,如果标的资产是按固定利率计算的信贷资产,则会增强借款人的提前还款意愿,从而影响证券化产品未来的现金流,并可能导致产品提前终止,使投资者面临投资风险。

在市场风险的管理方面,资管机构同样可以使用债券及组合的风险指标,例如久期、修正久期、止损限额对市场风险进行度量。

二、信用风险与度量

信用风险是资产证券化产品投资中所面临的最直接风险,可能存在于资产证券化的各个环节,原始权益人的信用风险、基础资产的信用风险、外部增信的信用风险都有可能影响 ABS 的信用风险。

(一)原始权益人的信用风险

从设立 ABS 的目的及其交易结构来讲,装入 SPV 的基础资产应该和原始权益人的资产进行破产隔离。但对一些 ABS 品种来说(如收益权类 ABS),其基础资产现金流和原始权益人的信用水平、财务状况、后续资产的服务能力等密切相关。因此,要分析原始权益人的信用风险。这里可以借鉴外部评级或者内部评级对原始权益人进行信用评级。

(二)基础资产的信用风险

对于实现真实出售的债权类资产,基础资产本身的信用风险尤为重要。其分析框架如图 7-4 所示,包括基础资产的类型、产生现金流的基础、现金流的稳定性与可预测性、基础资产的历史收益及未来增长潜力等。对于基础设施收费权 ABS,应关注基础资产的经营风险和集中度风险。其经营风险往往受所处区域宏观环境、行业景气度、市场供需情况、持续运营能力等因素影响;集中度风险方面应考虑付费使用者的地域分布、行业分布和人群分布的集中度。对于融资租赁 ABS,应关注基础资产集中度风险。一是考虑承租人的集中度风险,包括单一承租人的偿付占比情况、承租人客户性质、行业分布、地区分布情况等,若租赁款项主要集中某一承租人或承租人客户性质单一,则不利于风险分散。基础资产要求单个承租人最高集中度一般不能超过 50%。二是考虑租赁资产集中度风险,若租赁资产单一,主要依赖某一业务的经营,则面临一定的经营风险。

资管机构可从基础资产和投资产品的逾期率、违约率、损失率,以及基础资产抵质押品覆盖率等指标对资产证券化产品的信用风险进行定量分析,并作为后续监控管理的依据(如

表 7-3 所示)。

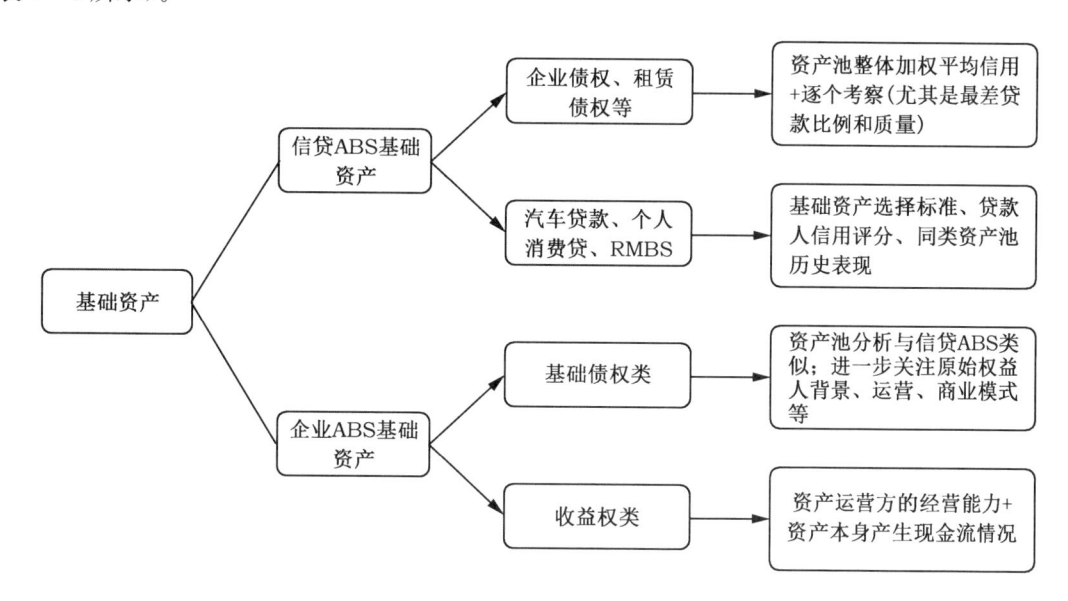

图 7-4 基础资产信用质量关注要点

表 7-3   信用风险量化指标

	指 标	定 义
信贷及债权类	优先级预期收益率(年化)	需要对预期收益率进行假设,并设定压力测试情景
	逾期率	当前逾期贷款余额占全部贷款余额的比例
	不良率(违约率)	当前 M4 及以上(逾期 90 天以上)贷款余额占全部贷款余额的比例
	累计逾期率	某时间段发放贷款产生的逾期贷款占该时间段发放贷款总额的比例,不考虑逾期回收
	累计不良率(违约率)	某时间段发放贷款产生的 M4 及以上贷款占该时间段发放贷款总额的比例,不考虑不良回收
	早偿率	当期提前偿还的贷款余额占贷款余额的比例
	当期逾期率	当期应收贷款中逾期贷款所占的比例
	贷款迁徙率(转化率)	按 M 值分类的某一级贷款向下一级转化的比例,如 M0 向 M1 的转化率、M1 向 M2 的转化率等
	逾期回收率	上期逾期贷款中当期能回收部分所占的比例,如 M1 回收率、M2 回收率等
	担保品处置所得	
经营权及收费权类	优先级预期收益率(年化)	需要对预期收益率进行假设,并设定压力测试情景
	流量	某时间段内的人流量、用电量、车流量等
	单价	门票价格、电价、过路费等
CMBS	EBITDA	

特别地,对于债权类基础资产,可以按照债务人性质分为法人与自然人,以法人为主的债权类资产,可以通过对债务人进行(影子)评级确定相应的违约概率及违约损失率;以自然人为主的债权类资产,可采用信用评分的方式来揭示个体信用风险的大小,并通过历史违约及回收

数据来揭示资产池组合的信用风险。

(三)外部增信的信用风险

外部增信是以外部企业或金融机构提供的信用担保为主,包括机构担保、差额支付承诺、回购承诺、流动性支持等。这方面的风险评估,可以通过对增信机构的信用风险评级来实现。

最后,要特别注重资产池现金流的保障分析。超额利差:加权平均贷款利率高于票面利率的部分,越高越好,可起到风险缓释作用;现金流覆盖及断档:如果贷款本息流入某一段时间出现断档,需加大压力测试强度,现金流越平滑越好;摊还方式:其他情况相同时,分期摊还的违约风险小于一次性还款。

三、流动性风险及度量

流动性风险是投资 ABS 所面临的另一个主要风险,原因在于资产证券化市场的总体规模与其他市场相比依旧较小,市场总量有限,相关制度仍不健全,交易不够活跃。2020 年,交易所 ABS 的交易金额仅有 1 391 亿元,换手率只有 6.15%。对于流动性风险,可以通过相关指标进行定量衡量,例如流动性覆盖率(Liquidity Coverage Ratio,LCR)、净稳定融资比率(Net Stable Funding Ratio,NSFR)、流动性缺口、期限错配指标等,在投后阶段还可以进行流动性压力测试。

$$流动性覆盖率(LCR) = \frac{合格优质流动性资产(HQLA)}{未来 30 天流动性需求} \quad (7-2)$$

其中,合格优质流动性资产(HQLA)必须满足一些基本特征,包括低风险、定价容易、价格确定性高、与风险资产的关联度低、在成熟的有组织的交易所挂牌等;此外,合格优质流动性资产必须在活跃的、规模较大的市场交易,价格波动性低,市场将其作为危机中的安全投资品种。

$$净稳定融资比率(NSFR) = \frac{可用的稳定资金}{业务所需的稳定资金} \quad (7-3)$$

$$流动性缺口 = 90 天内到期的表内外资产 - 90 天内到期的表内外负债 \quad (7-4)$$

期限错配指标,根据《标准化债权类资产认定规则(征求意见稿)》的认定规则,信贷资产支持证券、资产支持票据、证券交易所挂牌交易的资产支持证券均为标准化债权资产,也就是除保险系 ABS 之外的信贷 ABS、企业 ABS 以及 ABN 均为标债资产(保险机构资产支持计划列为非标资产)。而标与非标的差异,主要在于期限错配和投资占比限制。

根据《资管新规》规定:"资产管理产品直接或者间接投资于非标准化债权类资产的,非标准化债权类资产的终止日不得晚于封闭式资产管理产品的到期日或者开放式资产管理产品的最近一次开放日。"(银发〔2018〕106 号)相比之下,标债资产则不受期限错配、投资占比限制等要求。标准化 ABS 产品为非标转标提供了可行的途径,在非标融资收缩时能够产生一定的替代作用。

第四节 ABS 投资风险管理

一、市场风险管理

由于 ABS 类似于固定收益证券,因此,其市场风险的管理,可以按一般固定收益证券市场风险管理的方法和框架。参考第五章的相关内容。

一方面，建立市场风险限额指标，并对其进行监控和管理。风险限额指标包括总规模指标、DV01、久期、预警和止损线等。亦即对投资于 ABS 的资金总规模设定限制；对投资的 ABS 产品，密切关注其基点价值及久期，应用久期模型进行市场风险的管理；对 ABS 价格设置预警和止损线，对达到止损线的 ABS 产品应立即止损。

另一方面，可以利用各种衍生工具进行风险管理。如运用利率互换、利率期货及利率期权等衍生品进行风险转移。例如，在资产证券化交易中使用利率互换合约，可以解决交易中资产和负债方的利率错配。除此之外，投资者也可以根据投资产品的利率设计和自身的风险偏好选择合适的衍生工具进行管理。

市场风险是交易策略面临的主要风险，对于买入持有策略，由于其购买后持有到期，因此，该策略面临的主要风险是信用风险。

二、信用风险管理

资管机构借鉴债券评级流程建立信用风险分析和管理框架，并对其进行针对性的风险管理。

(一)原始权益人及外部增信主体信用风险的管理

对于原始权益人及外部增信主体信用风险，一般采取以下方法进行管理：

1. 内评体系法

通过内评体系，对原始权益人进行内部信用评级，将不符合标准的原始权益人或外部增信主体排除在可投资名单之外。

2. 建立白名单制度（配置偏好）

如通过国家鼓励发展行业、经济发达地区或新兴经济地区、主体评级/债项评级不低于一定水平或基础资产类型等维度设置白名单。

3. 建立黑名单制度（负面清单）

如按不景气行业、经济欠发达或信用风险较大的地区、被列入被执行人或有重大负面新闻企业等维度设置黑名单，过滤高风险项目。

(二)基础资产信用风险管理

由于 ABS 产品是以可以产生未来现金流的资产作为底层资产的，因此，基础资产是分析 ABS 投资信用风险的重点之一。对这类风险的管理方法一般如下：

1. 通过建立问题清单进行风险排查与管控

问题清单包括：

(1)基础资产的行业基本面是否为中上？
(2)基础资产是否过于集中？
(3)现金流预测是否合理？
(4)现金流归集频率是否合理？
(5)现金流能否足额覆盖 ABS 本息及费用？
(6)合同期限能否覆盖专项计划存续期？

通过对问题清单进行分析，对基础资产信用风险进行评级，排除具有高风险基础资产的 ABS 产品。

2. 综合利用敏感性分析和压力测试等工具，测算基础资产现金流的稳定性与可靠性。

将现金流稳定性与可靠性差的基础资产 ABS 产品排除在投资池之外。

(三)交易结构产生的信用风险

对于交易结构产生的信用风险,重点关注以下问题:
(1)现金流归集是否存在原始权益人适用其他银行账户收取基础资产收入?
(2)现金流稳定性及分散性如何?
(3)资金划转路径是否清晰?是否能一步到位?

若基础资产现金流回款可以直接划入专项计划账户,债务人基本面很强且无法律瑕疵和抗辩性,则可以不用再看原始权益人和增信主体。该种情况可被称为存在非特定原始权益人,如以核心企业为债务人的供应链 ABS 项目。

资管机构防范 ABS 信用风险,有两个简单的方法:
(1)"好主体"+"资产隔离"方法。该方法是从主体和基础资产角度分析资产证券化产品的信用水平,在好主体基础上做好资产隔离,产生优于信用债的效果。所谓"好主体",是指股东背景强、主体评级高的主体;"资产隔离"是指以相对独立可特定化的资产作为基础资产,避免成为"纯信用债"。
(2)"好资产"+"破产隔离"。如果主体不是特别强,便要强调基础资产的破产隔离。资产最好要追求与原来主体的破产隔离,这样可以实现信用超越,如果没有做到破产隔离,便与信用债相差无几。"好资产"是指债务人整体很强、资产池足够分散、资产具有特许经营权(垄断性)或者是稀缺不动产。

三、流动性风险管理

目前 ABS 市场还不够成熟,市场流动性不是很好。因此,对 ABS 的投资策略应以购买持有到期为主,同时应根据投资者对流动性的要求,合理确定投资限额,管理流动性风险;对于交易策略,应考虑所投资品种的流动性,选择流动性好的 ABS 进行交易;同时也要合理确定其限额,管理流动性风险。

案例分析

红博会展 CMBS 为什么会违约?[①]

尽管 ABS 产品本身带有诸如资产隔离、内部信用增进、产品分层等特性,使得高等级的优先层 ABS 产品在传统意义上的实质违约概率远低于信用债,但是 ABS 产品的信用增进措施也并非绝对有效,受内外部因素导致的经济环境整体下行的影响,叠加 2014 年国内 ABS 市场重启后付息兑现高峰的到来,自 2018 年以来,国内 ABS 市场屡屡出现风险事件。尽管总量不多,但 ABS 产品依然出现了一些重大违约事件。红博会展中心 CMBS 是第一单违约的 CMBS。

一、红博会展 CMBS 简介

红博会展 CMBS 的交易结构是国内 CMBS 较为常见的交易结构,即采取双 SPV 结构,原

---

① 鹏元资信评估有限公司 2018 年 10 月 16 日专题报告《冷静下来看红博 CMBS 违约事件》。

始权益人(通常仅为资金过桥角色)通过单一资金信托向借款人发放信托贷款,然后将信托受益权作为基础资产转让给资产支持专项计划。在信托贷款层面,借款人将目标物业租金等未来收入质押给信托并承诺以目标物业运营收入作为信托贷款还款来源,此外借款人将目标物业抵押给信托;为解决现金流波动造成的流动性风险,设立保证金账户,并规定在任何时候保证金账户余额低于某一水平时借款人及时补足。

(一)交易结构

红博会展 CMBS 于 2017 年 9 月 29 日发行,发行规模 9.5 亿元,共分 10 档,其中优先级证券发行规模 9.0 亿元,发行时评级为 AA+。该计划的原始权益人为哈尔滨高新技术产业开发股份有限公司(以下简称"工大高新"),担保方为工大集团。基础资产池的标的物业为红博会展购物中心,属于哈尔滨地区运营 14 年的首家体验式购物商场,该物业估值 22.77 亿元,抵押率仅为 39.52%,质押物估值 20.77 亿元,现金流覆盖本息 1.4 倍以上。产品涉及多个参与方,具体的交易结构如图 7-5 所示。

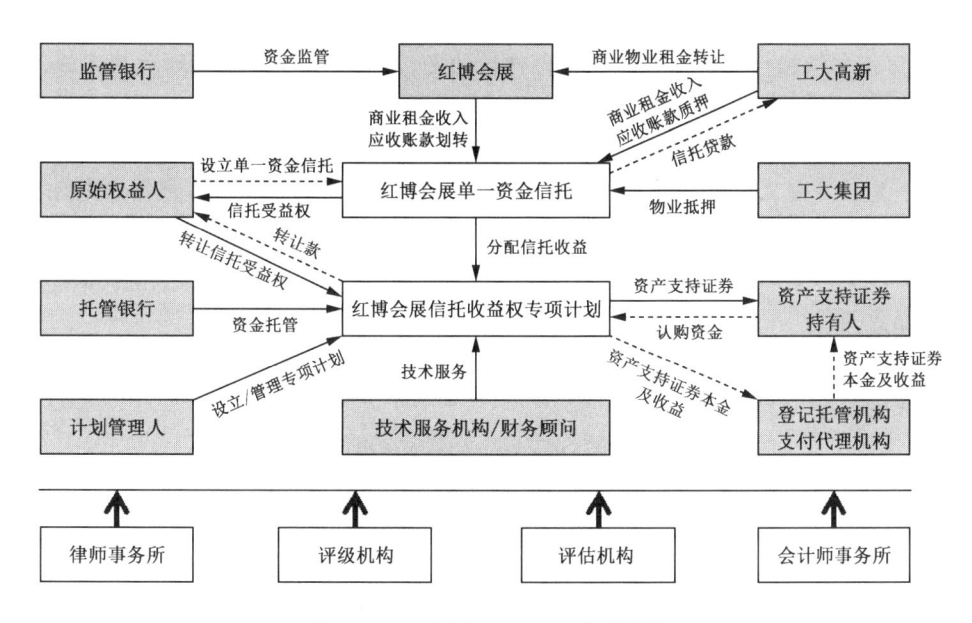

图 7-5 红博会展 CMBS 交易结构

资料来源:专项计划说明书。

其中:

1. 原始权益人工大高新将 9.5 亿元交付给厦门信托,设立红博会展单一资金信托,其受益权归厦门信托所有。

2. 厦门信托与工大高新签订信托贷款合同,向工大高新发放信托贷款;该信托贷款的贷款总额为 9.5 亿元,总期限为 9 年,年利率为 8.5%,采用一次性放款,按每一还款期间的约定天数计算利息并偿还本金。

工大高新承诺以红博会展购物广场的未来 9 年全部租金、管理服务费、停车费等商业物业租金收入为信托贷款的还款来源;哈尔滨国际会展体育中心有限公司以红博会展购物广场房屋所有权和土地使用权为信托贷款债务偿付义务提供抵押担保;工大高新依据信托贷款合同的约定,同意由信托受托人在发放信托贷款前在保证金子账户中留存 3 000 万元人民币作为信托贷款本息偿付的保证金。

3. 计划管理人华林证券与认购人签订认购协议,与工大高新签订红博会展信托受益权转让协议,设立红博会展信托受益权资产支持专项计划,以募集资金购买工大高新持有的红博会展单一资金信托的信托受益权。

投资者认购专项计划,将认购资金以专项资产管理方式委托华林证券管理。华林证券成功设立专项计划后,专项计划取得红博会展资金信托的信托受益权,认购人取得资产支持证券,成为资产支持证券持有人。

4. 专项计划存续期间,红博会展(作为服务机构)根据信托贷款合同和监管协议的约定,定期归集红博会展购物广场的全部租金、管理服务费、停车费等其他商业物业租金收入,按照其内部的财务管理制度将前述款项归集至红博会展名下的监管账户。根据信托贷款合同及相关文件的约定,信托贷款还款日为质押财产转付日的次一个工作日,借款人应在信托贷款还款日或之前将已发生的借款利息及当期应偿还的本金支付给受托人。

5. 专项计划存续期间,信托账户在信托利益分配日将收到借款人偿还的信托贷款本息扣除当期必要的信托费用后以信托利益分配的方式全部分配给信托受益人,即专项计划。

6. 华林证券根据计划说明书及相关文件的约定,在支付完毕专项计划所规定缴纳的一系列相关费用后,在分配日向托管人发出分配指令,托管银行根据分配指令,将相应资金划拨至登记托管机构的指定账户用于支付资产支持证券本金和预期收益。

在每个兑付日向优先级资产支持证券投资者分配收益及本金,其中,每档优先级资产支持证券到期日前12个月内,分期偿还该档优先级资产支持证券本金(分两次偿还,每次偿还全额为应偿本金的1/2)。

(二)基础资产

红博会展 CMBS 基础资产相关信息如表 7-4 所示。

表 7-4　　　　　　　　　　红博会展 CMBS 基础资产信息

基础资产描述	厦门信托—红博会展单一资金信托受益权
目标物业	红博会展购物中心 红博会展购物广场坐落于哈尔滨市南岗区,由黄河路、长江路、红旗大街、南直路(二环路)合围。地理位置优越,道路通畅,交通便利。哈尔滨红博会展购物广场是哈尔滨国际会展体育中心的配套商业设施,是哈尔滨国际会展体育中心的重要组成部分,是集购物、休闲、餐饮、娱乐、旅游于一体的大型商业物业,是东北首家国际 Shopping Mall。哈尔滨红博会展购物广场于 2003 年 8 月正式投入使用。广场内部采用欧式风格设计,环境优雅,功能齐全,包括金座、银座、餐饮区、男装区、女装区、娱乐区、鞋业区、珠宝区、化妆品区、家居生活馆、妇儿生活坊等经营区域。 哈尔滨国际会展体育中心有限公司以出让方式取得了标的物业所在宗地的国有土地使用权证(国用 2014 第 03000035 号),证载宗地坐落于南岗区黄河路、泰山路,地号 230103019005GX0002,使用权面积 82 730.3 平方米,土地用途为商服用地,使用权终止日期为 2043 年 9 月 23 日。哈尔滨国际会展体育中心已就标的物业项目取得房屋所有权证(哈房权证开字 201300929 号),证载房屋坐落于南岗区长江路与红旗大街交角处商业及办公区部分,总层数两层,建筑面积 11 955.76 平方米
目标物业估值 (亿元)	22.77

续表

目标物业评估价值/优先级证券本金规模（亿元）	2.53
目标物业地区	哈尔滨

红博会展 CMBS 在现金流支付机制、信用触发机制上进行了较好的安排，并设置了 7 道增信措施。具体如表 7-5 所示。

表 7-5　　红博会展 CMBS 现金流支付机制、信用触发机制及增信措施基础资产信息

现金流支付机制	资金归集账户	服务机构基本账户
	现金流归集频率	按季
信用触发机制安排	加速归集、加速清偿	有
增信方式	优先/次级结构	有
	现金流超额覆盖	有
	超额抵押	有
	保证金安排	3 000 万元
	差额支付方名称	哈尔滨工大高新技术产业开发股份有限公司
	担保方名称	哈尔滨工大集团股份有限公司

二、违约回顾

2018 年 6 月，联合信用评级有限公司对该计划进行跟踪评级，将优先级资产支持证券 17 红博 01-09 的信用等级由 AA+下调至 B+。

2018 年 9 月 21 日，工大高新发布关于厦门信托—红博会展单一资金信托违约的公告（以下简称"公告"），公告称由于其近期资金流动性存在较大困难，无法按时足额偿还信托贷款，已触发相关信托合同中"违约处理"的约定条款，厦门信托宣布该信托贷款于 2018 年 9 月 18 日提前到期，并要求工大高新于 2018 年 9 月 18 日向其归还全部未偿贷款本金及相应利息。

2018 年 10 月 11 日，计划管理人华林证券发布公告称，红博会展 CMBS 专项计划账户内资金余额不足以兑付当期应付本息，已构成实质性违约。

三、违约原因分析

从红博会展 CMBS 的交易结构来看，名义上资产支持证券本息的偿付来源于信托收益，但其实际偿付来源为底层目标物业的运营收入及借款人的保证金。该产品设置了 7 级增信措施，除传统的超额利差、内部分层、物业抵押、应收账款质押、差额支付、担保外，还设置了 3 000 万元保证金以及每年 500 万元留存金等条款，但仍然发生了违约。发生违约的关键原因包括以下几点。

(1)发行人及增信主体高度关联，由于违规对外担保和存在资金占用，导致出现实质性债务违约。

2018 年 3 月，工大高新发布公告称拟出售该 ABS 核心资产，后被终止；2018 年 7 月，公司公告披露了公司存在未履行决策程序对外担保余额 46 亿元；资金被占用余额 9.98 亿元；负债总计 52 亿元，其中逾期债务 13.457 5 亿元；账户被冻结 41 户，冻结金额人民币 105.63 万元、

1.50万美元、0.38万港元;诉讼39起,涉案本金316 252.60万元等情况,且工大高新及担保方工大集团有较强的关联关系,资产证券化变相变成了信用债,其同时发生信用风险事件的概率较大。

(2)现金流归集频率较低,归集路径混同,风险高。

根据公告,信托贷款有6 510万元本息没有按时归还,从目标物业运营产生的收入现金流考虑,理论上目标物业运营现金流入应该高于6 510万元本息以达到超额覆盖的目的(如果按1.2的覆盖倍数来计算,有7 800万元左右)。

(3)服务机构由项目公司担任,借款人工大高新提供运营支持和差额支付承诺,工大高新流动性紧张,未及时提供运营资金支持,为保证正常运营,服务机构违规占用专项计划资金,运营现金流无法按时足额归集至信托账户,加之差额支付承诺人和担保人发生债务危机,无法履行差额补足和担保义务,最终导致信托贷款违约。

由上述分析可见,并未实现真正破产隔离的CMBS类似于信用债。CMBS还是很大程度上依赖于主体信用水平。基础资产现金流恶化,加之内外部增信方式效力同时下降,外部增信未能提供额外保障,违约也就不奇怪了。在借款人陷入财务危机之时,外部增信提供方亦面临财务困境,这表明两者之间的违约风险高度相关。

四、启示

国内信用紧缩的背景下,对CMBS也好,对于供应链ABS也罢,有一种现象是ABS不能完全实现破产隔离。为弥补疲弱的基础资产现金流,中国的大部分CMBS交易会包含外部增信,主要形式是借款人的母公司或关联公司承诺提供信用和流动性支持,ABS与发起人的信用状况高度相关,即资产证券化"信用债化"了。在此背景下,防范ABS信用风险,要注意以下几点:

(一)尽可能关注ABS现金流

首先,认真研究底层资产情况,判断评估机构对底层资产未来现金流的预测及价值的评估是否合理,因为国内CMBS的发行规模主要是由目标物业每年的现金流预测规模及评估价值决定的,过于乐观的现金流预测或价值评估会增加项目风险。特别地,对于服务机构运营费用不由目标物业运营收入承担的项目,要考察服务机构运营资金提供方的信用水平。

其次,关注现金流的归集方式及归集频率,特别是服务机构由借款人或其关联方担任的项目,要注意判断资金被占用或被混同的可能性。

再次,对于项目所使用的增信措施,不能仅停留在表面,而是应结合基础资产的情况以及增信主体的信用水平判断增信措施的有效性。

最后,对于已经投资CMBS项目的资管机构来说,要定期跟踪目标物业运营情况及现金流归集情况,及时发现问题。

(二)对增信措施要具体分析

1. 内部增信措施是否有效,很大程度上依赖于基础资产的现金流

CMBS所使用的增信措施中,优先/次级分层、现金流超额覆盖及资产超额抵押属于内部增信方式,内部增信方式主要依赖于基础资产自身及其所产生的现金流。红博CMBS底层资产现金流大幅下滑,导致其内部增信措施失效。

2. 外部增信措施是否有效,要对证券化中的差额支付人和担保人进行具体的分析

保证金安排、差额支付及第三方担保属于外部增信方式,增信效果依赖于相关增信提供方的主体信用水平。如果是原始权益人的关联人,则增信措施易于信用债化,应具体分析相关人的信用风险;如果担保机构由第三方机构来担任,并且差额支付人与担保人均与基础资产做到风险隔离,也要分析担保机构的信用风险。若外部增信方式的增信主体近期信用水平恶化,其增信能力会大幅下降。

本章小结

本章首先介绍了资产证券化的含义、操作流程、特点和产品分类;接着介绍了资产证券化产品的投资策略;然后分析了投资资产证券化产品所面临的几种主要风险及其度量方式,包括市场风险、信用风险和流动性风险,并针对 ABS 投资的主要风险提出了风险管理方法;最后通过红博会展 CMBS 的违约案例直观地展现了资产证券化产品背后所存在的信用风险。

关 键 词

资产证券化(Asset-Backed Securitization)
抵押贷款支持证券化(Mortgage-Backed Securitization)
个人住房抵押贷款支持证券(Residential Mortgage-Backed Securities)
商业地产抵押贷款支持证券(Commercial Mortgage-Backed Securities)
担保抵押债券(Collateralized Mortgage Obligation)
个人汽车贷款支持证券(Auto-Loan ABS)
担保债务凭证(Collateralized Debt Obligation)
债券抵押债券(Collateralized Bond Obligation)
对公贷款信贷资产支持证券(Collateralized Loan Obligation)
不良资产证券化(Non-Performing Asset Securitization)
风险隔离(Risk Isolation)　　　　　特殊目的载体(Special Purpose Vehicle)
特殊目的公司(Special Purpose Company)特殊目的信托(Special Purpose Trust)
资产支持票据(Asset-Backed Medium-term Notes)
市场风险(Market Risk)　　　　　　信用风险(Credit Risk)
流动性风险(Liquidity Risk)　　　　优先级证券(Priority Securities)
夹层级证券(Mezzanine Securities)　次级证券(Subordinated Securities)

思考与练习

1. 什么是资产支持证券(ABS)? 它有什么特点?
2. 什么是资产证券化? 它有什么特点?
3. 资产证券的操作流程是什么?
4. 资产证券化内部增信措施有哪些?
5. 资产证券化外部增信措施有哪些?

6. 中国的 ABS 有哪些分类？
7. ABS 有哪些投资策略？
8. ABS 投资有哪些主要风险？各种风险如何度量？
9. 简述 ABS 各类投资风险的管理方法。
10. 作为资产证券化产品的基础资产应满足哪些条件？

参考文献

1. 〔美〕弗兰克·J. 法博齐. 房产抵押贷款证券手册[M]. 5 版. 俞卓菁, 译. 上海: 上海人民出版社, 2004.
2. 林华, 郁冰峰, 邓海清, 等. 金融新格局: 资产证券化的突破与创新[M]. 北京: 中信出版社, 2014.
3. 大公国际. 2021 年信贷资产证券化市场年度报告[R/OL]. (2022-01-10)[2022-11-09]. https://www.dagongcredit.com/M00/uploadfile/2022/0110/20220110020220391.pdf.
4. 林华, 庞阳, 刘蕾蕾, 等. 中国资产证券化产品投资手册[M]. 北京: 中信出版社, 2019.
5. 张旭. ABS 多维梳理[R]. 光大证券, 2022.
6. 杨冰, 陈健恒. 崛起中的高息资产——ABS 和 REITs 分析框架[R]. 中金公司, 2021.
7. Singh M K, Fabozzi F J, Ramsey C, et al. Collateralized Mortgage Obligations: Structures and Analysis[J]. The Journal of Finance, 1994, 49(2): 757.

第八章

利率互换的风险管理

引 言

金融衍生品是一种价值取决于一种或多种基础资产或指数的金融合约。金融衍生品合约的基本种类包括远期、期货、互换和期权,可以是标准化的,也可以是非标准化的。金融衍生品还包括具有远期、期货、互换和期权中一种或多种特征的混合金融工具。

自20世纪70年代以来,金融衍生品开始盛行,最近几十年来发展更是迅猛。国内金融衍生品市场自20世纪90年代以来,经历了较为曲折的发展历程。早期的盲目发展导致"327"国债风波,随后行业进入治理整顿阶段。随着中国金融期货交易所的成立以及股指和国债期货、期权的推出,国内金融衍生品市场进入规范和快速发展阶段。随着金融衍生品的价格发现、风险管理、资源配置功能的持续深化,中国金融衍生品市场的发展空间更加广阔。

资产管理机构是金融衍生品市场的重要参与主体。2010年4月21日,中国证监会正式发布《证券投资基金参与股指期货交易指引》,打开了国内公募基金投资金融衍生品的大门。2010年7月,保监会公布了《关于保险机构开展利率互换业务的通知》,允许达到有关风险管理能力标准的保险公司开展利率互换业务。2012年,《保险资金参与金融衍生品交易暂行办法》《保险资金参与股指期货交易规定》相继发布,正式开启了保险资金对冲时代的大幕。

资产管理机构参与金融衍生品市场投资,可以拓宽投资渠道,增加投资组合的多元性,分散投资风险,管理和对冲投资风险,在投资和风险管理两个方面优化资产配置。从本章开始,分别介绍资产管理机构投资利率互换、期货和期权等金融衍生工具的方式、面临的风险及风险管理。

本章首先介绍利率互换的含义及在中国的发展,接着介绍资产管理行业中利率互换的应用策略,然后介绍利率互换面临的风险及其管理,最后通过一个典型的案例来说明利率互换风险管理的方法。

第一节　利率互换市场及在中国的发展

一、利率互换的含义与要素

利率互换（Interest Rate Swaps，IRS）是指交易双方同意在未来的一定期限内，根据同种货币的同样名义本金（Notional Principal Amount）交换一系列现金流，其中一方的现金根据浮动利率计算，而另一方的现金流根据固定利率计算。

互换的期限通常在 2 年以上，有时甚至在 15 年以上。利率互换过程中的现金流交换如图 8-1 所示。

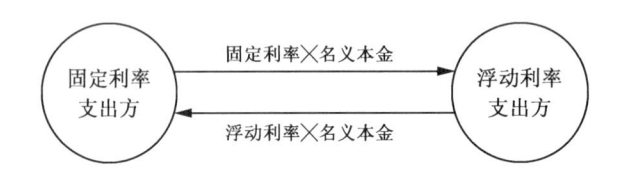

图 8-1　利率互换示意图

利率互换交易要素包括产品名称、名义本金、固定利率、参考利率、交易日、起息日、到期日、期限、参考利率确定日等，具体如表 8-1 所示。

表 8-1　　　　　　　　　　利率互换交易要素名称及含义

要素名称	要素含义
产品名称	表明产业类型
名义本金	利率互换中双方约定用于计算利息的本金总额，单位为万元，最小交易量为 10 万元，最小变动单位为 10 万元
固定利率	双方愿意支付/收取的固定利率，以百分比计（%）
参考利率	用于确定浮动利率的利率指标。参考利率应为经中国人民银行授权的全国银行间同业拆借中心等机构发布的银行间市场具有基准性质的市场利率或中国人民银行公布的基准利率，具体由交易双方共同约定
交易日	交易双方签订合约的时间（进入互换合约）
起息日	利率互换开始计息的日期，系统默认起息日＝成交日 ＋1 个工作日（可以更改）
到期日	利率互换到期日，到期日＝起息日＋合约期限
期限	利率互换合约期限，单位可为年、月、日
参考利率确定日	确定参考利率的日期，根据参考利率类型的不同而不同
支付日	利率互换进行利息支付的日期；首次支付日为起息日＋支付周期
营业日准则	若某一个交易日相关日期并非营业日，根据营业日准则调整：包括"下一个营业日""经调整的下一个营业日"和"上一个营业日"准则
重置频率	确定新的参考利率水平的频率
支付频率	利率互换中支付相应利率水平下利息的频率

续表

要素名称	要素含义
合约天数	起息日至到期日的实际天数
计息基准	计算应计利息时采用的日计数基准,一般包括 Act/360、Act/365、Act/Act、30/360
计息方式	复利或单利计息
计息天数调整	支付日根据营业日准则发生调整时,计息天数是否按实际天数进行调整
结算机构	双方约定的进行利率互换结算金额计算的机构名称
补充条款	对格式化询价要素的补充说明或特殊要求,为文本格式,最多可输入 128 个汉字

不同参考利率的互换协议在结算频率、计息方式、流动性等方面也存在较大区别,具体区别如图 8-2 所示。

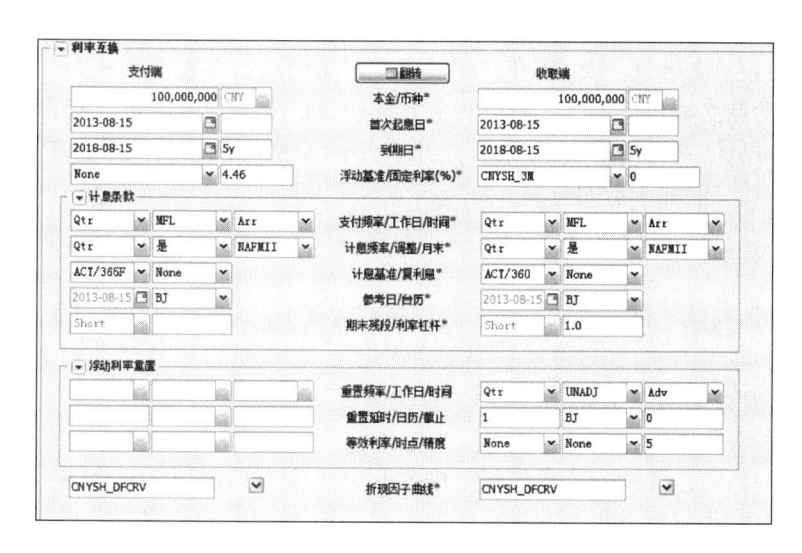

图 8-2 利率互换交易条款

利率互换是目前全球市场上最重要的场外交易互换工具,它实际上是一项协议,使合同双方能得到更有利的利率。其原理在于比较优势理论和利益分享。例如,甲乙双方由于信用评级、筹资渠道等存在差异,交易双方各自具有比较优势,且双方愿意通过达成协议发挥各方优势,互相交换债务以达到筹资总成本在一定程度上的降低。

根据交易双方支付利息所依赖利率的不同,利率互换可分为固定利率-浮动利率互换、浮动利率-浮动利率互换等多种形式,但其中最常见也是交易最活跃的是固定利率-浮动利率互换,即交易的一方以固定利率支付利息、以浮动利率收取利息,而另一方以固定利率收取利息、以浮动利率支付利息。利率互换要求交易双方本金、币种相同,利率互换的本金不会进入交易,交易双方仅就利息进行轧差交易。被指定的浮动利率一般称为参考利率。

金融机构等主体使用利率互换主要出于两个原因:一是对冲利率风险,二是在互换市场上进行投机或者策略交易。利率互换对工商企业和银行还有如下好处:第一,协议双方可在一个较长时间内把原来利率由固定转为浮动,或者相反;第二,双方降低筹资成本。

二、利率互换的特点与功能

(一)利率互换的特点

利率互换具有如下特点:

1. 期限灵活

利率互换期限一般较长,最短为 2 年,长则可达 20 年,这是期货、期权等交易无法达到的,因此特别适用于资产负债的长期管理。

2. 场外交易

互换合约与远期合约类似,是客户定做的,不是标准化合约。互换双方根据需要,从互换内容到互换形式都可以完全按需要来设计,以满足客户的特定需求。因此,利率互换交易比交易所交易的其他金融工具更适合投资者的需求。

3. 交易成本低

利率互换协议只需签订一次,就可以在以后若干年内进行多次交换支付。如果签订远期合约,这样的合约就必须签订多次。所以利率互换协议的交易成本较低。标准合同的互换市场具有一定的流动性,其行情活跃了,结合同几乎没有困难,可以出售或中途废止等,利率互换协议的市场流动性一般强于远期合约。

(二)利率互换的功能

利率互换借助利息支付方式的改变而改变债权或债务的结构,双方签订契约后,按照契约规定,互相交换付息的方式,如以浮动利率交换固定利率,或是将某种浮动利率交换为另一种浮动利率。利率互换的功能主要有:

1. 管理利率风险

利用利率互换,可以管理资产负债组合中的利率风险。利用利率互换,将风险集中、冲销或者重新分配,从而更好地满足不同投资者的不同需求,使其根据各种风险的大小和自己的偏好更有效地配置资金。例如,在利率频繁变动的市场环境中,某机构借入了固定利率的负债,当它发现市场利率有下降的趋势时,可以在不改变负债现状的情况下,通过利率互换将债券的固定利率转换为浮动利率,以此达到减少债息支出的目的。若预期利率上涨时,则反向操作,从而规避利率风险。

2. 套利交易

通过利率互换可在全球各市场之间进行套利,从而降低筹资者的融资成本或提高投资者的资产收益。

3. 资产负债管理

当欲改变资产或负债类型组合以配合投资组合管理或对利率未来动向进行锁定时,可以利用利率互换交易调整,而无须卖出资产或偿还债务。浮动利率资产可以与浮动利率负债相配合,固定利率资产可以与固定利率负债相配合。

4. 价格发现功能

利率互换有时也被金融机构作为先行指标判断货币和债券市场走势。有研究表明,利率互换可能包含了对未来利率走势的预期,利率互换对于债市投资具有一定的前瞻指引作用;互换利率有时领先现券收益率[1],短端利率互换反映资金面变动,长端利率互换可能包含对主要经济指标的预期[2]。当然,领先的时间不确定,且领先作用偶尔会失灵。

此外,对于工商企业而言,利率互换可以降低融资成本;对于银行等金融机构而言,它可以在不改变企业资产负债表的情况下,规避利率管制及税收限制,为企业带来收入或减少经营风险。

三、利率互换市场

(一)利率互换的报价

利率互换市场中的价格行情一般用支付的固定利率表示,典型的报价方法是比同期国债收益率高出若干个基点,该差额称作互换利差。例如,互换利差报价可能是"5年期国债加上50个基点"。

利率互换中的固定利率,称为"互换利息率"(Swap Coupon),经常是作为债券等同收益或利息等同收益来报价的。债券等同收益以1年365天为计算基础。

浮动利率报价通常没有上浮点,即浮动利率定为与某个指标(如6个月LIBOR)相等。互换中的浮动利率除了与LIBOR挂钩之外,还可与利率指数挂钩或以观测到的短期利率或利率指数的平均数为基础。

(二)利率互换市场中的一些术语

1. 多头与空头

在互换合约中支出固定利息的一方,是利率互换市场的多头,债券市场的空头[3]。当市场利率上升时,支出固定利息的一方将获利,支出固定利息的一方相当于利率期货的空头,支出浮动利息的一方相当于利率期货的多头。当市场利率上升时,债券市场多头将亏损。

2. 利差位置(The Spread Positions)

互换利差等于互换利率与对应期限国债收益率之差。当利差扩大时获利的一方称为利差多头,当利差扩大时亏损的一方称为利差空头。

四、利率互换市场在中国的发展

自改革开放以来,利率互换市场在中国得到了大力发展,主要体现在利率互换品种、参与者及其应用等各个方面。

(一)利率互换的主要品种

2006年2月9日,国家开发银行和光大银行达成了中国首笔IRS交易,名义本金50亿元,期限10年,标志着利率互换在中国首次登陆。2008年1月18日,中国人民银行发布了《中国人民银行关于开展人民币利率互换业务有关事宜的通知》,至此,利率互换市场正式对国内金融机构开放,此后,国内利率互换市场迅速发展。2021年平均单月利率互换名义本金总

---

[1] 潘捷. IRS:春江水暖鸭先知[R]. 东方证券,2017.
[2] 周岳. 利率互换面面观[R]. 中泰证券,2022.
[3] 如果愿意支付长期固定利率,肯定是预期市场利率未来中长期内是上涨趋势,而市场利率上升将导致债券市场走势下跌,因而持有人的相对收益率降低了。同样道理,此类投资者更愿意接受浮动利率资产,以规避利率风险。

额维持在 1.5 万亿元左右,市场规模保持较高的水平。目前利率互换已经成为中国利率衍生品体系的重要组成部分。按标的浮动利率不同,中国利率互换主要品种见表 8-2。

表 8-2　　　　　　　　　　　　中国主要利率互换品种

标的浮动利率	FR007	Shibor3M	ShiborO/N	Shibor1W	1YDepo
标准互换期限	1M、3M、6M、9M、1Y、2Y、3Y、4Y、5Y、7Y、10Y	6M、9M、1Y、2Y、3Y、4Y、5Y、7Y、10Y	1M、3M、6M、9M、1Y、2Y、3Y	1M、3M、6M、9M、1Y	2Y、3Y、4Y、5Y、7Y、10Y
付息频率	季付				年付
计息基准	Act/365	Act/360			
计息方式	复利	单利			

表 8-2 中的第一行为参考利率,即浮动利率,其中,FR007 是指银行间市场 7 天回购定盘利率。银行间回购定盘利率是以银行间市场每天上午 9:00—11:30 间的回购交易利率为基础同时借鉴国际经验编制而成的利率基准参考指标,每天上午 11:30 起对外发布;Shibor3M 是指 3 个月期限的上海银行间同业拆放利率;ShiborO/N 为隔夜(O/N)利率;Shibor1W 为 1 周的上海银行间同业拆放利率;1YDepo 为 1 年的回购定盘利率。

表 8-2 中的第二行为标准互换期限,其中,M 代表月,Y 代表年。标准互换是指固定利率与浮动利率的互换,例如浮动利率为 FR007,期限为 3Y(3 年)的标准互换等;在这些互换中成交最活跃的是标的为 FR007 和 Shibor3M、期限为 1Y 和 5Y 的产品,因此,市场上一般用 Repo 指代标的为 FR007 的利率互换,用 Shibor 指代标的为 Shibor3M 的利率互换。

(二)利率互换市场主要参与者

国内市场投资者开展人民币利率互换交易需实行备案制。金融机构开展利率互换交易需签订中国银行间市场交易商协会发布的"中国银行间市场金融衍生产品交易主协议",并将其利率互换交易的内部操作规程和风险管理制度送交易商协会和交易中心备案。内部风险管理制度至少应包括风险测算与监控、内部授权授信、信息监测管理、风险报告和内部审计等内容。利率互换交易既可以通过中国外汇交易(CFTS)的全国银行间同业拆借中心(NIFC)交易系统(中国外汇交易中心)进行,也可以通过电话、传真等其他方式进行。

经相关监督管理机构(银行保险机构受国家金融监督管理总局监管,证券资管及公募基金受证监会监管,相关资格也由监管机构批准发放)批准开办衍生产品交易业务的市场投资者中,具有做市商或结算代理业务资格的金融机构可与其他所有市场参与者进行利率互换交易,其他金融机构可与所有金融机构进行出于自身需求的利率互换交易,非金融机构只能与具有做市商或结算代理业务资格的金融机构进行以套期保值为目的的利率互换交易。截至 2022 年 3 月 22 日,共计 690 家机构或产品在中国外汇交易中心进行了备案,其中包括 218 家银行类金融机构、78 家券商、12 家保险及其他机构以及 382 只资管产品。[①] 银行类机构中,除国有大行及股份制银行外,城商行、农商行、外资银行等机构完成利率互换市场备案的数量呈上升趋势。如表 8-3 所示,2014 年资管产品获准参与利率互换市场,2015 年 12 月第一只资管产

---

① 参见 https://www.chinamoney.cn/chinese/index.html。

品入市,到 2016 年 2 月首笔资管产品完成利率互换交易。① 近年来,已备案的产品数量增长迅速。公募基金/基金专户、券商资管、银行理财、保险资管及私募基金等均已参与到利率互换市场中。

表 8-3 中国利率互换市场参与主体扩大进程

时间	事件	意义
2006 年	国家开发银行和光大银行达成国内首笔 IRS 交易	中资银行主导 IRS 市场
2008 年	外资银行凭借丰富的海外 IRS 交易经验、超前的定价模型和 NDIRS 的客盘,成为 IRS 市场上最活跃的交易员	外资银行进入 IRS 市场
2012 年	证监会发布《关于修改〈关于证券公司证券自营业务投资范围及有关事项的规定〉的决定》,允许具备证券自营业务资格的券商开展 IRS 业务	券商进入 IRS 市场
2014 年	央行发布了《中国人民银行金融市场司关于做好部分合格机构投资者进入银行间债券市场有关工作的通知》开始,正式允许以产品名义申请进入 IRS 市场	非法人产品准入 IRS 市场
2016 年	易方达完成基金业首次利率互换交易	非法人产品正式进入 IRS 市场
2016 年	中国人民银行上海总部制定《合格机构投资者进入银行间债券市场备案管理实施细则》,正式允许符合条件的境外机构投资者进入国内 IRS 市场进行交易	海外机构准入 IRS 市场

金砖国家新开发银行成为首个进入中国利率互换市场的国际金融组织,标志着中国利率衍生品市场对外开放的新阶段。

(三)利率互换的平盘和冲销

对于持有的利率互换头寸,与债券类似可以持有至到期,但更多时候会止盈或止损,也就是提前终止合约,在利率互换中提前终止的方法有平盘和冲销。

平盘是指通过买入或卖出与原头寸相反的某期限、相同标的利率互换产品,使组合的久期或 DV01 接近 0 的操作。

在平盘操作中有两点需要注意:一是由于平盘合约的重置日、支付日、利率确定日可能与原合约的重置日、支付日、利率确定日错位而产生的误差;二是由于利率互换合约总是标准期限的,因此平盘组合可能有残余部分,例如,原合约剩余期限为 4.5 年,此时不管用 4 年的合约还是用 5 年的合约平盘,最后都会有一个 0.5 年的残余部分。

冲销是交易中心组织的,在交易的双方或多方全部参与的情况下,按照各方均认可的损益结算,结算后所有参与方的该头寸自动清零,具体的冲销细则参见交易中心的相关规定。

(四)利率互换的交易及清算

利率互换的交易方式包括线上(CFETS 系统)交易及线下交易两种。自 2008 年利率互换业务开展以来,CFETS 系统支持的利率互换标的及结构逐渐增加。目前可支持挂钩回购利率(如 FR007)、拆借利率(如 Shibor3M)、存贷款利率(如 LPR1Y)以及债券收益率(如 10 年期国

---

① 易方达完成基金业首次利率互换交易,参见 https://www.cs.com.cn/sylm/jsbd/201602/t20160204_4900469.html。

债收益率),债券利差等多种参考利率,期限14天到10年的利率互换合约交易;除上述参考利率外,对于更为定制化的利率互换合约,主要采取线下方式进行交易。

2014年中国人民银行发布了《中国人民银行关于建立场外金融衍生产品集中清算机制及开展人民币利率互换集中清算业务有关事宜的通知》,其中要求金融机构之间达成的、合约要素符合相关标准的利率互换交易[以FR007、ShiborO/N和Shibor3M为参考利率的,期限在5年以下(含5年)的人民币利率互换交易],应提交上海清算所进行集中清算,经中国人民银行批准豁免的除外。

目前上海清算所支持固定利率对浮动利率的互换交易进行集中清算,浮动端参考利率为FR007、ShiborO/N和Shibor3M等,剩余期限范围在5天(含)至10年(含)(ShiborO/N最长剩余期限为3年(含)且合约期限为支付周期的整数倍。在此范围之外的利率互换交易,目前仅能选择双边清算。

基于上述监管要求及业务实际情况,利率互换业务的交易及清算模式如表8-4所示。

表8-4　　　　　　　　利率互换业务的交易及清算模式

交易对手	交易类型	清算方式	交易方式	合约示例
金融机构(包括产品户)	满足央行要求,且上海清算所可以支持的交易	央行要求集中清算	通过CFETS系统交易	FR007 1Y IRS、ShiborO/N_1Y IRS Shibor3M_5Y IRS
	央行要求之外,但上海清算所可以支持的交易	可以选择集中清算或双边清算	大部分通过CFETS系统交易	FR007_7Y IRS、Shibor3M_10Y IRS
	上海清算所不支持,但CFETS系统内可完成的交易	双边清算	CFETS系统/线下交易	LPR1Y_5Y IRS、GB10_3M IRS CDB10_3M IRS
	CFETS系统内无法完成的交易	双边清算	线下交易	本金摊还型IRS 非标准期限IRS(LPR1Y_3.75Y IRS)
非金融企业	所有交易	双边清算	线下交易	各类利率互换合约

上海清算所将会员分为综合清算会员、普通清算会员和非清算会员。在上海清算所备案的金融产品,需要通过综合清算会员代理清算的方式参与集中清算。代理清算是集中清算的形式之一。

五、资管机构开展利率互换的流程

(一)参与方式

资管机构参与利率互换市场,分为资管机构以法人主体身份参与和所管理的资管产品以非法人主体的身份参与两种。

以法人主体身份参与人民币利率互换的流程为:
(1)获得相应监管机构的资格审批;
(2)制定操作规程和风险管理制度,向交易中心和交易商协会备案;
(3)寻找确定的交易对手并签署"中国银行间市场金融衍生产品交易主协议"[1](以下简称"主协议")及附属协议;

---

[1] 主协议是中国银行间市场金融衍生产品市场的基础性制度安排,参与机构广泛,市场成熟度高。

(4)按照交易对手的要求提供相关材料并获取授信；
(5)搭建技术架构，包括电子化交易确认、数据直通等；
(6)寻找上海清算所综合会员之一代理进行清算。

以产品参与 IRS 的业务流程与法人主体参与的方式类似。

(二)利率互换交易流程

利率互换交易流程包括：
(1)交易双方达成协议；
(2)分别提交交易信息到外汇交易中心；
(3)返回成交信息；
(4)同时将成交信息提交至上海清算所进行清算(利率互换为日清算)；
(5)清算所将清算日结单反馈给清算代理方；
(6)清算代理方将日结单返回给机构。

资管机构开展利率互换的流程图如图 8-3 所示。

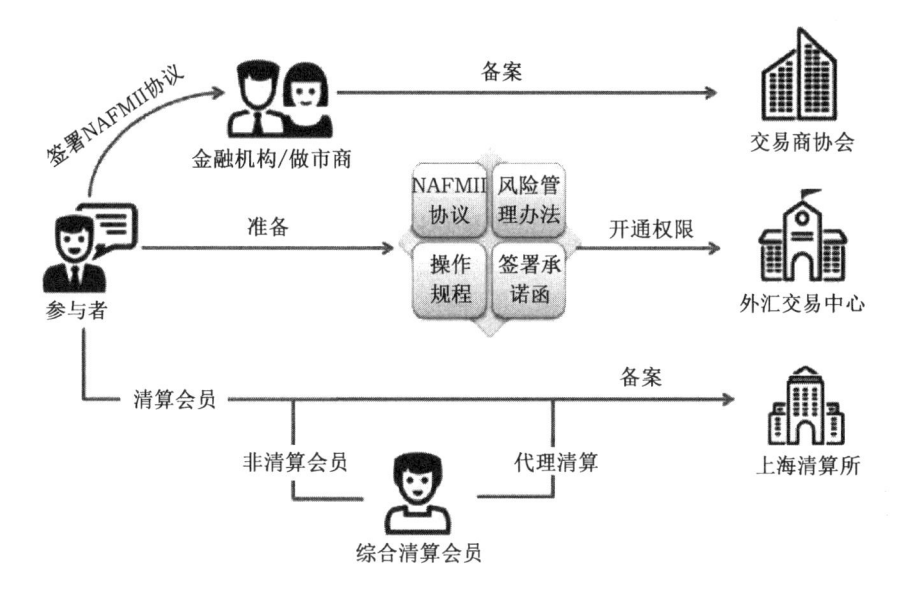

图 8-3 金融机构参与利率互换市场流程

第二节 利率互换投资策略

对于一般的金融机构或者企业来说，利用利率互换可以规避利率风险、匹配负债/资产、降低筹资成本及投资交易。对于资产管理机构来说，利率互换主要用于管理利率风险和进行策略交易。

一、管理利率风险

资产管理机构利用利率互换的最主要目的是管理利率风险，主要用于锁定债券收益和对冲货币资金利率。首先，利用利率互换锁定债券收益。在实际市场中，存在大量非活跃债券

（非活跃券），其流动性较差，当市场收益率快速上行时，非活跃券的流动性往往不支持立即平仓。由于利率互换的流动性要好于非活跃券，因此，此时可以支付固定利率收取浮动利率，以对冲利率上行风险，等到持有债券[①]流动性好转时再进行平仓，可以锁定债券收益，对冲因为无法立刻平仓造成的损失。

其次，利用利率互换对冲货币资金利率。考虑到利率互换在中国的参考利率主要为Shibor 3M 和 FR007，在货币资金利率上行时，在买入债券的同时支付固定利率互换，可以锁定债券的回购成本，进行套利。

在具体的对冲策略上，主要有久期非完全对称对冲、久期完全对称对冲和标期风险管理等多种策略。

1. 久期非完全对称对冲策略

久期非完全对称对冲策略是指采用和债券久期相近的标准利率互换进行对冲。假设持有某债券 A，该债券的久期为 2.5 年，则在对冲时既可选择支付固定 2Y FR007 利率互换，也可选择支付固定 3Y FR007 利率互换。久期非完全对称对冲的优势在于标准化，利率互换开仓平仓的摩擦成本较低，但不足之处在于会存在久期敞口。

2. 久期完全对称对冲策略

久期完全对称对冲策略是指将利率互换的到期日设置成债券持仓到期日，向利率互换做市商进行询价成交。

具体过程是，首先计算出现券投资组合的 $DV01$，接着令套保组合整体的 $DV01 = $ 现券 $DV01 + $ 互换 $DV01 \times X = 0$，可以得出 $X = -1 \times $ 现券 $DV01/$ 互换 $DV01$。

久期完全对称对冲策略的优势在于能够更高效精准，没有久期缺口；但不足之处在于国内做市商还不成熟，能完全匹配上持仓债券久期的做市商较少。

3. 标期风险管理

标期风险管理策略是指处于久期非完全对称对冲和久期完全对称对冲折中的一种对冲策略，即按照持仓债券的久期进行一定比例的对冲配置。以久期为 5.5 年的某债券为例，可以使用期限为 5 年和 6 年的标准利率互换进行 1∶1 的对冲配置，使得组合的总基点价值 DV01 为 0。

二、利率互换的策略交易

利率互换是一种很好的策略交易工具。资产管理机构可以判断利率互换曲线的变化及其他利率投资工具收益率的变化，利用利率互换与债券、回购甚至国债期货等组合，进行策略交易，主要包括方向性交易、息差交易（Carry Trade）和套利交易（Arbitrage）[②]。

（一）方向性交易

所谓方向性交易，即对利率走势进行主动判断并作相应方向的交易。有研究表明，利率互换参考利率为货币市场利率，对现券市场具有一定的领先性。长端利率互换可能隐含了基本面预期，对价格指标有一定的前瞻性。利率互换的方向性交易主要包括两类：一类是基于未来互换利率或参考利率走势的预测，进行单边交易，分为买入利率互换和卖出利率互换。预期互

[①] 对于金融机构和企业，还可在负债管理、锁定资金转移定价、企业对冲贷款成本和发债成本等领域有所应用。
[②] 陈健恒. 功能和结构日益完善的利率衍生品市场[R]. 中金公司，2021。

换利率走势下行时卖出,上行时买入。所谓买入利率互换,也称为利率互换的多头,是指固定利率支付者,其在互换交易中支付固定利率,收取浮动利率。为何称之为利率互换的多头?因为它相当于预先支付了较低的借款成本,而收获的浮动利率却在上涨,因此从利率互换的交易中获利。对于卖出利率互换来说,方向相反。

方向性交易还有一类是基于对未来利率互换不同期限之间利差方向的主观判断,建立仓位,包括不同期限之间的增陡交易(或者变平交易)[①]、不同参考基准之间的交易等。

(二)息差交易

息差交易是指在利率互换中收取固定利率,支付浮动利率。如果固定利率高于浮动利率的平均水平,收取固定利率一方可以获得一定的利息差,这时利率互换的卖方就相当于在进行一个息差交易。类似于通过回购融资来购买一个固定利率债(固息债),因为债券的收益率大多数时候高于回购的平均融资成本。该策略需要不停地做回购融资。

息差交易在利率下行的环境中有比较大的操作空间,但如果利率处于上行阶段,收取固定利率虽然可以获得一定息差,若按市值估计,收取固定利息的头寸可能亦是亏损的。因此息差交易的最佳时间是预期互换利率保持平稳或下行。

(三)套利交易

利率互换的套利交易主要有以下几种类型:

1. 与固息券之间的套利

固息券之间的套利即所谓"回购+持券+互换多头"。由于中长期互换利率与现券利率之间的走势比较接近,因此可以围绕两者之间的利差进行套利交易。从理论上讲,如果不考虑交易成本和流动性限制,买入固定利率债券并利用回购进行债券融资,与进入 IRS 市场收取固定端、支付浮动端的收益应该是等价的。其最终持有到期收益可以分解为(现券收益率-互换固定端成本)+(FR007-融资利率)。

2. 与浮息券之间的套利

假设 Shibor 互换利率与同期限现券利率间的利差较大,投资者买入 Shibor 浮息债,并通过 Shibor 互换将浮动利率转换为固定利率(支付 Shibor 收取固定利率),再加上浮息债的票面利差,组合的收益率或高于直接买入一个固息的政策性银行债。

3. 曲线利差交易,即博弈互换曲线陡峭程度的变化

倾斜向上的即期收益率曲线隐含着远期短期利率上升的信息。通过这种向上倾斜的收益率曲线定价出来的 IRS 必然出现长期品种价格高于短期,远期报价高于即期的情况。曲线越陡越有价值,平坦的收益率曲线不适用于此。在这种情况下,投资者可以通过买入即期 IRS 同时卖出远期 IRS 做对冲锁定即期和远期利差的收益。

4. 蝶式交易

当收益率曲线凸度发生变化时,可以考虑蝶式交易策略。选择曲线比较凸起的一个期限及其两侧的期限同时建立反向的头寸,即构成蝶式交易。当收益率曲线变凸,可以考虑支付短

[①] 收益率期限结构可分解为"水平"(level)、"斜率"(slope)和"曲率"(curvature)三因子。利用收益率曲线形态变化而进行的收益率曲线交易,包括骑乘曲线交易、曲线平移交易、增陡(走平)交易和蝶式交易等多种策略。通过利率互换和现券等组合,构造不同久期的多空头寸配置,使得组合对水平因子风险免疫,而只承担斜率因子风险。

期和长期固定利率,收入中期固定利率。当收益率曲线变凹,可以反向操作。

此外,还有基差交易、跨市场套利、IRS 与其他利率衍生品(如国债期货)套利等策略。

第三节 利率互换交易的风险及度量

在进行利率互换交易时,所面临的风险主要有市场风险、信用风险、操作风险和流动性风险。主要风险来源及管理策略如下:

一、利率互换的市场风险及度量

(一)市场风险及来源

利率互换虽然可以用来对冲利率变化的风险,但是在交易、套利及套期保值中也存在市场风险。

根据利率互换定价的内容,利率互换相当于一个固定利率债券与一个浮动利率债券的组合。对于固定支出的一方,其互换的价值(V_{Swap})等于浮动利率债券的价值(B_{ft})减去互换中固定利率债券的价值(B_{fix}),即 $V_{Swap}=B_{ft}-B_{fix}$。可见,在利率互换交易的持续期间内,利率互换本身价格波动较大;随着市场利率的波动,利率互换的市场价值也会波动,这就是利率互换的市场风险。

当利用利率互换进行方向性投资时,利率向不利的方向变化,会带来交易风险。利率互换业务交易的前提条件是准确判断利率的走势。如果利率朝预期相反方向变动,将带来风险。如固定利率支付方会因在市场真实利率下降后仍需支付相对较高的固定利息而遭受损失,浮动利率支付方也会在市场真实利率上升需要支付较高的浮动利息而遭受损失。对市场走势预测不准就会遭受市场风险带来的损失,反之对市场利率走势方向预测准确则会获得收益。著名的对冲基金 LTCM 曾持有互换息差套利的巨额头寸,在 1998 年出事之前,为其在该项策略头寸上的损失达到 15 亿美元,是其在单项投资策略上最大的损失。

在利用利率互换管理利率风险时,即当利率互换用于套利交易时,也可能产生市场风险。从理论上讲,在一个利率互换中,卖方(收取固定利息的合约方)的 DV01 等于其固定端的 DV01 减去浮动端的 DV01。然而,固定端的价值取决于相对长期的利率,而浮动端的价值则取决于短期利率。也就是说,如果利用一个相对长期证券来对冲短期浮动端的风险,这个对冲会导致不必要的曲线风险。事实上,利差的变化、融资利差的波动及期限错配,都会加大策略价值的波动,带来风险:

(1)基差风险(利差的变化)。目前主流利率互换的浮动端主要为 FR007 或 Shibor 等货币市场利率,与债券市场利率的相关性并非 100%,当宏观环境变动导致两个市场相关性下降时,使用利率互换对冲的效果可能受到影响。

(2)融资利率风险(融资利差的波动)。假设利率互换浮动端为 Shibor3M,但投资者实际融资成本可能为 R007(银行间 7 天质押式回购利率)、GC007(7 天国债回购利率)或各种隔夜回购利率,当投资者实际融资成本与 Shibor3M 相关性下降时,使用利率互换对冲效果可能受到影响。

(3)期限错配风险。市场中主流利率互换期限为 1 年和 5 年,超过 5 年期的利率互换成交量较少。由于 5 年期利率互换的定价中无法有效反映投资者对于更长久期(如 10 年期国债)

收益率的预期,因此如果投资者持有长久期债券头寸,使用5年期利率互换进行对冲会产生一定的误差。[1]。

如图 8-4 所示,在 2012—2013 年间和 2016 年年末,市场熊市初期,利率互换的利率与现券基差收窄,取得了较好的对冲效果。在 2020 年 5 月,利率互换利率上行幅度显著慢于现券调整幅度,基差走阔,利率互换对冲效果不够理想。即在资金成本维持低位、债券市场受基本面预期或供需关系影响上行时,避险效果不佳。[2]

图 8-4 利率互换利率与现券基差

(二)市场风险的度量

对于利率互换市场风险的衡量指标,包括名义本金、保证金金额、修正久期和基点价值(DV01)、组合止损限额等。

虽然在部分金融机构的自营部门经常使用 VaR 度量利率互换的市场风险,但是在资管机构不适合用 VaR 来作为风险管理指标,这是因为对资管产品而言,一方面,VaR 无法推断每天的收益变化;另一方面,VaR 指标的操作参考意义不大,无法利用该指标来指导操作。在资管机构,最合适的风险管理指标是 DV01(基点价值,也称为 Delta 风险值),即市场 IRS 报价利率向上变动 1 个基点(bp)引起的未交割损益变化的金额。

1. 基点价值计量方法

(1)基点价值的定义

在实际应用中,交易者经常使用一个相关的利率风险测度指标,即一个基点的价值[The Price Value of a Basis Point (PVBP),也称为 DV01]。每 100 万元 PVBP 定义如下:

$$PVBP = -\frac{dP}{dy} = MD \times P \qquad (8-1)$$

可见,PVBP 是久期的一个变换指标,它等于久期与债券价格的乘积,是利率敏感性指标,所以 PVBP 也是计量利率风险的重要指标。

---

[1] 陈健恒. 功能和结构日益完善的利率衍生品市场[R]. 中金公司研究报告,2021.
[2] 金御. 浅析利率互换在中小银行债券套期保值业务中的应用[J]. 中国货币市场,2020(9):42-45.

应用 PVBP 计量的利率风险如下：

$$\Delta P = -\Delta y \times PVBP \times \frac{PV}{1\,000\,000} \quad (8-2)$$

其中：PV 为债券的面值。

[例 8 - 1] 假设一个证券组合的 PVBP 是 420，如果该证券组合的价值是 1 000 万元，那么，当利率上升 1 个基点时，该组合的损失是多少？

解：根据式(8 - 2)，利率上升 1 个基点时，该组合的损失如下：

$$\begin{aligned}\Delta P &= -\Delta y \times PVBP \times \frac{PV}{1\,000\,000} \\ &= -1 \times 420 \times \frac{10\,000\,000}{1\,000\,000} \\ &= -4\,200(元)\end{aligned}$$

(2) 利率互换的 PVBP

①利率互换的价值。根据利率互换定价的内容，利率互换相当于一个固定利率债券与一个浮动利率债券的组合。对于固定支出的一方，其互换的价值如下：

$$V_{Swap} = B_{ft} - B_{fix} \quad (8-3)$$

其中：V_{Swap} 为收入一个浮动利率债券收益、支出固定利率债券收益互换的价值；B_{fix} 为互换中的固定利率债券的价值；B_{ft} 为互换中的浮动利率债券的价值。

也就是说，固定支出的一方出售固定收益债券，得到浮动收益债券。在互换开始执行期，互换价值为 0，因为浮动收益债券的价值等于固定收益债券的价值；但当利率变化时，互换价值也发生变化。如果利率上升，则固定支出的一方获利（互换价值增加）；如果利率下降，则固定支出的一方亏损（互换价值减少）。

②利率互换的 PVBP。对式(8 - 3)两边对利率求一阶导数得：

$$\frac{dV_{swap}}{dy} = \frac{dB_{ft}}{dy} - \frac{dB_{fix}}{dy} = 0 - \frac{dB_{fix}}{dy}$$

即：

$$PVBP_{swap} = -PVBP_{fix} \quad (8-4)$$

这说明利率互换的 PVBP 等于互换中固定收益债券 PVBP 的相反数。所以经常将互换的久期看成是一种固定收益债券的久期。

这里利率互换中浮动收益债券的 PVBP 为 0，这是因为：

$$\begin{aligned}P_f &= \sum_{i=1}^{n} \frac{C_i}{(1+r)^i} + \frac{FV}{(1+r)^n} = \sum_{i=1}^{n} \frac{FV \cdot r}{(1+r)^i} + \frac{FV}{(1+r)^n} \\ &= FV\left(1 - \frac{1}{(1+r)^n}\right) + \frac{FV}{(1+r)^n} \\ &= FV\end{aligned}$$

$$\frac{dP_f}{dr} = 0 \quad (8-5)$$

其中：P_f 为浮动收益债券的价格，FV 为浮动收益债券的面值，r 为浮动利率。

式(8 - 5)说明，浮动利率债券对利率的变化没有敏感性，如果利率上升，它的债息率也上升，贴现率也上升。债息的上升正好平衡了贴现率的上升，结果是浮动利率债券的价值不随利率的变化而变化。

[**例 8-2**] 假设一个利率互换中固定现金流的 PVBP 为 420,一家公司在该互换中支付固定现金流,其名义本金为 1 亿美元。那么,如果利率下降 2 个基点,该公司损失还是盈利?其损失(盈利)多少?

解:根据题意,公司互换的 PVBP 为 -420。如果利率下降 2 个基点,该公司将亏损,其损失如下:

$$\begin{aligned}\Delta P &= -\Delta y \times PVBP \times \frac{PV}{1\,000\,000} \\ &= -(-2) \times (-420) \times \frac{100\,000\,000}{1\,000\,000} \\ &= -8\,400(美元)\end{aligned}$$

二、利率互换的信用风险及度量

信用风险是利率互换交易的另一个重要风险。由于利率互换合约是一对一签约的,一旦对方违约,利率互换就停止,因此,信用风险对利率互换交易至关重要。利率互换的信用风险主要是交易对手的信用风险[1],是指互换交易中一方履行合同的可能性下降或者不履行互换交易时导致交易对手承担损失的风险。

利率互换的信用风险包括:

(1)交割前风险,即交割前对手方无法履行合约导致损失的风险。

(2)交割风险,即交割时交易双方互换现金流时的风险。

交易对手信用风险具有双向性和敞口不确定性的特点。[2] 所谓双向性,主要体现在估值方面。从理论上讲,对于利率互换交易,任何一方都可能是亏损的一方,即任何一方都可能因交易亏损而违约。因此,对于利率互换的估值,既可以是资产也可以是负债,甚至还可以没有任何价值,这也导致了交易对手风险(Counterparty Credit Risk,CCR)的风险敞口具有不确定性。所谓敞口不确定性,是指交易对手信用风险因为受估值的影响变化比较大,所以敞口的不确定性比较强。

交易对手信用风险的估计方法很多,在利率互换交易中,常用信用价值调整(Credit Value Adjustment,CVA)进行度量。CVA 可以在期初一次性进行计量,相当于计量未来所有预期损失的现值之和:

$$CVA = \sum_{i=1}^{m} PV(EL_i) = LGD \sum_{i=1}^{m} EE(t_i) \times PD(t_{i-1}, t_i) \quad (8-6)$$

其中:LGD 是预计的违约损失率;$EE(t_i)$ 是每个关键时点的预期信用风险敞口,并且是现值形式的风险敞口;$PD(t_{i-1},t_i)$ 是每一段时间的违约概率的统计。

CVA 另一种计算方式:把信用风险调整价值摊销到每一期,计算费率,即以费率的形式计

---

[1] 在 2004 年巴塞尔协议 II 出台之前,其实没有正式提出过交易对手信用风险的概念,但是在信用风险的一些章节也提到过要关注部分表外业务的信用风险暴露。巴塞尔协议 II 正式提出了交易对手信用风险的概念,并且提出了 3 种计算交易对手信用风险违约暴露的方法(即现期暴露法、标准法和内模法,但其实这 3 种方法都相对比较复杂)。金融危机之后出台了巴塞尔协议 III,专门指出了交易对手信用风险计量的新标准法,即 SA-CCR,替代了现期暴露法和标准法,同时作为计算交易对手信用风险暴露的计量方法。在此基础上,2018 年银监会出台了《衍生工具交易对手违约风险资产计量规则》,借鉴了巴塞尔委员会发布的衍生工具资本计量要求,要求"衍生工具名义本金达到 5 000 亿元或占总资产比例达 30% 以上的商业银行"采用 SA-CCR 方法计量违约风险暴露。

[2] 这也是场外衍生产品交易对手风险的一般特征。

算 CVA。

当然，与公司债相比，利率互换的信用风险要小得多，主要原因如下：

第一，利率互换只涉及利息的支付，没有涉及名义金额互换的结算风险。利率互换仅仅对互换的净现值在险，即一旦发生利息支付违约，未违约方也不必支付利息。故而，利率互换真正的风险暴露为互换的净现值，这是一个非常小的量。

第二，互换主体利用全国银行间同业拆借中心交易系统进行互换，通过保证金制度、持仓限额制度和强行平仓等制度约束，其信用风险相对较小。

第三，中国互换主体多以套保为目的，相对投机而言，信用风险较小。

三、利率互换的其他风险

资管机构在进行利率互换交易时，除面临市场风险及交易对手信用风险外，还面临操作风险和流动性风险。

(一)操作风险及其来源

在利率互换交易时，操作风险是指因内部流程、人员和系统不足及故障或外部事件造成损失的风险。按照《巴塞尔协议》的规定，操作风险造成的损失可以分为七大类：内部欺诈、外部欺诈、业务中断、系统故障、执行、交付和过程管理等。

(二)流动性风险

一方面，利率互换作为一种场外交易存在较高的流动性风险，因为场外交易不容易寻找交易对手，可能直接导致无法及时平仓；另一方面，部分利率互换策略面临着较高的流动性风险，如蝶式交易策略、回购＋债券持有＋互换策略等。

第四节　利率互换交易的风险管理

针对利率互换交易所面临的市场风险、信用风险、操作风险和流动性风险，资管机构应该采取有效措施，予以管理。

一、市场风险的管理

利率互换的市场风险主要是浮动利率变化的不确定性，因此，对于利率互换市场风险的管理，首先是准确预测利率走势，包括利率变动的方向、利率波动的幅度和利率周期的转折点等，以此提高对冲有效性、提高方向性投资的准确性；但当实际利率(参考利率)与预期不一致时，资管机构可采取以下措施管理市场风险：

(一)构建利率互换组合进行对冲管理

在进行利率互换交易时，若当实际利率(参考利率)与预期不一致时，资管机构可在该利率互换剩余期限内进入另一个利率互换合约，采取对冲的方法管理利率风险。

［例 8-3］ 假设某企业在 2021 年 10 月 5 日，以浮动利率借款 1 000 万美元。银行要求企业在未来的两年中每半年付一次利息，利息率为 6 个月的 LIBOR＋50 基点。第一期的利率为现在的 LIBOR 加 50 基点，并且利息先付，利率每 6 个月修订一次。企业希望将浮动利率借

款转化为固定利率借款。它可以利用利率互换协议做到这一点。设互换协议允许企业以 LIBOR 与 6.5% 的固定利率进行交换,这样,无论未来两年 LIBOR 如何变化,企业每 6 个月的净利息支出总是 3 250 000 美元。企业所付的固定利率为 6.50%+0.50%=7.00%。

假设一年以后,预计利率下跌,企业又希望转变它的头寸,即它可以作为收入固定利率的一方进入另一个新的互换协议中。

设新互换协议的期限为一年,收入固定利率的一方,每 6 个月支付一次利息,利率为 6.25%。这样,企业在未来一年净支出的利率为-0.25%(6.25%-6.5%),也就是说每 6 个月,两个互换的净收入为 25 000 美元。两个互换的现金流如表 8-5 所示。

表 8-5　　　　　　　　　　　　　　互换的对冲交易

利率互换	现金流
1. 初始的利率互换 收入浮动利率(LIBOR); 支出固定利率(6.5%)	+LIBOR -6.5%
2. 第二个利率互换(对冲互换) 收入固定利率(6.25%); 支出浮动利率(LIBOR)	+6.25% -LIBOR
净收益	-0.25%

(二)合理设置套期保值比率,避免利率互换的风险敞口

在利用利率互换进行套期保值时,可科学设置套期保值比率,保持利率互换合约的合理数量,以有效避免利率互换的风险敞口,防范利率风险。

在进行利率互换套期保值时,常采用现券与利率互换基点价值和为 0 的思想确定套期保值比率。这样,套期保值系数计算公式如下:

$$\rho = \frac{DV01_{\text{现券}}}{\text{单位面额} DV01_{IRS}} \quad (8-7)$$

如果进一步考虑到利率变动对互换和债券基点价值的影响,可建立关于基点价值和凸度和均为 0 的线性方程组,同时对冲凸度和基点价值。即

$$\sum \rho_{IRS} \times DV01_{IRS} + \sum DV01_{\text{现券}} = 0 \quad (8-8)$$
$$\sum \rho_{IRS} \times CV01_{IRS} + \sum CV01_{\text{现券}} = 0 \quad (8-9)$$

其中:$DV01_{IRS}$、$CV01_{IRS}$ 分别为利率互换基点价值与凸度,$DV01_{\text{现券}}$、$CV01_{\text{现券}}$ 分别为现券互换基点价值与凸度。

事实上,尽管利率互换可以对冲现券收益率波动的风险,但由于基差风险、融资利差的波动及期限错配等因素,无法完美地做到将利率风险敞口降为 0,实际套保过程中也面临一定的风险,从而可能导致套保比例不稳定、套保效果不佳。当套保的利率互换保值效果与投资计划不一致或者相关指标超过风险限额,则应该调整利率互换比率或者投资规模,甚至可以止损。

因此,在实际操作中,通常是构建利率互换组合提高套期保值有效性。构建利率互换组合可在一定程度上避免使用单一利率互换品种导致的基差风险。例如利用 FR007 与 Shibor 的利率互换组合,或将 FR007 1Y 与 5Y 相结合,可以增加债券和利率互换的拟合程度,减缓久期差异扩大的速度。

针对债券和利率互换,因久期逐渐差异导致的套期保值比例不对等的问题,有两种可以参考的折中方案。一种是在套期保值完成后随时监控久期差异,通过定期新增利率互换交易进行修正。这种方式的优点在于操作灵活,对市场变化适应性强。但当存量交易逐渐增多时组合管理过于复杂。另一种是在开仓时根据市场判断拟定平仓时间,提前预设DV01变动量。这种方式操作简单,但对市场变化判断要求较高,缺乏灵活性。

(三)建立完善的风险限额体系进行监控

风险管理部门可制定科学的利率互换市场风险控制指标,用于管理利率互换市场风险。这些指标主要有两个层面:一是市场风险控制指标,包括名义本金规模、保证金规模、修正久期、基点价值(DV01)和凸性等;二是在产品组合层面,包括利率互换投资的预警和止损指标、组合的基点价值(DV01)、组合的预警线和止损线等。所有限额都应该经过审批。

投资经理需要对交易进行风险监测,实时掌握风险限额,以免指标预警或超限。当方向性策略的利率互换损失超过指标后即进行预警或者止损。

与普通标准化证券不同,如果投资者在利率互换到期前要提前了结该互换头寸,一般难以直接卖出,通常有如下3种方式可以达到这一目的:一是相反方向对冲。投资者可以签订一个新的利率互换协议,协议的条款与旧的条款相同,但是投资者的头寸是相反的,这样两个协议互相抵消之后,投资者的净头寸为0。二是终止协议。投资者可以与交易对方协商,取消剩余的现金流支付,即彻底将原协议作废,但需要根据当前的互换市值补偿对方或向对方收取补偿。三是转让互换。投资者可以找一个第三方来接手原来的互换协议,这样原来的支付义务就由第三方来履行,但这种转让一般较为困难。

(四)控制估值模型风险

由于利率互换是一种场外衍生产品,无论是度量风险和建立交易策略,还是对其估值,都需要利率互换的定价模型,即所谓盯模(Mark to Model[①])。这就涉及模型风险。美联储《模型风险管理监督指南(SR 11-7)》对模型风险的定义如下:"模型的使用总是会带来模型风险。模型风险是基于有缺陷或误用的模型输出和报告做出决策的潜在后果。"简而言之,由模型带来的风险称为模型风险。模型风险有两种表现形式:模型缺陷与模型误用。其中:模型缺陷包括模型设计、开发以及IT实施时发生的错误;模型误用包括把为A产品设计的模型直接套用在B产品上,或者是在市场环境或消费者行为习惯已经发生重大变化的情况下继续使用原有模型等。利率互换中的模型风险会导致对互换利率的错误定价及对利率预测的错误,进而会产生利率风险,为了防范利率互换的市场风险,必须对模型风险进行管理。

投资团队负责创建模型和投产使用,风险管理部门对模型进行独立验证。模型验证应该由风险管理部门独立进行。验证的方法包括基准模型分析、敏感性测试、返回检验、差异性分析和压力测试等。对模型输入的数据、模型的假设、模型的推导及实施等环节都要进行验证。风险管理部门定期审阅及持续监控模型风险状况。资管机构要对所有模型进行规范化的文档化管理。

---

① 对复杂金融产品的使用及信用评级等,均涉及模型风险。此处关于IRS定价模型风险的管理措施,亦可以使用在其他金融产品上。

(五)压力测试

作为一种以定量分析为主的风险分析方法和风险管理工具,压力测试主要用于回答"最糟的情况会是如何"。对利率互换的压力测试,也不例外。利率互换的压力测试需要考虑不同的测试场景,设置从轻微到极端的多个假设场景,对利率互换及投资组合可能发生的亏损及波动率进行分析、评估和判断,并提出应对策略,以确定组合能够符合产品合同或者投资者预期的风险收益特征,不发生爆仓、违约等风险事件。

当然,压力测试的优势在于解决了理论上的最糟情况、历史数据可以得到且透明,但是压力测试也有不足之处,即对于产品相关性和流动性的判断较为主观,且可能给投资者带来心理错觉。

二、利率互换的信用风险管理

利率互换的信用风险主要来自交易对手的信用风险。即使交易对手风险相对较小,资管机构仍然需要通过建立交易对手资质筛选机制,建立授信管理和保证金机制,合理选择结算模式和完善配套管理措施等,防范交易对手的信用风险。

(一)建立交易对手资质筛选机制

资产管理公司通过建立分级交易对手库,审慎选择交易对手和中介机构,以降低信用风险。

资产管理公司一般将交易对手分为3类:一类交易对手,不限制累积净头寸暴露金额,如大型商业银行、保险公司、中央结算公司等;二类交易对手,限制累积净头寸暴露金额,如非法人产品账户;三类交易对手,不允许新增交易,如小型财务公司等。

(二)建立授信管理和保证金机制

首先是准确度量利率互换的信用风险敞口。利率互换的信用风险敞口是指交易对手违约所面临的损失,即违约时利率互换的市场公允价值。

其次是建立交易对手信用风险管理的机制。一是资产管理公司要建立适合本公司特征的交易对手信用评级制度和评估模型。投资部门对其所承受的信用风险的管理程序执行情况和信用数据的真实完整负责;独立的风险管理部门,对每个交易对手的信贷关系进行额度审批和集中管理,以确保信贷风险政策的统一和连贯。二是对交易对手进行授信机制或要求交易对手缴纳保证金。与交易对手在授信范围内开展业务。如果没有授信,则要求交易对手以一定资产作为保证金,防范其违约行为。三是与交易对手定期对账,防止授信超限或者保证金不足。

(三)合理选择结算模式

合理选择结算模式对于管理交易对手信用风险至关重要。由于清算会员参与利率互换应向上海清算所缴纳保证金,包括最低保证金和变动保证金,变动保证金包括超限保证金和盯市保证金,超限保证金是清算会员所持头寸净额或风险敞口超出清算限额时缴纳的保证金,用于弥补清算会员违规违约时,上海清算所进行违约处理所产生的潜在损失中最低保证金无法覆盖的部分,盯市保证金用于弥补清算会员持有头寸的盯市亏损。因此,利率互换采用的集中清算模式中,相关信用风险能得到有效的控制。对于资管机构来说,采取代理集中清算是控制交易对手信用风险的有效途径之一。

(四)完善配套管理措施

资管机构应将交易对手信用风险管理纳入全面风险管理框架,建立健全利率互换等金融衍生产品风险治理的政策和流程,加强信息系统和基础设施建设,提高数据收集和存储能力,确保衍生工具估值和资本计量的审慎性。

三、利率互换的其他风险管理

资管机构在进行利率互换交易时,除面临市场风险及交易对手信用风险外,还面临操作风险和利率互换的流动性风险。

(一)操作风险管理

防范操作风险管理的主要工具是风险控制和自我评估,它要求相关业务部门的主管及其员工识别操作风险敞口,定期评估风险,尽可能降低损失风险频率或严重程度。

在 IRS 投资过程中,为防范操作风险,要建立健全相对集中、分级管理、权责统一的投资决策和授权制度,制定明细的决策流程,明确授权方式、标准、程序、时效和责任。对交易指令进行审核,确认其合法合规和完整后方能执行。每日交易完成后,进行清算和交易信息核对工作。对上述制度和规范,要通过相关信息系统予以固化和支持。同时,要建立基于每个季度操作风险管理的报告制度,对操作风险进行有效控制,包括业务主管总结、操作风险事件数据,以及操作风险和内部控制的自我评估和测试等。

资管机构在开展利率互换交易前,应将其利率互换交易的内部操作规程和风险管理制度送交易商协会和交易中心备案。内部风险管理制度至少包括风险测算与监控、内部授权授信、信息监测管理、风险报告和内部审计等内容。这些制度基本上覆盖了利率互换操作风险管理。对于资管机构而言,关键是落实制度要求并持续优化改进。

(二)利率互换的流动性风险管理

对利率互换的流动性风险管理,首先要有充分的认识,要做好预案,在可接收的范围内,承担流动性风险,这是由利率互换的本质特征决定的,因为利率互换本身是场外交易业务,进行利率互换一般要持有到期,否则较难转让利率互换合约。

其次,限定利率互换的额度或数量,使其限定在一定范围内,以满足资产管理公司整体对资产流动性的要求。

最后,如果要求利率互换有一定的流动性,可交易流动性较好的利率互换品种,比如:选择基于 FR007 的利率互换,期限选择 1 年,即对合约品种、合约期限等做出限制。

案例分析

LTCM 的利率互换与国债利差交易

一、LTCM 成立的背景与主要策略[①]

美国长期资本管理公司(Long-Term Capital Management,LTCM)成立于1994年,是主要从事定息债券工具套利活动的对冲基金。公司资本金11.25亿美元,是当时初创阶段最大的对冲基金。公司汇集华尔街精英、政府部门高层人士以及因提出 B-S 期权定价模型而获得诺贝尔经济学奖的罗伯特·莫顿(Robert Merton)和迈伦·舒尔斯(Myron Scholes),可谓"梦之队"。当时金融市场的人士相信,这群才华横溢、人脉广泛的精英可以掌控金融市场。

LTCM 主要使用的是套利策略,其投资组合如表 8-6 所示,占比最大的是利差套利。计算机系统能自动分析最佳的套利交易组合并进行套利交易。这些模型假定利差扩大后必将回归正常,因此当利差扩大时,他们就会卖空低利息债券,同时做多高利息债券,以期未来利差收敛获取利润。但是每一次套利交易的利润率并不高,为了提高利润率,需要将交易量放大,最大限度地追逐利差,即提高杠杆比率。而且,模型假设价格的波动服从正态分布。在这种假设下,LTCM 得出单个交易日其所受的损失绝不会达到或超过4 500万美元,而且认为该基金蒙受巨额损失(如在一个交易月之内亏损其资金总额的40%)的概率几乎不存在。正是在这样的风险认识下,LTCM 根本不认为增加财务杠杆会增加其风险,便更加肆无忌惮地增加财务杠杆。

表 8-6　　　　　　　　　　　　LTCM 的投资组合(1998 年 8 月)

交易大类	交易名称	交易类型	盈利时机[②]
利率相关交易	短期美国互换	套利	美国互换利差收窄
	欧洲交叉互换	套利	欧洲互换利差与美国互换利差的差额增加
	做多美国按揭产品	相对价值	按揭利差缩小或保持不变
	互换日本收益曲线	套利	10年互换利差与7年互换利差的差额减少
	意大利互换利差	套利	意大利互换利差收窄
	固定收益类产品	相对价值	长期波动率相对于短期波动率上升
	新发债券	套利	新券相对于旧券更便宜
股权相关交易	空头股权波动率	相对价值	长期波动率相对短期波动率上升
	风险套利组合	套利	公司并购交易的完成
	股权相对价值	套利	定价错误证券的价格聚合

[①]〔美〕罗杰·洛温斯坦.赌金者:长期资本管理公司的升腾与陨落[M].毕崇毅,译.北京:机械工业出版社,2017:49-76.

[②]〔美〕路德维希·钦塞瑞尼.从众危机:量化投资与金融浩劫[M].李必龙,李羿,郭海,译.北京:机械工业出版社,2013:36-37.

续表

交易大类	交易名称	交易类型	盈利时机②
单边交易	新兴市场	单边	巴西C级债券和俄罗斯的欧洲债券的利率下降
	其他	单边	包括做空一些高科技股、封闭式基金策略、可转债和优先股策略、外汇交易、指数套利、高收益、指数嵌入交易、收益率曲线交易

注：短期美国互换、欧洲交叉互换和空头股权波动率是最大的交易类型。

从1994—1996年LTCM的收益率分别为28%、42%以及40%，1997年在亚洲金融危机影响下其收益率仍达到17%。正是因为令人艳羡的收益率，LTCM在短短4年里积聚了令人瞠目结舌的1 000亿美元的庞大资金，但这些资金几乎都是从华尔街其他银行借来的。同时，新资本不断涌入LTCM，在1995年公司就不再接受新资本的情况下，公司资本在1997年底仍增长至75亿美元。

二、LTCM的利率互换与国债利差交易

(一)交易策略

1. 交易原理

息差(Swap-spread)即利率互换(Interest-rate Swap)与同期国债收益率(Treasury-yield)的差价(Spread)，根据历史经验数据，该差价通常会维持在17~32bps的区间波动。由于市场的异常波动，在该差价出现过宽或过窄的情况时，会存在套利机会。该套利机会的大小取决于差价区间收敛或扩张的程度。

2. 交易步骤

(1)买入20年期国债，用上述国债进行比率为99%成本为LIBOR-20的"自融资"套做，建立仓位规模达到500亿美元；

(2)买入20年固定利率交换浮动利率的利率互换(Interest-rate Swap)，每年支付6.94%的固定利息收取LIBOR的浮动利息，名义本金2.5亿美元，杠杆比率(Leverage=20)，分别建立图8-5中交易1和交易2，即组合1和组合2的规模达到500亿美元。

3. 交易策略

(1)差价区间未收敛或扩张，则持有上述头寸到期，赚取组合2每年的3bps利息。

(2)差价区间收敛或扩张，可提前平仓(Unwind)以上组合1和2锁定收益，或根据流动性要求对两个组合规模进行调整并持仓。

4. 风险度

风险程度为：每个基点损失500万美元。

(二)策略盈利预期

LTCM是在锁定3个bps回报的基础上，赌当时的浮息利率的互换价格上升，扩大与国债收益率的息差(大于17bps)，从而平仓锁定：息差扩大收益+3bps的套利收益。假如，1年内息差从17个bps扩大到25bps，那么其中可能是由于6.94%的浮息互换合约价格上升到7%而贡献了6个bps的盈利，同时由于国债价格跟随互换合约价格上升贡献2个bps的盈利。考虑到1bp的haircut，那么LTCM赚取了500亿美元×(−17+8+20−1)bps=5 000

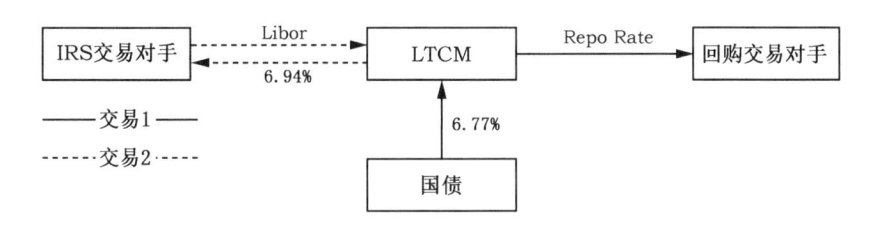

图 8-5　LTCM 的利率互换利差套利

资料来源：http://xueqiu.com。

万美元，收益率＝50/250×100％＝20％。

可是如果息差从 17 个 bps 继续缩窄，那么 LTCM 可以继续追加赌注，以更低的成本建立更多的仓位，等待息差水平的回归。相反，如果息差现在是 32bps，那么 LTCM 可以对组合 1 采取与上述相反的操作策略，来争取区间收敛的收益。也就是说，不管做多利差还是做空利差，都是可能赚钱的。乍一看，这是一个完美的交易策略！事实上，LTCM 公司成立之后，盈利迅速增加。成也萧何败也萧何。让公司大赚特赚的利率互换套利策略，最后导致了公司的陨落与被接管。利率互换合约约占其交易量的 35％（如图 8-6 所示）[1]。

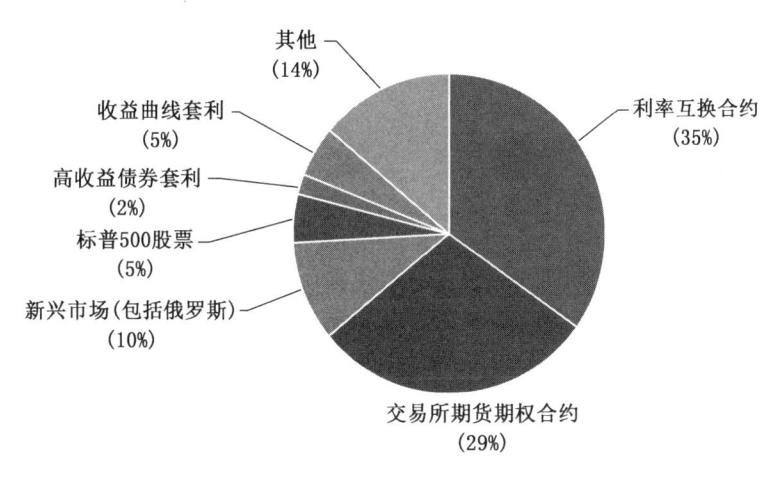

图 8-6　LTCM 的损失来源结构

(三) 残酷的现实

LTCM 的数学模型假设前提和计算结果都是在历史统计数据基础上得出的，德国债券与意大利债券正相关性是统计了大量历史数据的结果，因此它预期多个市场将朝着同一个方向发展。但是历史数据的统计过程往往会忽略一些概率很小的事件，这些事件随着时间的积累和环境的变化，发生的机会可能并不像统计数据反映的那样小，如果一旦发生，将会改变整个系统的风险（如相关性的改变），造成致命打击，这在统计学上称为"胖尾"现象。而这也成为 LTCM 失败濒临破产的重要原因之一。

---

[1]　张俊超. 对冲基金高杠杆比率的风险及防范——以长期资本管理公司巨亏事件为例[D]. 广州：华南理工大学硕士学位论文，2013：18-26.

LTCM核心资产中持有大量意大利、丹麦和希腊等国政府债券,同时沽空德国政府债券。这主要是由于当时随着欧元启动的临近,上述两国与德国的债券息差预期会收紧,可通过对冲交易从中获利。只要德国债券与意大利债券价格变化方向相同,当两者息差收窄时,价差就会收窄,从而能得到巨额收益。LTCM据此在1996年获得了巨大成功。

　　LTCM万万没有料到,俄罗斯的金融风暴使这样的小概率事件真的发生了。1998年8月,国际石油价格不断下跌,国内经济恶化,再加上政局不稳,俄罗斯不得不采取"非常"举动。1998年8月17日,俄罗斯宣布卢布贬值,停止国债交易,将1999年12月31日前到期的债券转换成了3~5年期债券,冻结国外投资者贷款偿还期90天。这引起了国际金融市场的恐慌,投资者纷纷从新兴市场和较落后国家的证券市场撤出,转持风险较低、质量较高的美国和德国政府债券。

　　1998年8月21日,美国30年期国债利率下降到20年来的最低点,8月31日纽约股市大跌,全球金融市场一片"山雨欲来风满楼"的景象。国际游资抛弃高风险资产拥抱安全资产,美国当期国债与非当期国债利差不降反升,类似其他的收敛交易资产如意大利国债、丹麦抵押债券、拉丁美洲债券等与优质债券间的利差不降反升,同时股票波动率大幅提高远远超出LTCM的经验数据范围,致使LTCM两头亏损。

　　1998年8月,市场形势逆转导致该基金出现巨额亏损,但LTCM管理层认为对欧元启动息差收窄的预期是正确的,只要短期内有足够的现金补足衍生合约的保证金,等到风平浪静,市场价差还会回到原有的轨道上来。LTCM开始抛售非核心资产套现,为其衍生工具交易追补保证金以维持庞大的德国债券与意大利债券仓位。但这场暴风雨来得太猛烈了,持续的时间也太长了,超出了LTCM承受的范围。LTCM的经纪商开始下最后通牒,LTCM已经没有足够的现金了,它面临着被赶出"赌场"的危险。

三、华尔街的救赎

　　支撑LTCM的1 000亿美元的庞大资金,几乎全部是从华尔街其他银行借来的。如果LTCM因倒闭而无法偿还欠款,那么整个华尔街的银行家都会遭受巨额损失,甚至可能引发整个美国经济的大萧条。LTCM正是用这一方式,将整个华尔街的利益与自身利益绑在了一起。

　　面对LTCM如此糟糕的情况,所有人都明白,如果任由公司自生自灭,那么整个华尔街也可能遭受牵连。然而由于金融机构之间的相互猜忌、怀疑和不信任,没有谁愿意出头担任LTCM的救助"先锋",因此这件事只能由美联储出面解决了。

　　几经周转,1998年9月,美联储最后决定,由华尔街14家银行联合组成财团,共同为LTCM注资,金额约为36.65亿美元,作为救助条件,财团将获得LTCM 90%的权益,而其余的10%将分给公司现有投资者。此外,约翰·麦利威瑟(John Meriweather)及其合伙人将继续负责公司的日常运作,但他们将受"监管委员会"的监督与管理。"监管委员会"由财团选定成员,常驻格林威治,并与财团的各个银行保持密切的联系。

　　当约翰·麦利威瑟在LTCM与财团的注资合约上签字时,一切已尘埃落定。曾经显赫一时的对冲基金,如今落到了由14家银行组成的财团手中。如果不是LTCM牵扯到如此多的利益,美联储和众多金融机构不可能费尽心思来拯救它。从中可以看出,美联储最后迫不得已成为LTCM的保护伞,拯救LTCM,也算是华尔街的自我救赎了!

四、LTCM 坍塌的教训

LTCM 从市场迅速崛起到坍塌的故事，提供了一个关于对冲策略、杠杆与风险的经典负面教材。其教训是深刻的。

（1）即使如利率互换基差套利这类所谓"无风险套利"，也并非完全没有风险。任何交易都有风险，风险无处不在。模型风险不可忽视。

（2）必须谨慎地使用杠杆。适度的杠杆率取决于标的物的波动性，但任何量级的杠杆率和任何量级的标的物风险都会导致破产倒闭。

（3）任何风险管理系统都有局限性。当系统性风险出现时，应急信贷额度可能是可望而不可即的。

（4）经过协调的、有序的破产倒闭程序，对金融市场的稳定是极为重要的。这也是美联储最终协调众多机构接盘 LTCM 的原因之一。

本章小结

资管机构和资管产品参与利率互换市场具有广阔的前景。利率互换属于场外市场交易工具，目前参与利率互换的机构类型较多，资管机构参与度逐渐增加。资管机构参与利率互换主要用于管理利率风险和策略交易。

资管机构参与利率互换存在市场风险、信用风险、操作风险和流动性风险。对市场风险的管理，首先准确预测利率走势以提高投资准确性，但是当实际利率与预期不一致时，也要采取相关措施管理市场风险。对于信用风险管理，要通过对交易对手进行资质筛选、建立授信管理和保证金机制、合理选择结算模式和完善配套管理措施等，防范交易对手的信用风险。对于操作风险的管理，关键在于做好投资决策的授权管理和交易过程管理，并适时进行操作风险报告。对于流动性风险管理，尽可能选择流动性较好的利率互换品种。

关 键 词

利率互换（Interest Rate Swaps）　　名义本金（Notional Principal Amount）
息差交易（Carry Trade）　　套利交易（Arbitrage）
基点价值（The Price Value of a Basis Point，Pvbp）
利率互换交易策略（Interest Rate Swap Trading Strategy）
利率互换市场风险与管理（Market Risk and Management of Interest Rate Swaps）
利率互换信用风险与管理（Credit Risk and Management of Interest Rate Swaps）
利率互换操作风险与管理（Operational Risk and Management of Interest Rate Swaps）

思考与练习

1. 利率互换有哪些特点？
2. 资管机构开展利率互换的流程是什么？
3. 利率互换的交易策略有哪些？

4. 如何识别与测度利率互换的市场风险？
5. 如何管理利率互换的市场风险？
6. 如何识别与测度利率互换的信用风险？
7. 如何管理利率互换的信用风险？
8. 如何管理利率互换的操作风险？

参考文献

1. 〔美〕阿莫·萨德. 利率互换及其衍生产品：从业者指南[M]. 梁进, 李佳彬, 译. 上海：上海财经大学出版社, 2013.
2. 〔美〕布鲁斯·塔克曼, 〔美〕安杰尔·塞拉特. 固定收益证券[M]. 范龙振, 林祥亮, 戴思聪, 译. 北京：机械工业出版社, 2014.
3. 陈健恒. 功能和结构日益完善的利率衍生品市场[R]. 中金公司, 2021.
4. 金御. 浅析利率互换在中小银行债券套期保值业务中的应用[J]. 中国货币市场, 2020(9): 42-45.
5. 黎至峰, 宣潇寒. 利率互换通关秘籍[M]. 北京：机械工业出版社, 2020.
6. 〔美〕罗杰·洛温斯坦. 赌金者：长期资本管理公司的升腾与陨落[M]. 毕崇毅, 译. 北京：机械工业出版社, 2017.
7. 〔美〕路德维希·钦塞瑞尼. 从众危机：量化投资与金融浩劫[M]. 李必龙, 李羿, 郭海, 译. 北京：机械工业出版社, 2013.
8. 孟祥娟. 利率互换价值分析及应用策略[R]. 申万宏源, 2016.
9. 潘捷. IRS：春江水暖鸭先知[R]. 东方证券, 2017.
10. 王明涛. 金融风险计量与管理[M]. 上海：上海财经大学出版社, 2013.
11. 邬瑜骏. 现代金融风险管理[M]. 南京：南京大学出版社, 2013.
12. 〔加〕约翰·赫尔. 期权期货及其他衍生产品[M]. 10版. 王勇, 索吾林, 译. 北京：机械工业出版社, 2018.
13. 喻心. 浅谈如何利用利率互换对冲债券投资中的利率风险[J]. 中国货币市场, 2018(8): 55-59.
14. 谢多. 中国银行间市场固定收益产品交易实务[M]. 北京：中国金融出版社, 2015.
15. 张继强. IRS套保的三大陷阱[R]. 华泰证券, 2020.
16. 张俊超. 对冲基金高杠杆比率的风险及防范——以长期资本管理公司巨亏事件为例[D]. 广州：华南理工大学硕士学位论文, 2013.
17. 中国银行间市场交易商协会. 固定收益证券及其衍生品[M]. 北京：北京大学出版社, 2021.
18. 周岳. 利率互换面面观[R]. 中泰证券, 2022.

第九章

期货投资的风险管理

引 言

期货市场是中国多层次资本市场的重要组成部分。资产管理机构作为专业投资者,在"大资管"时代,参与期货市场进行资产配置和风险管理,是丰富自身产品线、提升专业竞争力的重要举措。但是期货投资同样面临多种风险,因此对资管业务中期货投资的风险管理也尤为重要。

本章首先介绍期货及期货市场的概念、特征、功能和基本品种;接着介绍期货投资中常用的交易策略;然后分析期货投资过程中所面临的几种主要风险及其度量方法;再针对几种主要风险提出风险管理的方法;最后通过案例对期货交易的风险进行分析。

第一节 期货市场概述

一、期货的概念

期货(Futures)是以某种大宗商品或金融资产为标的的标准化可交易合约,合约一般由交易所定制,约定在未来某一特定时间和地点交割某种特定数量的标的物。期货合约的买方有义务在约定日期以约定的价格买入合约对应的标的物,而期货合约的卖方有义务在约定日期以约定的价格卖出合约对应的标的物。其中,以黄金、原油、大豆、棉花等商品为标的物的期货属于商品期货,以股票指数、利率、外汇等金融资产为标的物的期货属于金融期货。资管机构主要投资于金融期货。

二、期货的特征

根据期货的概念,可以将期货的特征概括为3个方面,即期货标的物的特征、期货投资的特征以及期货交易的特征。

(一)期货标的物的特征

并非所有商品都适合作为期货标的物,作为期货标的物的大宗商品应具备价格波动大、供应量和需求量大、易于标准化和易于运输的特点。

首先,期货交易的主要目的是套期保值,即利用期货市场的盈利(亏损)弥补现货市场的亏损(盈利),因此,当商品现货市场价格波动很小时,交易双方没有必要进行期货交易,只有当商品的价格波动较大时,买方和卖方才需要使用期货合约提前锁定价格,以避免价格风险;其次,期货市场能否发挥作用,取决于商品供需双方能否广泛参与到交易中,只有供需量大的商品才能在广泛的范围内充分竞争,形成权威的价格;再者,由于期货合约是标准化的合约,事先规定了标的物商品的质量标准,因此期货的品种必须满足质量稳定的要求,以方便标准化管理;最后,期货大多是远期交割的商品,这也要求期货商品具备易于储存、不易变质、方便运输的特点,从而保证期货实物的顺利交割。

(二)期货投资的特征

期货交易面临着广泛的投资人群,众多参与者的投资出发点不同,在期货市场中扮演着不同的角色,因此也形成了稳定性、风险性和战略性等不同特征。首先,在套利策略中,期货投资具有稳定性特征,这是指期货具有相对稳定的套利模式,包括跨市场套利、跨品种套利、交叉套利等,通过这些套利方法获得收益是比较稳健的投资方式;其次,期货投资还可能具有风险性特征,这主要体现在期货投机者的单边交易,还有一些投资者喜欢杠杆交易,认为高风险能够带来高收益;最后,期货投资还具有战略性特征,战略投资是投资者对某一商品进行长期研究后所进行的长期投资,而不考虑短期损益,这也是一种大势所趋的投资战略交易,通常是由大型金融机构所采取的方向性投资。

(三)期货交易的特征

期货交易的特征主要由期货市场的交易制度决定,例如保证金交易使期货交易具有杠杆效应、T+0制度可以活跃期货市场交易量等,除此之外,期货交易还具有双向交易、信息相对公开等特征。

1. 杠杆效应

杠杆效应是期货交易最显著的特征之一,指的是投资者通过投入少量资金可以获得更多收益的特征,这是由期货市场的保证金制度所决定的。保证金制度是指交易者必须按照所买卖期货合约价格的一定比例缴纳资金,作为其履约义务的担保,然后才能参与期货合约交易。期货交易规定交易者应根据不同的期货支付不同的保证金,保证金分为交易保证金和结算准备金。

一般而言,保证金是指会员在交易所专用结算账户内为保证合同履行而使用的资金,这些资金在合同生效时被占用。每日结算制度实际上是对持仓合约实施的一种保证金管理方式,也是一种细化风险的制度,不至于投资者一次性追加承受能力之外的保证金数额。值得注意的是,杠杆效应在放大收益的同时也放大了风险。由于高收益和高风险共存,投资者需要全面衡量风险和收益,选择收益相对较大而风险相对较小的交易。

2. T+0交易制度

T+0是一种交易制度,T是指交易的当日,而0代表买入后允许在第0天后(当天)卖出。

T+0交易制度的核心目的是活跃期货市场的交易。中国期货市场的资金容量相对较小,合约的数量也少,实行T+1交易制度将导致更小的交易量,投资者很有可能由于缺乏交易对手方而导致合约失效,从而使期货交易无法有效发挥其价格发现和套期保值等功能。

期货T+0交割的优势有4点:

(1)有利于提高期货市场的流动性。

T+0交割有利于提高同一笔资金的流动速度,同一笔资金一天可以多次进出,因此在资金较小时也可以活跃市场,提高市场的流动性。

(2)可以增加投机者的数量,从而转移现货交易者的风险。

在期货市场中,投机者的存在增加了交易量,使真正需要出售商品的现货交易者和需要购买商品的购买者更容易在活跃市场上完成交易。

(3)增加交易机会。

交易当天可能有更多的获利机会,对于多次操作的投资者,同一笔资金的持续流入和流出增加了其盈利的可能性。

(4)有利于风险控制。

如果在开仓后价格朝向反向变动,投资者就可以在当日及时止损,以免损失过多,从而提高风险的可控性。

3. 双向交易

双向交易制度意味着投资者在期货价格上涨或下降时均可赚取收益。在期货交易中,投资者既可以在交易开始时买入期货合约,也可以在交易开始时卖出期货合约。双向交易相比于单向交易来说更具有优势,投资者能获得更多的收益机会,但与此同时也面临着更多损失的可能。

4. 信息相对公开

期货交易的信息公开主要表现在基本面信息公开、交易竞价成交公开和期货公司信息公开3个方面。首先,期货交易主要涉及宏观信息或行业信息,国家相关部门会对期货的这些信息予以公开,例如粮食产量、粮食存储量等,便于投资者参考。其次,由于期货交易是由计算机撮合进行,这种交易方式不仅保留了口头公开叫价的公开性,而且具有准确、连续等优点。最后,期货经纪公司会将自身的一些信息公示给投资者,从而达到保护投资者合法权益、发挥自身的社会监督功能以及提高市场透明度的目的。

三、期货的功能

与现货市场相比,期货市场具有自身独特的功能,主要包括价格发现功能、风险规避功能、套利和投机功能。

(一)价格发现功能

价格发现是指期货市场通过运行机制形成预期价格的过程,并通过期货交易把众多影响某一商品价格的因素集中体现在该期货的价格上。期货的价格发现功能主要是由期货的杠杆交易、延长交易、T+0交易以及交易费用低等特征决定的,其表现在权威性、连续性和超前性3个方面。

首先,期货市场中的交易者会基于自己所掌握的信息对当前和未来市场的供求状况做出综合反应,因此,期货市场的交易价格具有较强的权威性。其次,在现货市场中,当人们感觉到在一定时期内需要某种商品时,就会生产出大量的产品来满足市场的供应,而在期货市场中,人们会根据获得的信息随时修改对原有市场的看法,从而形成新的交易价格,动态地反映市场供求变化,因此期货市场价格还具有连续性。最后,期货市场的交易者能够利用获得的各种信息以及先进的技术手段来分析和预测未来市场,因此期货市场的交易价格更具超前性,人们可以利用这一特性来防范未来现货市场中的风险。

期货之所以能被市场认可,也是因为期货是一个规范的市场,其价格是在专门的期货交易所内形成的。自期货交易产生以来,价格发现功能逐渐成为期货市场上重要的经济功能。

(二)风险规避功能

期货市场在吸引大量投资者进入市场的同时,也能将风险转移到愿意承担更多风险的投资者身上,从而降低不愿承担风险的投资者的风险,这是期货市场最重要的功能之一。其中,期货的套期保值是期货投资中常见的风险规避方式之一。这是指生产经营的一方通过在期货市场上进行套期保值来规避现货价格波动带来的风险的行为。

期货市场的风险规避功能主要体现在 4 个方面:首先,期货市场的价格预示着经营风险,投资者可以利用期货市场成交价的权威性和超前性来规避经营活动中可能遇到的风险;其次,包括生产者、中间商和消费者在内的期货市场交易者可以利用套期保值来回避风险;再者,期货双向交易的特点有助于对特殊情况下商品价格暴涨暴跌的情况予以控制,从而减少价格波动的损失;最后,期货市场的保证金制度能够保证交易者不会因交易对手方违约而遭受损失。

(三)套利功能

投资者可以通过承担低风险的套利行为获得利润,这也是一些投资者参与期货市场的原因。而对于市场来说,套利行为会增大成交量,从而可以提高市场流动性;另外,一旦期货与现货市场出现较大偏差,市场将会出现单边操作行为,这也会导致期货价格与现货价格的收敛,从而将市场价格拉回正常水平。

(四)投机功能

期货投机也是期货交易市场中必不可少的一环。首先,投机者可以承担价格风险,从而使套期保值者试图规避和转移风险成为可能;其次,投机者会经常建立头寸以对冲手中合约,增加了期货市场的流动性,这不仅使套期保值交易易于达成,而且减少了交易者进出市场可能造成的价格波动;最后,如果具有多个期货市场,投机行为还将有助于保持市场间的价格体系稳定。

四、期货的基本品种

随着期货品种的不断丰富,期货合约的种类也日益增多,根据标的物进行划分,可以将期货分为商品期货和金融期货。

(一)商品期货

商品期货是最早诞生的期货产品,以大宗商品作为标的物,又可以分为农产品期货、金属期货和能源期货。

1. 农产品期货

农产品期货是最早的期货品种,进一步可以划分为粮食期货、经济作物期货、畜牧产品期货和林业产品期货4大类产品。粮食期货主要品种包括:小麦、玉米、大豆、豆粕、豆油、绿豆、早籼稻、花生等。经济作物期货主要包括:糖类、咖啡、可可、棕榈油、油菜籽、菜粕、菜籽油、棉花等。畜牧产品期货又可以分为肉类制品和皮毛制品两大类,肉类制品包括生猪期货、鸡蛋期货等,皮毛制品包括羊毛期货等。林业产品期货又可以分为木材期货和天然橡胶期货两大类,中国的天然橡胶期货在上海期货交易所上市交易。

2. 金属期货

金属期货是目前期货市场比较成熟的期货品种,可以进一步细分为黑色金属期货、有色金属期货和贵金属期货,主要品种包括:铜、金、银、铂、钯、铝、铅、锌、锡、镍等。

3. 能源期货

能源期货是期货市场的重要组成部分,其中最重要的品种是石油期货,其他的能源期货品种大多是石油的下端产物,能源期货又可划分为化工原料类和燃料类,具体品种包括PTA、甲醇、PVC、沥青、焦炭、动力煤等。

(二)金融期货

金融期货的标的物是金融产品,包括利率期货、股指期货和外汇期货,其中国债期货是利率期货最主要的品种,因为利率和国债价格呈反方向变动,因此可以用国债期货来管理利率风险。

1. 利率期货

利率期货以债券类证券为标的物,可以用来规避由利率波动引起的证券价格变动的风险,截至2012年12月31日,中国大陆有3种期限的利率期货,即2年期、5年期和10年期国债期货(见表9-1)。

表9-1　　　　　　　　　　　　中国国债期货产品分类及基本情况

合约类别	合约标的	可交割国债	最低交易保证金
2年期国债期货	面值200万元人民币、票面利率为3%的中短期国债	发行期限不高于5年,期货合约到期月份首日剩余期限为1.5—2.25年的记账式附息国债	合约价值的0.5%
5年期国债期货	面值100万元人民币、票面利率为3%的中期国债	发行期限不高于7年,期货合约到期月份首日剩余期限为4—5.25年的记账式附息国债	合约价值的1%
10年期国债期货	面值100万元人民币、票面利率为3%的长期国债	发行期限不高于10年,期货合约到期月份首日剩余期限不低于6.5年的记账式附息国债	合约价值的2%

2. 股指期货

股指期货是"股票指数期货"的简称,其标的物为股票指数。股指期货交易双方交易的是未来某时间点的股票指数价格水平,并通过现金结算差价进行交割,是存在时间最短、发展最快的期货产品。截至2022年12月31日,中国大陆的股指期货包括4种,即沪深300股指期货、上证50股指期货、中证500股指期货和中证1000股指期货(见表9-2)。

表9-2　　　　　　　　　　中国股指期货产品分类及基本情况

合约类别	合约标的	合约乘数	最低交易保证金
沪深300股指期货(IF)	沪深300指数	每点300元	合约价值的8%
上证50股指期货(IH)	上证50指数	每点300元	合约价值的8%
中证500股指期货(IC)	中证500指数	每点200元	合约价值的8%
中证1000股指期货(IM)	中证1000指数	每点200元	合约价值的8%

3. 外汇期货

外汇期货是以外汇为标的物的期货合约,是最早出现的金融期货品种,其实质是交易双方在最终交易日按照当时汇率在两种货币之间进行兑换的期货合约。目前中国外汇衍生品中尚不包含外汇期货,只包括外汇远期、外汇掉期、货币掉期和外汇期权。

截至2022年12月31日,中国上市的期货品种及交易所如表9-3所示。

表9-3　　　　　　　　　　中国上市期货品种一览

上市交易所	上市品种
郑州商品交易所	农产品:强麦期货、普麦期货、棉花期货、白糖期货、菜籽油期货、早籼稻期货、油菜籽期货、菜籽粕期货、粳稻期货、晚籼稻期货、棉纱期货、苹果期货、红枣期货、花生期货 非农产品:PTA期货、甲醇期货、玻璃期货、动力煤期货、硅铁期货、锰硅期货、尿素期货、纯碱期货、短纤期货
上海期货交易所	有色金属:铜期货、铜(BC)期货、铝期货、锌期货、铅期货、镍期货、锡期货 贵金属:黄金期货、白银期货 黑色金属:螺纹钢期货、线材期货、热轧卷板期货、不锈钢期货 能源化工:原油期货、低硫燃料油期货、燃料油期货、石油沥青期货、天然橡胶期货、20号胶期货、纸浆期货
大连商品交易所	农产品:玉米期货、玉米淀粉期货、黄大豆1号期货、黄大豆2号期货、豆粕期货、豆油期货、棕榈油期货、纤维板期货、胶合板期货、鸡蛋期货、粳米期货、生猪期货 工业品:聚乙烯期货、聚氯乙烯期货、聚丙烯期货、焦炭期货、焦煤期货、铁矿石期货、乙二醇期货、苯乙烯期货、液化石油气期货
中国金融期货交易所	股指期货:沪深300股指期货、中证500股指期货、上证50股指期货、中证1000股指期货 国债期货:2年期国债期货、5年期国债期货、10年期国债期货

第二节　期货投资策略

期货作为一个投资品种,具有其独有的特征和优势,吸引了大批投资者参与其中。根据参与者的交易目的,可以将期货投资策略分为5大类,即套期保值策略、套利交易策略、短线投机策略、中长线趋势策略和国债期货交易策略。

一、套期保值策略

套期保值是期货市场最基本的交易策略,是指交易人在买进(或卖出)现货资产的同时,在期货市场中卖出(或买进)价值相当的期货合约进行保值。也就是说,套期保值是指把期货市场当作转移价格风险的场所,利用期货合约作为将来在现货市场上买卖商品的临时替代物,对其现在买进准备以后售出商品或对将来需要买进商品的价格进行保险的交易活动。

基本的套期保值策略是在现货、期货市场同时买入和卖出相同数量但方向相反的同类商品,即在买入或卖出现货资产的同时在期货市场卖出或买入相同数量的期货。一段时间后,当现货资产由于价格变动而产生损益时,期货交易的损益可以予以抵消或补偿,这样就在期货和现货之间建立了一种短期和长期的套期保值机制,以最小化价格风险。

为了更好地实现套期保值的目的,在交易时必须注意以下原则:(1)"均等相对"原则。"均等"是指进行期货交易和进行现货交易的商品在品种和数量上均要相同,"相对"是指要在期货、现货两个市场上采取相反的买卖行为。(2)拟保值的现货资产面临一定的价格风险。如果现货资产市场价格相对稳定,则无须进行套期保值。(3)将净风险额与套保费用进行比较,以确定是否进行套期保值。(4)根据短期价格走势的预测,计算出基差的预期变动,然后计划何时进入和离开期货市场,并予以实施。

二、套利交易策略

期货套利通常是指在同一市场或不同市场上,以较低价格买入一种商品或金融资产,并以较高价格卖出另一商品或金融资产以获得无风险收益的行为。商品的现货价格和期货价格之间、同一期货产品在不同交割月份的合约价格之间以及同一期货产品在不同交易所的交易价格变化之间往往存在不合理价格关系,这样,期货市场可能存在套利机会。套利具有风险小、收益稳定的特点。期货套利策略一般有期现套利、跨期套利、跨市场套利和跨品种套利等。

(一)期现套利

期现套利是指当期货市场和现货市场之间存在不合理的价格关系(期货价格和现货价格不满足期现定价公式)时,低买被低估的现货(期货)、高卖被高估的期货(现货)以获利的无风险收益的一种期货交易方式。理论上来说,期货价格是商品的未来价格,现货价格是商品的价格,根据同一价格理论,两者之间的差距(基差)应等于商品的持有成本。一旦基差与持有成本相差很大,就有机会进行期现套利。其中,期货价格应高于现货价格,并超过用于交割的成本。对于商品期货而言,期现套利一般必须交易大量的商品实物,这对大多数机构投资者或个人投资者来说并不合适,因此商品期货的期现套利更加适合经营相关产业的企业。

(二)跨期套利

跨期套利是指在同一市场上,使用相同标的、不同交割月份的期货合约进行长短期之间套利的策略。当价格朝一个方向变化时,单边投机者必须承担价格反向变化的风险,而跨期套利可以过滤大部分价格波动的风险,而只承担价差反向变动的风险。跨期套利分为牛市套利、熊市套利、牛熊交换套利,每种套利方式下还有正向套利和反向套利。无论是哪种套利,其核心都是价差的均值复归,因此,当价差偏离平均水平时,可以据此判断买入低估合约并卖出高估合约。

国债期货的跨期套利也可以称作收益率曲线套利。当投资者预期收益率曲线以更平坦或更陡峭的方式变化时,即不同期限之间的利差有所变动时,就有机会进行基于收益率曲线形状变化的套利交易。例如,当投资者预期收益率曲线更陡峭时,可以通过买入短期国债期货而卖出长期国债期货,以实现"买入收益率曲线";当预期收益率曲线变平坦时,可以卖出短期国债期货而买入长期国债期货,以实现"卖出收益率曲线"。

(三)跨市场套利

跨市场套利是指在某个市场买入(或者卖出)某一交割月份的某种期货合约的同时,在另一个市场上卖出(或者买入)同种商品相应的合约,以期利用两个市场的价差变动来获利。国内只有一个金融期货交易所,且3个商品期货交易所之间又没有重复的品种,因此跨市场套利一般在国内和国外的期货交易所之间进行。对于同一种商品,交易所与原产地的距离也会影响价格。与其他套利策略相比,跨市场套利具有一些特有的风险。例如,套利的效果会受到汇率变化的影响,不同的交易所制度(如交易时间、涨跌幅限制等)也会在一定程度上影响套利。

(四)跨品种套利

跨品种套利是指利用两种不同但相互关联的资产间的价格差异进行套利的交易。跨品种套利的逻辑在于寻找不同品种但具有一定相关性的商品间的相对稳定的关系,以期从价差或者价格比偏离区域回到正常区间过程中获利。

跨品种套利所选择的品种可能是处于同一产业链的上下游,比如玉米与淀粉;也有可能具有可替代或者互补的关系,比如豆油、棕榈油与菜籽油,三者均为食品添加剂,互为替代品,一般豆油与棕榈油、豆油与菜籽油的相关性较强,而棕榈油与菜籽油的相关性则相对较弱,因此可以使用豆油与其他两个品种进行套利。

三、短线投机策略

期货短线投资是指在短期内,如几天甚至当天,在期货市场上进行买卖以获取价差收益的投资行为,具有交易频率高、持仓时间短、单笔获利小和资金使用率高等特点。从本质来看,期货的短线投资属于投机行为。从风险和收益的角度来看,一般情况下,短线投资的风险比套利交易大,比长线投资小;而收益比长线投资小,比套利交易大。

由于期货短线投资的目的是追求价差收益,因此对于短线投资者来说,并不是特别关注商品的绝对价格、供求等影响因素,而是关心期货价格是否具有相当大范围的频繁涨跌,从而有利可图。一般来说,流动性强、价格波动大的品种往往会成为短线投资者的关注对象。

四、中长线趋势策略

中长线趋势策略是指交易者依靠对基本面和技术面的理性分析来发现市场趋势、追逐趋势,并通过长期持仓获得收益的一种交易策略。中长线交易并不关注价格的短期波动,而是关注市场趋势是否结束。最简单的趋势交易策略就是在市场呈上涨趋势时做多买入,在市场呈下降趋势时做空卖出。债券市场的趋势性往往强于股票市场,影响因素也更为复杂,国债期货也是如此,因此趋势策略在国债期货的应用方面更加有效。趋势策略的难点在于如何判断趋势,常见的方法包括均线策略、布林带策略、动量策略等。

五、国债期货交易策略

在资管业务中,国债期货具有特殊的地位,是资管产品重要的量化对冲类的工具,其交易策略也可分为国债期货套期保值策略、日内趋势策略和日间趋势策略、期现套利、收益率曲线套利和跨市场套利等策略。这里对这些策略进行简单介绍。

(一)国债期货套期保值策略

投资者通过建立与现货头寸相反的国债期货头寸,保护其债券投资组合净值不受利率波动的影响。国债期货的套期保值一般用于对冲中长期利率风险。

理想的套期保值目标是在一定利率变动下,国债组合价值的变化等于所持期货合约价值的变化,套期保值的核心是套期保值比率的确定与调整。

确定套期保值比率的方法常用的有久期法和基点价值法,两种方法均建立在期货价格跟随最便宜可交割债券(CTD)价格的基础之上。套期保值比率计算的公式如下:

$$h = \frac{p}{f} \times \frac{D_p}{D_{CTD}} \qquad (9-1)$$

其中:h 为套期保值比率,p 为国债现券价格,f 为国债期货价格,D_p 为国债现货久期,D_{CTD} 为国债现货 CTD 久期。

$$h = \frac{PVBP_p}{PVBP_{CTD}} \times CF \qquad (9-2)$$

其中:h 为套期保值比率,$PVBP_p$ 为国债现券基点价值,$PVBP_{CTD}$ 为国债期货 CTD 的基点价值,CF 为 CTD 转换因子。

由于上述套期保值比率的计算依赖于收益率曲线平行移动的假设,因此,在确定初期套保比率之后,还需要动态调整仓位(包括移仓换月和调整套保比率)。

(二)国债期货基差交易策略

1. 国债期货基差

国债期货不同于一般的期货产品,其交割标的不是某一个,而是一篮子可交割债券。这些债券的票面利率、到期收益率、剩余期限等都不尽相同,这些债券的价格与国债期货价格也没有直接的可比性。与一般期货中的基差不同,国债期货基差的定义为:基差=现券价格−期货价格×转换因子。

如图 9-1 所示,基差既可以是期货与现券之差,也可以是持有收益和净基差之和。其中,净基差主要反映了一个基差头寸纯期权的价值,也就是期货空头所具有的交割期权价值。

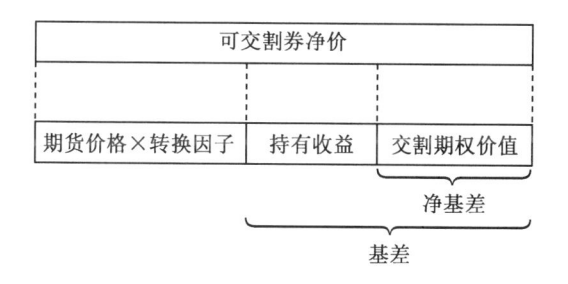

图 9-1 基差概念

2. 国债期货基差交易收益分析

(1)买入基差

在买入基差交易中,基差是持有收益与净基差之和。理论上,投资者买入基差,是买入了国债的持有收益与期货空头交割期权。假设 t 时刻构建了 1 单位的基差多头,即买入 1 单位

国债现货并卖出 CF 单位的期货,则 T 时刻收益如下:

$$\begin{aligned}
Gain &= (F_t - F_T) \times CF + AI_{T-t} + B_T - B_t - C_{T-t} \\
&= B_T - F_T \times CF + AI_{T-t} - (B_t - F_t \times CF) - C_{T-t} \\
&= AI_{T-t} + Basis_T - Basis_t - C_{T-t} \\
&= AI_{T-t} + BNOC_T + HG_{T'-T} - (BNOC_t + HG_{T'-t}) - C_{T-t} \\
&= BNOC_T - BNOC_t + AI_{T-t} - HG_{T-t} - C_{T-t} \\
&= BNOC_T - BNOC_t
\end{aligned} \qquad (9-3)$$

其中:F_t 和 F_T 分别为 t 和 T 时刻的期货价格,B_t 和 B_T 分别为 t 和 T 时刻的债券净价,CF 为可交割国债的转换因子,HG_{T-t}、$HG_{T'-T}$ 和 $HG_{T'-t}$ 分别为 t 至 T 时刻、T 至期货合约交割日 T' 时刻和 t 至 T' 时刻债券的持有收益,AI_{T-t} 为 t 至 T 时刻的应计利息,C_{T-t} 为 t 至 T 时刻的资金成本,$Basis_t$ 和 $Basis_T$ 分别为 t 和 T 时刻的基差,$BNOC_t$ 和 $BNOC_T$ 分别为 t 和 T 时刻的净基差。

因此,买入基差的收益等于持有期间净基差的涨幅。

(2)卖出基差

卖出基差交易与买入基差的情况相反,即基差是持有期间净基差的跌幅,$Gain = BNOC_t - BNOC_T$。但由于卖出基差还涉及卖空现券的操作,情况更加复杂。假设 t 时刻构建了 1 单位的基差空头,即买入 CF 单位国债期货并卖出 1 单位的国债现货(债券 A),借券成本是 XBP,假设投资者参与借券卖空操作时需要质押债券 B,则 T 时刻收益如下:

$$\begin{aligned}
Gain &= (F_T - F_t) \times CF + (B_t - B_T) - (AI_{T-t} + CX_{T-t} - C_{T-t} - HGB_{T-t}) \\
&= -(B_T - F_T \times CF) + (B_t - F_t \times CF) - (AI_{T-t} + CX_{T-t} - C_{T-t} - HGB_{T-t}) \\
&= -Basis_T + Basis_t - (AI_{T-t} + CX_{T-t} - C_{T-t} - HGB_{T-t}) \\
&= -(BNOT_T + HG_{T'-T}) + (BNOC_t + HG_{T'-t}) - (AI_{T-t} + CX_{T-t} - C_{T-t} - HGB_{T-t}) \\
&= BNOC_t - BNOC_T + HG_{T-t} - (AI_{T-t} + CX_{T-t} - C_{T-t} - HGB_{T-t}) \\
&= BNOC_t - BNOC_T - CX_{T-t} + HGB_{T-t}
\end{aligned} \qquad (9-4)$$

其中:F_t 和 F_T 分别为 t 和 T 时刻的期货价格,B_t 和 B_T 分别为 t 和 T 时刻的债券净价,CF 为可交割国债的转换因子,HG_{T-t}、$HG_{T'-T}$ 和 $HG_{T'-t}$ 分别为 t 至 T 时刻、T 至期货合约交割日 T' 时刻和 t 至 T' 时刻债券的持有收益,HGB_{T-t} 为 t 至 T 时刻债券 B 的持有收益,AI_{T-t} 为 t 至 T 时刻的应计利息,C_{T-t} 为 t 至 T 时刻的资金成本,CX_{T-t} 为 t 至 T 时刻按照借券成本 XBP 计算的资金成本,$Basis_t$ 和 $Basis_T$ 分别为 t 和 T 时刻的基差,$BNOC_t$ 和 $BNOC_T$ 分别为 t 和 T 时刻的净基差。

因此,卖出基差收益=持有期间净基差的跌幅－借券成本＋质押债券 B 的持有收益。如果在借券过程中不考虑质押券的问题,则卖出基差的收益等于持有期间净基差的跌幅减去借券成本。

(3)跨期套利

如前文所述,跨期套利是指利用不同季月国债期货合约定价出现的偏差进行套利,通常在不同季月合约之间建立数量相等、方向相反的交易头寸。当合约价差朝预期方向变化后,再进行平仓获利。

当在 t 时刻发现近月合约被低估而远月合约被高估时,买入近月合约 $F_{1,t}$ 并卖出远月合约 $F_{2,t}$,到 T 时刻近月合约和远月合约价差变大时双向平仓而获利。若在近月合约和远月合约上的转换因子分别为 CF_1 和 CF_2,则整个套利过程的收益如下:

$$Gain = F_{1,T} - F_{1,t} + F_{2,t} - F_{2,T}$$

$$= \frac{[(B_T - BNOC_{1,T} - HG_{T'-T}) - (B_t - BNOC_{1,t} - HG_{T'-t})]}{CF_1}$$

$$+ \frac{[(B_t - BNOC_{2,t} - HG_{T'-t}) - (B_T - BNOC_{2,T} - HG_{T'-T})]}{CF_2}$$

$$\approx \frac{[(B_T - BNOC_{1,T} - HG_{T'-T}) - (B_t - BNOC_{1,t} - HG_{T'-t})]}{1}$$

$$+ \frac{[(B_t - BNOC_{2,t} - HG_{T'-t}) - (B_T - BNOC_{2,T} - HG_{T'-T})]}{1}$$

$$\approx (BNOC_{1,t} - BNOC_{1,T}) + (BNOC_{2,T} - BNOC_{2,t}) \qquad (9-5)$$

其中：$F_{1,t}$、$F_{1,T}$、$F_{2,t}$ 和 $F_{2,T}$ 为近远月合约分别在 t 和 T 时刻的期货价格，B_t 和 B_T 分别为 t 和 T 时刻的债券净价，CF_1 和 CF_2 为同一可交割国债在近远月合约上的转换因子，$HG_{T'-T}$ 和 $HG_{T'-t}$ 分别为 T 至期货合约交割日 T' 时刻和 t 至 T' 时刻债券的持有收益，$BNOC_{1,t}$、$BNOC_{1,T}$、$BNOC_{2,t}$ 和 $BNOC_{2,T}$ 为近远月合约分别在 t 和 T 时刻的净基差（同一可交割国债）。

因此，做多近远月价差的跨期套利的收益可近似由两部分构成：同一可交割国债近月合约净基差的跌幅和远月合约净基差的涨幅。

相应地，当在 t 时刻发现近月合约被高估而远月合约被低估时，卖出近月合约 $F_{1,t}$，并买入远月合约 $F_{2,t}$，到 T 时刻近月合约和远月合约价差变小时双向平仓而获利。若在近月合约和远月合约上的转换因子分别为 CF_1 和 CF_2，则整个套利过程的收益如下：

$$Gain = F_{1,t} - F_{1,T} + F_{2,T} - F_{2,t}$$

$$= \frac{[(B_t - BNOC_{1,t} - HG_{T'-t}) - (B_T - BNOC_{1,T} - HG_{T'-T})]}{CF_1}$$

$$+ \frac{[(B_T - BNOC_{2,T} - HG_{T'-T}) - (B_t - BNOC_{2,t} - HG_{T'-t})]}{CF_2}$$

$$\approx (BNOC_{1,T} - BNOC_{1,t}) + (BNOC_{2,t} - BNOC_{2,T}) \qquad (9-6)$$

因此，做空近远月价差的跨期套利的收益也可近似由两部分构成：同一可交割国债近月合约净基差的涨幅和远月合约净基差的跌幅。

（三）国债期货利差交易策略

利差交易（Spread Trading）是指当两只国债的收益率相差很大时，买入收益率偏高的，卖出收益率偏低的，预期利差回归正常水平而获利，因此利差交易依赖于收益率曲线期现结构的变化。由于利差交易涉及几个不同种类的国债期货合约，因此利差交易也可以视为国债期货的跨品种交易。

以 5 年期国债和 10 年期国债为例，两者的国债期货合约走势应与对应期限的国债走势一致，决定 5 年期国债与 10 年期国债相对价格走势的是期限利差。期限利差扩大，则 5 年期国债相对于 10 年期国债上涨；期限利差缩小，则 5 年期国债相对于 10 年期国债下跌。因此，如果期限利差较高，利率曲线陡峭，则判断利率曲线会趋于平坦化，此时应卖空 5 年期国债期货，买入 10 年期国债期货；如果期限利差较低，利率曲线平坦，则判断利率曲线会趋于陡峭化，此时应卖空 10 年期国债期货，买入 5 年期国债期货。

第三节　期货投资风险及度量

与其他资产类别不同的是,期货交易由期货交易所承担担保履约责任,因此期货交易几乎没有信用风险。本节主要讨论期货投资中所面临的几种主要风险,包括市场风险、流动性风险以及交易风险,以及它们的度量方式。

一、市场风险及度量

市场风险是指因期货价格变化使期货交易者持有期货合约价值变化或出现亏损的风险,是期货交易中常见的一种风险。投资者在期货交易中会面临市场价格的波动,这种价格波动会给投资者带来预期外的盈利或损失,无论套期保值策略、套利策略还是投机策略,都会面临市场风险。例如,在套期保值策略和投机策略中,在期货市场上,交易者都进行单边操作,此时就面临着价格向不利方向变动的市场风险。期货市场风险的度量方法有很多,包括传统的波动性方法、VaR 和 CVaR 方法等,关于市场风险的度量方法与第三章类似,这里不再赘述。

二、流动性风险及度量

无论是套期保值策略、套利策略还是投机策略,市场流动性风险都是期货投资者面临的最主要风险之一,因为期货交易主要是对冲交易,若不能在期货合约到期前做反向对冲,投资者就必须进入交割程序。期货合约的交割要花费大量资金,这是很多期货市场交易者所不愿意看到的。

流动性风险是指由于市场流动性差,期货交易难以及时成交所产生的风险。流动性风险对于套期保值者来说尤为重要,若合约到期时由于流动性不足而不能平仓,或在需要进行对冲操作时缺乏相应的对手方,则交易者将面临严重损失。

目前已有文献综合考虑了市场的深度、宽度,并结合量价数据对期货合约的流动性风险进行度量,但这种价格冲击模型通常计算量大,且对数据要求较高,因此可以用流动性比率进行替代,这类方法在实践中也得到了广泛应用。在实际操作中,投资者可以通过关注流动性比率的变化,实时监测流动性风险的大小,以避免流动性恶化所带来的损失。期货市场测度流动性的指标主要有:

(一)Amivest 流动性比率

Amivest 流动性比率是通过计算一段期间内的最大价差来衡量市场流动性,用交易额衡量流动性深度,可以理解为单位价格变动时合约成交的金额。

$$Amivest_k = \sum_{i=1}^{t} \frac{P_i V_i}{r_i \cdot 100}, k,t > 0 \qquad (9-7)$$

其中:r_i 为第 i 期的最大价差[(最高价-最低价)÷最低价],V_i 和 P_i 分别为第 i 期的交易量和成交均价。

(二)E-Amivest 流动性比率

与 Amivest 指标中以最大价差衡量流动性不同,E-Amivest 模型运用波动率来代替最大价差,从而消除了涨跌停板可能导致的最大价差存在误差的问题。

$$E-Amivest_k = \frac{\sum_{i=1}^{t} P_{ki}V_{ki}}{\sum_{i=1}^{t} \sigma_{ki} \cdot 100} \quad (9-8)$$

其中：σ_{ki} 为第 k 期第 i 个交易时段的波动率，V_{ki} 和 P_{ki} 分别为第 k 期第 i 个交易时段的交易量和成交均价。σ_{ki} 可以通过不同的计算方式得出，如历史波动率、隐含波动率公式等，具体计算方式根据资产类型而定。

（三）量仓比率

与证券市场不同的是，期货市场具有逐日盯市制度，因此在价差相近的情况下，交易量大、持仓量小代表换手率较高，流动性较好，反之则流动性较差。因此，可以运用交易价差、交易量和持仓量综合定义一个指标来衡量期货的流动性。

$$VOI_k = \sum_{i=1}^{t} \frac{P_{ki}V_{ki}/Int_{ki}}{\sigma_{ki} \cdot 100}, k, t > 0 \quad (9-9)$$

其中：VOI_k 代表第 k 期的量仓比率，V_{ki}、P_{ki}、Int_{ki} 和 σ_{ki} 分别为第 k 期第 i 个交易时段的交易量、加权均价、持仓量和波动率。

三、交易风险及度量

交易风险是投资者在交易过程中产生的风险，在期货交易中主要体现为平仓风险和交割风险。期货市场具有"逐日盯市"制度，期货经纪公司要在每个交易日结束时进行结算，当投资者的保证金不足时，就会面临被强行平仓的风险。尤其在临近交割日期时，若期货合约表现为单边趋势，此时市场流动性大幅降低，期货合约就面临无法及时平仓的风险从而遭受严重损失。如果投资者在期货合约到期前不能及时完成对冲操作，就要承担交割责任，当投资者没有足够的资金或实物进行交割时，就会面临交割风险。期货的交割风险一般存在于需要进行实物交割的情况中，由于现货交割的环节较为复杂，因此很容易出现相关风险。

与交易风险相关的一个重要指标是期货的风险度，当风险度过高时就会面临强行平仓的风险，风险度的计算公式如下：

$$风险度 = \frac{持仓保证金}{客户权益} \times 100\% \quad (9-10)$$

由式(9-10)可以看出，风险度是客户当前持仓保证金占客户权益的比例。若投资者没有持仓，则其风险度为 0；若投资者处于满仓状态，则风险度为 100%；若风险度大于 100%，则说明保证金不足，此时期货公司会通知客户追加保证金或减仓。另外需注意的是，判断投资者是否需要追加保证金应按照可用资金来计算，而不是客户权益。可用资金的计算公式如下：

$$可用资金 = 客户权益 - 持仓占用保证金 - 未成交委托冻结的保证金 \quad (9-11)$$

四、不同交易策略的风险

（一）套期保值策略风险

套期保值本身是一种风险管理手段，但在规避商品价格波动风险的同时，也会产生其他的风险，最主要的风险是市场风险和流动性风险。

1. 市场风险

对于套期保值,从期货市场看,即为单边交易,套期保值者会面临期货价格向不利方向变动的市场风险。具体来讲,套期保值策略所面临的市场风险主要为基差风险,这也是套期保值策略的固有风险。在传统的套期保值理论中,假设期货价格与现货价格一致,则合约到期时基差为0。套期保值者利用基差的有利变动,不仅可以取得较好的保值效果,而且可以通过套期保值交易获得额外的盈余。一旦基差出现不利变动,套期保值的效果就会受到影响,甚至蒙受损失。在实际应用中,套期保值并不是完美的。例如,对于某些商品期货,由于供需和仓储之间的不平衡,特别是在卖空的情况下,基差可能发生很大变化,从而产生很大的基差风险。影响期货基差变化的因素主要有:一是现货的持有成本,包括仓储费、运输费、保险费和借款利息,这些组成变化会影响基差变动;二是市场供求关系,例如在商品供大于求时,商品现货价格下降,期货价格也会随之下降,但下降幅度较小,从而造成基差走低;三是商品与期货的不匹配,这种情况也称为交叉套保,这是由于被套期保值的资产与期货合约的标的资产不同而造成的基差风险。

2. 流动性风险

由于套期保值策略在开始时需要建立套期保值头寸,在套期保值结束时需要平仓了结头寸,因此套期保值策略面临着流动性风险。假如所选定的期货合约无法及时以合理的价格达到建仓或平仓的目的,或策略执行者需要进行对冲操作时缺乏相应的对手方,则此时套期保值策略面临流动性风险(或平仓风险)。另外,由于在套期保值过程中,期货价格始终处于波动状态,市场价格可能与投资者预期的方向相背离,再加上保证金比率也可能面临调整,因此还要注意由于资金量不足所带来的流动性风险。

(二)套利策略风险

期货套利作为期货市场中的一种重要交易策略,在市场中占有特殊而重要的地位。套利交易能够为投资者提供稳健收益,同时也容易让投资者陷入一个误区,即认为套利是无风险的。实际上,套利交易也存在着风险,只是相对于单纯的投机交易,套利交易的风险是有限的。如前文所述,按照套利形式来划分,套利策略可以分为跨期套利、期现套利、跨品种套利和跨市场套利4种套利形式,不同的套利形式则蕴含不同的风险。

1. 跨期套利的风险

跨期套利是指利用同一商品不同交割月份合约之间价差的异常变化,进行对冲交易获利的交易方式。根据买卖方向的不同,又可分为买入套利(或称牛市套利)和卖出套利(熊市套利)两种形式。跨期套利的主要风险有以下几个:

(1)单边行情造成的交易风险

根据历史数据统计得出的套利机会在绝大多数的情况下是能够盈利的,但是当市场出现单边行情时,先前的历史数据就会失去参考价值,此时的套利也存在很大的风险。例如参照2010年10月19日之前的有效历史交易数据,白糖SR1105合约和SR1109合约的价差均值为153.2点,最大值为364点,最小值为51点。2010年10月19日,白糖SR1109合约与SR1105合约的收盘价价差缩小到50点,根据历史数据统计,当时价差已经是历史最小值,这是一个很好的入场时机。然而,此后白糖的期价连续创造新高,价差非但没有按照预想的那样扩大,反而继续缩小,到10月27日达到-18点左右,一路创出新低。虽然此后价差重新向均值回归达到150点左右,但是对于套利交易这种追求稳健收益同时仓位较重的投资方式来说,早已经超出了其承受范围,只能止损出场了。在这里投资者要承担高价买入近期合约的风险。因此,市场单边行情是跨期套利的主要风险。

(2)买入套利时的交割风险

当市场出现买入套利机会,投资者进场后,如果价差缩小,当然可以实现双向对冲而获利出局;但如果两者价格差继续扩大,不得不通过交割完成套利操作时,就会产生相应的风险。投资者完成近月交割拿到现货后,再通过交割现货的方式卖出远月合约,过程中会涉及保证金占用资金利息、交割贷款利息、交易手续费、仓储费及损耗、交割费用、增值税等,其中增值税是最大的不确定因素。期间如果远月合约价格继续大幅上涨,则增值税的支出将可能持续增加,吞噬原本就不多的预期利润,甚至可能导致套利出现亏损。

(3)卖出套利中的周期一致性风险

套利的合约之间是否处于同一个生产和消费周期,对于套利能否取得预期的收益影响很大,这在农产品跨期套利中尤为明显。因为农产品有一定的生长和消费周期,在同一个生长和消费周期,受到天气、气候等因素变化的差异较小,相互之间的联动性较强,但如果是对不同生长和消费周期的品种进行卖出套利,那么一旦涉及实物交割就会扩大卖出套利的风险。

2. 期现套利的风险

期现套利是指利用同一商品的期货价格与现货价格之间的价差的异常变化,通过套期保值交易获利。从广义上讲,期现套利是跨期套利的延伸,区别在于它需要通过现场交付。与跨期套利一样,当前套利也可以分为买入套利和卖出套利。期现套利的主要风险如下:

(1)单边行情造成的交易风险

与跨期套利交易一致,根据历史数据统计出来的期现价差也会受到市场单边行情的影响而出现亏损,这里不再赘述。

(2)现货交割风险

期货中规定的交割商品是要符合一定的交割标准的,投资者进行卖现货买期货的卖出套利时,卖出的现货需要满足交易所的交割标准才能注册成为仓单,否则就不能进入交易所指定的仓库成为交割商品进行交割,因此投资者卖出套利存在相应的交割风险。

(3)现货流动性风险

以股指期货的期现套利为例。在中国,由于期货市场和股票(或者基金)市场存在差异,包括期货市场允许卖空、实行保证金交易、具有杠杆效应、T+0交易制度、每日无负债结算制度等。股票(或者基金)市场不能卖空,使得投资者只能采取买股票(或者基金)现货卖股指期货合约的策略;股票(或者基金)市场不是保证金交易,不用追加保证金,而期货市场是保证金交易,需要追加保证金;股指期货市场是 T+0 的交易方式,而股票市场是 T+1 的交易方式,买入当日不能够卖出股票(或者基金),使得两者不能同步开平仓;此外,构建期现套利的现货市场开仓买卖股票(或者基金)时,将会给现货市场造成很大的冲击成本。正是上述差异,使得期现套利有别于跨期套利那样具有较好的流动性,使投资者面临现货流动性风险。

3. 跨品种套利的风险

跨品种套利是指在相同的交割月份下,利用两种相关联的不同商品之间的价差/比值异常变化,进行对冲交易而获利。这两种商品之间具有相互替代性或受同一供求因素制约。例如金属之间、农产品之间、金属与能源品种之间等都可以进行套利交易。跨品种套利的主要风险有以下几个方面:

(1)品种差异风险

跨品种套利组合的不同期货合约间只具有一定程度的相关关系,这种相关关系来源于品种间具有相互替代性或均处于同一产业链,而并不具有确定的因果关系。利用这种相关关系,套利者可以对不同品种的期货合约分别进行做多和做空,以期在有利时机获取价差有利变动所带来的收益。在制定跨品种套利交易策略时,往往不仅要分析品种间的相关性机理、考虑相关性的影响因素,而且要定量分析相关性大小,因此跨品种套利策略存在品种间的差异风险。

(2)价差风险

在跨品种套利交易中,价差是指两种相关商品期货合约的价格之差。如果两种相关商品的期货合约之间的价差不合理,投资者就可以对两种相关商品的期货合约进行方向相反的交易,等待价差趋于合理时再同时平仓以获取收益。因此,价差能否在套利建仓之后"回归"至合理水平,会直接影响投资者的投资损益。例如,在建仓之后,价差的实际变动方向与预期相反,此时若不及时采取措施,则会面临巨大的损失。

4. 跨市场套利的风险

跨市场套利是指利用在两个或更多交易所交易的同一期货商品合约间存在的不合理价差或比值,进行对冲交易而获利。例如伦敦金属交易所与上海期货交易所都进行阴极铜的期货交易,每年两个市场间会出现几次价差超出正常范围的情况,这为交易者的跨市场套利提供了机会。跨市场套利的主要风险有:

(1)标准合约差异风险

这主要体现在涨跌停板不一致和交易所品种交割规则的不一致上。涨跌停板方面,以铜为例,国内沪铜的涨跌停板为6%,而伦敦铜的涨跌停板没有限制,在伦敦出现6%以上的涨跌幅情况下,沪铜以6%涨停板报收,两者之间的套利就会面临较大的风险。交割规则方面,伦敦铜和沪铜的交割也存在差异,上海期货交易所从2021年5月开始,取消了在伦敦金属交易所获准注册的阴极铜、电解铝品牌无须再向上期所申请品牌注册即可作为替代品交割的规定,沪铜和伦敦铜的交割差异也增加了两者之间期现套利的风险。

(2)交易时间差异风险

不同市场存在的交易时差,显然无法使套利建仓和套利对冲做到完全同步,例如国内金属市场和伦敦金属交易所之间就存在这样的时间差异。在市场出现剧烈波动的情况下,因某一市场休市无法建仓或者来不及对冲市场波动带来的风险,足以让套利操作功亏一篑。

(3)追加保证金风险

套利在两个市场之间进行,必然出现一边头寸盈利,而另一边头寸亏损的情况,由于不在同一个市场,套利盈利的部分不能立即用来冲抵亏损的部分,从而带来账面的不平衡。按照交易规则,亏损的一边若不能及时追加保证金,就有被强行平仓或者减仓的风险,极端情况下,亏损的一边还会出现爆仓的风险。显然,这种由套利被动地演变成了单向投机的情况将会带来很大的风险。

(4)汇率波动风险

汇率波动风险主要来自汇率波动是否对当前的套利组合有利。汇率波动有时会使亏损的一边因汇率因素而亏损得更多,而盈利的一边则因货币的贬值而缩水。例如,所做的套利交易在伦敦是盈利的,而在国内是亏损的,当美元贬值和人民币升值的情况下,伦敦以美元计价的盈利会减少,以人民币计价的亏损将会放大,最后造成整个套利的亏损。

(5)物流成本变化风险

物流成本的变化也会影响国内外金属现货贸易的价格。一般来说,如果金属贸易能够盈利,那么也存在相应的跨市场套利机会,因此与金属进出口贸易密切相关的物流成本也是影响跨市场套利的一个重要因素。

(三)投机策略风险

与套期保值策略在期货市场上操作相同,期货的投机策略也是单边交易,因此当价格变动的方向与投资者所预期的方向相反时,由于期货交易的杠杆作用,期货交易者将面临巨大的市场风险。另外,投机策略在平仓时也会面临流动性风险或平仓风险。值得注意的是,投机者由于通常采用高杠杆交易,风险会被进一步放大,而仓位的限制对于投机策略的风险控制能起到一定的作用。

第四节 期货投资风险管理

一、市场风险管理

期货交易策略所面临的市场风险主要为价格风险,在不同交易策略中,市场风险的重要性不同,管理方法也存在差异。

(一)套期保值策略的市场风险管理

在套期保值策略中,期货的市场风险主要体现为基差风险。因此,对于套期保值策略的市场风险管理主要集中在基差管理上。为了防止基差异常变化给套期保值造成超出预期的损失,投资者必须建立合理的风险评估、监控和管理制度。具体而言,套期保值的基差风险管理一般包括以下3个方面:

1. 选择适当的期货合约与套期保值比率

要使套期保值的基差风险最小,必须选择适当的期货合约,使其期货价格与拟保值资产价格之间具有最大相关性,这是从技术上控制套期保值基差风险的有效方法。另外,套期保值的目的是保值,这要求所选期货合约的数量与拟保值资产现货价值匹配,即最优的套期保值比率,可以以一个市场的收益有效冲抵另一个市场的损失。一旦期货合约数量与拟保值资产现货价值不匹配,特别是期货合约数量及价值远远超过拟保值资产现货价值时,就相当于进行了期货的投机操作,将面临巨大的市场风险。

另外,套期保值交易必须选择适当的时间入场,以降低套期保值风险。此外,企业应根据不同的基差对套期保值比例进行动态调整,当基差风险较高时,应适当降低套期保值比率。

2. 建立严格的止损计划,以避免基差异常变化的小概率事件带来的风险

当发现基差朝向不利的方向异常变化,超出规定的水平时,要严格按照制度规定立即平仓止损,以避免更大的损失。

一般来说,套期保值有两种止损策略:一种是基于历史基差模型,即通过历史模型确定基差的正常范围,一旦基差突破历史基差模型的范围,表明市场出现了异常,此时应及时止损;另一种是事先确定最大可接受的损失,一旦触及最大损失,应及时止损。

3. 建立合理的风险评估和监控制度

投资者在进行套期保值操作时,首先要清楚风险是什么以及风险有多大,然后要确保所有可能的结果能够被事先预期,这就要求套期保值者建立有效的基础风险评估和监控体系。在

基础风险评估中,应特别关注可能导致巨大损失的小概率事件。

(二)投机策略的市场风险管理

对于投机策略,市场风险是其面临的主要风险,因此市场风险的管理也显得尤为重要。期货投机者基于对市场价格变动方向的预判,通过在看涨时买入、在看跌时卖出的交易进行获利,对交易者的知识、经验、心理素质和风险管理能力都有着较高的要求,因此投机者应在做好充分准备的前提下再执行投机策略。在投机策略中,投机者对于市场的准确判断以及严格的自我管理是重中之重。

(1)选择合适的品种,准确预测市场价格变化并把握趋势。投机者应选择自己熟悉的期货产品,对所投机的期货品种价格影响因素进行深入分析,准确预测期货价格变动并把握趋势,这是降低投机风险的基本要求。

(2)确定适当的止损点,并严格执行平仓操作。投机者可以根据自身的风险承受能力来确定适合自己的止损点,一旦市场价格到达止损点位时,应严格执行平仓操作,以控制市场风险。

(3)合理进行资产配置,严格将投资在期货产品上的资金量控制在一定水平,从整体上控制期货投机的损失。

(三)套利策略的市场风险管理

由于套利交易的目的在于获取稳定收益,因此投资者应采取适当的方法和措施来将市场风险降低至可承受的水平。

首先,投资者应充分了解套利策略所涉及的两种期货合约,这就要求投资者充分了解期货合约的基础商品,包括其供求因素、价格走势、波动程度以及市场交易的活跃程度等。

其次,投资者应合理使用基本面分析,并利用数理统计技术综合进行判断,例如计算期货不同品种间的相关性、联动性等,并根据自身风险偏好程度和风险承受能力确定合理的价差区间,把握套利的开仓、平仓时机。

最后,投资者应严格设立止损和止盈点。由于期货合约价格可能受到市场不理性因素的影响,因此套利策略的两种期货合约价格可能长期偏离合理价差,这就要求投资者切勿抱有侥幸心理,当价差朝向预期的相反方向变动时,要及时调整策略,必要时平仓出局,以将损失控制在可承受的范围之内。

二、流动性风险管理

流动性风险在一定程度上决定各类策略能否被成功执行,因此,流动性风险管理对于各个期货交易策略来说都非常重要。

(一)套期保值策略的流动性风险管理

对于套期保值策略来说,流动性风险主要来自所选定的期货合约无法及时以合理的价格进行建仓或平仓。值得注意的是,远期合约的流动性通常较差,投资者必须在价格上做出更大的让步才能达成交易,这会导致更高的交易成本。为了规避这一风险,套期保值者可采用以下方法进行流动性风险管理:

1. 选择与保值期结束最近的期货合约月份

根据期货交易制度,越临近结束的期货合约交易量越大,因此投资者应尽量选择与保值期结束最近的期货合约月份,以满足流动性需求。

2. 根据保值所需期货合约数量合理选择不同月份的期货合约

当套期保值所需合约数量较大时,选择单一月份的期货合约,由于其交易量较小可能无法满足流动性要求,此时,应考虑选取同一标的资产的不同月份的期货合约组合,以满足流动性需求。

3. 动态分析不同月份期货合约流动性变化,实时进行平仓操作

根据流动性指标(如量仓比率),实时观测用于套期保值的各个期货合约流动性变化,当期货合约流动性低于规定的水平时,应及时采用反向对冲方法,对期货合约进行对冲,以确保套期保值的效果,避免流动性风险。

(二)套利策略的流动性风险管理

在套利策略中,投资者主要通过在不同品种间,或同一品种的不同市场或不同期限的合约之间进行套利以获取利润。因此,投资品种和合约的选取在很大程度上影响着流动性风险的大小,所以投资者一定要选择交易活跃的品种和合约进行套利。但在实践中,往往流动性较差的期货合约存在套利机会,因此,在买卖期货合约数量上要重点考虑流动性较差的合约对套利的影响。如对跨期套利,同一商品不同交割月份合约的流动性不同,近期合约流动性较远期合约要好,因此,在跨期套利时,买卖合约数量主要考虑远期合约的交易量对反向对冲的影响;对期现套利,买卖合约数量要考虑所选期货合约的交易量是否能满足快速反向对冲的要求,并要留有一定的空间;对跨品种套利,不但在选择品种时要选择交易活跃的品种,同时买卖合约数量要重点考虑跨品种套利相对不活跃期货合约流动性对反向对冲的影响,不能过量进行套利操作,以免产生流动性风险。对于跨市场套利,由于涉及两个市场,即使是同一个期货合约流动性也不相同,因此,在确定买卖合约数量时要重点考虑流动性较差市场中合约交易量对反向对冲的满足程度。

除了期货品种本身的流动性之外,流动性风险还可以来自交易过程的延迟,交易产生延迟的原因包括交易软件故障、人为失误等,遇到这种流动性风险时,投资者只能根据实际情况选择相对较好的处理方式。

(三)投机策略的流动性风险管理

为了有效规避期货投机策略的流动性风险,投机者可以采取以下策略:

1. 选择流动性好的期货品种

为了规避流动性的影响,在选择投资产品时,尽量选择交易量大、流动性好的产品。

2. 控制开仓数量

在进行投资时,充分估计投资品种交易量对反向对冲的影响。如果开仓数量过大,就会引起市场关注,买卖交易将受到流动性不足的影响。

3. 分仓交易

将资金放在多个期货公司的户头下进行分仓交易,以降低市场关注度。

4. 分笔交易

将大单分成多个小单,可以有效避免对市场流动性的干扰。

三、交易风险管理

交易风险主要为平仓风险和交割风险。

由于期货市场的"逐日盯市"、每日结算与保证金执行制度,期货交易者都有可能面临保证金不足时被强行平仓的风险。为应对平仓风险,期货交易者必须有足够的资金储备;另外,在开仓数量方面,要根据自己的资金储备,合理确定开仓数量,若开仓数量过大,后备资金无法满足补充保证金的要求时,将会面临保证金不足时被强行平仓的风险。

大多数投资者并不希望进行实物交割,但如果投资者在期货合约到期前不能及时完成对冲操作,就要承担交割责任,当投资者没有足够的资金或实物进行交割时,就会面临交割风险。期货的交割风险一般存在于需要进行实物交割的情况中,由于现货交割的环节较为复杂,因此很容易出现相关风险。

为了管理期货交易中的平仓风险,投资者应严格进行仓位控制和管理,避免在临近交割月时选择流动性差的期货合约。对于交割风险来说,实物交割对于一般的投资者是不现实的,因此投资者应极力避免这种情况。对投资者来说,如果不选择实物交割,那么在临近交割期时最好不要再持有相应的期货合约。另外,投资者应该事先建立合理、完善的交易流程体系并严格执行,通过制定规章制度及检查监督制度的方式提前防范风险。

案例分析

青山控股集团为何遭到空前逼空[①]

2022年3月初,海外镍市出现一场"史诗级逼空"行情,伦敦金属交易所(LME)三月期镍价疯狂暴涨,在仅仅不到两个交易日的时间内,镍价涨幅就超过248%。3月8日,镍期货价从约50 000美元/吨几乎在瞬间一路狂飙至101 365美元/吨,创出历史新高。镍期货的主力空头中国民企青山控股被逼仓的消息迅速登上热搜头条。LME一场系统性的金融风险似乎又要重演,以至于不得不紧急叫停所有的镍交易。

一、事件回顾

青山控股是一家专门从事不锈钢生产的国内龙头企业,是青山实业旗下五大集团之一。目前青山控股已经建成"原矿—镍铁—不锈钢"的完整产业链,同时生产新能源领域的原材料、中间品及新能源电池,主要应用于储能系统和电动汽车等领域,并在印度尼西亚逐步完善其锂电产业链。据统计,2020年青山控股拥有全球18%的镍市场份额,营业收入已超过3 500亿元。

印度尼西亚是全球镍储备量最多的国家,作为全球最大的镍生产国,印度尼西亚早已成为全球矿业巨头的必争之地,当地的镍行业呈现出印度尼西亚本土企业、西方矿企和中资企业三分天下的局面,中资企业的代表即青山控股。

2009年,青山控股首次投资印度尼西亚,开发红土镍矿,后面陆续布局印度、美国、津巴布韦等海外生产基地。2017年,青山控股进军新能源行业,成立瑞浦能源,并且仅用了3年时间就跻身中国锂电池装机量前五。2021年12月9日,青山控股宣布其在印度尼西亚建设的大

[①] 张学军. 青山控股集团"伦镍事件"的思考与启示[J]. 中国期货,2022(2):68-73.

型电池用高冰镍项目投产。据外界估计,青山控股持有的镍空头头寸约为15万吨。其中只有3万吨是LME场内交易,大约5万吨的空头头寸是通过摩根大通的场外投注持有。

LME镍逼仓事件早在2022年1月就初显端倪。1月初,国内外镍价开启了一轮快速上涨行情,1月7日—21日LME镍涨幅近20%。从基本面来看,当时虽有印度尼西亚镍铁或加征出口关税、缅甸镍铁厂被炸等多项利多消息,但供需基本面的变化似乎并不足以支撑如此巨大的涨幅。到了1月底,青山控股在印度尼西亚布局的低成本高冰镍项目开始量产并发运回国后,镍价涨势才有所放缓。

当时,国内镍现货圈就已经传出青山控股被多头狙击的消息:市场传闻青山控股持有大量LME镍空头头寸。LME官方数据显示,自2022年1月10日开始,某单一客户持有的镍期货仓单占比从30%～39%逐渐增加,到1月19日达到50%～80%。而自1月13日开始,该客户在到期日最近的3张镍期货合约上持有的净头寸与仓单总和,占总仓单的比例已超过90%。这种过分明显集中的头寸,对于一个实施独特会员制度的交易所来说,很容易被理解为有巨大期现货贸易联合体已主导LME镍期货仓单市场,这为LME镍"逼空"事件的爆发埋下重要伏笔。

2月底以来,俄乌局势恶化升级,欧美陆续实施多项对俄制裁举措,虽然制裁并未直接针对俄罗斯油气及铝镍金属出口,LME也一度发布通知阐述制裁对市场的影响,但市场方面对俄罗斯相关资源品交易、贸易、交割受限的顾虑逐步成真,这推动了全球大宗商品价格猛烈波动,LME镍也上演了一场可载入金融史册的罕见巨幅波动。

3月7日,多空双方激战进入白热化。当日镍价从3月4日收盘价28 919美元/吨一路暴涨至55 000美元/吨,并报收于48 078美元/吨,收盘时涨幅高达66.25%,不仅超过历史高点,而且刷新了历史最大单日涨幅纪录。

3月8日,LME镍价在开盘之后经过短期回调,继续保持暴涨态势,在北京时间下午2点左右,日内最大涨幅一度超100%,价格达到101 365美元/吨以上。受到镍价狂飙影响,LME市场上的所有金属价格均出现大幅上涨,其中,锌价飙升约20%,铅价飙升约10%,铝价上涨约4.5%,铜价上涨约4.5%。

面对市场的极端波动,LME最终不得不在伦敦时间08:15(北京时间16:15)起,暂停所有镍合约的交易,镍价定格于80 000美元/吨,其他金属价格也随之全面跳水。随后,LME不仅宣布暂停镍交易,而且取消了在伦敦时间3月8日0:00(北京时间早上08:00)之后执行的所有交易,同时推迟原定于3月9日的所有镍现货交割,多头被迫终止"围猎"。

二、事件分析

作为上游镍元素的开采方,青山控股天然地需要对自己资产负债表内的镍元素进行价格的风险管理,最直接的方式就是通过卖出镍期货进行套期保值。由于青山控股的主要产品是镍铁和高冰镍,而LME镍期货的交割标的则是镍板和镍豆,前者无法直接在LME交割,其交易风险也由此而生。在镍价两天大幅上涨的情况下,空头头寸急需追加大量保证金,面临巨额资金压力,如果无力追加资金而被平仓,就要承担巨额亏损。

究其原因,除了俄乌冲突带来的地缘政治危机以及产业需求旺盛带来的助涨之外,期货非标套保使得多头趁势逼空,以及交易规则缺陷使得逼空有机可乘也是一个主要的因素。

从基本面来看,2022年,原生镍平衡随着新增镍生铁、高冰镍的供应转为过剩,硫酸镍、镍生铁价格承压,而一级镍由于更多的原料端消耗或将延续去库,价格中枢较2021年上移。根据统计,全球纯镍库存2021年已下降63%,而2022年库存仍将下降。俄乌事件发生后,现货贸易不确定性增加,加剧了纯镍短缺忧虑。俄罗斯镍供应主要来自俄镍公司,其产品是精炼镍板,可以注册为LME仓单用于交割。2021年俄镍产量占全球原生镍(包括一级镍和二级镍)产量的6%,占全球一级镍产能的22%,在镍库存偏低且仍将继续下降的情况下,俄镍现货流通性风险导致LME挤兑风险增加,给镍价大幅上涨创造了条件。

尽管短期来看,LME镍风波及负面效应的溢出影响了实体产业,然而从长期意义上看,期货衍生品的套期保值功能依然将是企业发展过程中的重要一环,尤其是期货市场的定价已然成为全球大宗商品贸易定价的最重要基准,并将扩展至越来越多的行业企业,LME镍风波作为单一事件,不应影响实体行业利用金融工具参与风险管理的大趋势。

然而从此次事件中,值得我们反思的是,在进行套保操作的过程中,套期保值应注意以下几点事项:

首先,企业要更了解期货规则。因为不管是在国内还是在国外参与期货市场,肯定要对规则了解得更清晰。之前发生的国储铜、中航油、原油宝等事件,很多应归咎于企业对期货规则不是特别熟悉,或者说可能只是对期货规则有所了解,但并没有真正敬畏规则,而是抱有侥幸心理。

其次,国内企业需要把风控的整个措施或者风控的方案进行完善,了解各类风险,应该及时去研究突发事件对于企业头寸可能产生的影响,并及时做出应对。

另外,国内企业可以考虑在国内期市做套保。国内期市的风险监控能力要比LME好很多,目前来看,LME在监管制度上存在很大的漏洞。而且国内市场用人民币结算,减少了汇兑的风险。在目前的大环境下,如果发生极其不利的反向头寸,相对来说国内企业去市场募集人民币要比募集美元方便很多。这次镍风波中,国内的投资者都是偏谨慎的,在海外镍期货大幅拉涨之后,国内的内外价差越来越大,也就是国内期市相对风险较小。

最后,企业要顺势而为,逆市场去操作的风险较大。企业如果要逆势做套期保值头寸,就应该注意自身流动性的风险,尤其是面对"黑天鹅事件"的发生,要有风险控制能力。

本章小结

本章首先介绍了期货的概念、特征、功能和基本品种,接着介绍了期货投资中常用的几种交易策略,并特别地对国债期货策略中的基差相关内容进行了分析,然后引出期货投资过程中所面临的几种主要风险及其度量方式,包括市场风险、流动性风险和交易风险,并对不同策略面对的风险进行了专门介绍,最后针对以上主要风险提出了风险管理的方法。

关 键 词

期货(Futures)　　　　　　　　　标的资产(Underlying Assets)
风险规避(Risk Aversion)　　　　利率期货(Interest Rate Futures)
股指期货(Stock Index Futures)　套期保值(Hedging)
期现套利(Future-Spot Arbitrage)　跨期套利(Calendar Spread Arbitrage)
跨市场套利(Cross-Market Arbitrage)
跨品种套利(Inter-commodity Spread Arbitrage)

基差风险(Basis Risk)　　　　　　　流动性风险(Liquidity Risk)
交易风险(Transaction Risk)

思考与练习

1. 期货交易面临哪些风险?
2. 期货套期保值面临的主要风险是什么?
3. 期货套利面临的主要风险是什么?
4. 期货投机面临的主要风险是什么?
5. 基差变化对套期保值效果有怎样的影响?
6. 如何防范期货交易的市场风险? 有哪些方法?
7. 如何防范期货交易的流动性风险? 有哪些防范措施?
8. 如何防范期货交易性风险? 有哪些防范措施?
9. 如何防范期货套期保值的基差风险?

参考文献

1. 李泽海,刘海龙. 期货合约流动性度量方法及实证分析[J]. 系统管理学报,2012,21(1):29-33.
2. 徐亮,董德志. 国债基差交易(上):基差交易的几个概念[R]. 国信证券研究报告,2020.
3. 徐亮. 国债期货投资策略与实务[R]. 北京:经济科学出版社,2020.
4. 〔加〕约翰·赫尔. 期权、期货及其他衍生产品[M]. 10版. 王勇,索吾林,译. 北京:机械工业出版社,2018.
5. 中国期货业协会. 期货及衍生品分析与应用[M]. 4版. 北京:中国财政经济出版社,2021.
6. 杨业伟. 国债期货分析基础与交易策略应用——国债期货方法论[R]. 西南证券研究报告,2019.
7. 李勇,邹坤. 国债期货专题之———国债期货套利策略研究[R]. 东北证券研究报告,2018.

第十章

期权投资的风险管理

引 言

期权是近几十年来全球金融领域最重要的创新之一。1973年,经美国证券交易委员会(SEC)批准,芝加哥期权交易所(CBOE)成立,成为世界上第一个规范化的股票期权交易场所,并推出了标准化的股票期权合约。2015年2月9日,中国内地首只场内期权品种上证50ETF于上海证券交易所上市,宣告着中国资本市场期权时代的到来。

期权作为重要的金融工具,被国内外资管机构广泛使用,在控制市场风险、增加资产收益和创设金融产品方面发挥了重要作用。本章将围绕期权交易的风险管理展开论述。本章首先介绍期权及期权市场的基本概念,包括期权的概念、要素、分类、特点和功能,然后介绍期权投资中常用的交易策略,包括方向性策略、波动率策略和对冲策略。接下来介绍期权投资过程中所面临的几种主要风险及其度量方式,包括市场风险、流动性风险以及交易风险,并针对这几种主要风险提出管理的方法。最后通过案例对期权交易的风险进行分析。

第一节 期权市场概述

一、期权的要素与分类

期权是一种合约,该合约赋予持有人在某一特定日期或该日之前的任何时间以固定价格买进或卖出一种资产的权利,但不负有必须买进或卖出的义务。期权交易事实上是这种权利的交易,买方有执行的权利也有不执行的权利。

(一)期权的基本要素

为了准确理解期权这一金融工具,首先需要深刻领会与期权有关的几个基本概念,厘清期权交易中的相关权利义务关系。期权主要有以下几个构成要素。

1. 标的资产

每一期权合约都有标的资产(Underlying Assets),标的资产可以是金融产品中的任何一种,如普通股票、股价指数、期货合约、债券、外汇等。通常,把标的资产为股票的期权称为股票期权,以此类推。所以,金融期权有股票期权、股票指数期权、外汇期权、利率期权、期货期权等,它们通常在证券交易所、期权交易所、期货交易所挂牌交易,当然,也有场外交易。

2. 期权行使价

期权行使价(Strike Price, Exercise Price)是指在行使期权时,用以买卖标的资产的价格。在大部分交易的期权中,标的资产价格接近期权的行使价。行使价格在期权合约中都有明确的规定,通常是由交易所按一定标准以减增的形式呈现,故同一标的的期权有若干个不同行使价格。一般来说,在某种期权刚开始交易时,每一种期权合约都会按照一定的级距给出几个不同的执行价格,然后根据标的资产的变动适时增加。至于每一种期权有多少个执行价格,取决于该标的资产的价格波动情况。投资者在买卖期权时,对执行价格选择的一般原则:选择在标的资产价格附近交易活跃的执行价格。

3. 标的资产数量

期权合约明确规定合约持有人有权买入或卖出标的资产数量(Quantity)。例如,一张标准的股票期权合约所买卖股票的数量为 100 股,但在一些交易所也有例外,如在香港期货交易所交易的股票期权合约,其标的股票的数量等于该股票每手的买卖数量。

4. 行使时限(到期日)

每一期权合约都具有有效的行使期限(Expiration Date, Expiry Date),如果超过这一期限,期权合约即失效。一般来说,期权的行使时限为 1~3、6、9 个月不等,单个股票的期权合约的有效期至多为 9 个月。场外交易期权的到期日根据买卖双方的需要量身订制。但在期权交易场所内,任何一只股票都要归入一个特定的有效周期,有效周期可分为以下几种:(1)1 月、4 月、7 月、10 月;(2)2 月、5 月、8 月和 11 月;(3)3 月、6 月、9 月和 12 月。它们分别被称为 1 月周期、2 月周期和 3 月周期。

按执行时间的不同,期权主要可分为两种:欧式期权和美式期权。欧式期权是指只有在合约到期日才被允许执行的期权,它在大部分场外期权交易中被采用;美式期权是指可以在成交后有效期内任何一天被执行的期权,多为场内交易所采用。

5. 期权交易方

任何一种交易中都既有购买方也有出售方,期权交易也不例外。期权购买方(Buyer),也称为持有者(Holder)或期权多头,在支付期权费之后,就拥有了在合约规定的时间行使其购买或出售标的资产的权利,也可以不行使这个权利,而且不承担任何义务。

期权的出售方(Seller),也叫作签发者(Writer)或期权空头,在收取买方所支付的期权费之后,就承担了在规定时间内根据买方要求履行合约的义务,而没有任何权利。也就是说,当期权买方按合约规定行使其买进或卖出标的资产的权利时,期权出售方必须依约相应地卖出或买进该标的资产。

显然,在期权交易中,买卖双方在权利和义务上有着明显的不对称性,期权费正是作为这一不对称性的弥补,由买方支付给卖方的。一经支付,无论买方是否行使权利,其所付出的期权费均不退还。

按期权买方的权利划分,期权可分为看涨期权(Call Option)和看跌期权(Put Option)。凡是赋予期权买方以执行价格购买标的资产权利的合约,就是看涨期权;而赋予期权买方以执行价格出售标的资产权利的合约就是看跌期权。很显然,那些担心未来价格上涨的投资者将成为看涨期权的买方,而那些担心未来价格下跌的投资者将成为看跌期权的买方。

6. 期权价格

期权是其卖方将一定的权利赋予买方而自己承担相应义务的一种交易,作为给期权出售方承担义务的报酬,期权买方必然支付给期权卖方一定的费用,称为期权费或期权价格。期权费与执行价格是期权合约中两个完全不同的价格:期权费是指期权合约本身的价格,而执行价格则是指事先约定的期权合约中标的资产的交易价格。

期权费的存在是与期权交易的单向保险性质相联系的,对期权和期货(远期)交易进行比较,将有助于理解期权费的基本性质。同样作为避险的金融工具,市场主体在运用期货(远期)进行保值的时候,直接根据需要进入合约的多头方或是空头方,在他们把亏损的可能即风险的不利部分转移出去的同时,也把盈利的可能即风险的有利部分转移出去了,其最大的优点在于获得了确定的市场价格,因而是一种双向保值。而期权则完全不同,一般而言,通过期权保值的市场主体会选择进入期权的多头方,进一步根据自己买卖的需要选择看涨或看跌期权,在期权交易中,多头方享有执行与否的主动权,因而只把风险的不利部分转嫁出去而保留了风险的有利部分,所以是一种单向保值。很显然,期权是相对更有利的保值工具。然而,避险者进入期货(远期)合约是几乎无需任何初始成本的,而进入期权多头方则需要支付相应的成本,即期权费。再进一步拓展思考,市场主体买入期权,就如同向期权卖方投了一个规避市场价格不利变化的保险,因而其支付的期权费与投保人向保险公司支付的保险费在本质上是一致的,都是为了单向规避风险而付出的代价,而这也正是在英文中,期权费和保险费为同一单词(Premium)的根本原因。

期权价格由内在价值和时间价值两部分组成。

(1)内在价值

内在价值(Exercise Value)是指立即履行期权合约时可获取的收益。具体来说,可以分为实值期权、虚值期权和两平期权。不同期权的内在价值如表10-1所示。

表10-1　　　　　　　　　　　　不同期权的内在价值

类别	看涨期权	看跌期权
实值期权	期权执行价格＜实际价格	期权执行价格＞实际价格
虚值期权	期权执行价格＞实际价格	期权执行价格＜实际价格
两平期权	期权执行价格＝实际价格	期权执行价格＝实际价格

①实值期权。当看涨期权的执行价格低于当时的实际价格,或者当看跌期权的执行价格高于当时的实际价格时,该期权为实值期权。

②虚值期权。当看涨期权的执行价格高于当时的实际价格,或者当看跌期权的执行价格低于当时的实际价格时,该期权为虚值期权。当期权为虚值期权时,内在价值为0。

③两平期权。当看涨期权的执行价格等于当时的实际价格,或者当看跌期权的执行价格等于当时的实际价格时,该期权为两平期权。当期权为两平期权时,内在价值为0。

(2)时间价值

期权距到期日时间越长,大幅度价格变动的可能性越大,期权买方执行期权获利的机会也越大。与较短期的期权相比,期权买方对较长时间的期权应付出更高的期权费。

值得注意的是,期权费与到期时间的关系是一种非线性的关系,而不是简单的倍数关系。期权的时间价值(Time Value)随着到期日的临近而减少,期权到期日的时间价值为 0。

期权的时间价值反映了期权交易期间时间风险和价格波动风险,当合约 0% 或 100% 履约时,期权的时间价值为 0。

$$期权的时间价值 = 期权价格 - 内在价值 \qquad (10-1)$$

(3)实值期权、虚值期权及两平期权的价格差别

表 10-2 所示的是实值期权、虚值期权及两平期权的价格差别。虚值期权和两平期权的内在价值为 0,到期日的时间价值为 0。

表 10-2　　　　　　　　实值期权、虚值期权及两平期权的价格差别

类别	期权价格(未到期)	期权价格(到期)
实值期权	内在价值+时间价值	内在价值
虚值期权	时间价值	0
两平期权	时间价值	0

(二)期权的分类

1. 按照权利类型划分

期权可以分为看涨期权和看跌期权两类;结合交易方向,期权交易可以组成 4 种交易方式,即买入买权(Long Call)、卖出买权(Short Call)、买入卖权(Long Put)和卖出卖权(Short Put)。

2. 按照行权方式划分

期权又可以分为欧式期权和美式期权。对于欧式期权,买方持有者只能在到期日选择行权;对于美式期权,买方可在成交后、到期日之前的交易时段选择行权。

3. 按照挂钩标的划分

期权可以分为金融期权和商品期权两大类。金融期权又可进一步分为股指期权、股票期权和外汇期权、利率期权等类型。在中国,股指期权包含沪深 300 指数期权与中证 1000 股指期权,在中国金融期货交易所上市交易;股票期权如 ETF 期权包括上证 50ETF 期权、创业板 ETF 期权、中证 500ETF 期权和沪深 300ETF 期权,其中上证 50ETF 期权在上海证券交易所上市交易,创业板 ETF 期权和中证 500ETF 期权在深圳证券交易所上市交易,沪深 300ETF 期权在上海证券交易所和深圳证券交易所均有交易;外汇期权在银行间外汇市场进行交易,交易品种包括 USD/CNY、EUR/CNY、JPY/CNY、HKD/CNY 和 GBP/CNY。

商品期权分布在 3 家商品期货交易所:郑州商品交易所(棉花、白糖期权等)、上海期货交易所(铜、黄金、天然橡胶期权等)、大连商品交易所(棕榈油期权、铁矿石等)。商品期权门槛普遍比金融期权低,一般投资者开通期货账户后一段时间,就能拥有交易期权的资质。

中国上市交易期权品种见表 10-3。

表 10-3　　　　　　　　　　中国上市交易期权一览

交易场所	交易品种
上海证券交易所	上证 50ETF 期权、沪深 300ETF 期权

续表

交易场所	交易品种
深圳证券交易所	沪深 300ETF 期权、创业板 ETF 期权、中证 500ETF 期权
中国金融期货交易所	沪深 300 指数期权、中证 1000ETF 期权
外汇市场	人民币外汇期权:USD/CNY、EUR/CNY、JPY/CNY、HKD/CNY、GBP/CNY
郑州商品交易所	农产品:棉花期权、白糖期权、菜籽粕期权 非农产品:PTA 期权、甲醇期权、动力煤期权
上海期货交易所	有色金属:铜期权、铝期权、锌期权 贵金属:黄金期权 能源化工:原油期权、天然橡胶期权
大连商品交易所	农产品:玉米期权、豆粕期权、棕榈油期权 工业品:铁矿石、聚乙烯期权、聚氯乙烯期权、聚丙烯期权、液化石油气期权

4. 按照复杂程度划分

期权可以分为普通期权(Vanilla Options,也称为常规期权或者香草期权,即普通的欧式期权和美式期权)和奇异期权(Exotic Options)。

所谓奇异期权,是相对于标准或普通期权而言的,它们是一类在产品结构上更为复杂的期权。奇异期权通常是在传统期权的基础上加以改头换面,或通过各种组合而形成的。

奇异期权的分类如图 10-1 所示。

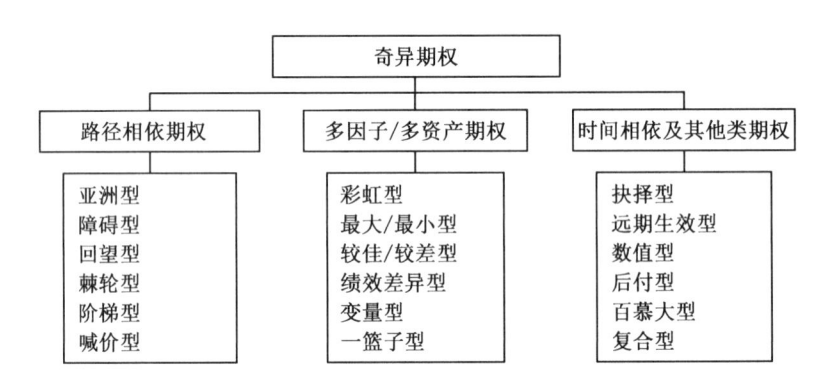

```
                        奇异期权
          ┌───────────────┼───────────────┐
     路径相依期权      多因子/多资产期权   时间相依及其他类期权
      亚洲型              彩虹型              抉择型
      障碍型              最大/最小型         远期生效型
      回望型              较佳/较差型         数值型
      棘轮型              绩效差异型          后付型
      阶梯型              变量型              百慕大型
      喊价型              一篮子型            复合型
```

图 10-1 奇异期权的分类

5. 按照交易场所划分

期权可以分为场内期权和场外期权,前者在场内交易场所进行交易,后者在场外市场交易。

二、期权的特点与功能

(一)期权的特点

1. 期权买卖双方所承担的权利和义务不同

期权买方只有权利而不必承担履约义务,期权卖方只有履约义务而不具有相应的权利。

2. 期权买卖双方的盈亏特征不同

期权买方可能遭受的最大损失是其支付的期权费,但收益没有上限;而期权卖方最大的收益是期权费,遭受的损失却可能远超过期权费。当标的资产价格发生有利于买方的变化时,买方可能获得巨额收益,而卖方将遭受巨大亏损;当标的资产价格对买方不利时,买方会选择放弃行权。如果期权无效,则买方将失去购买期权的所有成本,即权利金。另外,买方还可以通过出售期权在合约到期前平仓。虽然期权价格的下降也会带来一些损失,但不会损失全部权利金。因此,买方的最大损失是购买期权的权利金,这也是期权卖方最大的收益。

3. 对期权买卖双方缴纳保证金的要求不同

因为买方最大的损失只是所支付的期权费,所以不需要缴纳保证金;而卖方却可能遭受巨大亏损,所以必须支付保证金作为履约担保。

4. 从风险对冲的角度来看,买入和卖出期权的作用是不同的

标的资产的价格风险可以通过买入期权来加以规避,而卖出期权却只能获取一定收入,无法实现规避标的资产价格风险的目的。

5. 期权交易具有独特的非线性盈亏结构

期权交易的非线性盈亏结构与证券、期货的线性盈亏结构有很大不同。越是实值期权,杠杆作用越小;越是虚值期权,杠杆作用越大。

6. 期权交易的策略多样

无论标的资产价格处于上涨、下跌还是盘整期,均可以找到对应的期权策略进行操作。另外,对于同样的市场行情,也有多种交易策略,例如买入看涨期权、买入价差期权、卖出看跌期权等策略均适用于牛市行情。

(二)期权的功能

期权与期货一样,都具有价格发现、风险管理和资产配置等功能。但相比于期货,期权在风险管理、增强收益、仓位管理和促进金融市场创新等方面又具有自身独特的功能与作用。

1. 风险管理功能

首先,期权可以提供关于标的资产不利变动的"保险"功能,控制价格不利变动的损失。期权买方通过支付权利金而获得权利,这种权利使期权买方可以在规定的时间内以约定价格从期权卖方处获得标的资产,或将标的资产出售给期权卖方。因此,从某种程度上讲,购买期权类似于购买保险,期权买方所支付的权利金就相当于保险费。

其次,可以更有效地管理波动性风险。期权的权利金与标的资产的波动率密切相关,它不仅反映了时间、利率以及资产价格波动风险的因素,而且包含了投资者对于未来现货价格波动的预期,因此期权可以而且更适合在管理方向性风险的同时管理波动性风险。

2. 增强收益功能

利用期权增强收益,其原理为通过卖出期权获得权利金收入,以此提高整体投资组合的收益。备兑看涨策略是最常用的策略。备兑看涨策略是指在持有股票投资组合的基础上卖出股指看涨期权,通过牺牲股市上涨的部分利润来提高整体投资组合在一定价格区间的收益。2018年格林威治调研报告显示,在使用期权的机构投资者中,备兑看涨策略的使用比例达到了29%,是最受机构青睐的一个策略。

3. 仓位管理功能

利用期权进行仓位管理。资管机构期望在预期价位买入或者增持股票,可以买入看涨期权,相当于在低位建仓。资管机构如果已持有标的证券,并计划在预期价位以上减持股票,就可以减持买入行权价在预期卖出价位附近的认购期权。合约到期时若证券价格高于行权价,

则高价卖出股票,如果股票继续上涨,则至少认购期权的收益可以补足机会成本,如果减仓成功,股票下跌,则仅损失认购的权利金。

4. 促进金融市场创新

期权是金融创新的产物,也反过来促进了金融创新。市场参与者利用不同到期日、不同执行价格、不同变量及杠杆的期权进行多样化组合,创造出不同的策略和产品,以满足各自交易、投资及风险管理的需要。因此,期权是当今金融市场上最受欢迎的衍生工具之一,在资产管理领域具有广泛的应用,成为各种结构化金融产品的基本构成要素。

第二节 期权投资策略

期权投资策略可以分为方向性投资策略和非方向性投资策略,其中方向性投资策略中还包括一种特殊的对冲策略。在非方向性投资策略中,收益不受价格涨跌的影响,在牛市和熊市中均有盈利的空间;而方向性投资策略中,收益往往受到价格涨跌的影响,只有正确预测趋势才可以获利。在期权应用中,方向性投资策略包括买入看涨/跌策略、卖出看涨/跌策略、牛市看涨/跌策略以及熊市看涨/跌策略等;对冲策略包括备兑看涨/跌策略和保护性看涨/跌策略等;非方向性投资策略主要是指波动率策略,包括买入/卖出跨式策略、买入/卖出宽跨式策略等。

一、方向性投资策略

方向性投资策略主要侧重于预测标的物未来价格趋势的方向,同时考虑市场波动率的可能变化。根据标的价格未来走向的不同,这种策略可以分为看涨策略和看跌策略。这里主要介绍 8 种方向性策略,其中,看涨策略可以通过买入看涨期权策略、卖出看跌期权策略、构建牛市看涨期权价差策略或牛市看跌期权价差策略来实现;看跌策略可以通过买入看跌期权策略、卖出看涨期权策略、构建熊市看跌期权价差策略或熊市看涨期权价差策略来实现。

(一)看涨策略

1. 买入看涨期权策略

该策略是指期权买方向卖方支付一定的权利金,以获得在未来某时间以事先约定的行权价购买标的物的权利。若标的物的价格上涨,则期权买方可以选择行权或平仓,从而获得价格上涨的收益。其盈亏见图 10-2 中的左图。因此,当投资者预期标的物价格将上涨时,可以买入看涨期权。之所以买入看涨期权而不是买入标的物,是因为要避免因价格下跌而扩大损失,同时当价格上涨时,可以用较少的资金获得更大的收益。

对于看涨期权的买方来说,当市场价格上涨时,理论上其潜在盈利是无限的;而当市场价格下跌时,风险是有限的,最大的损失是支付的权利金。当期权到期时,市场价格高于盈亏平衡点的幅度越大,期权买方的盈利就越大。

2. 卖出看跌期权策略

该策略是指期权卖方事先收取一定的权利金,从而在期权买方行权时需要承担履约的义务。如果看跌期权到期时被放弃行权,则卖方的收益为全部的权利金。当投资者预期市场下跌的概率较小时,可以使用卖出看跌期权的策略。当投资者预期标的价格不会下跌(上涨或窄幅震荡),且波动率会下降时,卖出看跌期权的策略更合适。当标的物价格上涨时,卖出看跌期权的收益将随标的物价格的上涨而增加,但最大收益为权利金。当标的物价格下跌时,卖出看跌期权和买入标的物一样将遭受损失,但权利金的收入可以部分弥补价格下跌所造成的损失。

对于看跌期权的卖方来说,市场价格下跌会使看跌期权面临风险,而当市场价格上涨时,则可能获得全部的权利金作为收益,盈亏平衡点是行权价减去卖出期权所收取的权利金。期权到期时,标的物价格越是小于盈亏平衡点,期权卖方的损失就越大。卖出看跌期权的盈亏,见图 10-2 中的右图。

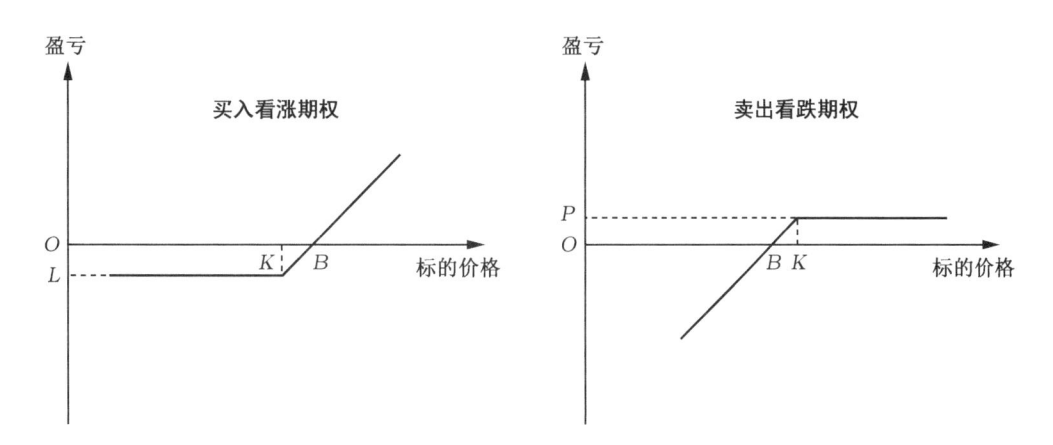

图 10-2 买入看涨期权策略、卖出看跌期权策略的盈亏结构

3. 构建牛市看涨期权价差策略

牛市看涨期权价差策略又称为买入看涨价差策略,构建方法是在买入低行权价看涨期权的同时,卖出同一到期日的高行权价的看涨期权,两者比例为 1∶1。通常情况下,买入的看涨期权处于平值或浅度虚值状态,因此所要支付的权利金较多,而卖出的看涨期权虚值程度更深,收取的权利金更少,因此投资者通常需要净支付权利金。当投资者预期市场价格将上涨,但上涨程度有限,或投资者希望降低买入看涨期权的权利金成本时,可以使用此策略。

期权到期时,如果市场价格上涨至卖出的看涨期权的行权价及以上,则投资者可以获得最大收益。在不考虑交易成本的情况下,该策略的最大收益为卖出的看涨期权和买入的看涨期权的行权价之差再减去净权利金费用,最大损失是净权利金支出,盈亏平衡点为买入的看涨期权的行权价加上净权利金支出。其盈亏状况见图 10-3 中的左图。

4. 构建牛市看跌期权价差策略

牛市看跌期权价差策略的构建方法是:在买入低行权价看跌期权的同时,卖出同一到期日的高行权价的看跌期权,两者比例为 1∶1。通常情况下,卖出的看跌期权处于平值或浅度虚值状态,因此收取的权利金较多,而买入的看跌期权的虚值程度更深,支付的权利金更少,因此投资者通常会获得净权利金收入。当投资者预期市场价格将上涨,但上涨程度有限,或投资者不想承受卖出看跌期权所带来的无限潜在风险时,可以使用该策略。

期权到期时,如果市场价格上涨至卖出的看跌期权的行权价及以上,则高行权价的看跌期权将不会被行权,同时投资者也将放弃低行权价看跌期权的行权,此时投资者可获得最大收益。在不考虑交易成本的情况下,该策略的最大收益是权利金的净收入,最大损失是卖出的看跌期权与买入的看跌期权的行权价之差再减去权利金净收入,盈亏平衡点为卖出看跌期权的行权价减去权利金净收入。其盈亏情况见图 10-3 中的右图。

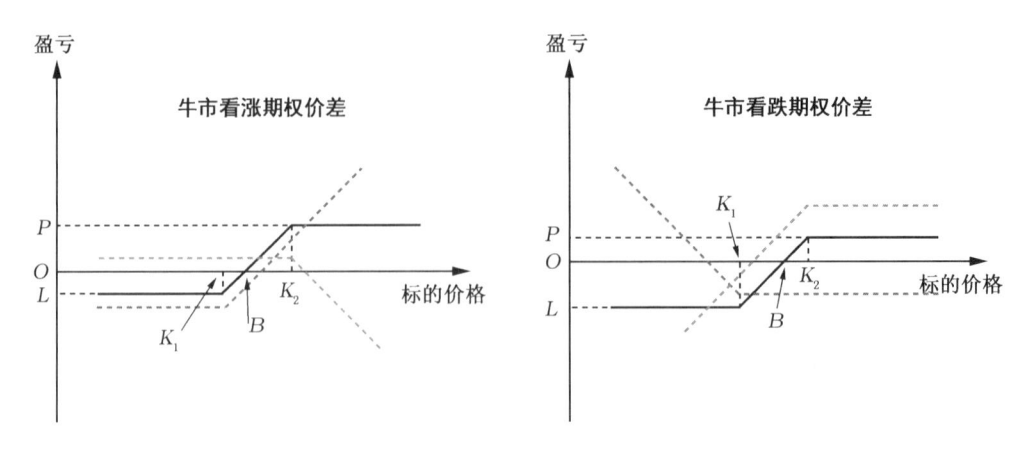

图 10-3　牛市看涨期权价差策略、牛市看跌期权价差策略的盈亏结构

(二)看跌策略

1. 买入看跌期权策略

该策略是指期权买方向卖方支付一定的权利金,以获得在未来某一时间以事先约定的行权价卖出标的物的权利。若标的物的价格下跌,则期权买方可以选择行权或平仓,从而获得价格下跌的收益。因此,当投资者预期标的物价格将下跌时,可以买入看跌期权。买入看跌期权可以避免因标的物价格下跌而带来的损失,同时在价格下跌时,可以用较少的资金获得更大的收益。

对于看跌期权的买方来说,当市场价格下跌时,其潜在收益上升;而当市场价格上涨时,风险是有限的,最大损失是支付的权利金。在不考虑交易成本的情况下,期权到期时的盈亏平衡点是行权价减去买入期权时所支付的权利金。其盈亏情况见图 10-4 中的左图。

2. 卖出看涨期权策略

该策略是指卖方事先收取一定的权利金,从而在期权买方行权时需要承担履约的义务。如果看涨期权到期被放弃行权,则卖方的收益为全部的权利金。当投资者预期标的价格不会上涨(下跌但幅度不大)时,该策略较为合适。当标的物价格下跌时,卖出看涨期权的收益将随标的物价格的下跌而增加,但最大收益为权利金。当标的物价格上涨时,卖出看涨期权与卖出标的物一样会遭受损失,但权利金的收入可以部分弥补价格上涨所造成的损失。

对于看涨期权的卖方来说,市场价格上涨会使看涨期权面临风险,而当市场价格下跌时,则可能获得全部权利金作为收益,该策略的盈亏平衡点为行权价加上所收取的权利金。其盈亏情况见图 10-4 中的右图。

3. 构建熊市看跌期权价差策略

熊市看跌期权价差策略的构建方法是,在买入高行权价看跌期权的同时,卖出同一到期日的低行权价的看跌期权,两者比例为 1:1。通常情况下,买入的看跌期权处于平值或浅度虚值状态,因此所要支付的权利金较高,而卖出的看跌期权虚值程度更深,收取的权利金更少,因此投资者通常需要净支出权利金。当投资者预期市场价格将下跌,但下跌程度有限,或投资者希望降低买入看跌期权的权利金成本时,可以使用该策略。

期权到期时,如果市场价格下跌至卖出看跌期权的行权价及以下,则投资者可以获得最大

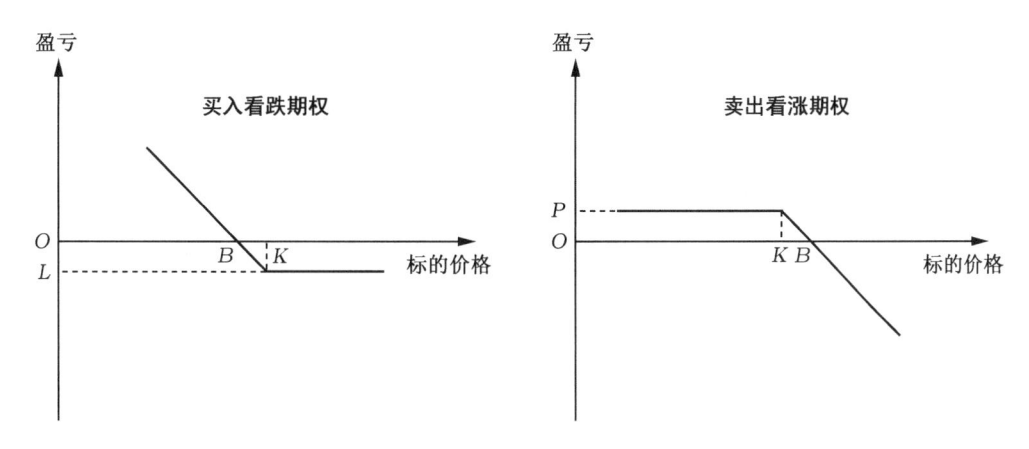

图 10-4 买入看跌期权策略、卖出看涨期权策略的盈亏结构

收益。在不考虑交易成本的情况下,策略的最大收益为卖出的看跌期权与买入的看跌期权的行权价之差再减去权利金净支出,最大亏损是权利金净支出,盈亏平衡点为买入看跌期权的行权价减去权利金净支出。其盈亏情况见图 10-5 中的左图。

4. 构建熊市看涨期权价差策略

熊市看涨期权价差策略的构建方法是,在买入高行权价看涨期权的同时,卖出同一到期日的低行权价的看涨期权,两者比例为 1∶1。通常情况下,卖出的看涨期权处于平值或浅度虚值状态,因此收取的权利金较高,而买入的看涨期权虚值程度更深,支付的权利金更低,因此投资者通常会获得净权利金收入。当投资者预期市场价格将下跌,但下跌程度有限,或投资者不想承受卖出看涨期权所带来的无限潜在风险时,可以使用该策略。

期权到期时,如果市场价格下跌至卖出的看涨期权的行权价及以下,则低行权价的看涨期权将不会被行权,同时投资者也将放弃对高行权价的看涨期权的行权,此时投资者可获得最大收益。在不考虑交易成本的情况下,该策略的最大收益是权利金的净收入,最大损失是买入的看涨期权与卖出的看涨期权的行权价之差再减去权利金净收入,盈亏平衡点为卖出看涨期权的行权价加上权利金净收入。其盈亏情况见图 10-5 中的右图。

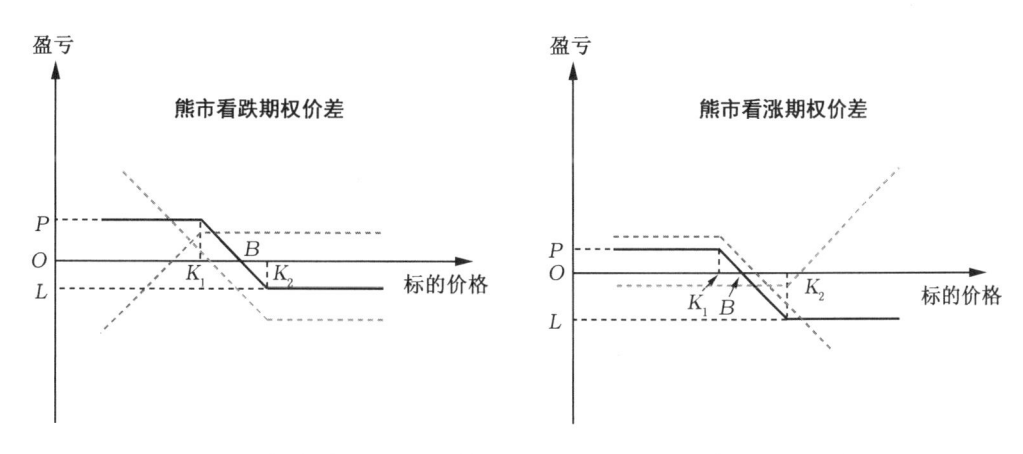

图 10-5 熊市看跌期权价差策略、熊市看涨期权价差策略的盈亏结构

二、波动率策略

(一)卖出跨式期权策略

卖出跨式期权策略由卖出相同到期日、相同数量的平值看涨期权和平值看跌期权组成。当投资者预期市场价格不会大幅上涨或下跌时,可以选择该策略从价格波动较小的市场中获利。

期权到期时,如果市场价格的波动幅度不超过卖出看涨、看跌期权的权利金之和,则该策略可以盈利,反之则面临亏损。在不考虑交易成本的情况下,该策略的盈亏平衡点有两个,一个是行权价加上收取的全部权利金,另一个是行权价减去收取的全部权利金。如图10-6中的左图。

(二)卖出宽跨式期权策略

与卖出跨式期权策略相类似,卖出宽跨式期权策略也是由卖出相同到期日、相同数量的看涨期权和看跌期权组成。但与卖出跨式期权策略不同,卖出宽跨式期权策略需要选择虚值的看涨期权和看跌期权进行交易。由于宽跨式期权策略的两个期权在建仓时都处于虚值状态,因此卖方收取的权利金要比跨式期权更少。当投资者预期市场不会剧烈波动而只是进行窄幅调整时,可以使用卖出宽跨式期权策略来获取权利金收入。

期权到期时,如果市场价格介于卖出的两个期权的行权价之间,则该策略获得最大盈利。当市场价格上涨但上涨幅度不超过看涨期权的行权价加上权利金,或市场价格下跌但下跌幅度不低于看跌期权行权价减去权利金时,该策略可以盈利;反之则会出现亏损。由此可见,卖出宽跨式期权策略的收益有限,若市场价格出现大幅度的上涨或下跌,则策略卖方在任一个方向都面临极大的潜在损失。该策略的盈亏平衡点有两个,一个是看涨期权的行权价加上全部权利金,另一个是看跌期权的行权价减去全部权利金。其盈亏情况见图10-6中的右图。

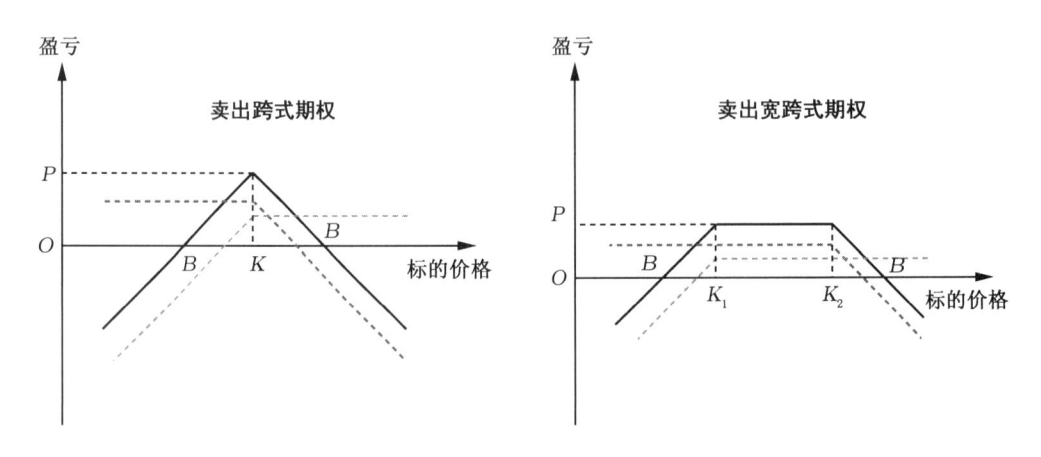

图10-6 卖出跨式期权策略、卖出宽跨式期权策略的盈亏结构

(三)买入跨式期权策略

买入跨式期权策略由买入相同到期日、相同数量的平值看涨期权和平值看跌期权组成。

当投资者预期市场将大幅波动,但不确定波动的方向时,可以选择该策略从价格的大幅波动中获利。

期权到期时,如果市场价格上涨或下跌的幅度超出所支付的权利金之和,则该策略可以盈利,反之则面临亏损。在不考虑交易成本的情况下,该策略的盈亏平衡点有两个,一个是行权价加上所支付的全部权利金,另一个是行权价减去所支付的全部权利金。其盈亏情况见图 10-7 中的左图。

(四)买入宽跨式期权策略

与买入跨式期权策略相类似,买入宽跨式期权策略也是由买入相同到期日、相同数量的看涨期权和看跌期权组成。但与买入跨式期权买入平值期权不同,买入宽跨式期权策略需要选择虚值的看涨期权和看跌期权进行交易。由于宽跨式期权策略的两个期权在建仓时都处于虚值状态,因此买方支付的权利金要比跨式期权更少。当投资者预期市场将会大幅波动,但不确定波动的方向时,可以使用该策略来获取收益。

当市场价格上涨或下跌的幅度超过所支付的全部权利金时,该策略可以获得收益,反之则面临亏损。值得注意的是,当市场价格大幅上涨或大幅下跌时,策略买方在任一方向上的潜在收益都是极大的。该策略的盈亏平衡点有两个,一个是看涨期权的行权价加上所支付的全部权利金,另一个是看跌期权的行权价减去所支付的全部权利金。其盈亏情况见图 10-7 中的右图。

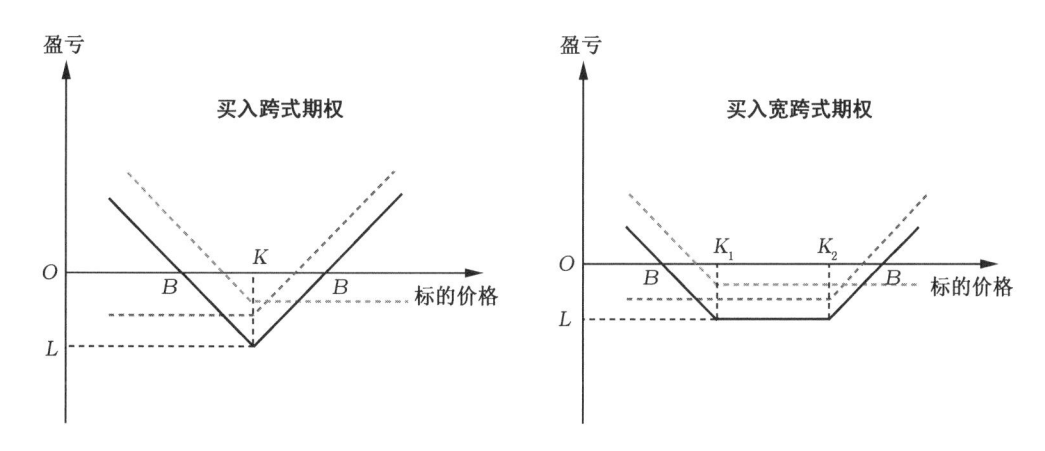

图 10-7 买入跨式期权策略、买入宽跨式期权策略的盈亏结构

三、对冲策略

(一)备兑看涨期权策略

备兑看涨期权策略由卖出看涨期权和买入标的物所构成,标的物多头为看涨期权空头提供了保护(备兑)。当投资者持有标的物但预计市场上涨幅度有限,又想增加收益时,可以使用该策略。其盈亏情况见图 10-8 中的左图。

如果市场价格上涨,则期权买方将在期权到期时行权,而卖出看涨期权将获得标的的空头头寸,同时利用多头头寸进行对冲;如果市场价格下跌,标的物的多头头寸将遭受损失,但此时期权买方将放弃行权,因此卖出看涨期权的权利金收入可以弥补部分损失。当权利金收入不足以弥补标的物多头的损失时,该策略将面临亏损;该策略的最大收益是看涨期权的行权价与标的物价格间的差额,再加上权利金收入;盈亏平衡点为买入标的物的价格减去收取的权利金。备兑看涨期权等价于看跌期权的空头。

(二)备兑看跌期权策略

备兑看跌期权策略由卖出看跌期权和卖出标的物所构成,标的物空头为看跌期权空头提供了保护。当投资者卖出标的物但预计市场下跌幅度有限,又想增加收益时,可以使用该策略。其盈亏情况见图10-8中的右图。

如果市场价格下跌,则期权买方将在期权到期时行权,而卖出看跌期权将获得标的的多头头寸,同时利用空头头寸进行对冲;如果市场价格上涨,标的物的空头头寸将遭受亏损,但此时期权买方将放弃行权,因此卖出看跌期权的权利金可以弥补部分损失。当权利金收入不足以弥补标的物空头头寸的损失时,该策略将面临亏损;该策略的最大收益是标的物价格与看跌期权行权价之间的差额,再加上权利金收入;盈亏平衡点为卖出标的物的价格加上收取的权利金。备兑看跌期权等价于看涨期权的空头。

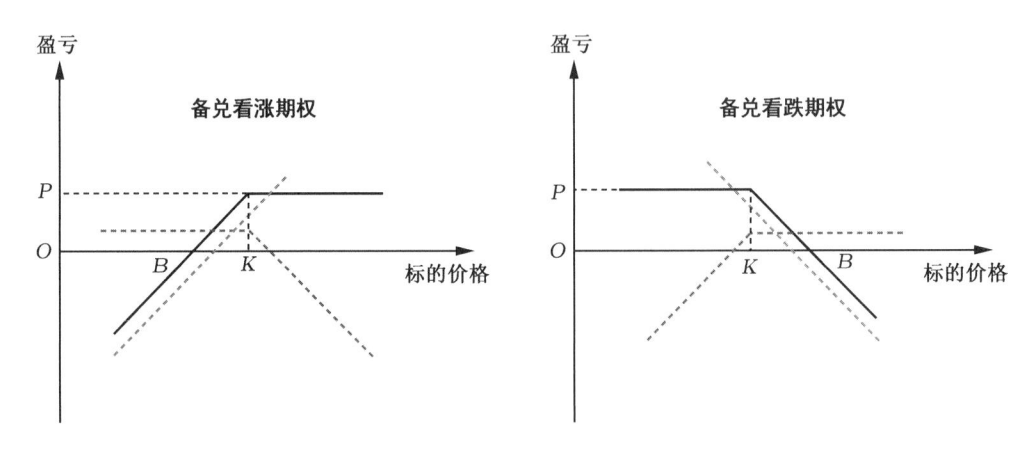

图 10-8 备兑看涨期权策略、备兑看跌期权策略的盈亏结构

(三)保护性看涨期权策略

保护性看涨期权策略由卖出标的与买入看涨期权构成。如果投资者持有标的物空头头寸,需要规避标的物价格上涨的风险,但又希望保留价格下跌所带来的收益,可以使用该策略。其盈亏情况见图10-9中的左图。

当市场价格上涨时,标的的空头头寸亏损,但买入的看涨期权将获得盈利,从而对冲了亏损。当市场价格下跌时,标的的空头头寸盈利,而买入的看涨期权将放弃行权,此时策略的净收益为卖出标的物的盈利减去期权权利金。保护性看涨期权等价于看跌期权的多头。

(四)保护性看跌期权策略

保护性看跌期权策略由买入标的与买入看跌期权构成。如果投资者持有标的物多头头寸,需要规避标的物价格下跌的风险,但又希望保留价格上涨所带来的收益,可以使用该策略。

其盈亏情况见图 10-9 中的右图。

当市场价格上涨时,标的的多头头寸将获得收益,而买入的看跌期权将放弃行权,此时策略的净收益为买入标的物的收益减去期权权利金。当市场价格下跌时,标的的多头头寸亏损,而买入的看跌期权将获得收益,从而弥补了部分亏损。保护性看跌期权等价于看涨期权的多头。

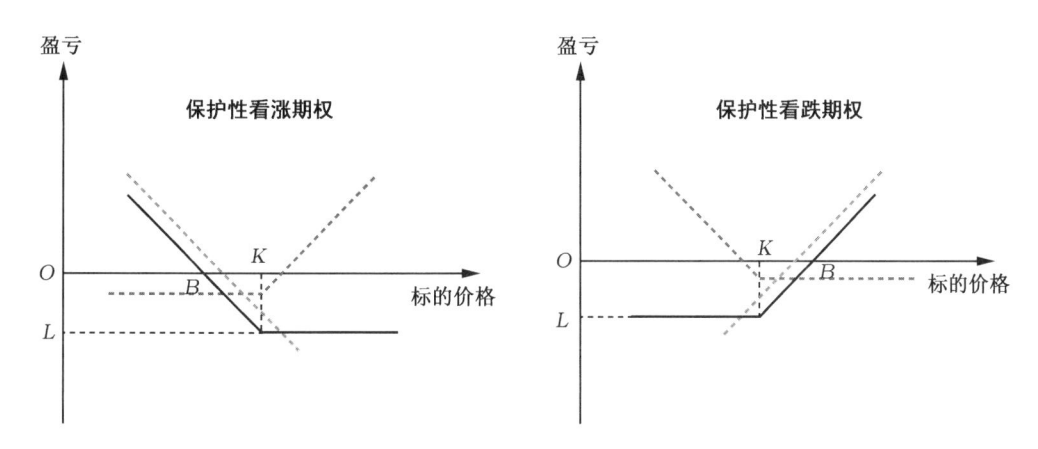

图 10-9　保护性看涨期权策略、保护性看跌期权策略的盈亏结构

第三节　期权投资风险及度量

一、市场风险及度量

期权投资的市场风险可以用期权投资收益率的波动性度量,常用的方法有收益率的标准差和 VaR 方法等,这与第二章的方法相同。

包括标的证券价格波动在内的许多因素会造成期权收益的不确定性,这是期权投资者在进行期权投资时所面临的最直接的风险。同时,由于期权具有高杠杆的特性,市场风险也会进一步放大,因此对于期权投资者而言,管理好市场风险非常关键。从期权投资风险的管理角度,期权投资的市场风险通常用一系列希腊字母来衡量。包括 Delta、Gamma、Theta、Vega 和 Rho,其具体含义及计算公式如表 10-4 所示。

表 10-4　期权的希腊字母总结

希腊字母	风险因素	数学含义
Delta(Δ)	标的资产价格(S)变化引起期权价格变化	期权价格变化/标的资产价格变化
Gamma(Γ)	标的资产价格(S)变化引起 Delta 值的变化	Delta 变化/标的资产价格变化
Theta(θ)	期权的时间价值随时间流逝(t)损耗的速度	期权价格变化/期权到期时间变化
Vega(Λ)	标的波动率(σ)变化引起期权价格变化	期权价格变化/标的资产波动率变化
Rho(ρ)	无风险利率(r)变化引起期权价格变化	期权价格变化/利率变化

(一)Delta(Δ)

1. Delta 的含义

Delta 表示期权标的物价格变动对期权价格的影响程度,衡量的是期权对标的物价格变动所面临风险程度的指标。例如一个期权的 Delta 是 0.5,说明标的物价格上升 1 美元,该期权费上升 0.5 美元。考虑一个股票看涨期权的情况,图 10-10 为看涨期权价格与股票价格之间的关系曲线,股票价格对应于 A 点,期权价格对应于 B 点,该看涨期权的 Delta 为图 10-10 中所示直线的斜率。

Delta 的一般计算公式如下:

$$\Delta = \frac{\partial C}{\partial S} \tag{10-2}$$

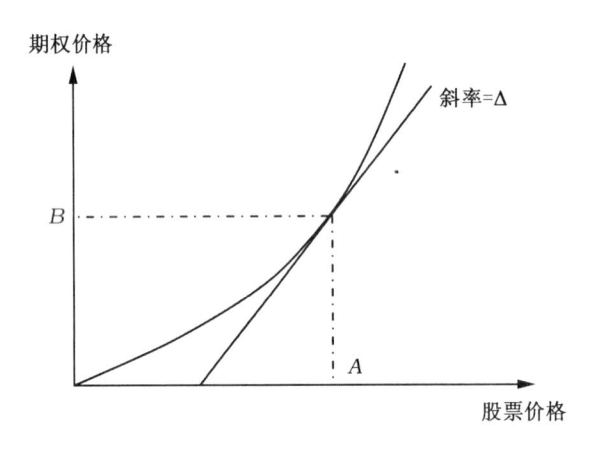

图 10-10 Delta 的基本含义

2. Delta 的计算

(1)无收益资产欧式看涨和看跌期权的 Delta 值

根据 Delta 的含义,对于无收益资产的欧式看涨期权,应用布莱克-斯科尔斯期权模型,Delta 值如下:

$$\Delta = \frac{\partial C}{\partial S} = N(d_1) \tag{10-3}$$

对于无收益资产的欧式看跌期权,Delta 值为 $\Delta = N(d_1) - 1$。

这里,布莱克-斯科尔斯期权模型如下:

看涨期权:

$$C = SN(d_1) - Ke^{-r(T-t)} N(d_2)$$

$$d_1 = \frac{\ln(S/K) + r(T-t)}{\sigma\sqrt{T-t}} + \frac{1}{2}\sigma\sqrt{T-t}$$

$$d_2 = \frac{\ln(S/K) + (r - \sigma^2/2)(T-t)}{\sigma\sqrt{T-t}} \tag{10-4}$$

$$= d_1 - \sigma\sqrt{T-t}$$

其中:$N(d_1)$、$N(d_2)$ 是 d_1 与 d_2 标准正态分布下的累积概率值,r 是无风险年化利率,期

权剩余期间 $T-t$ 是年化的时间，σ 是标的资产收益率标准差的年化值。

看跌期权：
$$P=Ke^{-r(T-t)}N(-d_2)-SN(-d_1) \quad (10-5)$$

无收益资产欧式看涨期权的 Delta：$0<\Delta<1$；无收益资产欧式看跌期权的 Delta：$-1<\Delta<0$。

(2)其他欧式期权 Delta 值的计算公式

对有红利率为 q 的有收益资产欧式看涨和看跌期权 Delta 的计算公式分别如下：

看涨期权：$\Delta=e^{-q(T-t)}N(d_1) \quad (10-6)$

看跌期权：$\Delta=e^{-q(T-t)}[N(d_1)-1] \quad (10-7)$

对期货欧式看涨和看跌期权 Delta 的计算公式分别如下：

期货看涨期权：$\Delta=e^{-r(T-t)}N(d_1) \quad (10-8)$

欧式期货看跌期权：$\Delta=e^{-r(T-t)}[N(d_1)-1] \quad (10-9)$

对于 $\Delta>0$ 的期权，期权价格与标的物价格同向变动；

对于 $\Delta<0$ 的期权，期权价格与标的物价格反向变动；

由于 $-1<\Delta<1$，因此，期权价格变动小于标的物价格变动。

3. 有价证券组合的 Delta 值

若一种有价证券组合 Π，它的第 $i(1\leqslant i\leqslant n)$ 种衍生证券为 f_i，投资在衍生证券 i 的比例为 ω_i，则有价证券组合 Π 的 Delta 值如下：

$$\Delta_\Pi=\frac{\partial \Pi}{\partial S}=\sum_{i=1}^{n}\omega_i\frac{\partial f_i}{\partial S}=\sum_{i=1}^{n}\omega_i\Delta_i \quad (10-10)$$

其中：$\Pi=\sum_{i=1}^{n}\omega_i f_i$，这里 Δ_i 是第 i 种衍生证券的 Delta 值。这就是说，证券组合的 Delta 值等于构成证券组合的各证券 Delta 值的加权之和。

(二)Gamma(Γ)

1. Gamma 的含义

Gamma(Γ)表示当期权标的物价格发生很小变动时，期权 Delta 变化的程度，用于描述期权的凸度。例如一个期权的 Gamma 是 0.1 时，说明标的物价格上升 1 美元，期权的 Delta 上升 0.1。Gamma 的一般计算公式如下：

$$\Gamma=\frac{\partial \Delta}{\partial S}=\frac{\partial^2 C}{\partial S^2} \quad (10-11)$$

Gamma 随 S 变化的曲线如图 10-11 所示，Gamma 值随到期时间的变化如图 10-12 所示。对于一个平值期权，越接近到期日，Gamma 越大。期限很短的平值期权的 Gamma 值可能非常大，这意味着持有期权头寸的价值对于股票价格的跳跃极其敏感。

2. Gamma 的计算

与 Delta 的计算类似，根据 Gamma 的含义，应用式(10-11)和相关期权计算公式可计算各种不同情况下的 Gamma 值。

(1)无收益资产的欧式看涨期权或看跌期权的 Gamma 值如下：

$$\Gamma=\frac{\partial \Delta}{\partial S}=\frac{\partial^2 C}{\partial S^2}=\frac{N'(d_1)}{S\sigma\sqrt{T-t}} \quad (10-12)$$

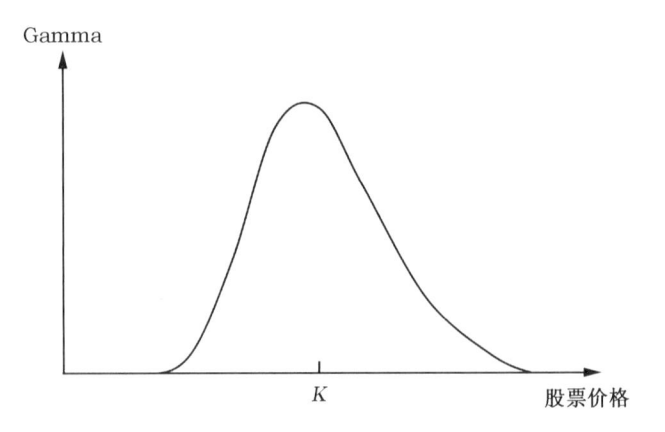

图 10‑11　某只股票期权 Gamma 与股票价格之间的关系

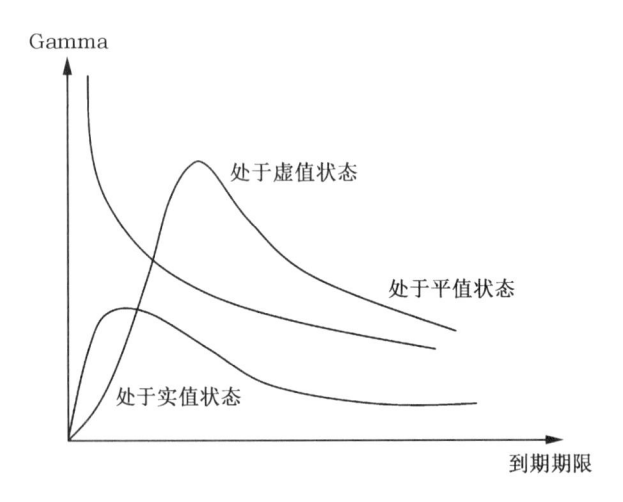

图 10‑12　某只股票期权 Gamma 与到期期限之间的关系

其中：$N'(d_1)$ 为标准正态分布的密度 $\left[N'(x)=\dfrac{1}{\sqrt{2\pi}}e^{-x^2/2}\right]$，下面相同。

(2) 有红利收益资产的欧式看涨期权或看跌期权的 Gamma 值如下：

$$\Gamma=\frac{\partial\Delta}{\partial S}=\frac{\partial^2 C}{\partial S^2}=\frac{N'(d_1)e^{-q(T-t)}}{S\sigma\sqrt{T-t}} \tag{10-13}$$

(3) 期货欧式看涨和看跌期权的 Gamma 值如下：

$$\Gamma=\frac{\partial\Delta}{\partial S}=\frac{\partial^2 C}{\partial S^2}=\frac{N'(d_1)e^{-r(T-t)}}{S\sigma\sqrt{T-t}} \tag{10-14}$$

(三) Vega(Λ)

1. Vega 的含义

期权的 Vega 反映的是标的物价格波动性对期权价格的影响程度，即标的资产价格波动性的微小变化导致期权价格的变化。例如，一个期权 Vega 是 2，说明当标的资产的价格波动性增加 1% 时，期权的价格增加 2 美分。

一个期权的 Vega 可由下式计算：

$$\Lambda = \frac{\partial C}{\partial \sigma} \quad (10-15)$$

2. Vega 的计算

(1)无收益资产欧式看涨和看跌期权的 Vega 值如下：

$$\Lambda = \frac{\partial C}{\partial \sigma} = S\sqrt{T-t}\,N'(d_1) \quad (10-16)$$

(2)有红利收益资产欧式看涨和看跌期权的 Vega 如下：

$$\Lambda = \frac{\partial C}{\partial \sigma} = S\sqrt{T-t}\,N'(d_1)e^{-q(T-t)} \quad (10-17)$$

(3)期货欧式看涨和看跌期权的 Vega 如下：

$$\Lambda = \frac{\partial C}{\partial \sigma} = S\sqrt{T-t}\,N'(d_1)e^{-r(T-t)} \quad (10-18)$$

(四)Rho(ρ)

1. Rho 的含义

期权的 Rho 反映的是利率对期权价格影响程度的敏感性指标，即利率发生微小变化导致期权价格的变化。一个期权的 Rho 可由下式计算：

$$\rho = \frac{\partial C}{\partial r} \quad (10-19)$$

2. Rho 的计算

(1)无收益资产欧式看涨期权的 Rho 如下：

$$\rho = \frac{\partial C}{\partial r} = K(T-t)e^{-r(T-t)}N(d_2) \quad (10-20)$$

(2)无收益资产欧式看跌期权的 Rho 如下：

$$\rho = \frac{\partial C}{\partial r} = -K(T-t)e^{-r(T-t)}N(-d_2) \quad (10-21)$$

这两个公式对于支付连续收益率和期货期权同样适用[对 $N(d_2)$ 做适当的调整即可]。

(五)Theta(θ)

1. Theta 的含义

期权的 Theta 是反映期权剩余期限对期权价格影响程度的敏感性指标，即期限发生微小变化导致期权价格的变化，有时 θ 也被称作有价证券组合的时间损耗。

期权 Theta 计算的一般公式如下：

$$\theta = \frac{\partial C}{\partial t} \quad (10-22)$$

图 10-13 显示一个看涨期权的 Theta 值与标的资产价格关系的曲线，图 10-14 给出了期权处于实值、平值和虚值看涨期权 3 种状态下，Theta 值随到期期限的变化的曲线。

2. Theta 的计算

(1)无收益资产欧式看涨期权：

$$\theta = -\frac{SN'(d_1)\sigma}{2\sqrt{T-t}} - rKe^{-r(T-t)}N(d_2) \quad (10-23)$$

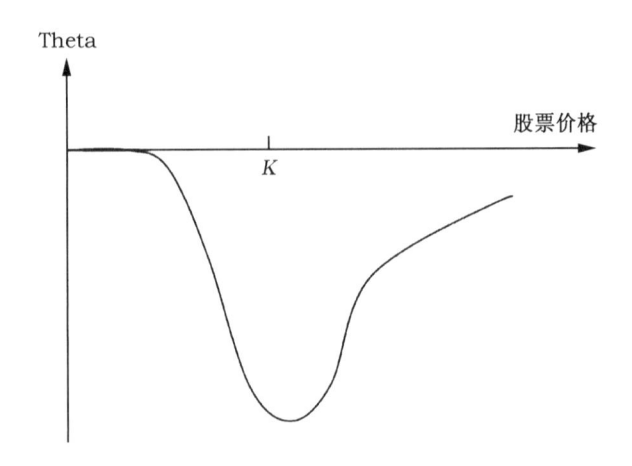

图 10‑13 欧式看涨期权的 Theta 与股票价格之间的变化关系

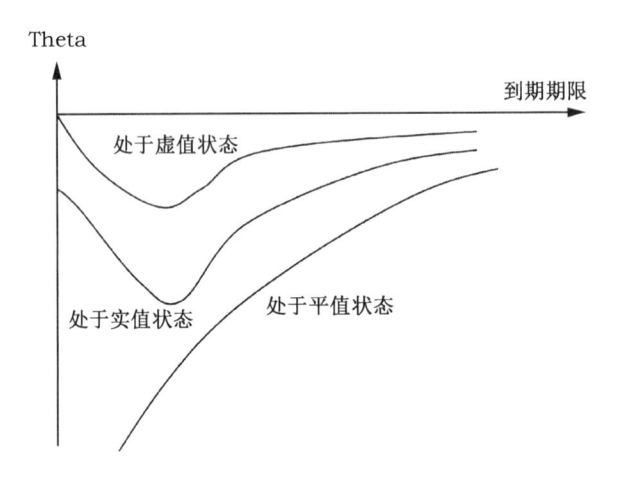

图 10‑14 欧式看涨期权的 Theta 与到期时间之间的变化关系

(2) 无收益资产欧式看跌期权：
$$\theta=-\frac{SN'(d_1)\sigma}{2\sqrt{T-t}}+rKe^{-r(T-t)}N(-d_2) \tag{10-24}$$

(3) 有红利收益资产欧式看涨期权：
$$\theta=-\frac{SN'(d_1)\sigma e^{-q(T-t)}}{2\sqrt{T-t}}+qSN(d_1)e^{-q(T-t)}-rKe^{-r(T-t)}N(d_2) \tag{10-25}$$

(4) 有红利收益资产欧式看跌期权：
$$\theta=-\frac{SN'(d_1)\sigma e^{-q(T-t)}}{2\sqrt{T-t}}-qSN(-d_1)e^{-q(T-t)}+rKe^{-r(T-t)}N(-d_2) \tag{10-26}$$

将(3)、(4)中的 q 用无风险利率 r 替代，可得到欧式期货看涨、看跌期权的 Theta 值。

二、流动性风险及度量

与期货合约相类似，期权合约之间的流动性也并不均匀，部分合约的成交量小、交易不活跃,因此流动性较差。选择了流动性较差期权合约的投资者,可能面临无法及时以理想价格成交的情况,即面临着流动性风险。

投资者可以从两个角度衡量期权的流动性风险,即未平仓合约的数量以及合约的种类。一般来说,未平仓的合约数量越多,面临的流动性风险越大;从合约的种类来看,处于平值附近的期权合约交易通常较为活跃,而处于深度实值或深度虚值的合约则交易匮乏。

期权的交易量和持仓量在一定程度上反映了品种的流动性,但不能在微观交易层面直接用来指导投资者。事实上,我们的确很难找到一个全面衡量流动性的指标,它不是一个一维变量,因此需要从多个角度衡量市场流动性:

(1)宽度(交易成本),即买一卖一档的基差,最直接地反映了交易成本;
(2)深度(交易数量),即限定了交易时间和价格后,投资者最大能够成交的数量;
(3)速度(交易时间),即给定了交易价格和数量后,投资者能在多长时间内完成交易;
(4)弹性,这是一个较为抽象的概念,是指由于一定数量的交易而导致价格偏离均衡水平后恢复均衡价格的速度。

以 2022 年 11 月 25 日"50ETF 购 12 月 2500"合约在收盘时的盘口信息为例,说明如何计算期权的流动性(见图 10‑15)。

图 10‑15   50ETF 购 12 月 2500 盘口价差信息(2022‑11‑25)

通常来说,可以用期权买卖一档的盘口相对价差和盘口绝对价差来描述成交宽度,因此,该期权品种收盘时的盘口绝对价差为 0.121 0−0.120 9=0.000 1,相差 1 个最小变动单位;盘口的相对价差为(0.121 0−0.120 9)/[(0.121 0+0.120 9)/2]×100%=0.08%,相对价差较小,说明该期权合约流动性较好。进一步考虑成交深度,可以将买盘五档的买量求和得到买盘深度 12+18+7+2+14=53,将卖盘五档的卖量求和得到卖盘深度 12+1+2+1+1=17,说明该合约的买卖盘力量相差较为悬殊;除此之外,还可以用加权绝对价差和相对价差来衡量相对大单交易的实际成本,在本例中,卖盘的加权价格为 0.121 1,买盘的加权价格约为 0.120 5,因此加权绝对价差约为 0.121 1−0.120 5=0.000 6,绝对价差与中间价的比值为加权相对价差,约为 0.000 6/0.120 95×100%=0.48%,说明该期权流动性较好。

三、交易风险

(一)行权交割风险

行权交割风险包括行权失败风险和交割违约风险。当期权买方提出行权而期权卖方没有足额的资金或证券时,则期权买方无法行使期权合约所赋予的权利。若期权卖方无法在交割日缴纳足额的资金或证券,则将被判定为违约,从而面临罚金等处罚措施。另外,如果期权买方在合约到期日忘记行权,则期权价值将在到期后归零,此时买方会损失所有的权利金及可能获得的收益。

(二)强行平仓风险

与期货交易相类似,期权也采用保证金交易的方式,投资者卖出期权时需缴纳一定的初始保证金。随着标的资产的价格波动,期权卖方还可能需要追加维持保证金。当投资者保证金不足而又没有及时补足时,则会面临被强行平仓的风险。理论上来说,标的物的价格没有上限,因而卖出看涨期权的损失也是没有上限的,然而在实际中,当标的物的价格上涨到一定幅度时,保证金会面临不足,此时经纪公司将对投资者进行强行平仓,以及时制止风险扩大。除保证金不足之外,备兑开仓时标的证券不足的情形也可能面临被强行平仓。

(三)价值归零风险

随着时间的流逝,期权买方获利的可能性逐渐降低,即期权的时间价值在逐渐下降,并在到期日时降为零。值得注意的是,对于实值和虚值期权,期权的时间价值在最后一周内随时间流逝的影响很小,而对于平值期权,最后一周的时间流逝带来的影响却很大,在临近到期时,平值期权的价值会快速下降。

四、信用风险

对于场外期权来说,还存在交易对手的信用风险。期权的场外交易没有结算公司的监管,使买方承担卖方信用下降或破产所带来的信用(无法履行合约)风险。

在国外,场外交易者对于信用风险一般是可以接受的,但前提是对方要提供额外的回报率,或者利用一些增加信用的方式来降低信用风险,如抵押、担保、第三方评级等。中国市场的大多数投资者还不愿意承担信用风险,因此中国的场外期权卖方一般来说都具有很高的信用等级。目前国际上通用的信用风险衡量方法分为以下 4 个方面:

卖方信用资质(Character):资质是卖方形象最为本质的反映,对于别人给予的信用,不论遭到困难还是打击,都应以最大的努力偿还债务,保持良好的作风。一般来说是指国内外有资质的大券商或者银行具有较高的信用资质。

卖方对冲能力(Capacity):卖方的信用取决于其盈利水平,其对冲策略亏损可能性越低,说明其破产可能性越低,因此好的对冲策略是卖方信用等级的保证。

卖方资本(Capital):卖方对冲策略的现金越充足,其抵抗市场突发事件的能力越强,如果卖方对冲时股指期货的保证金比率较低,则存在单向爆仓的风险,虽然资产仍处于浮盈状态,但无法坚持到期权到期。

合约抵押物(Collateral):对于信用资质较差的卖方,适当地提供有价证券作为抵押物可以增加其信用评级。

五、模型风险

与互换等其他衍生产品类似,期权的模型风险主要体现在估值层面和风险对冲操作层面。特别是对场外的奇异期权,其估值和对冲策略所涉及的假设、参数均较复杂,更容易产生模型风险。不当期权定价模型将导致估值错误与对冲失误。

第四节　期权投资的风险管理

一、市场风险管理

期权投资者在制订投资策略时，有可能对标的资产价格变化趋势预判失误，或市场突发偶然情况使得原策略失效，此时会给投资者造成巨额损失。因此，在制定期权策略之后，需要检验该策略是否会面临极端情况下的巨额损失，并针对这些极端情况提前采取防范措施，以免造成巨额亏损。

（一）方向性策略的市场风险管理

在方向性策略中，买入看涨/看跌期权、牛市看涨/看跌期权价差以及熊市看涨/看跌期权价差策略面临的市场风险是价格向不利方向变化时，期权处于虚值或平值，无法执行，此时的最大损失是所支付的净权利金大小。因此，若选择这些期权投资策略，投资者防范市场风险的方法是控制买入期权、期权组合的数量，避免因标的价格低于/超出预期而造成大额权利金亏损。

当标的物价格持续下跌时，卖出看跌期权策略的损失将持续扩大（直至标的物价格降为0），对于这类投资策略，可以考虑等比例买入同一到期日的更低行权价的看跌期权，构建牛市看跌期权价差策略的方式，将下行风险限定到一定水平，避免巨额亏损（如图10-16所示）。

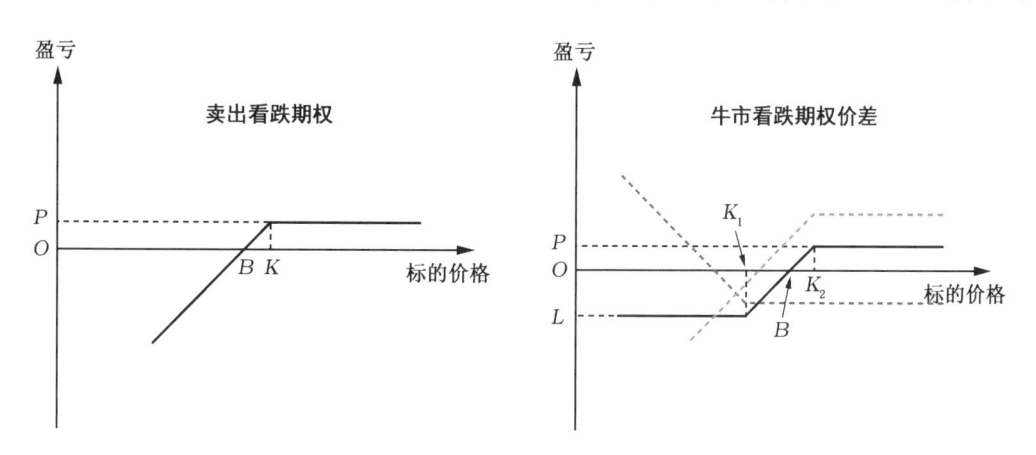

图10-16　构建牛市看跌期权价差策略限定标的价格下行风险

类似地，当标的物价格持续上涨时，卖出看涨期权策略的损失将持续扩大，且损失无上限。此时可以考虑等比例买入同一到期日的更高行权价的看涨期权，通过构建熊市看涨期权价差策略的方式，将下行风险限定到一定水平，避免巨额亏损，如图10-17所示。

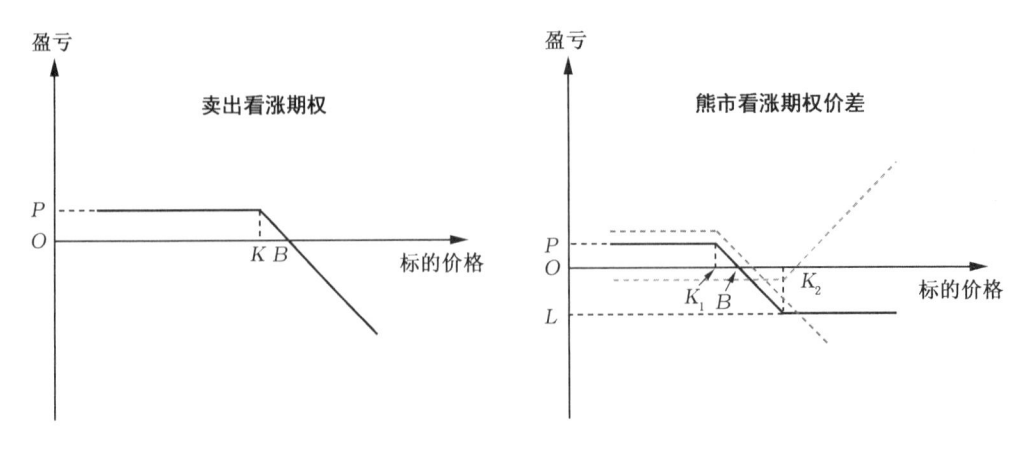

图 10-17　构建熊市看涨期权价差策略限定标的价格上行风险

(二)波动率策略的市场风险管理

在波动率策略中,买入跨式/宽跨式期权策略均面临有限的下行风险,因此在投资这两种策略时,投资者仅需注意控制期权数量,防范价格波动较小时造成大额权利金损失的风险。

在卖出跨式/宽跨式期权策略中,若价格波动程度太大,投资者则将面临无限的下行与上行风险,如图 10-18 所示。此时可以买入宽跨式期权组成买入铁蝶式期权策略,将下行与上行风险限定到一定水平,以避免巨额亏损。其中买入宽跨式期权中的看涨期权的行权价应高于原期权组合中的期权行权价,而看跌期权的行权价应低于原期权组合中的期权行权价。

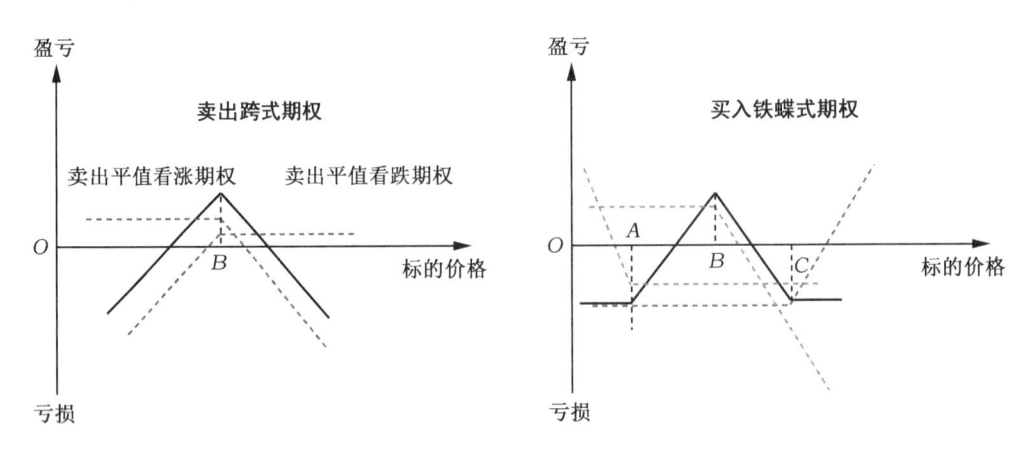

图 10-18　构建买入铁蝶式期权策略限定下行与上行风险

(三)对冲策略的市场风险管理

在对冲策略中,保护性看涨和保护性看跌期权组合均有有限的下行风险,因此投资者仅需要注意控制期权数量即可。而备兑看涨期权和备兑看跌期权则面临无限损失,因此可以采取一定的措施将无限的下行风险转化为有限的下行风险。

备兑看涨期权策略在收益特点方面等同于卖出看跌期权策略,因此可以参照卖出看跌期权策略的市场风险管理方式,通过构建牛市看跌期权价差策略的方式,将下行风险限定到一定水平,避免巨额亏损。

类似地,备兑看跌期权策略在收益特点方面等同于卖出看涨期权策略,因此可以参照卖出看涨期权策略的市场风险管理方式,通过构建熊市看涨期权价差策略的方式,将下行风险限定到一定水平,避免巨额亏损。

(四)利用希腊字母进行市场风险管理

除以上市场风险管理方法之外,在实际期权交易中,还可以利用希腊字母进行市场风险对冲管理。利用希腊字母进行市场风险管理的方法很多,有 Delta、Gamma、Delta-Gamma、Vega、Delta-Vega 套期保值等多种,这里仅介绍 Delta、Delta-Gamma 套期保值两种方法。

1. Delta 中性对冲

Delta 中性对冲也称 Delta 套期保值,是通过构造一个 Delta 为 0 的组合,该组合对标的资产的价格不敏感,可以防范标的资产价格变化的风险,这是因为,对于标的资产价格 S 的一个微小变化,组合价值基本上为常数的基本条件如下:

$$\delta V \approx \Delta_{portfolio} \delta S = 0 \qquad (10-27)$$

其中:δV,$\Delta_{portfolio}$,δS 分别为组合价值的微小变化、组合的 Delta 值和标的资产价格的微小变化。可见,当 $\Delta_{portfolio}=0$ 时,组合价值基本不变,达到套期保值的目的。

按照对冲过程中是否进行股票调仓划分,Delta 中性对冲可以分为静态 Delta 中性和动态 Delta 中性。静态 Delta 中性对冲是指仅在期权开仓时买入标的股票实现 Delta 中性的操作,并且直到平仓前不再对股票持仓进行调整。而动态 Delta 中性对冲是指从开仓到平仓的过程中,定期对股票持仓进行调整,从而使组合的 Delta 定期保持在 0 附近的操作。下面以"50ETF 购 12 月 2500"期权合约为例说明如何进行 Delta 动态对冲。

[例 10 - 1] 期权的静态 Delta 中性对冲

设某投资者卖出了某股票的一份看涨期权,假设股票当前价格为 50 美元,该股票期权的执行价格为 50 美元,剩余期限为 10 周;再假设股票的年波动率为 0.5,无风险年利率为 0.03(连续复利),问:投资者应当购买多少份股票可实现该期权的 Delta 套期保值?

解:根据题中的条件,有:

$S=K=50$

$T-t=10/52=0.192$

$\sigma=0.5$

$r=0.03$

应用 B-S 公式,得期权的 Delta 值如下:

$\Delta_C=0.554$

设投资者购买 n_S 份股票,这样投资者构造的证券组合价值如下:

$$V = n_S S - C \qquad (10-28)$$

因为股票的 Delta 是 1,对于 Delta 套期保值,我们选 n_S,使得:

$n_S \times 1 - 0.554 = 0$

这样投资者应当购买 0.554 份股票,可实现该期权的 Delta 套期保值。

[例 10 - 2] "50ETF 购 12 月 2500"期权的动态 Delta 对冲

假如某投资者在 2022 年 5 月 24 日卖出一张执行价格为 2.5 元、2022 年 12 月 28 日到期的上证 50ETF 认购期权,权利金为 0.323 5,合约单位为 10 000。对该期权进行为期一周(5

个交易日)的动态 Delta 中性对冲,调仓时间为每个交易日收盘前 5 分钟,且仅通过买入 50ETF 进行对冲。由于该认购期权的 Delta 为 0.772 0,因此需要以每份 2.72 元的价格买入 7 720 份 ETF。则动态 Delta 对冲的盈亏情况如表 10 - 5 所示。

表 10 - 5   Delta 对冲盈亏情况

日期	50ETF 收盘价(元)	50ETF 期权收盘价(元)	50ETF 期权 Delta(元)	期权头寸	ETF 头寸变动	期权仓位资金变动(元)	ETF 仓位资金变动(元)	总资金变动(元)
5.24	2.720	0.323 5	0.772	卖出 1 张	买入 7 720 份	3 235	−20 998.40	−17 763.40
5.25	2.725	0.322 7	0.785		买入 130 份	—	−354.25	−18 117.70
5.26	2.744	0.322 5	0.782		卖出 30 份	—	81.75	−18 035.90
5.27	2.758	0.337 7	0.795		买入 130 份	—	−356.72	−18 392.60
5.30	2.792	0.339 0	0.820		买入 250 份	—	−689.50	−19 082.10
5.31	2.585	0.371 0	0.837	买入平仓	卖出 8 200 份	−3 710	22 894.40	102.28

由表 10 - 5 可知,假如不对期权进行动态对冲,则期权买入平仓后将亏损 475 元(不考虑交易费用),而如果进行对冲,反而能够盈利 102.28 元,因此进行 Delta 对冲将降低亏损程度,甚至能够扭亏为盈。

另外,期权投资者在参与交易时,尤其是期权卖方在进行卖出开仓时,必须牢记保证金交易的杠杆效应在放大收益的同时也在放大风险。因此,在行情向不利方向变动时,投资者应及时平仓来规避风险。对于期权买方而言,若价格与预期的走势相反,则应判断行权是否比卖出平仓更加有利,如果选择不行权,则期权买方会损失全部的权利金,这种积少成多的风险同样不可忽视,因此期权买方在必要时也要果断卖出平仓,及时止损。

2. Delta-Gamma 中性对冲

Delta 套期保值只有在标的资产价格变化较小时效果才好;当资产价格变化较大时 Delta 套期保值的效果不好。另外,投资者只能在一个相当短暂的时间内保持 Delta 套期保值,因为随着股票价格的变化及时间的流逝,Delta 值也在不断地变化,投资者需要及时调整股票仓位,这样频繁调整仓位在实际操作中并不现实,并且会带来很大的交易成本。但如果调整仓位的时间间隔过长,对冲就会不充分,因此要引入 Gamma 对冲。Gamma 套期保值一般不能单独存在,它往往是在 Delta 套期保值的基础上进行的。

[例 10 - 3]   应用例 10 - 1 中的数据,某投资者有一个看涨期权的空头,其 $\Delta=0.554$,$\Gamma=0.036\ 1$,应用股票和第二个看涨期权(标的物与第一个看涨期权相同,$K=55$,$T=10$ 周),构造一个同时 Delta 中性又 Gamma 中性的组合进行套期保值。

解:根据 B-S 期权定价公式,第二个看涨期权的 $\Delta=0.382$,$\Gamma=0.034\ 8$。

假设需要 n_S 份股票,n_2 第二个看涨期权。

这样:

组合的价值为:

$$V=n_S S+n_2 C_2-C_1 \tag{10-29}$$

组合的 Delta 和 Gamma 分别如下:

$$n_S+0.382 n_2-0.554=0$$
$$0+0.034\ 8 n_2-0.036 1=0$$

解之得：$n_S=0.158, n_2=1.037$

也就是说，购买 0.158 份股票和 1.037 第二个看涨期权可以实现对第一个看涨期权的 Delta-Gamma 套期保值。

保值的效果如下：

$$\Delta V = n_S \Delta S + n_2 \Delta C_2 - \Delta C_1 \quad (10-30)$$

当 S 从 50 美元上涨到 51 美元时，组合价值的变化仅为股票价格变化的 0.1%；

当 S 从 50 美元上涨到 60 美元时，组合价值的变化为 20 美分，大大低于 1.55 美元的水平（仅进行 Delta 套期保值）。

从上例可以看出，Delta 对冲的效果只有在股票价格变化微小时才是好的，在 Delta 对冲的基础上再进行 Gamma 对冲可以改进对冲的效果。

二、流动性风险管理

由于期权交易的流动性风险主要与未平仓的合约数量和合约种类有关，因此期权投资者可以从这两个方面出发来降低流动性风险。首先，在交易期权时尽量选择交易活跃的合约，如近期合约，对参与低流动性的期权合约数量要加以控制。另外，在进行场外交易时，要尽量避免与不能提供相应流动性的对手交易，并设置投资于场外衍生品交易的投资限额。交易品种不能过于集中，应分散交易，充分研究不同品种、不同市场间的相互联系；当市场发生异常变动时要及时平仓。

三、交易风险管理

与期货的交易风险管理相类似，在期权交易过程中，投资者也应该严格进行仓位控制和管理，以控制交易风险。从期权的 3 个交易风险来看：首先，及时准备好行权交割时所需的资金或证券，将有利于避免行权交割失败的风险；其次，为了避免被强行平仓，在交易过程中应及时追加保证金并进行仓位控制；最后，投资者在期权到期日时应及时行权，以避免损失可能的盈利。

四、信用风险与模型风险管理

资管机构对期权交易对手信用风险管理的策略和方法，与第八章中利率互换交易对手信用风险管理类似，不再赘述。

资管机构对于期权模型风险的管理，与第八章中对利率互换模型风险管理类似，不再赘述。

案例分析

雪球产品的风险管理[①]

2021 年以来，在利率中枢下行、优质资产稀缺的市场环境中，场外衍生品市场迎来了大发展，高票息的雪球产品成了其中发行最热门的产品，雪球产品也因其较高的投资胜率以及与传

---

① 由本书作者根据公开资料整理总结。

统投资标的的低相关性,成为资管机构进行资产配置时的一个新选择。但是随着2022年年初以来A股市场的持续下跌,中证500指数在2022年4月26日跌破5 300点,较2021年的高点下跌幅度超过了30%,导致众多前一年发行、挂钩中证500指数的雪球产品集体敲入,产品到期后面临亏损风险。资管机构在进行雪球投资时,需要建立完善的风险管理机制,防范雪球产品的投资风险。下面以某信托公司为例介绍雪球投资的风险管理机制。

一、雪球产品介绍

投资雪球产品的本质是卖出带有触发条件的奇异看跌期权。雪球产品通常以股票指数或单一股票为挂钩标的,存续期通常为1到2年。以表10-6中所示的普通雪球产品为例,挂钩标的为最常见的中证500指数,敲入敲出价格分别为标的初始价格的80%和100%,产品最终收益分3种情况:一是发生敲出事件,产品提前结束,投资者可按敲出票息和相应期限获得收益;二是未触发敲出和敲入事件,投资者在到期日可按红利票息获得收益;三是发生敲入事件,则卖出的看跌期权生效,投资者可能亏损,亏损额为到期日标的的收盘价与初始价之差。

表10-6　　　　　　　　　　某公司挂钩单一标的的普通雪球产品要素

	挂钩单一标的的普通雪球结构		
挂钩标的	中证500指数(000905.SH)		
期限	2年,每月观察敲出		
敲出事件	存在某一敲出观察日,挂钩标的的收盘价大于或者等于期初价格×100%。否则称为未敲出		
敲入事件(每日观察)	产品存续期间只要有某一交易日挂钩标的的收盘价小于期初价格×80%。否则称为未敲入		
敲出票息(同红利票息)	25%(年化)		
产品收益	敲出 (自动提前终止)	敲出收益金额:25%×名义本金×计息天数/365	
	未敲入未敲出	红利收益金额:25%×名义本金×计息天数/365	
	敲入且未敲出	(期末价格/期初价格-1)×本金(本金亏损)	

可以看出,作为期权的卖方,雪球产品的投资者最大收益为期权费,最大亏损为全部本金。雪球产品的投资逻辑是看跌标的资产的波动率,适用于标的资产处于震荡的行情。如果标的资产出现持续下跌的情形,雪球产品就可能出现敲入甚至亏损全部本金的风险。除了上述的市场风险外,雪球投资中面临的另一个主要风险是信用风险。大部分雪球产品不保障本金和收益,如果作为发行方的证券公司不能按照合同规定进行赎回或兑付,投资者将会遭受损失。

二、雪球产品风险管理

雪球产品的本质是一类看空波动率的另类资产,资管机构投资雪球产品相当于获得了一种与股票和债券这些传统资产相关性较低的资产,从资产配置的逻辑来看,可以提高整体资产组合的夏普比率。某信托公司通过建立覆盖投前环节与投后环节的风险管理机制,有效地防范了投资雪球产品的市场风险与信用风险。

(一)投前环节

投前环节主要通过交易对手准入、挂钩标的和收益结构准入、择时指标预警和设置投资集中度的方式进行管理,具体措施如下:

1. 交易对手准入

制定雪球产品合作券商的分级准入标准,并对不同级别的准入主体制定对应的规模限额。

2. 挂钩标的和收益结构准入

针对雪球产品的挂钩标的、收益结构,建立统一的准入标准和管理措施,形成公司层面的挂钩标的与收益结构池。投资部门在实际投资前,根据所管理产品的风险偏好选择适当的挂钩标的、收益结构等进行严谨的数据回测并履行部门内部的投资决策程序。

3. 择时指标预警

雪球产品的风险主要与挂钩标的的下行空间有关,可基于PE或EPS等指标建立择时模型并建立相应的投资决策机制,根据择时模型给出的预警信号,对雪球产品的投资进行决策,以降低极端风险发生的可能性。

4. 设置投资集中度

雪球产品虽然相较直接投资挂钩标的具有一定的安全垫,但在极端的市场行情下仍然面临尾部风险。为了防范极端风险,可设置投资组合中雪球产品的集中度限额,如单只资管产品投资雪球产品的比例不超过25%。

(二)投后环节

投后环节主要通过建立雪球产品的监控与预警止损机制进行。建立业务部门与风险管理部门的两级监控机制,业务部门对雪球产品的净值、安全垫进行每日监控,风险管理部门进行整体的市场风险与信用风险监控。如发生触发预警止损线,或雪球产品出现敲入、到期亏损的情形,由投资决策小组进行决策,可采用止损、展期、转换雪球产品结构等方式进行应对。

本章小结

本章首先介绍了期权的要素、特点、功能和品种,然后介绍了期权投资中常用的几大类交易策略,并分析了期权投资过程中所面临的几种主要风险及其度量方式,包括市场风险、流动性风险和交易风险,并针对这几种主要风险提出风险管理的方法,最后通过雪球产品的风险管理案例直观地对期权交易风险进行分析。

关键词

看涨期权(Call Option)　　看跌期权(Put Option)
牛市看涨期权价差(Bull Call Spread)　　熊市看跌期权价差(Bear Put Spread)
跨式期权(Straddle)　　宽跨式期权(Strangle)
备兑看涨期权(Covered Call)　　备兑看跌期权(Covered Put)
期权的方向性策略(Directional Strategy of Options)
波动率策略(Volatility Strategy)　　Delta套期保值(Delta Hedging)

Delta-Gamma 套期保值(Delta-Gamma Hedging)

思考与练习

1. 期权投资有哪些策略?
2. 期权的方向性投资策略和波动率投资策略分别适用于什么市场情况?
3. 每种期权投资策略面临哪些主要风险?
4. 如何防范期权投资的市场风险? 有哪些主要方法?
5. 对不同期权交易策略,防范市场风险的方法有何不同?
6. 如何对方向性期权策略的市场风险进行管理?
7. 什么是 Delta 中性对冲方法? 如何进行动态 Delta 对冲?
8. 什么情况下应用 Delta-Gamma 中性对冲方法?

参考文献

1. 〔美〕劳伦斯 G. 麦克米伦. 期权投资策略[M]. 郑学勤,译. 北京:机械工业出版社,2010.
2. 王凯涛. 商业银行结构化理财产品的开发与投资攻略[M]. 北京:电子工业出版社,2011.
3. 〔加〕约翰·赫尔. 期权、期货及其他衍生产品[M]. 10 版. 王通,索吾林,译. 北京:机械工业出版社,2018.
4. 张依文. 海外保险公司使用期权对冲的策略与经验[R]. 中信证券,2020
5. 中国期货业协会. 期货及衍生品分析与应用[M]. 4 版. 北京:中国财政经济出版社,2021.
6. 周琦. 场外期权的收益和风险分析[R]. 国信证券,2012.
7. 陈威光. 衍生性金融产品——期权、期货与互换[M]. 台北:台湾智胜文化事业有限公司,2001.

第十一章

公募基金投资的风险管理

引 言

公募基金是指公开募集的证券投资基金,它是通过公开发售基金份额,将众多投资者的资金集中起来,形成财产独立,由基金托管人托管,基金管理人管理,为基金份额持有人的利益,以资产组合的方式进行证券投资的一种利益共享、风险共担的集合投资方式。截止到2021年年末,中国公募基金管理规模已经达到了25万亿元,在资本市场中占有举足轻重的地位。与直接投资股票或债券不同,公募基金是一种间接投资工具,因其监管严格、信息透明、对底层资产投资风险进行二次分散等特点,已经成为资管机构进行资产配置的重要工具。

本章首先从公募基金的分类与发展现状出发,介绍资管机构投资公募基金的方法、策略和流程;然后介绍资管机构投资公募基金中面临的几种主要风险及其风险度量;最后对各类风险的管理进行分析。

第一节 公募基金市场概述

一、公募基金的分类

公募基金有多种分类方式,本章从公募基金投资对象、运作方式、投资理念和交易方式等维度,对市场上主流的公募基金进行分类。

(一)按投资对象划分

根据投资对象不同,可以将公募基金分为股票基金、债券基金、货币市场基金、基金中基金(FOF基金)、混合基金等。

股票基金是指以股票为主要投资对象的基金(80%以上的基金资产投资于股票);债券基金是指以债券为主要投资对象的基金(80%以上的基金资产投资于债券);货币市场基金是以货币市场工具为投资对象,仅投资于货币市场工具的基金;基金中基金是指以其他基金份额为主要投资对象的基金(80%以上的基金资产投资于其他基金份额);混合基金同时以股票、债券、基金份额为投资对象,投资于股票、债券、货币市场工具或其他基金份额,并且股票投资、债券投资、基金投资的比例不符合股票基金、债券基金、基金中基金规定的,为混合基金。

(二)按运作方式划分

根据运作方式的不同,可以将公募基金分为封闭式基金、开放式基金。封闭式基金的基金份额固定不变,基金份额持有人不得申请赎回。开放式基金的基金份额不固定,基金份额可以进行申购或赎回。

(三)按投资理念划分

根据投资理念的不同,可以将公募基金分为主动型基金和被动型基金。

主动型基金是指基金经理和投研团队通过发挥主观能动性,力图取得超越基准组合表现的基金。被动型基金并不主动寻求取得超越市场的表现,而是试图复制指数的表现。被动型基金一般选取特定的指数作为跟踪对象,因此被动型基金通常又被称作指数型基金。

(四)按交易方式划分

根据交易方式的不同,可以将公募基金分为场外基金和场内基金。场外基金是指在证券交易所之外申购赎回的基金。传统的场外基金在申购赎回时均需通过基金公司的统一操作,基金持有人之间无法相互转让。场内基金是指在证券交易所申购赎回或买卖的基金,如 ETF 基金和 LOF 基金。与场外基金不同,场内基金支持二级市场交易,因此基金持有人之间可以相互买卖,不影响基金的总体份额。而且与传统的场外基金相比,场内基金的交易速度更快。场外基金申购赎回通常需要两个工作日,T 日申购的场外基金 T+2 日可以申请赎回,而场内基金只需要一个工作日即可,T 日买入的场内基金 T+1 日可以卖出。

二、公募基金市场的发展现状

中国的公募基金行业自 1998 年启航,从无到有,从小到大,已发展为制度体系最为完善、信托关系落实最为充分、投资者权益保护最为有效的行业,成为资产管理行业规范发展的标杆。

在过去二十余年的发展历程中,中国公募基金的规模和数量均持续稳步提升,如图 11-1 所示。1998 年公募基金行业正式起步以来,公募基金整体规模呈现不断上升的趋势,2007 年总规模一举超过 3 万亿元,但此后几年一直在 2 万亿~3 万亿元间波动,直到 2014 年总体规模突破 2007 年的水平,此后公募基金规模迎来新一轮快速发展。截至 2021 年年末,中国公募基金的资产净值已达到 25.56 万亿元,基金数量达到 9 288 只,如表 11-1 所示。[①]

截至 2021 年 12 月底,中国境内共有基金管理公司 137 家,其中,外商投资基金管理公司 45 家,内资基金管理公司 92 家;取得公募基金管理资格的证券公司或证券公司资产管理子公司 12 家、保险资产管理公司 2 家。

---

① 中国基金业协会统计数据。

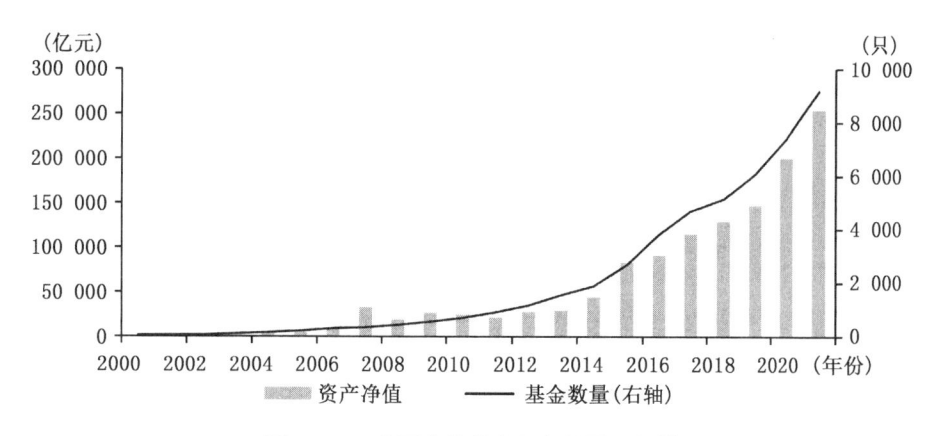

图 11-1 中国公募基金历年数量及规模

资料来源:Wind。

表 11-1　　　　　　　公募基金市场数据(2021 年 12 月)①

类别	基金数量(只)(2021-12-31)	份额(亿份)(2021-12-21)	净值(亿元)(2021-12-31)	基金数量(只)(2021-11-30)	份额(亿份)(2021-11-30)	净值(亿元)(2021-11-30)
封闭式基金	1 185	29 005.26	31 249.55	1 181	28 287.69	30 579.62
开放式基金	8 103	188 824.80	224 375.50	7 971	187 844.46	222 630.95
其中:股票基金	1 772	15 995.96	25 816.73	1 731	15 318.40	24 852.65
其中:混合基金	3 972	40 870.51	60 511.48	3 906	40 090.72	59 813.04
其中:债券基金	1 827	35 593.58	40 985.49	1 820	32 436.86	37 384.96
其中:货币基金	333	94 574.47	94 677.67	331	98 475.60	98 593.26
其中:QDII 基金	199	1 790.27	2 384.13	183	1 522.88	1 987.04
合　计	9 288	217 830.06	255 625.05	9 152	216 132.15	256 210.56

资料来源:基金业协会。

第二节　公募基金投资的方法、策略与流程

资管机构投资公募基金,主要基于以下考量:一是补充投资能力。对于部分机构而言,可能在短时间内投研能力不够强,需要投资公募基金予以补充;对于部分机构而言,灵活挑选市场风格不同的基金,可以弥补自有团队投研风格上的不足。二是有利于大类资产配置。公募基金较高的流动性及申赎便利的特点,更容易满足大类资产配置调仓的需求。三是税收上的考量。如基金分红享有税收的优惠,这有助于提高投资组合的投资收益。

本节分别介绍资管机构投资公募基金的方法、策略与流程,主要包括研究驱动的投资方法,投研视角的基金池管理,大类资产配置驱动的投资策略和投资流程。

一、投资公募基金的方法

资管机构投资公募基金,同样采用研究驱动的投资方法,首先对基金(基金经理)进行研

---

① 表中"封闭式基金"包含申报为封闭运作和定期开放的基金。由于四舍五入原因,可能存在分项之和不等于合计的情形。自 2021 年 6 月起,含按公募基金管理的大集合产品。

究，在此基础上从下而上构建公募基金备选库。研究员负责发掘有价值的基金品种和基金经理，撰写基金经理、基金公司深度报告、调研和跟踪报告，进行基金季报/中报/年报分析，对基金品种进行研究，跟踪和维护基金产品库、基金经理库及基金一般备选库。投资人员则在基金备选库范围内进行投资，同时发掘有价值的基金品种、基金经理以及权益产品，提请研究员进行研究。

（一）公募基金投资研究

对于公募基金的研究，分为以基金产品为核心的研究体系和以基金经理为核心的研究体系。

1. 以基金产品为核心的研究

该类研究主要通过量化的方法，对分类基金依据多维度的评价指标（主要包括风险收益、产品配置、基金公司和基金经理等）对基金产品进行打分评价。

这种研究方法存在一定的缺陷：一是国内基金经理更替频率较高，对基金产品有较大的影响；二是基金产品变化剧烈，缺乏预测性。因此，目前资管机构对基金的研究更倾向于对基金经理的研究。

2. 以基金经理为核心的三位一体研究

基金经理是主动管理类产品的灵魂和核心，是决定产品风险收益特征、业绩持续性的关键因素。基金公司是支撑基金经理投研的体系，而基金产品是对接真实投资的落脚点。基于此认识，很多资管机构建立了基金经理评价模型、基金公司评价模型和基金评价模型三维一体的评价体系，同时"以人为本"，即以基金经理为核心的基金研究体系。与以基金产品为核心、主要依靠定量手段的评价标准不同，以基金经理为核心的三位一体研究方法，更加关注基金经理的风格和能力，以及基金经理背后基金公司的平台支撑能力。以基金经理为核心的研究，更适应国内市场风格变化和基金经理变化相对较频繁的特点，采取定性定量相结合的评价方法，有利于确定基金经理的投资风格、挖掘业绩背后的原因。

（1）对基金公司的研究。资管机构对基金公司的研究主要从4个维度进行。

一是治理结构和管理文化。重点考察包括股东结构尤其是核心股东是否稳定、股东层面是否存在利益冲突、核心管理层是否稳定、重要部门人员是否由一线业务核心人员构成等。

二是考核方式和激励机制。投资维度主要包括公司的考核期限是否长短兼顾，激励机制与考核结果是否对应明确，激励机制是否有竞争力等。研究维度主要包括是否拥有完善的研究员培养与提拔机制，是否有效促进研究成果向投资结果转化等。

三是投研平台实力。投研平台实力可以从投资团队实力、研究团队实力以及投研配合机制三方面考察。投资团队实力包括公司整体业绩是否稳定优秀、投资团队是否稳定、投资团队数量和投资年限是否充足及超越行业平均等。研究团队实力包括研究人员的数量、背景、从业年限，人才梯队建设是否完善，是否实现全行业覆盖等。投研配合机制包括研究和投资利益是否绑定，研究成果能否及时有效向投资转化等。

四是合规和风控体系。合规和风控体系的考察要点包括备选库制度、交易权限制度、内幕信息防范及异常事件控制等内容。

（2）对基金经理的研究。对基金经理的研究，重点需要分析和刻画基金经理的投资风格。

投资风格可以从多个维度进行刻画，这既与基金经理本身的复杂性有关，也与市场的复杂性有关。比如，从收益来源角度分析，判断其投资风格是大盘/小盘、价值/成长、动量/逆向等。

基金投资风格的划分主要有两种方法,一种是基于基金投资组合的风格分析(Portfolio-Based Style Analysis,PBSA),另一种是基于基金历史收益的风格分析(Return-Based Style Analysis,RBSA)。

评价过程中首先收集公开信息,对常见的公开披露数据如每日净值数据、基金经理履历、季报/半年报/年报数据、基金经理公开访谈等进行加工处理,可以得到基金经理的多维数据。从业绩、风险、归因分析、资产配置情况和组合特征等维度对这些数据进行深入分析,可以得到基金经理风格的初步结论。再结合对基金经理的定性调研,将定量分析得到的基金经理投资特征与定性调研了解到的基金经理组合构建思路进行相互验证和确认,从而确定其投资风格。

(二)公募基金备选库管理

建立基金投资备选库,为基金投资提供支持,是基金投资管理的核心。在对基金和基金经理进行了良好的研究与跟踪,且基金和基金经理符合一定的条件后,基金研究员可将相关基金和基金经理放入备选库。

研究员对符合入库条件的基金提交入库申请,由相关负责人审核通过后可以入库。如果基金修改契约导致产品不满足入库基础条件,则研究员提出出库申请并经审批后可出库。

在对基金经理进行跟踪研究,撰写并更新深度研究报告后,基金研究员可提交部门研究例会讨论,经部门负责人审批通过后,根据研究报告对基金经理的评级情况,对评级达到入库标准的基金经理自动入库。评级未达自动入库标准,但具备阶段投资价值的基金经理,基金研究员需充分阐述理由,提交入库申请单,经部门负责人审核通过,可调整入库。对于一定时间内未更新相应深度报告的,则基金经理自动出库。

二、投资公募基金的策略

因为中国公募基金市场上主流的产品是股票型基金和债券型基金,非传统类的资产配置,如对冲基金、QDII基金、CTA基金、REITS基金等仍然相对稀缺,因此基于股票和债券的组合是主要的选择。在这种模式下,资管机构投资公募基金主要有3种投资策略:买入持有策略、核心-卫星策略和股债再平衡策略。

(一)买入持有策略

买入持有策略是指在合适的时间买入基金或基金组合,长期持有这只基金或基金组合,不论市场如何波动,都不轻易卖出。

在该策略下,投资组合完全暴露于市场风险之中,跟随市场上下波动。资管机构放弃了短期择时获利的可能,而着眼于长期投资。该策略的获利来源是优秀上市公司的业绩成长,即随着时间的推移,优秀上市公司的内在价值得到提升,在股价上反映为上涨,优秀基金经理创造的超额收益得以积累,基金净值也会持续创新高。

该策略对买入的择时要求不高,因为投资期限一般较长,买入时机的偏差不会显著影响最终收益。该策略的操作要点主要在于:

1. 基金选择

长期持有更加考验对于基金的选择判断能力。如果判断失误,就可能导致长时间的浮亏,以及大量资金的占用。

2. 买入时机

买入持有策略在入场时不需要在最底部,但一定要避免买在最顶部,因为市场估值对基金投资的长期收益和持有心态影响较大。买入时可以参考主要股指的估值,在其低估或合理估值水平时都可以买入。

3. 心态管理

买入容易持有难,持有难体现在两方面:一是市场整体下跌,比如2018年全年的市场;二是结构性行情,自己持有的基金不涨,而其他基金涨幅较高。低估买入可以在一定程度上解决第一个难题,而应对第二个难题则需要保持良好的心态,相信盈亏同源,相信基金经理的投资能力。

买入持有策略是最简单的基金投资策略,无须过多操作,只要买入的价格不是过高,时间总会是我们的朋友。长期投资于宽基指数可以获得市场平均回报,长期投资优秀的主动管理型基金,则可以获得高于市场的超额回报。但是该策略属于典型的高波动策略,资管机构需要接受基金净值出现短期回撤的情形。

(二) 核心-卫星策略

核心-卫星策略是指以风险适中、收益稳健的基金为核心(通常占比50%以上),以收益弹性高、进攻性强的基金作为卫星的组合投资策略。

核心-卫星策略涉及资产配置和行业轮动,这也为核心-卫星策略提供了额外的收益来源。在长期持有的基础上,通过研判市场趋势,进行适当的主题轮动操作,依靠卫星基金的高弹性获得超额收益。

核心-卫星策略的操作要点主要包括:

1. 挑选核心基金并长期持有

资管机构可以根据产品的风险偏好进行选择:稳健型产品可以选择固收类基金作为核心基金,进取型产品可以选择宽基指数如沪深300、中证500作为核心基金,也可以选择投资风格稳健、长期业绩优秀的主动管理型基金作为核心基金。

2. 挑选卫星基金

在卫星基金的选择上,需要研判市场方向,分配一定仓位进行主动操作,把握大小盘轮动和行业轮动的机会。

核心-卫星策略,是一种"防御+进攻"的投资理念。该策略可以迅速跟上市场节奏,不惧风格切换,配置得当的核心-卫星策略一般呈现牛市不弱、熊市少跌的特征。但是,这对资管机构的投资能力要求较高,不仅要对行业趋势、产业政策具有研判能力,而且在行业轮动时,对交易能力的要求也很高。

(三) 股债再平衡策略

股债再平衡策略是指确定股票与债券的初始配比比例,在经历一段时间后,将两类资产的比例调仓恢复到初始比例。比如初始比例是股:债=3:7,经过一段时间的股市上涨,资产组合比例变成了股:债=4:6,那么资管机构需要卖出一部分股票换成债券,将组合比例重新调整至股:债=3:7。反之,则需要卖出债券买入股票。

与上面两种策略相比,股债再平衡策略更加重视风险对冲,减少整体组合的波动率。其获利来源有两点:一是多数时候股市和债市呈负相关,一涨一跌可以对冲风险;二是恢复初始比例的过程,其实就是高抛低吸的过程。这种策略的回撤幅度相对较小,在投资过程中更容易坚持并长期持有。

股债再平衡策略的操作要点主要包括:

1. 确定初始的股债投资比例

不同资管机构及其管理的产品风险偏好不同,初始的股债投资比例确定也不尽相同。从投资长期回报以及策略的有效性看,股∶债＝3∶7和股∶债＝5∶5是比较常用的配置比例。

2. 设置再平衡的调整机制

通常有两种方式,主要包括按照时间频率再平衡和按照波动区间再平衡,也可以同时使用这两种方式,既按时间频率又按波动区间再平衡。

3. 严守投资纪律

面对股市连续上涨,此时卖股买债可能降低投资收益;反之,面对股市持续下跌,卖债买股可能继续承受下跌损失。股债再平衡存在逆人性的成分,如果缺失了投资纪律,再平衡策略就沦为一纸空谈。

股债平衡策略的动态再平衡,是通过"在股票上涨时卖出部分股票,在股票下跌时买入部分股票"的方式来实现的,是一种科学的高抛低吸过程,比较适合波动较大的A股市场。但是,股债再平衡策略非常依赖投资纪律的执行。从长期看,该策略可以显著降低组合波动,帮助资管机构穿越牛熊。

三、投资公募基金的流程

基金投资决策基于资产配置,投资决策流程由阶段性资产配置决策(包括年度投资策略的制定和月度投资决议的制定)和日常投资决策两部分内容构成。

(一)年度投资规模与大类资产配置决策

资管机构每年年末召开下一年度大类资产投资策略研讨会议,讨论并制定下一年度的基金投资策略。通过比较基金公司与内部股票投资能力及投资组合、分析下一年度权益市场特点,确定股票、基金的大类资产配置及基金的年度投资规模和变动范围。公司投委会制定"年度投资决议"。

(二)月度投资规模与类别资产配置决策

1. 一级配置决策:大类资产配置

每月中旬,权益投委会召开会议,在"年度投资决议"范围内讨论并制定所有权益类资产的"月度投资决议",明确各投资账户权益基金资产的投资规模及变动范围。

2. 二级配置决策:类别资产配置

每月,基金投资部门召开基金月度策略会,讨论并制定权益基金资产的月度类别资产配置策略。相关策略研究员对各类基金净值和市场走势及投资价值进行跟踪研究并给出投资策略建议,经讨论,形成部门对投资经理基金组合类别资产配置的参考性建议。

3. 三级配置决策:基金投资品种组合配置

每月,相关策略研究员在基金月度策略会上提出月度策略报告,结合研究部门对市场投资价值的分析、风格轮动、对行业基本面的跟踪与研究、卖方策略以及基金组合结构特点及变化等,提出月度基金品种配置策略,形成对投资经理基金组合品种配置的参考性建议。

(三)日常投资决策

日常投资决策通过研究例会实施。研究员将近期完成的深度报告、季度分析报告或调研结论和投资建议提交会议,投资和研究团队双方进行充分交流和讨论。

第三节 公募基金投资的风险及度量

良好的风险管理依赖于对风险的明确分类与识别,本节对公募基金投资中的主要风险类型进行介绍。公募基金投资中的风险可以分为以下两类:一类是基金管理人,包括基金公司和基金经理的风险;另一类是投资的公募基金产品所面临的市场风险、流动性风险和特有风险。

一、基金管理人风险

基金管理人风险是指基金公司在进行公司管理和公募基金运作中由于自身的原因导致公司管理和公募基金运作出现问题而造成对基金资产、信誉等损失的风险。按成因不同,基金管理人的风险主要包括:

(一)管理风险

在基金管理运作过程中,基金管理人的知识、经验等会影响其对信息的处理以及对经济形势、证券价格走势等的判断,从而影响基金的收益水平。此外,基金管理人的管理手段和技术等多重因素同样会影响基金的收益水平。

(二)道德风险

道德风险是指在基金投资过程中,基金经理可能为了自身利益或其股东利益,利用自己的信息优势来进行一些违规操作,也会给公募基金的投资带来一定的风险,如操纵基金资产净值、信息披露严重滞后或不足、向利益相关者输送利益等。

(三)操作风险

操作风险是指在基金业务操作中,因人为因素或管理系统设置不当造成操作失误而产生的可能损失。具体包括操作结算风险、技术风险、内部失控风险等。

二、市场风险

市场风险是指金融市场价格受经济因素、政治因素、投资心理和交易制度等各种因素的影响,导致基金收益水平发生变化,产生风险,主要包括:

(一)政策风险

货币政策、财政政策、产业政策和证券市场监管政策等国家政策的变化对证券市场会产生一定的影响,可能导致市场价格波动,从而影响基金收益。

(二)经济周期风险

随经济运行的周期性变化,证券市场的收益水平也呈周期性变化。基金投资于股票、债券等证券,收益水平也会随之变化,从而产生风险。

(三)利率风险

金融市场利率波动会导致股票市场及利息收益的价格和收益率的变动,同时直接影响企业的融资成本和利润水平。基金投资于股票和债券,收益水平会受到利率变化的影响。

(四)上市公司经营风险

上市公司的经营好坏受多种因素影响,如管理能力、财务状况、市场前景、行业竞争、人员素质等,这些都会导致企业的盈利发生变化。如果基金所投资的上市公司经营不善,其股票价格就可能下跌,或者能够用于分配的利润减少,使基金投资收益下降。虽然基金可以通过投资多样化来分散这种非系统性风险,但不能完全规避。

三、流动性风险

除了基础资产价格波动导致的市场风险之外,资管机构对基金的投资还面临流动性风险。这里的流动性风险不是通常所说的市场流动性风险,而是指申购或赎回基金时面临限制,不能顺利申购或赎回计划的份额,甚至在特殊情况下基金可能完全暂停申购或赎回,这会给基金投资带来额外的风险。[①]

虽然目前公募基金以开放式基金为主,但某些基金可能在特定时期暂停申购或赎回。此外,开放申购和赎回的基金,可能限制单笔申购或赎回的规模。比如在短期新申购规模过大的情况下,基金公司经常会推出限制申购的措施,可能将基金的单日申购上限调整为 10 元至 1 000 万元不等。对于资管机构来说,可能就没法满足投资需求了。

除了拒绝接受大额申购之外,当基金面临大额赎回时,也可能暂停赎回,常见的情况是单日赎回超过基金净资产的 10% 或者 20% 时,基金公司便有权暂停赎回。这一点对于基金投资的尾部风险管理可能有着更大的影响。例如,假设投资的某只基金"踩雷",投资者纷纷申请赎回。基金公司在收到过多的赎回申请后决定暂停赎回。对于可赎回的 10%,有的基金公司按照先到先得的方式,允许首先提交赎回申请的投资者赎回;有的基金公司将当天全部赎回指令汇总,按照市值比例进行分配。但无论是哪一种规则,一旦基金的赎回指令提交较晚,持仓可能就无法赎回,此时不得不被动地承担踩雷的风险及由此带来的损失。

四、特有风险

基金投资中的特有风险主要受投资范围、运作模式等因素影响,货币市场基金、债券基金、混合基金、股票基金、FOF 等不同类型基金特有风险不尽相同,而定期开放、上市交易(包括 LOF 和 ETF)等不同运作模式的基金特有风险也差别较大。因此,在投资过程中,需特别留意各类基金的特有风险。部分特有风险如下:

(一)股票型基金

股票是高风险的投资品种,股票型基金持有股票的比例较高,面临着资产结构相对单一,

[①] 如深圳证监局在《证券期货机构监管通讯》(2021 第 2 期)中提到,个别基金公司未考虑 FOF 基金净值确认的延后性特点以及大额净申购等因素对投资调整的影响,导致 FOF 基金产品突破法规以及合同约定投资比例且未在 10 个交易日内调整到位的情形。

以及股票本身的持有风险,比如股票停牌、退市等机制带来的风险。

(二)混合型基金

混合型基金往往同时配置股票、债券等多种资产,因此基金管理人的资产配置策略会在一定程度上影响基金的收益。

比如,基金管理人能否充分运用混合型基金的配置优势,在股市下跌时有无采取减少股票仓位、增持债券等其他投资品种的操作,可能使基金的业绩受到不同的影响。

(三)债券型基金

债券型基金面临着债券市场的系统性风险,以及发债主体违约的信用风险。债券型基金主要投资于债券市场,债券市场的表现与社会经济的关系更加密切,容易直接受到经济因素的影响,比如利率的变化。

另外,如果债券型基金投资于可转债、可交债[1]等特殊的债券品类,有可能面临可转债、可交债受对应股票价格影响的风险、流动性风险、不能转股的风险等。

(四)FOF 基金

FOF 基金作为基金中基金,主要投资于其他公开募集的基金,可能付出较多的基金投资费用,比如投资基金的买入手续费、管理费等。

同时,FOF 基金所持有的基金,如果暂停估值、暂停申购/赎回,且占 FOF 基金资产的比例较大的,该 FOF 基金也可能随之暂停申购/赎回。另外,如果 FOF 基金投资了较高比例的封闭式基金等流动性较低的品种,那么在该 FOF 基金面临大额赎回的时候,也容易出现无法赎回的流动性风险。

五、基金投资风险的度量

常用的度量基金投资市场风险的定量指标包括波动率、最大回撤、贝塔系数、VaR 方法、跟踪误差等。但是为了更全面地衡量基金总体风险,特别是基金管理人的风险,往往还需要定性的评价手段,基金风险评级往往会综合运用定量与定性评价方法,资管机构在衡量基金投资风险时可以参考基金风险评级的结果。

(一)市场风险的度量

1. 波动率

波动率衡量基金每日收益率相对于平均收益率的偏差程度大小,用于度量基金收益的波动程度,基金标准差越大,相应的风险也就越大。

2. 最大回撤

最大回撤衡量的是投资者在一个周期内可能出现的最大损失,假设投资者在最高点买入,且在最低点卖出。该指标取评价周期内累计净值最大下跌幅度。

---

[1] 可交换债(Exchangeable Bonds,EB),是基于可转换债券之上的一种创新产品。债券持有者有权按照预先约定的条件用这种债券交换与债券发行者不同公司的股票,一般为其子公司、母公司,或者同属于一个集团之下的其他兄弟公司。

3. 贝塔系数(Beta 系数)

贝塔系数是衡量基金收益率与基准收益率之间关联的统计量,通常被用来估计市场的系统性风险。

4. VaR 方法

VaR 方法是衡量基金在单位时间内以一定概率损失的最大值。

5. 跟踪误差

跟踪误差是评价指数基金的主要指标,它衡量的是基金投资组合回报与标的指数回报偏离的风险,即基金与标的指数走势间的密切程度。跟踪误差越小意味着基金与指数走势越紧密,也就意味着投资者可以获得与指数表现更为接近的收益。

(二)总体风险的度量——基金风险评级

根据证监会《证券投资基金销售适用性指导意见》的要求,基金销售机构需对基金产品进行风险评价,以便在基金销售工作中与基金投资人的风险承受能力相匹配。对基金产品的风险评价,可以由基金销售机构完成,也可以由第三方的基金评级与评价机构提供。各家机构普遍采用的是定量与定性相结合的基金风险评级方法,即在产品分类的基础上,选取适当的、具有区分度的定量指标,以及一定的权重加权得到定量评分,再在定量评分的基础上选取主观的定性指标,予以加减分,得到最终的评级结果。

截至目前,证监会共颁发了 7 块基金评价的牌照,全部为证券公司及第三方机构。在取得基金评价牌照的 4 家券商(银河证券、招商证券、海通证券和上海证券)中,我们以上海证券为例对基金评级的方法进行说明。

上海证券基金评级的基本思路:首先根据监管部门对金融产品的风险界定,投资前根据基金类别确定基金的基础风险等级;投资后根据基金的实际运作情况,通过定量和定性相结合的方式,综合考虑基金的市场风险、流动性风险、管理人风险等因素对基金风险等级进行调整。

基金风险等级事前与事后的评定流程如下:

1. 事前评定

上海证券对公募产品进行风险评估,并按照风险等级来划分,具体包括以下 5 个风险等级:R5(高风险等级)、R4(较高风险等级)、R3(中风险等级)、R2(较低风险等级)、R1(低风险等级)。

基金风险等级划分的主要依据是针对投资者适用性、基金销售的法律法规、基金成立情况以及后续实际运作情况。首先,充分考虑了投资方向和投资范围、投资分散情况、杠杆情况、流动性和结构复杂性等因素,对基金进行分类,故风险等级划分初步建立在分类基础之上:

(1)高风险等级:股票分级子基金(进取份额)、QDII 分级子基金(进取份额)、混合分级子基金(进取份额)、可转债分级子基金(进取份额)、商品型基金(除黄金)以及其他投资资产或产品设计复杂不易理解的基金产品为高风险等级基金。

(2)较高风险等级:普通债券分级子基金(进取份额)、QDII 其他基金为较高风险等级基金。

(3)中风险等级:股票型基金、混合型基金、可转债基金、分级子基金(优先份额)、QDII 股票型基金、QDII 混合型基金、股票型 FOF 基金、混合型 FOF 基金和其他 FOF 基金为中风险等级基金。

(4)较低风险等级:债券型基金、QDII 债券型基金和债券型 FOF 基金为较低风险等级基金。

(5)低风险等级:货币市场基金、短期理财型债券基金和货币 FOF 基金为低风险等级基金。

2. 事后评定

基金运作一定期限后,根据分类确定的基本风险等级,通过定量和定性相结合的方式,对基金的运作风险进行进一步评定。

(1)定量分析

成立 1.5 年以上的基金,考虑基金流动性风险。考虑到潜在的流动性风险,对低于一定资产规模的基金进行风险调整,如满足上海证券基金评价研究中心定义的流动性风险,则风险等级予以调高至一个级别。

成立 3.5 年以上的基金,同时考虑基金流动性风险和基金净值波动风险。基金净值波动风险的调整原则是如果基金净值波动率高于基金主要投资资产的宽基指数波动率最大偏离倍数,表明基金风险大幅高于市场整体,风险等级予以调高。

(2)定性分析

①投资标的特殊的基金

对于投资标的较为特殊的基金,根据基金投资资产进行穿透,比如,对于主要投资标的未在主要交易市场交易的、估值不清晰、流动性受限的基金,投资单一标的集中度过高的基金,投资标的为衍生品等较为复杂的金融资产的基金,基金风险等级予以适当调高。

②管理人风险

定期对基金管理人的治理结构、管理层和投研团队稳定性、内部控制制度健全性及执行度以及风险控制完备性进行尽职调查,若基金经理有违法违规行为得到监管机构和国家司法机构的确认,就将该基金经理管理的所有基金风险等级调高一个等级。

第四节 公募基金投资的风险管理

一、基金管理人风险的管理

针对基金投资中面临的基金管理人风险,资管机构主要通过对基金公司、基金经理进行投前、投中和投后各环节的全流程管理,建立基金公司和基金产品备选库,并对备选库进行动态调整。①

(一)基金公司的风险管理

投前制定基金公司准入标准,通过对基金公司进行尽职调查,发掘满足准入标准的优质基金公司,经过内部审批,建立基金公司白名单,审慎确定投资合作额度。基金公司的准入充分考虑基金公司的治理结构、成立时间、管理规模、盈利状况、监管处罚情况等方面因素。由于基金公司公开披露的信息有限,在实践中对基金公司的深入调查可以借助尽职调查问卷的方式。

---

① 《理财公司内部控制管理办法》要求,理财公司应当建立理财投资合作机构管理制度,明确准入标准与程序、责任与义务、存续期管理、利益冲突防范机制、信息披露义务、退出机制等内容。理财公司应当对理财投资合作机构的资质条件、专业服务能力和风险管理水平等开展尽职调查,实行名单制管理,并通过签订书面合同,明确约定双方的权利义务和风险承担方式。

某基金公司(A公司)FOF投资团队制定的公募基金公司的综合评分表如表11-2所示。

表11-2　　　　　　　　A公司关于公募基金公司的综合评分表

评分项目	权重	主要关注点	得分
基金公司总体实力	40%	公司情况	
		奖惩情况	
		产品线	
		管理规模	
		投资业绩	
		核心人员	
人才团队	30%	投资决策核心人员专业素质	
		投资团队专业素质和经验	
		团队合作精神	
		人才稳定性	
		研究人员专业素质和覆盖面	
		利用外部资源	
		激励约束机制	
		人才培养机制	
投资流程	30%	公司投资理念	
		公司投资策略	
		投资决策流程	
		研究流程	
		投研衔接	
		组合构建流程	
		交易流程	
		合规风控信评	

投后对基金公司的运营情况进行日常跟踪,如出现负面舆情,包括基金公司出现资质恶化、重大违法违规行为等事项,需评估负面舆情对基金公司的影响,如评估后认为有必要的,可将其调整出基金公司白名单。

(二)基金经理的风险管理

投前制定基金产品准入标准,通过对基金经理和基金产品进行尽职调查,发掘满足准入标准的基金经理及其管理的产品。一般来说,在公募基金产品的管理中,基金经理在宏观判断、风格选择、行业选择以及个股精选4个维度体现不同的技能特征,最终形成基金产品的风险收益特征。因此,基金经理的筛查中主要围绕这些维度展开。在尽职调查中,更关注基金经理的投资策略、配置逻辑和组合管理理念。以权益型基金经理尽职调查为例,其投资逻辑包括投资框架、选股标准等,配置逻辑主要包括集中度管理、估值容忍度等,组合管理理念包括目标设定、回撤管理要求、产品定位等。在数据筛选和尽职调查的基础上,依据公司基金经理入池的标准建立基金经理备选库。

A公司FOF投资团队制定的公募基金产品的综合评分表如表11-3所示。

表 11-3　　　　　　　　　　A 公司关于公募基金的综合评分表

评分项目	权重	主要关注点	得分
基金经理	80%	投资风格理念	
		管理经验纪律	
		风格稳定性	
		风险收益有效性	
		收益性	
		风险度	
		回撤控制	
		持仓操作特点	
服务支持	10%	服务意愿等	
产品要素	10%	费率	
		规模及流动性	
		分红	
		投资方向/限制	

资管机构在核定基金公司合作额度及基金白名单时，根据资产配置策略投资公募基金，并对所做的投资进行额度统计和管理。

投后对基金经理和基金产品进行日常跟踪。一方面，对基金产品的业绩进行评价和跟踪。基金每季度定期公布季度报告，可据此进行基金的定期跟踪，通过定量的方式对基金业绩表现情况进行分析，包括收益能力、风险控制能力和风险调整收益指标等。另一方面，对基金经理的风格进行跟踪和归因。日常对基金经理进行持续跟踪调研，关注基金经理的投资模式、组合管理思路是否发生变化。本书中介绍的基于时间序列和横截面的风格归因方法同样适用于投后的风险管理，资管机构可建立投资风格跟踪系统，通过定量与定性结合的方法，定期对重点池基金的行业和风格属性进行监测，判断基金经理发生风格漂移的可能性。如果基金经理的风格暴露非常不稳定甚至有明显的方向性变化，则需要加以注意。此外，将定量分析结果与基金经理的组合管理思路相比对，如果出现不一致的情形，就需要提早采取针对性的风控措施，如将该基金经理调出备选库或将其管理的基金调出白名单。

二、市场风险的管理

如上节所述，因为公募基金包含各种不同的底层资产，所以公募基金投资过程中会面临各种各样的市场风险。资管机构对投资公募基金进行市场风险管理，遵循市场风险管理的基本逻辑和思路，可采用包括分散化投资、用期权期货等衍生品进行对冲、设置市场风险限额、业绩归因和压力测试等方法。

但是作为一种间接投资方式，公募基金投资过程中并非需要资管机构亲自去管理所有的市场风险，重点在于识别在这些市场波动的风险中，哪些是由资产配置带来的，哪些是基金经理的主动管理导致的，并据此修正资产配置和基金选择的决策。资管机构可以充分利用本书中介绍的业绩归因技术，对收益和风险进行细致的分解，分解越细致，理解越深入，管理起来就越容易。此外，资管机构通过制定公司层面和产品层面的市场风险限额，对基金投资的市场风险进行监控和限额管理。

(一) 投前的市场风险管理

投前的市场风险管理主要通过资产配置、基金选择和风险限额设置。

1. 资产配置

通过明确投资组合的业绩比较基准和收益目标,明确组合的风险约束。根据组合的风险收益约束,均衡构建组合,确定各类风格配置,使得组合能够实现收益目标的同时风险可控。比如资管机构设立一只FOF产品,将总体投资目标设定为年化收益率6%,年化波动率10%。可以通过固定配置比例模型、均值-方差模型等各种资产配置模型计算不同类型资产的配置比例,如30/70的股债组合。

2. 基金选择

在各类风格配置上,选择能创造正Alpha的基金产品。基金选择的方法可使用表11-3的综合评分的方法,对不同类型的公募基金进行综合评分和排序,选择排名靠前的基金进行投资。

本章第二节介绍的3种策略中,买入持有策略因为不涉及资产配置,主要的管理手段就是基金选择。而核心-卫星策略和股债再平衡策略则需要同时进行资产配置和基金选择的管理,即既要在资产配置的层面选择基金类别和风格,又要在所选类别和风格基金中选择各类基金。

3. 风险限额设置

风险限额包括产品投资公募基金的总限额、公募基金组合的预警与止损限额、单只公募基金的预警与止损限额、公募基金的集中度指标。基于持仓的风险指标主要包括组合的风险敞口等。

(二) 投后的市场风险管理

投后的市场风险管理主要通过风险监控与调整、再平衡进行。

1. 风险监控与调整

风险监控主要包括计算各类基于组合净值和基于基金持仓计算得到的风险指标,对基金组合的风险进行监控。基于组合净值的风险指标主要包括前面介绍的波动率、最大回撤等,如果组合的净值水平、波动率或最大回撤水平超过了风险约束,就需要对组合的整体仓位进行调整。基于持仓的风险指标主要包括组合的风险敞口等,根据事前确定的相对明确的风险敞口目标水平,如果组合最新的风险敞口相对该目标水平的差异超过了某一幅度,就需要对组合进行调整。除了在组合层面进行的风险监控,还需要对组合持有的基金及其持仓进行日常的分析和检查,包括关注基金在各大类资产上的实际配置比例、行业偏好、重点持仓等。

组合的仓位调整一方面可以通过控制各类资产的仓位大小或风险敞口的手段,比如资管机构管理的资管产品设置了0.9的预警线和0.8的止损线,如果产品净值跌破0.9,则需要对客户进行风险提示,并根据产品合同的要求进行减仓等操作,比如产品仓位降低至60%以下。如果产品净值跌破0.8,则需要将所有持仓全部清理,终止产品运作。

另一方面,还可以通过运用各种对冲工具管理市场风险。比如对底层资产是股票的市场风险,可使用股指期货、股指/ETF期权等衍生品工具进行风险对冲,对底层资产是债券的市场风险,可使用国债期货、利率互换等衍生品工具进行风险对冲。

2. 再平衡

资产配置的再平衡是在资产组合实际比例偏离战略资产配置目标比例时,卖出占比超标的资产,用所得的收益买入占比欠配的资产,以使各资产所占比例重回目标比重的过程。从风险管理的角度看,再平衡有两个目标:一是避免资金过度集中于高风险高收益的基金,降低这种配置带来的额外风险;二是控制投资偏离资产配置策略的跟踪误差。

由于各类资产的市场表现存在较大差异,一部分资产随着价格上涨在组合中的整体占比上升,一部分资产则随着价格下跌在组合中的整体占比下降,因此,通过再平衡可以保持最优的配置权重,防范风险过度暴露于某一类资产。

对于本章第二节中介绍的股债再平衡策略,由于采用了固定的配置比例,再平衡的目标主要是降低跟踪误差。资产价格的涨跌会导致组合内资产的权重偏离目标权重,如果买入并持有,最终的结果将是收益率相对较高的资产占据组合绝大部分权重,实际组合相对目标组合的跟踪误差扩大,将直接导致组合的风险特征产生漂移。因此,通过投资组合再平衡可以使得投资组合始终保持风险收益特征的一致性,降低跟踪误差。

再平衡的调整机制主要包括按照时间频率再平衡、按照波动区间再平衡以及既按时间频率又按波动区间的再平衡。比如某资管机构用一只股票型基金和一只债券型基金构建了一个30/70 股债组合,则可以约定每半年进行一次再平衡,在每年的 6 月末和 12 月末,重新调整股票型基金和债券型基金的比例,满足 30/70 的组合比例。也可以基于波动区间,在股票类资产的配置比例相对基准组合的变动超过 10% 时进行再平衡,即当股票型基金的比例低于 20% 或高于 40% 时,进行再平衡,重新调整股债资产的比例。

三、流动性风险的管理

为了妥善应对基金投资中面临的流动性风险,需要采用良好的资金管理手段。资管机构一般根据投资标的的流动性特征进行投资管理,制订相应的流动性管理方案。

(一)投前的流动性风险管理

1. 设置投资组合的流动性风险限额

在产品设计阶段,综合评估产品投资策略、投资范围、投资资产流动性、投资者结构等因素,审慎确定开放式、封闭式等产品运作方式。如采取开放式运作方式,投资组合的流动性需与产品合同约定的认购、赎回安排相匹配,可参考《公开募集证券投资基金运作指引第 2 号——基金中基金指引》中的规定"基金管理人应当做好基金中基金的流动性风险管理,对于运用基金中基金财产投资于封闭运作基金、定期开放基金等流通受限基金的,应当合理设置投资比例",对投资组合中的低流动性资产(包括封闭运作基金、定期开放基金等流通受限基金)设定投资比例上限,对高流动性资产设定投资比例下限,对每个投资的基金设置集中度限制。

2. 设置投资者认购赎回风险的应对措施

比如,针对认购风险,在产品合同中设置单一投资者认购金额上限、设置资管产品单日净认购比例上限、拒绝大额认购、暂停认购等措施。针对赎回风险,在产品合同中设置持有期、赎回上限、巨额赎回比例、延期办理巨额赎回申请、暂停接受赎回申请等措施。

公募 FOF 绝大部分采用持有期模式,通过对委托人赎回行为做限制来解决流动性问题。如某基金在招募说明书中约定,"本基金每个开放日开放申购,但投资人每笔认购/申购的基金份额需至少持有满 3 个月,在 3 个月持有期内不能提出赎回申请。对于每份基金份额,3 个月持有期是指基金合同生效日(对认购份额而言,下同)或基金份额申购确认日(对申购份额而言,下同)起至对应的第 3 个月的对日(不含)的持有期间,如不存在该 3 个月的对日或该 3 个月的对日为非工作日的,则延后至下一工作日"。

(二)投后的流动性风险管理

1. 流动性风险监控与压力测试

一方面,对投资资产的流动性情况进行日常监控。充分了解投资基金赎回的资金到账时间。目前国内市场上股票型基金的赎回到账时间全部为 T+1 日,债券型基金、混合型基金和货币型基金也几乎都是 T+1 日到账,只有极个别采用了 T+2 或 T+3。即便是主要投资于海外市场的 QDII 基金,大部分也是 T+2 日到账,只有少数是 T+3。由于不同基金的变现时间存在差异,且部分基金还存在限制赎回的情况,可以设置基金变现时间表,对投资的基金按照流动性进行分类,分析未来 T+1,T+2,T+3,…,T+n 日每天的可变现金额。另一方面,定期开展流动性压力测试。在设置压力测试情景时,充分考虑不同压力情景下各类资产策略对资产变现能力的影响以及变现所需时间。根据流动性压力测试结果,进行相应的风险预警措施,制订完善产品的流动性风险应急计划。

2. 巨额赎回的监测、评估与管理

资管机构对开放式资管产品的每日赎回情况进行日常监测,当发生巨额赎回且现金类资产不足以支付赎回款项时,应在充分评估所投资资产变现能力、投资比例变动和产品净值波动的基础上,审慎接受、确认赎回申请。

充分考虑大额净申购等突发因素,在投资运作过程中,加强销售部门、风控部门以及基金经理关于申购赎回情况的沟通联动,做好投资调整应对准备;基金经理需要给突发因素预留调整空间及时间。

本章小结

公募基金投资现已成为银行理财、保险资管等资管机构进行资产配置的重要工具,如何在投资过程中进行有效的风险管理至关重要。

本章首先从投资对象、运作方式、投资理念和交易方式等维度对公募基金进行分类;接着介绍了公募基金的主要投资策略:买入持有、核心-卫星、股债再平衡等;然后从基金管理人风险、市场风险、流动性风险、特有风险等维度介绍了公募基金投资过程中面临的风险类型,以及如何对基金投资风险进行度量;最后介绍了针对各类风险的风险管理措施。对于基金管理人风险,主要通过对基金公司、基金经理进行尽职调查和建立备选池的动态管理机制控制其风险;对于市场风险,主要通过投前的资产配置、基金选择和风险限额设置,投后的风险监控与调整、再平衡进行管理;对于流动性风险,则需要根据投资标的的流动性特征进行投资管理,并制订相应的流动性管理方案。

关 键 词

买入持有策略(Buy and Hold Strategy)
核心-卫星策略(Core-Satellite Strategy)
再平衡策略(Rebalancing Strategy)　　风格分析(Style Analysis)
基金管理人风险与管理(Managerial Risk and Management)

市场风险与管理(Market Risk and Management)

流动性风险及管理(Liquidity Risk and Management)

思考与练习

1. 公募基金投资的策略主要有哪几种?
2. 基金投资风格的划分主要有哪几种方法?
3. 公募基金投资的风险有哪几种?如何进行度量?
4. 如何进行基金管理人风险的风险管理?
5. 如何进行基金投资市场风险的管理?
6. 如何进行基金投资流动性风险的管理?

参考文献

1. 段国圣.资产管理实务、方法与理论(三)[M].北京:社会科学文献出版社,2018.
2. 丁鹏.FOF组合基金[M].2版.北京:电子工业出版社,2019.
3. 龙红亮.基金投资红宝书[M].北京:中信出版集团,2021.
4. 李真.银行理财新时代之权益公募基金投资攻略[R].华宝证券研究所,2018.
5. 罗荣华.FOF管理:策略与技术[M].北京:机械工业出版社,2020.
6. 西筹研究.机构基金投资的理论与实践[M].北京:中国金融出版社,2021.
7. 杨晗,江牧原.上海证券基金风险等级评价体系[R].8版.上海证券基金评价研究中心,2022.
8. 中国证券投资基金业协会.基金[M].北京:中信出版社,2019.
9. 中国证券业协会.证券投资基金[M].北京:中国金融出版社,2012.

第十二章

私募量化证券投资基金的风险管理

引 言

　　私募量化证券投资基金(简称"量化私募"或者"私募量化基金"),是向合格投资者私募发行的、使用量化策略投资管理的资产管理产品。

　　国内私募量化基金经历了十多年的发展,行业初具规模、策略逐成体系。国内私募量化基金与海外对冲基金有很高的相似度。私募量化证券投资基金本身既是资管行业的一股重要力量,又是银行理财公司、信托公司等资管机构投资的标的。尤其在大资管行业向净值化、科技化演进的背景下,资管机构对私募量化基金和策略的关注度与日俱增。银行理财公司等机构投资私募量化证券投资基金,与投资公募基金类似,主要是扩展投研能力、增加资产配置的种类。本章将对私募量化投资基金的风险管理进行分析。

　　本章首先介绍私募量化投资基金的含义与特点;接着介绍私募量化投资基金常用的几种投资策略,包括指数增强策略、股票多空策略、市场中性策略、管理期货策略以及全球宏观策略;然后从3个维度分析投资私募量化基金时可能面临的风险,并对这些风险提出管理方法;最后通过案例对私募量化基金的投资风险进行分析。

第一节 私募量化投资基金概述

一、私募量化基金的含义与特点

(一)私募量化基金的含义

　　私募量化基金的核心是"私募"和"量化"。私募基金是指以非公开方式向特定投资者募集资金并以特定目标为投资对象的证券投资基金。而量化投资与传统定性投资最显著的区别在于模型的应用:当市场定价和估值出现错误时,基金经理可以依靠长期积累的经验找到战胜市场指数并获得超额回报的投资方法,这是定性投资;而量化投资则主要依靠数据和模型来发现投资标的和实现目标的策略,将投资理念和经验体现在量化模型中,利用计算机处理大量信息,总结市场规律,建立可重复使用和迭代的投资策略。换句话说,量化投资更加高效、准确。

(二)私募量化基金的特点

1. 投资范围广、投资策略灵活

在中国,公募基金产品的投资范围会受到一定限制,参与衍生品投资的比例相对较低,基金资产买入期货合约的价值不得超过一定比例,并且必须以套期保值为目的,严格限制投机行为。而对于一些私募量化对冲产品来说,资金可以在现金、央行票据、短期融资票据、股票、债券、证券投资基金、资产支持证券、金融衍生品、商品期货等资产之间进行灵活配置,而且在投资比例方面也没有限制,这大大提高了投资的灵活性。

2. 主要以追求绝对收益为目标

由于公募基金受到投资范围和仓位的限制,它们只能通过买入持有或减少头寸的方式来管理资产,因此在不断下跌的市场中就无法避免系统性风险。而私募量化基金具有灵活的策略,可以通过多头/空头、股指期货对冲等方式来降低投资组合的系统性风险,因此无论市场是涨是跌,均能在一定的风险水平下获得绝对收益,目的是追求绝对收益。

3. 更好的风险调整收益

对比海外私募量化基金和主要市场指数的表现可以发现,从长期来看,各类策略的私募量化基金的累积回报已经超过了主要市场指数,并都实现了正的年化回报,即使在市场下跌时也表现出一定的抗跌性。总的来说,私募量化基金在获得稳定回报的同时提供了更好的防御能力。

4. 与主要市场指数相关性低

考察私募量化基金指数与全球主要市场指数之间的相关性可以发现,大多数私募量化基金与主要市场指数的相关性相对较低。因此,在投资组合中加入私募量化基金可以降低投资组合的整体波动性,进而提高风险调整收益。

正因为私募量化基金具有上述风险收益特征,特别是与主要指数的低关联度、更好的风险调整收益,将私募量化基金加入投资组合后可以降低组合整体的收益波动并提高组合的风险调整后收益。因此,私募量化基金成为资管机构进行资产配置的重要资产。

二、私募量化基金投资策略

目前私募量化基金投资策略大致可分为指数增强策略、股票多空策略、市场中性策略、管理期货策略和全球宏观策略五大类。

(一)指数增强策略

指数增强策略是指在追踪指数的前提下,通过量化模型选股,找到一些能够跑赢大盘的优质股票调整配比,在获得市场收益的同时获取增强收益。指数增强策略的收益也可以拆解为两部分,即"指数"+"增强"。"指数"部分的收益是指市场整体波动带来的被动收益,也叫 Beta 收益,收益多少取决于所选择的指数,常见的指数有沪深 300、中证 500 以及中证 1000 等。"增强"部分的收益是依靠基金的投资能力所带来的超额收益,也叫 Alpha 收益,是衡量一只指数增强基金优劣的关键所在。

(二)股票多空策略

股票多空策略是在投资组合中同时持有股票多头和股票空头的投资策略。在国内,由于受到对冲工具的限制,绝大多数多空策略属于股票多头策略,并用少量股指期货来对冲风险。根据多头、空头对冲之后的净敞口大小,多空策略又可以进一步划分为以下几类:

(1)多空策略(通常有10%~60%的敞口)。

(2)偏多策略(Long Biased,通过加杠杆将净敞口放大到100%以上,通常净敞口60%以上且具有一定空仓比例)。

(3)偏空策略(Short Biased,净敞口为负)。

(三)市场中性策略

市场中性策略是由股票多/空策略发展而来的,通常将净敞口保持在±5%的范围之内,市场中性策略能够在市场上涨或下跌的环境中稳定收益。常用的两种市场中性策略是多因子模型和统计套利模型,多因子模型是将股票池中的股票按照与回报率相关的因子进行打分后排序,然后做多排名靠前的股票、做空排名靠后的股票,这些因子往往反映了行业或公司的价值或增长潜力;统计套利模型则是通过统计模型挑选出股票池中相似的股票,做多估值过低的股票、做空估值过高的股票,从而实现收益。

(四)管理期货策略

商品交易顾问(Commodity Trading Advisor,CTA)是指通过为客户提供期货、期权方面的交易建议,或者通过受管理的期货账户参与实际交易获得收益的机构或个人。由于CTA的交易对象通常是商品期货和金融期货,因此CTA策略也被称作管理期货(Managed Futures)策略。

CTA策略主要是指对国内商品期货进行投资的策略,广义上也包含股指期货、国债期货。其中,主观CTA主要采用主观基本面分析和主观技术分析,对商品期货进行中长期的投资,大部分以趋势跟踪为主。程序化CTA又可以分为量化趋势和量化套利两类,主要以量化趋势为主,其中量化趋势主要采用中短期动量对商品进行择时,交易频率较主观CTA高,量化套利是对期货的价差进行套利交易,以获取稳定的收益。

管理期货被称为最"分散"的策略,基于管理期货基金本身的特性,可以提供多元的投资机会,从商品、黄金再到货币和股票指数等。因此,在某种程度上,管理期货基金的决策一般依赖于计算机程序,通过实现与传统投资品种较低的相关性,从而达到充分分散投资组合风险的目标。

(五)全球宏观策略

全球宏观策略主要是通过对国内以及全球宏观经济情况进行研究,当一国的宏观经济变量偏离均衡值时,基金经理便可以集中资金对相关品种的预判趋势进行操作。全球宏观策略是涉及投资品种最多的策略之一,包括股票、债券、股指期货、国债期货、商品期货、利率衍生品等。操作上多为多空仓结合,并在一定时机使用一定的杠杆来增强收益。

三、国内私募量化基金的发展[①]

国内私募量化基金起步较晚,但近 10 年来发展迅猛。国内量化投资策略经历了从以多因子策略为主要策略的"量化 1.0"到以中高频量化策略为主的"量化 2.0"的升级转型。"量化 1.0"阶段大致在 2010—2015 年间,以中低频的多因子策略作为主要策略形式,这一阶段国内量化机构经历初始红利期。2015 年下半年以来,随着监管收紧,中低频多因子策略遭遇挑战,国内量化发展进入 2.0 时代。在这一阶段,量化发展过程曲折但百花齐放,最终一批以中高频量化策略为主打的量化私募脱颖而出,完成了从量化 1.0 时代到量化 2.0 时代的进化,其过程如图 12-1 所示。

2010.4 沪深300股指期货上市

2014.2 私募基金管理人与私募基金实行备案制

2015.9 股灾后,股指期货被限制手数和提高保证金

2019.6 证监会推动了公募基金转融通业务

2014.12 大小盘风格切换,量化产品"黑天鹅"

2015.4 中证500股指期货上市

2016年以来 量化策略由中低频转向中高频

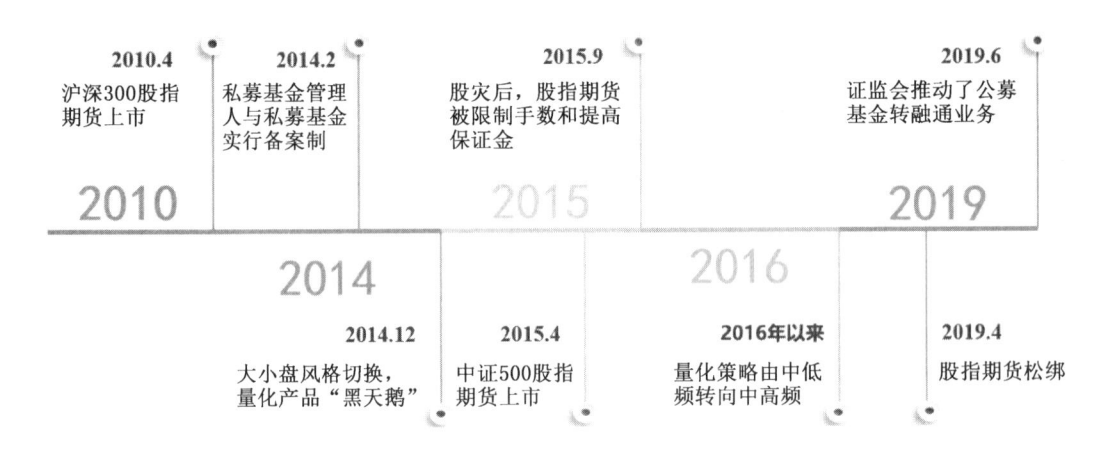

2019.4 股指期货松绑

图 12-1 国内量化私募从 1.0 进入 2.0 时代

(一)量化 1.0 阶段

2010 年 4 月 16 日,中国第一个股指期货——沪深 300 股指期货挂牌上市。国内量化投资有了对冲工具,量化对冲策略得以实现,因此 2010 年也被视为中国量化对冲基金元年。在接下来的几年里,A 股市场小盘股行情如火如荼。在这样的市场行情中,只要暴露了小市值风格,再用偏大市值的沪深 300 股指期货作为空头对冲,是比较容易获取超额收益的;在这一阶段,中低频量化策略基本可以提供产品收益。到了 2013—2014 年,面对强大的赚钱效应,很多股票私募量化基金偏好利用杠杆操作放大收益。当遇到 2014 年 12 月份的大小盘风格切换时,股票量化产品大部分出现了集体回撤,部分高杠杆的产品出现爆仓。2015 年 4 月 16 日,在沪深 300 股指期货上市整整 5 年后,中证 500 股指期货挂牌上市,量化对冲的工具愈加丰富。

2014 年 2 月 7 日起,私募基金管理人与私募基金开始实行备案制。此后,无论是私募量化管理人的数量,还是私募量化产品的发行,都迎来了爆发式增长,并持续至今。

量化 1.0 时代的红利在 2015 年中结束。2015 年股市大幅下跌发生之后,股指期货被限制开仓手数同时提高了保证金,加上此后股指期货由升水转为贴水状态,高达 30%~50%年化贴水导致对冲成本明显增加。超额收益的降低使得传统的低频量化策略进入了低迷期。

[①] 魏建榕,等. 乘风破浪的中国量化私募[R]. 开源证券,2020.

(二)量化 2.0 阶段

2016年以来,量化投资发展进入2.0时代,主要发展增量在量化私募领域。量化主流策略由中低频转向中高频,策略的精细程度和复杂程度有了明显提升。具有高换手率特征的中高频策略不再依靠长线因子,而是通过价量因子捕捉短线的定价偏差,进而实现超额收益增加。在这个过程中,机器学习和大数据等技术加入,使得因子挖掘和模型迭代效率更高。2019年6月25日,证监会为了配合科创板开通,推动了公募基金转融通业务指引,2019年8月12日又把两融标的扩充到1 600只,再次丰富了融券种类和规模,A股市场的做空机制进一步完善。国内量化私募行业呈现"总量增长、结构分化、策略迭代"的发展特征。截至2021年末,私募量化基金规模估算约1.5万亿元(未剔除母子结构重复计算因素),行业规模占比约24.8%。2020年以来,百亿级私募量化不断扩容。① 截至2021年12月,数十家私募量化基金管理资产超过百亿元规模,少数化私募投资管理规模超过500亿元,个别超过千亿级。随着股票量化策略的不断扩容,量化私募也在关注能容纳更大规模资金的策略,基本面量化、另类数据逐渐得到重视。与此同时,量化私募也在开拓其他方向,各类期货、期权等衍生品种也陆续上线,带动CTA、期权策略以及量化多策略等产品类型的发展。②

国内排名前列(所谓"头部")的私募量化基金大致可以分成两个派系:一派是具有海外投资经验的海归量化,另一派是脱胎于国内一流高校的本土量化。"头部"私募量化基金在面对瞬息万变的量化市场时,投资策略和产品体系也在不断动态调整。目前国内量化投资市场仍处于群雄逐鹿时代,优秀的私募量化基金管理人应该具备良好的策略迭代和更新能力,否则将被市场迅速替代。在不同的市场环境下,全策略深耕布局的头部私募基金可能脱颖而出。

第二节 资管机构投资私募量化基金的策略

资管机构投资私募量化基金的策略是:基于客户(产品)收益风险目标,以研究驱动的量化私募分析与尽职调查为基础,基于需求确定投资收益和风险目标,"自上而下"的大类资产配置+"自下而上"的基金经理遴选进行有效投资。③

一、基于客户(产品)需求确定收益风险目标

在投资私募量化基金产品之前,资管机构首先要明确自身的风险承受能力、投资周期、期望收益以及投资目标等,以便选择合适的产品。其方法和流程与投资公募基金类似,在此不再赘述。

二、优选和构建私募量化组合

如何把各种量化私募策略组合起来,并正确分析各种市场的走向,然后根据这些分析将资产合理地配置于能具体实施这些宏观分析的私募量化基金上,是资管机构投资私募量化基金的主要挑战。

---

① 刘方,刘笑天,等.2021年量化基金回顾与展望,多策略配置抵御"成长的烦恼"[R].中信证券,2022.
② 林晓明,等.国内量化私募发展及业绩归因[R].华泰证券研究报告,2021.
③ 聂军,文芳.解密量化私募基金组合基金——如何承担债市风险、获取股市回报[M].北京:北京大学出版社,2018.

一般来说，资管机构构建私募量化组合有两大关键步骤："自上而下"进行大类资产配置和"自下而上"挑选基金经理。

(一)"自上而下"进行大类资产配置

大类资产的"自上而下"分析是指通过分析未来一段时间(如 6~9 个月)的宏观市场环境，分析市场可能发生的变化，判断对于各个私募量化策略的"有利"和"不利"条件，并将资金配置在处于有利环境的策略中，退出处于不利环境的策略。

由于各种全球金融市场和资产类别的动态相互关联，因此在制定宏观市场展望时，必须综合考虑全球及国内市场风险因素的现状和演变。

这需要投资团队成员从自己的专业角度进行独立分析和判断，然后综合各方观点，形成团队对市场的宏观分析和判断。由于私募量化股权基金的投资周期通常较长，因此进行此类分析和判断的时间窗口通常为未来 6~9 个月，而不仅仅是近期，分析内容包括经济发展趋势、宏观政策、建设和消费、市场波动趋势、利率和利率曲线变化趋势、影响商品价格趋势、信贷变化趋势、主要汇率变化趋势等因素的演变。在判断各种宏观风险因素后，下一步是分析哪些量化私募股权策略将处于有利环境中，而哪些私募量化股权策略会面临不利环境，这种分析往往需要结合未来的基本面信息和历史数据的定量分析来完成。

(二)"自下而上"挑选基金经理

在判断出处于有利环境的私募量化策略之后，接下来的步骤是"自上而下"地挑选私募量化基金经理来执行相应策略。

通过对基金经理的特点和风格分析，资管机构要做到对私募量化基金经理风格和特点的充分调查了解，掌握其风险因子分解信息，以此，根据不同的资产配置识别出整个投资组合在各风险因子上的敞口，厘清所构建的私募量化投资组合的风险因子是否适合当前及未来宏观环境和市场预测，最后通过适当的优化方法完善投资组合的构建。

构建完成之后，仍需要对所投策略进行实时监控，从而根据市场环境的变化来调整组合，进行动态再平衡。

由此可见，优选和构建私募量化组合是一项极为专业的工作，在整体的宏观分析和判断以及对所选策略和基金的理解方面需要非常严格的流程控制，需要专业的知识和技能，同时，优选和构建私募量化组合也是一个动态的选择和配置过程。如果随着市场变化，出现了资管产品不愿承担的风险因子，则需要进行适当对冲。

第三节　私募量化基金风险及识别

资管机构在挑选合适的私募量化基金进行投资时，可以从基金公司、基金经理以及基金产品 3 个维度对私募量化基金产品进行风险分析，每个维度又可以分为多个角度进行衡量。

一、基金公司的风险及识别

从基金公司的维度分析私募量化基金投资风险的目的，是为了避免潜在的公司治理问题、经营风险及道德风险。由于私募基金没有定期披露信息的义务，因此资管机构只能通过详尽的尽职调查来获得相关信息，以尽早发现存在的风险点。这些信息应包括公司的背景、公司治理及内部监控情况、核心团队人员背景、激励机制、合规情况以及第三方服务商的背景等。

(一)基金公司背景

首先,基金管理公司的稳定是基金正常运作的基本保障,也是基金业绩具有可持续性的基础。合理的股东结构是这种稳定性的一种保证;另外,管理团队占有一定股份,使其职责与公司利益保持一致,有助于公司的稳定运作。因此,资管机构可以从公司的股东结构、组织架构以及员工激励机制入手对基金公司的稳定性进行分析。

其次,资管机构应尽可能了解基金公司及其员工的违规记录,例如是否有被监管机构处罚的记录,如果候选基金产品的基金公司在诚信方面有过不良记录,那么无疑在进行后续筛选时要慎重考虑。

最后,还要对基金公司的基础设施(交易系统、服务器、通信设施等)进行考察。虽然不同的投资策略对硬件设施的要求不同,但是这是对私募量化投资基金进行风险分析的重要环节。

(二)公司治理及内部监控情况

完善的公司治理结构和内部监控流程无疑会在很大程度上降低投资风险。完善的公司治理结构可以体现在前、中、后台的职责分离,客户资产和信息的保护措施以及对于员工的合规教育等方面,资管机构可以从以上角度对基金公司的治理情况进行考察,从而排查源自基金公司的风险。

(三)基金运营

高水平的专业运营是私募量化基金产品得以正常运作的另一个保障。基金运营团队需要具备一定的技术和知识,才能在基金运营遇到突发状况时妥善解决问题。为了衡量基金运营团队的整体水平,资管机构可以从运营管理流程,运营团队核心成员的素质、技能、过往操守记录等方面入手,以对运营团队的分工协作能力做出整体判断。

(四)风险管理

完善的风控体系在量化投资基金风险管理中无疑起到了重要作用,因此对基金公司的风险管理进行考察具有相当重要的意义。

首先,必须了解私募量化基金公司管理团队及投资经理对风险的认识;其次,要了解私募基金关于风控的规则和流程,以及风控团队的权限;再次,要了解私募基金公司的风险管理系统建设情况;最后,要了解风控团队的人员构成、专业水平等。通过上述流程,可以评估一家基金公司在风险管理方面的专业及严格程度。

(五)第三方服务商

私募量化基金公司与第三方服务商的关系也是评判其投资风险的一个重要方面。第三方服务商主要包括基金托管、基金PB(主经纪商)、基金审计、基金法律顾问等。资管机构可以从基金公司与各第三方服务商之间的历史关系,以及各第三方服务商的背景等分析基金公司的投资风险。

二、基金经理的风险及识别

(一)投资哲学与投资理念

基金经理的投资哲学和投资理念是资管机构在选择基金产品时的重要参考指标,指的是基金经理对于市场和投资者群体的认知,以及出现一些市场状况时所采取的对策,包括原则和投资决策指引。各种投资哲学和理念并没有优劣之分,但必须经受住不同市场环境的考验。如果一个基金经理还没有建立自己的投资哲学和投资理念,那么他就很有可能随大流而出现风格漂移的现象,这对于基金业绩的稳健性和可持续性会产生不利影响。

(二)投研团队成员及其协作

除了基金经理的投资哲学和投资理念之外,考察投研团队如何将基金经理的投资哲学和投资理念具体实施到基金管理中去也是非常重要的一个环节。其中,投研团队核心成员的背景、从业经验、技能特长,以及投研团队的分工情况和协作模式是重要的参考内容,包括团队人员组成属于专才型还是通才型、团队成员独立研究的能力如何、成员之间是否愿意合作和共享信息等。尤其值得注意的是,在投资决策环节,是否有专业性的辩论以降低投资过程中的潜在风险。

(三)投资决策委员会

投资决策委员会在基金投资运作过程中的作用不可或缺,因此有必要对其进行详细考察,包括委员会结构、核心成员背景和从业经验等;还要对委员会的操作程序和流程进行了解,包括批准候选标的进入资产池的程序、仓位决定程序、构建投资组合的流程、如何应对市场突发事件等。

三、基金产品的风险及识别

基金产品自身的风险评估是分析私募量化基金投资风险的重中之重,这是因为基金产品的风险是最能够直接影响投资者资产状况的风险因素,因此投资者可以从基金的投资理念、基金的投资策略特征以及基金的历史风险多个角度进行分析。

(一)基金的投资理念

基金的投资理念可以在很大程度上反映基金的风险特征,具体可以从基金所投资的资产类别、策略及策略配置,对收益率、波动率及回撤的期望等方面加以判断。

首先,了解私募量化基金投资的主要资产类别(就基础资产而言,有股票、商品、外汇等;就投资工具而言包括现货、期货或者期权等)、交易市场(国内、海外),是否跨资产类别进行投资。因为不同资产类别或不同资产类别组合的风险结构不同,所以了解私募量化基金投资领域和擅长领域,是了解私募量化基金投资理念的开始。

其次,要了解私募量化基金所使用的策略,以及在各种策略中的配置。

最后,对收益率、波动率及回撤的期望,也是了解基金投资理念的重要方面。

(二)基金的投资策略特征

不同投资策略的私募量化基金,其风险特征不同,额外的收益必须承担额外的风险。资管机构应尽可能了解所投资基金产品的策略特征,以便了解基金产品的风险情况。基金的策略特征可以从其回报来源、可持续性、可扩展性、流动性、杠杆使用情况、集中度等方面进行分析。

1. 投资策略的回报来源

对于量化投资来说,收益来自 Alpha 还是 Beta,来自哪些策略,策略胜率多少,这些都是了解量化投资基金的基本因素。

2. 投资策略的可持续性

持续性分析对于追求长期投资收益的资管机构来说尤为重要。虽然过去的业绩并不能代表未来,但对历史数据的可持续性分析可以帮助资管机构做出更加清晰的判断。因此,资管机构要了解基金产品的可持续性是如何产生的,并基于理性分析判断这种可持续性是否能够保持。

3. 投资策略的可扩展性

投资策略的可扩展性即策略的容量,对量化投资来说,如果所投资金额超过策略的容量,就会降低组合收益。基金的可扩展性主要取决于其策略容量的大小,通常来说,如果某种策略的交易市场越宽,其标的物的流动性越强,那么其可扩展性就越大。

4. 基金产品的流动性

基金产品的流动性会影响资管机构的赎回行为,从而影响所投资产品的流动性,因此有必要对基金产品的流动性进行分析。一般来说,投资组合的头寸越简单,其流动性越好,如果涉及金融衍生品,尤其是结构化的金融产品,其流动性就相对较差。另外,投资者应明确基金经理采用何种方式计算流动性,以便了解基金真实的流动性状态。

5. 基金产品的杠杆使用情况

投资策略的杠杆也可以反映基金的风险特征。通常来说,基金可以通过 3 种途径获取杠杆:一是通过保证金账户融资购买证券,二是通过主券商提供的信用额度进行融资购买证券,三是利用各种金融衍生品的杠杆作用。私募量化基金在杠杆的使用上灵活度更高,但杠杆也会带来风险放大作用,因此要格外注意杠杆的使用情况。

6. 基金持仓的集中度

如果基金集中重仓于某类证券的比例较高,则一旦判断失误将造成巨大的损失。衡量集中度的指标主要有仓位头寸百分比、策略配置敞口百分比、行业配置敞口百分比、信用级别敞口百分比等。

除了关注上述几个特征之外,如果基金产品的策略不止一种,则投资者还需事先了解各策略的特点、不同策略之间的兼容性以及资金在各策略之间的分配情况。

(三)基金的历史风险

通过分析基金的历史风险数据,尤其是基金在市场表现较差时期的风险表现,可以使投资者更加全面地认识基金产品的风险特征。分析基金历史风险情况,可以从分析基金风险限制被突破的历史情况入手,对基金的历史跌幅特征进行归因,总结出基金的历史风险特点。另外,还可以结合前文内容,借助一些量化工具对历史风险进行全方位归纳分析,包括同策略比较分析、回报分布统计分析、痛苦指数分析、杠杆水位、流动性分析、回报回归分析、相关性分析、宏观风险因子分析、集中度分析、风险敞口分析、可持续性分析、可扩展性分析、惯性分析、肥尾分析、上行/下行市场风险分析等。

四、流动性风险及识别

一般来说,私募基金的流动性低于公募基金。与投资公募基金类似,投资私募量化基金,也存在流动性风险。

对于所投资的私募量化基金,要了解产品底层资产的流动性、产品的开放周期、客户构成、申购赎回习惯等,这些都是识别私募量化基金流动性风险的方法。

第四节 私募量化基金的风险管理

资管机构对投资私募量化基金的风险管理的逻辑和方法,与管理公募基金投资相似,重点在于投前的尽职调查和投后的持续关注与监控。差异在于对私募基金公司的尽职调查和对投资策略的分析,较对公募基金的要详细。

一、基金公司风险管理

在基金公司的风险管理方面,资管机构在投前对私募量化基金进行尽职调查,将符合准入标准的机构纳入合作机构白名单。投后,对私募基金公司经营管理状况及投研状况进行持续监控,防范相关风险。

(一)投前尽职调查

对于私募量化机构的尽职调查,其内容包括公司基本情况、核心团队、投资理念、决策流程、管理资产规模等因素,可以通过专家打分的方式进行。

(二)合作机构管理

资管机构在核定私募量化基金公司合作额度及基金白名单内,根据资产配置策略投资私募量化基金,并对所投资的基金进行额度统计和管理。

(三)投后监控

投后对私募量化基金公司的运营情况进行日常跟踪,如出现负面信息或舆情,需评估其对基金公司的影响,如评估有影响的,可将其调整出私募量化基金公司白名单。

二、基金经理风险管理

在对基金经理的风险管理方面,主要是防范基金经理的风格发生漂移。

在投前阶段,资管机构应对投资经理进行充分的尽职调查,对基金经理的投资哲学和投资理念进行深入理解,确保符合资产组合的投资策略。

在投后阶段,资管机构应该与基金经理保持必要的联系和沟通,了解其投资理念和策略,并进行投资业绩归因分析。一旦发现基金经理不坚持原有投资理念而盲目跟风,或违背资管机构利益的情况,应及时向私募量化基金公司反映情况,并监督其纠正。

三、基金产品风险管理

从基金产品的角度来说,资管机构在投前和投后两个阶段,应从定性和定量的角度进行风险管理。

在投前阶段的风险管理,首先依据对过往投资的业绩归因、风格分析和尽职调查,选择合适资产配置策略的私募量化基金。然后设置风险限额。风险限额包括产品投资私募量化基金的总限额、私募量化基金组合的预警与止损限额、单只私募量化基金的预警与止损限额、私募量化基金的集中度、基于持仓的风险指标(主要包括组合的风格暴露)等。

在投后阶段的风险管理,首先基于单只基金或者组合进行业绩指标和持仓数据等指标的监控,当触发阈值时进行预警或者止损处理。然后基于私募量化基金的净值和持仓数据进行业绩归因分析,包括收益归因和风险归因分析。针对风格变化或者业绩不及预期的基金,进行业绩沟通或者投资调整。最后根据投前的资产配置方案,评估私募量化基金组合的偏离程度,根据偏离程度,确定再平衡方案并推进实施。

四、流动性风险的管理

资管机构对投资私募量化基金的流动性风险管理,与对投资公募基金流动性风险管理类似,在此不再赘述。

案例分析

H 信托公司对私募基金的尽职调查与风险评估[①]

在实际操作中,可以对私募量化产品的风险进行量化后评估。具体来讲,可以从基金公司自身资质及产品策略线两大方面对其进行评估,这两项又可以进一步划分为若干小项,分别对每一小项进行评估打分,并按照一定权重加权相加后得到最终得分。这里以 H 信托公司为例,介绍其对所投资私募基金风险的尽职调查和评估,可以作为对私募量化基金风险尽职调查和评估的参考。

一、基金公司风险评估

H 信托公司对合作的私募基金,要进行现场双人尽职调查(业务团队和风险团队均有代表参加),在尽职调查的基础上,评估基金公司的风险。

H 信托评估私募基金公司的资质风险,主要从以下两个方面进行测评:(1)该公司是否是合格的资产管理机构,是否诚信、合规运营,是否会发生极端风险事件;(2)该公司是否具有良好的运营能力,在市场盈利结构没有发生重大变化的情况下,会不会因为运营问题造成业绩滑坡、业绩难以持续。

(一)综合实力(45%)

对综合实力的评估,主要从股权结构、实缴资本、公司存续时间、总管理规模及外部认可度等维度展开,各项目评分标准及得分见表 12-1。综合实力评估的权重占 45%。

---

① 由本书作者整理总结。

表 12-1　各项目评分标准及得分

项目	评分标准	得分(a)	权重(b)
股权结构	实际控制人为核心投研人员,有重要外部机构参股	5	10%
	实际控制人为核心投研人员,无重要外部机构参股	3	
	实际控制人非核心投研人员,有重要外部机构参股	2	
	实际控制人非核心投研人员,无重要外部机构参股	1	
实缴资本	实缴资本 6 000 万元以上(含)	5	10%
	实缴资本 5 000 万元以上(含)	3	
	实缴资本 2 000 万元以上(含)	2	
	实缴资本 1 000 万元以下	1	
公司存续时间	成立时间满 5 年	5	10%
	成立时间满 3 年,不满 5 年	3	
	成立时间满 2 年,不满 3 年	2	
	成立时间不足 2 年	1	
总管理规模	总管理规模 100 亿元以上(含)	5	10%
	总管理规模 50 亿元以上(含),100 亿元以下	4	
	总管理规模 20 亿元以上(含),50 亿元以下	3	
	总管理规模 5 亿元以上(含),20 亿元以下	2	
	总管理规模 5 亿元以下	1	
外部认可度	公司主营国内证券类私募,产品线清晰,公平统一管理,同系列产品完全采用复制型,无相关利益冲突,主要人员无任职其他公司或投资其他项目,产品规模稳步增长(近 3 年合作机构超过 10 家,或重要机构合作方超过 3 家)	5	5%
	公司主营国内证券类私募,产品线清晰,公平统一管理,同系列产品基本采用复制型,无相关利益冲突,主要人员无任职其他公司或投资其他项目,产品规模增长过快(近 3 年合作机构 5~10 家,或重要机构合作方超过 1 家)	3	
	公司主营国内证券类私募,产品线形成中,公平统一管理存在瑕疵,同系列产品基本采用复制型,主要人员无任职其他公司或投资其他项目,产品规模出现较大波动(近 3 年合作机构 1~5 家)	2	
	公司非主营国内证券类私募,或产品发行混乱,或同系列产品差异较大,或出现利益冲突的迹象,或主要人员任职其他公司或投资其他项目,以及产品规模出现异动(无机构合作方)	1	

(二) 财务状况(15%)

对财务状况的评估,主要从营业收入和净利润两个维度展开,财务状况评分标准及得分见表 12-2。财务状况评估的权重占 15%。

表 12-2　财务状况评分标准及得分

项目	评分标准	得分(a)	权重(b)
营业收入	近 3 年财务报表中,平均营业收入超过 3 000 万元	5	10%
	近 3 年财务报表中,平均营业收入超过 1 500 万元,不足 3 000 万元	3	
	近 3 年财务报表中,平均营业收入超过 1 000 万元,不足 1 500 万元	2	
	近 3 年财务报表中,平均营业收入超过不足 1 000 万元	0	

续表

项目	评分标准	得分(a)	权重(b)
净利润	近3年财务报表中,连续3年实现盈利	5	5%
	近3年财务报表中,近2年实现盈利	3	
	近3年财务报表中,仅1年实现盈利	2	
	近3年财务报表中,均未实现盈利	0	

(三)风险管理(15%)

对风险管理的评估,主要从内控制度和风险管理两个维度展开,风险管理评分标准及得分见表12-3。风险管理评估的权重占15%。

表12-3　　　　　　　　　　风险管理评分标准及得分

项目	评分标准	得分(a)	权重(b)
内控制度	公司内控部门齐全,岗位配置合理,内控制度完善	3	5%
	公司仅设置内控岗位,职责明细,制定了内控制度	2	
	公司仅设置内控岗位和内控制度,但是较为简单	1	
	公司内控制度建设缺失	0	
风险管理	有明确的事前、事中、事后风控制度并切实执行3年以上,有对投资经理和交易员的约束制度,有严格的流动性和冲击成本分析,能根据基金的申赎情况做好仓位和流动性管理	5	10%
	有明确的事前、事中、事后风控制度并切实执行1~3年,有对投资经理和交易员的约束制度,有严格的流动性和冲击成本分析,能根据基金的申赎情况做好仓位和流动性管理	4	
	有明确的事前、事中、事后风控制度,近1年有所调整,有对投资经理和交易员的约束制度,有严格的流动性和冲击成本分析,能根据基金的申赎情况做好仓位和流动性管理	2	
	有明确的事前、事中、事后风控制度,近1年有重大调整,有对投资经理和交易员的约束制度,有严格的流动性和冲击成本分析,能根据基金的申赎情况做好仓位和流动性管理	1	
	没有明确的事前、事中、事后风控制度,或对投资经理和交易员无约束制度,或无流动性和冲击成本分析,没有根据基金的申赎情况做好仓位和流动性管理	0	

(四)信息披露(15%)

对信息披露的评估,主要从规模透明度和净值透明度两个维度展开,信息披露评分标准及得分见表12-4。信息披露评估的权重占15%。

表12-4　　　　　　　　　　信息披露评分标准及得分

项目	评分标准	得分(a)	权重(b)
规模透明度	所有产品的规模均可获得并被披露	3	7%
	80%及以上备案产品的规模可获得并被披露	2	
	50%及以上备案产品的规模可获得并被披露	1	
	不足50%备案产品的规模可获得并被披露	0	

续表

项目	评分标准	得分(a)	权重(b)
净值透明度	所有产品的净值均可按周披露	3	8%
	75%及以上备案产品的净值均可按周披露	2	
	50%及以上备案产品的净值均可按周披露	1	
	不足50%备案产品的净值均可按周披露	0	

(五)加/减分项(10%)

对于部分重要项目,进行加/减分项目评估,并且建立"黑名单"机制,对入围"黑名单"的,不予合作。加/减分项及得分见表12-5。加/减分项评估的权重占10%。

表12-5　　　　　　　　　　加减分项及得分

项目	评分标准	得分(a)	权重(b)
加分项	公司背后有外资投资机构支持,或为知名外资投资机构在国内的分支或办事处	1	5%
	公司高管担任过大型资产管理机构的高层管理职务	1	
	团队或个人有证券三大报等权威奖项获得者	1	
	基金获得权威机构排名认可	1	
	公司目前有稳定的自有资金运作	1	
减分项	主要人员被有关部门或者自律组织警告、批评和处罚,或公司涉及法律诉讼,或产品不按照合同投资,或存在内幕交易和利益输送等情况	−1	5%
	市场对团队或个人有不良评价	−1	
	核心成员涉及其他违法活动	−1	
	协会网站显示诚信信息问题,或有相关法律诉讼或合规处罚	−1	
	基金被权威机构评为中下等级	−1	
	所提供尽职调查材料齐备度不足50%,或者投资研究报告和重要事件公告不及时	−1	

若当前被中国证券投资基金业协会公示为失联机构、虚假填报、重大遗漏、违反"新八条底线"[①],或者相关主题存在不良诚信记录,进入"黑名单",禁止准入。

二、产品策略风险评估

在对一家私募基金公司的投资团队(含策略标签)进行打分时,主要从以下3个方面进行衡量:(1)该基金策略的历史业绩是否能够反映盈利能力,该策略的投资经理(或量化模型核心研发人员)是否在该领域有足够的稳定性、是否在该公司有足够的稳定性;(2)该私募基金策略的收益、回撤是否达标,在策略库同类策略中是否具有优势;(3)该私募基金策略的优化迭代速度能否跟上市场盈利结构发生的局部改变,以及盈利逻辑局部失控的速度。

(一)业绩情况(60%)

对业绩的评估,主要从业绩长度、业绩连续性、当前管理规模、业绩一致性、收益回撤比、收益波动比等维度展开,业绩情况的打分标准及得分见表12-6。业绩情况的权重占60%。

---

① "新八条底线"是指2016年7月15日由证监会发布的《证券期货经营机构私募资产管理业务运作管理暂行规定》。

表 12-6 业绩情况打分标准及得分

项目	评分标准	得分(a)	权重(b)
业绩长度	可认证的实盘业绩满 3 年,且经历过压力测试	5	10%
	可认证的实盘业绩满 2 年,且经历过压力测试	4	
	可认证的实盘业绩满 1 年,且经历过压力测试	3	
	可认证的实盘业绩不满 1 年,但经历过压力测试	2	
	可认证的实盘业绩未经历过压力测试	1	
	没有可认证的实盘业绩	0	
业绩连续性	实盘业绩为连续净值(无断点),对应当前公司下的一个产品(或单账户)	10	10%
	实盘业绩为连续净值(无断点),对应当前公司下的多个产品(或单账户)	8	
	实盘业绩为连续净值(无断点),对应过往公司及当前公司下的多个产品(或单账户)	6	
	实盘业绩为连续净值(无断点),对应过往公司下的一个产品(或单账户)	4	
	实盘业绩为连续净值(有断点)	2	
	实盘业绩为拼接净值(有断点)	0	
当前管理规模	该策略当前在管规模在同类型策略中排在中等规模以上,但较策略容量上限还有距离	10	10%
	该策略当前在管规模在同类型策略中排在中等规模以上,但已接近策略容量上限	8	
	该策略当前在管规模在同类型策略中排在中等规模以上,但已超过策略容量上限	6	
	该策略当前在管规模在同类型策略中排在中等规模以下,且较策略容量上限还有距离	4	
	该策略当前在管规模在同类型策略中排在中等规模以下,但策略容量上限未知	2	
	该策略当前无在管规模	0	
业绩一致性	设策略所有产品业绩均可提供并被证实,各产品间的平均相关系数大于 0.7	10	10%
	设策略所有产品业绩均可提供并被证实,各产品间的平均相关系数在 0.5~0.7,但有合理的解释	8	
	该策略部分产品业绩无法提供并被证实,剩余产品间的平均相关系数大于 0.7	6	
	该策略部分产品业绩无法提供并被证实,剩余产品间的平均相关系数在 0.5~0.7,但有合理的解释	4	
	该策略所有产品业绩均可提供并被证实,各产品间的平均相关系数小于 0.5	2	
	该策略部分产品业绩无法提供并被证实,剩余产品间的平均相关系数小于 0.5,无法合理解释	0	

续表

项目	评分标准	得分(a)	权重(b)
收益回撤比	参考业绩满2年,最近1年的卡玛比率在产品基础池中同类型的产品排名前20%	10	10%
	参考业绩满1年,存续期的卡玛比率在产品基础池中同类型的产品排名前20%	8	
	参考业绩满6个月,存续期的卡玛比率在产品基础池中同类型的产品排名前20%	6	
	参考业绩满6个月,存续期的卡玛比率在产品基础池中同类型的产品排名前50%	4	
	参考业绩满3个月,存续期的卡玛比率在产品基础池中同类型的产品排名前50%	2	
	不满足上述任一条件	0	
收益波动比	参考业绩满1年,最近1年的夏普比率在产品基础池中同类型的产品排名前20%	10	10%
	参考业绩满6个月,存续期的夏普比率在产品基础池中同类型的产品排名前20%	8	
	参考业绩满3个月,存续期的夏普比率在产品基础池中同类型的产品排名前20%	6	
	参考业绩满6个月,存续期的夏普比率在产品基础池中同类型的产品排名前50%	4	
	参考业绩满3个月,存续期的夏普比率在产品基础池中同类型的产品排名前50%	2	
	不满足上述任一条件	0	

(二)投研情况(40%)

对投研的评估,主要从核心人员投研经验、核心投研人员激励机制、研究支持、系统支持等维度展开,投研情况打分标准及得分见表12-7。投研情况的权重占40%。

表12-7　　　　　　　　　　　　　　业绩情况打分标准及得分

项目	评分标准	得分(a)	权重(b)
核心人员投研经验	该策略投资经理/核心投研经验匹配,直接相关经历超过10年	10	10%
	该策略投资经理/核心投研经验匹配,直接相关经历超过8年,不足10年	8	
	该策略投资经理/核心投研经验匹配,直接相关经历超过5年,不足8年	6	
	该策略投资经理/核心投研经验匹配,直接相关经历超过3年,不足5年	4	
	该策略投资经理/核心投研经验匹配,直接相关经历不足3年	2	
	该策略投资经理/核心投研经验不匹配	0	

续表

项目	评分标准	得分(a)	权重(b)
核心投研人员激励机制	该策略投资经理/核心投研在公司工作超过3年,是公司的实际控制人	10	10%
	该策略投资经理/核心投研在公司工作超过3年,直接或者间接持有公司股权	8	
	该策略投资经理/核心投研在公司工作超过3年,有类似股权方式激励	6	
	该策略投资经理/核心投研在公司工作超过1年,不足3年,直接或者间接持有公司股权	4	
	该策略投资经理/核心投研在公司工作超过1年,不足3年,有类似股权方式激励	2	
	该策略投资经理/核心投研在公司工作不足1年,没有公司股权或类股权激励	0	
研究支持	投研人员人数大于等于50人	10	10%
	合规投研人数/管理规模(单位:亿元)大于等于0.5,或在研人数在[30,50)	8	
	合规投研人数/管理规模(单位:亿元)在[0.3,0.60),或在研人数在[10,30)	6	
	合规投研人数/管理规模(单位:亿元)小于0.3,或在研人数在[5,10)	4	
	合规投研人员人数在[1,5)	2	
	无合规投研人员	0	
系统支持	公司有自建的研究平台,在数据、交易、风控方面均实现系统管理,且系统有明显的竞争优势,运作时间超过2年	10	10%
	公司有自建的研究平台,在数据、交易、风控方面均实现系统管理,运作时间超过2年	8	
	公司有自建的研究平台,在数据、交易、风控方面部分实现系统管理,运作时间超过2年	6	
	公司无自建的研究平台,在数据、交易、风控方面均实现系统管理,运作时间超过2年	4	
	公司无自建的研究平台,在数据、交易、风控方面部分实现系统管理,运作时间超过2年	2	

三、风险评估结果的应用

H信托公司风险管理部制定投资私募基金风险管理政策,其中包括基金公司的准入"门槛分"和策略准入"门槛分"。

H信托公司风险管理部对基金投资部门提交的私募量化基金和策略的尽职调查报告、评估情况进行复核,对符合政策的基金公司和策略的批准入库。

本章小结

本章首先介绍了私募量化投资基金的含义与特点,然后介绍了私募量化投资基金常用的几种交易策略,包括指数增强策略、股票多空策略、市场中性策略、管理期货策略以及全球宏观策略,并分析了投资私募量化基金可能面临的风险及其度量方式,包括基金公司层面的风险、基金经理层面的风险以及基金产品层面的风险,并针对这几种风险提出风险管理的方法,最后通过某信托公司对量化私募的尽职调查与风险评估,对私募量化基金的投资风险进行了案例分析。

关 键 词

偏多策略(Long Biased Strategy)　　偏空策略(Short Biased Strategy)
市场中性策略(Market Neutral Strategy)　相对价值策略(Relative Value Strategy)
事件驱动型策略(Event Driven Strategy)
管理期货策略(Commodity Trading Advisor Strategy)
全球宏观策略(Global Macro Strategy)　　基金公司风险(Fund Company Risk)
基金经理风险(Fund Manager Risk)　　　基金产品风险(Fund Product Risk)

思考与练习

1. 私募量化投资基金有哪些特点?
2. 私募量化投资基金有哪些交易策略?各种交易策略有哪些特点?
3. 市场中性策略的优势及其适用的市场环境是什么?
4. 举例说明管理期货策略如何实现分散化。
5. 基金的策略容量如何影响基金收益?
6. 投资私募量化基金面临哪些风险?
7. 对于私募量化投资基金来说,流动性风险包含哪些方面?
8. 如何管理基金公司层面的风险?
9. 如何管理基金经理层面的风险?
10. 如何管理基金产品层面的风险?

参考文献

1. 〔美〕弗兰克·J.特拉弗斯.对冲基金分析:FOF 基金投资尽职调查指引[M].兴全基金管理有限公司,译.上海:上海财经大学出版社,2018.
2. 刘方,朱必远,等.国内量化基金发展现状及趋势:十年洗练,格局初现[R].中信证券,2018.
3. 林晓明,等.国内量化私募发展及业绩归因[R].华泰证券研究报告,2021.
4. 罗荣华.FOF 管理:策略与技术[M].北京:机械工业出版社,2020.
5. 聂军,文芳.解密量化私募基金组合基金——如何承担债市风险、获取股市回报[M].北京:北京大学出版社,2018.
6. 魏建榕,等.乘风破浪的中国量化私募[R].开源证券,2020.
7. 西筹研究.机构基金投资的理论与实践[M].北京:中国金融出版社,2021.

第三篇

产品风险管理篇

第十三章

产品风险管理

引 言

资管产品是资管机构与投资者之间的桥梁。在标准化、净值化管理规则的框架下,资管产品设计、投资、运营、管理的重要性大幅上升。随着资管产品复杂度的日益提升,资管产品涉及的风险点众多,监管要求越来越高。资产管理公司应该高度重视产品风险的管理。

本章首先界定资管产品的含义、特点、作用与分类,阐述产品风险管理的重要性;接着介绍产品风险管理的原则、组织和管理流程;然后对产品风险管理的相关重要内容进行说明;再详细介绍资管产品的流动性风险管理、估值风险的管理、分类产品的风险管理及产品风险评级等;最后介绍产品业绩评价与绩效归因分析的原则与方法。

第一节 资产管理产品及其风险管理的重要性

一、资产管理产品

(一)资产管理产品的含义、特点与作用

1. 资产管理产品的含义

资管产品又称资产管理产品,是指资产管理机构制定并发行的具有特定风险收益特征和投资策略的金融工具。资产管理产品的投资品种和类型是事先由金融机构制定好的,投资者可以通过购买资产管理产品承担风险、分享收益。资产管理机构以公募或私募的方式向投资者募集,将募集的资金投向制订的资产管理产品计划,并将投资中产生的收益分配给投资者。

2. 资产管理产品的特点

资产管理产品具有如下特点:

第一,标准化。资产管理产品的标准化程度较高,资产管理机构发行资产管理产品时就确定了其投资经理、投资范围和投资策略等关键信息,投资者认购就代表其认可上述信息,同一资产管理产品的每个投资者获得的投资服务是相同的、标准化的。

第二，独立性。每个资产管理产品是一个独立分割的资产池，与资产管理机构的资产及其管理的其他资产相区别，也与产品持有人的资产和其他资产管理产品的资产相区别。

第三，份额化。资产管理产品的每一份额（单位）是等值的，其代表资产管理产品的单位净值，投资者按其所有的份额来分享损益。

第四，透明度较高。资产管理机构通常需要披露资产管理产品的相关投资信息，其透明度相对较高，不同资产管理产品的信息披露程度略有差异，取决于监管要求、合同约定等。

3. 资产管理产品的作用

资产管理产品是资产管理业务的载体，是连接资产管理机构（管理者）和投资者（产品持有者）的桥梁，金融机构作为管理者通过这个载体对投资者委托的资金进行投资和管理。资产管理产品可以满足资金较少投资者的需求，通过降低投资门槛实现积少成多，发挥大投资的优势，实现降低投资成本、拓展投资范围、更好分散风险、提高投资收益的目标。在"资产端—产品端—投资者端"的价值循环中，资产管理产品处于中枢地位。资产管理产品是各类投资者获得专业投资管理服务的主要渠道，也是专业投资者降低投资成本、实现风险分散和提升投资管理效率的重要工具。

资产管理产品包括但不限于人民币或外币形式的银行非保本理财产品，也包括银行理财公司、证券公司、证券公司资管子公司、基金管理公司、基金管理子公司、期货公司、期货公司子公司、保险资产管理机构、金融资产投资公司等发行的资产管理产品。常见资管产品有银行理财产品、公募证券投资基金、集合资金信托、私募证券投资基金等。

（二）资产管理产品分类

资产管理产品按不同方式有不同的分类。

1. 按照募集方式的不同，资产管理产品可分为公募产品和私募产品[①]

公募产品是面向不特定社会公众公开发行。公开发行的认定标准依照《中华人民共和国证券法》执行。

私募产品是面向合格投资者通过非公开方式发行的产品。

2. 按照投资性质的不同，资产管理产品分为固定收益类产品、权益类产品、商品及金融衍生品类产品和混合类产品

固定收益类产品投资于债权类资产的比例不低于80%；权益类产品投资于权益类资产的比例不低于80%；商品及金融衍生品类产品投资于商品及金融衍生品的比例不低于80%；混合类产品投资于债权类资产、权益类资产、商品及金融衍生品类资产且任一资产的投资比例未达到前三类产品标准。

一般来说，非因资产管理机构主观因素导致突破前述比例限制的，资产管理机构应当在流动性受限资产可出售、可转让或者恢复交易的若干个交易日内调整至符合要求（证监会体系的资管机构，要求10个交易日；保险资管机构，要求15个交易日）。

3. 按运作模式划分，资产管理产品分为开放式产品和封闭式产品

开放式产品：指自产品成立日至终止日期间，产品份额总额不固定，投资者可以按照协议约定，在开放日和相应场所进行认购或者赎回的资管产品。

[①] 公募产品面向不特定社会公众公开发行，主要投资风险低、流动性强的债权类资产以及上市交易的股票；私募产品面向合格投资者通过非公开方式发行，可投资债权类资产、上市交易（挂牌）的股票、未上市企业股权和受（收）益权。

封闭式产品:指有确定到期日,且自产品成立日至终止日期间,投资者不得进行认购或者赎回的资管产品。

二、产品风险管理

资管产品与任何金融产品一样,都具有风险。资产管理产品风险(以下简称"产品风险")是指产品在创新以及产品持续运作过程中出现的各类风险,属于全面风险管理范畴,包括但不限于信用风险、市场风险、操作风险、法律风险、合规风险、流动性风险、声誉风险、信息科技风险等。

产品风险管理是指对产品风险的识别、评估、监测和控制,对产品实行生命周期的全程管理,具体实施上主要体现在对新产品的风险审查、产品的投产后风险监控、存量产品持续风险监控等。

资产管理机构的产品风险管理,不仅涉及金融机构各项新产品的开发,而且包括所有存续的各类成熟产品的全生命周期的风险管理。

三、产品风险管理的重要性

产品风险管理是资产管理机构健康运行的基础,特别是在《资管新规》下,在产品运作方式发生转变的前提下更具有意义。

(一)产品运作方式的转变

在《资管新规》下,资产管理产品"净值化形态、组合化管理"的经营管理模式与《资管新规》前资金池模式下的预期收益型产品管理模式相比,发生了重大的变化。

以银行理财为例。在《资管新规》发布前,银行理财的运作模式是"资金池模式",产品形态是"预期收益型",其中包含期限错配、信用错配、流动性错配等。这种模式下,银行理财产品大多为短期,但如果理财产品能不断续发,则资金池的总量保持稳定,与其匹配的资产池就可以购买期限较长的资产,从而获得期限错配带来的收益。在理财高收益资产的配置中,相当大一部分是信贷类资产以及中低评级信用债券,即"信用错配"。在通过期限错配获取无风险的流动性溢价后,银行又获取了信用风险溢价,放大了理财业务的盈利空间。银行理财的投资标的往往流动性较差,但资金来源流动性较好,以高流动性负债去投资低流动性的资产,获得投资品种的流动性错配溢价。同时也需要配置相当部分的高流动性的债券和货币类工具,如果市场出现较为明显的波动,就可能需要通过银行提供流动性支持来应付资产池的低流动性,也就是"流动性错配"。在切换到净值化组合管理后,银行理财的盈利模式、产品估值以及风险管理模式也发生了重大改变(详见表13-1)。

表 13-1 《资管新规》前后银行理财产品运作模式比较

项目	旧模式	新模式
产品形态	预期收益型	净值型
管理模式	资金池模式、期限错配 "大组合"管理 主要是买入持有(配置)	组合化组合管理模式、期限匹配 单独管理、单独建账、单独核算 买入持有(配置)+交易策略
盈利模式	利差收益	管理费+业绩报酬(或有)

续表

项目	旧模式	新模式
风险承担	隐含刚兑	管理人合规尽责,投资者自担风险
估值方法	以摊余成本法为主 较少使用公允价值法	鼓励使用公允价值法 符合条件的产品才可以使用摊余成本法
风控模式	即使隐含刚兑,仍要重点管理资产端风险 重点监控信用风险 无产品风险管理	因为产品不刚兑,所以既要求管理资产风险也要求对每只产品的风险进行管理,进行全面风险管理,即管理信用、市场、流动性和合规等风险;产品全生命周期的风险管理

(二)产品运作方式转变需要产品风险管理支持

产品管理和运作模式的变化,必然对风险管理提出更多的要求。在市场风险管理上,要避免净值波动加大和朝不利方向变化,就更要注重市场风险;在流动性风险管理上,要从"资金池"模式下不重视流动性风险转向高度重视流动性风险;在信用风险管理上,由于要打破刚兑,要更加注重信用风险;在合规风险管理上,新规实施后,合规要求多,需要更加重视。

因此,资产管理机构应当建立全面覆盖、全程监控、全员参与的风险管理组织体系和运行机制,通过管理系统和稽核审计等手段,识别、分类、量化和评估资管产品的市场风险、信用风险、流动性风险和合规风险等,有效管控和应对风险。

2020年3月18日,银保监会颁布了《保险资产管理产品管理暂行办法》,对保险资产管理产品的监管提出了具体的要求,主要内容包括:

(1)明确产品定位和形式。保险资管产品定位为私募产品,面向合格投资者非公开发行。

(2)明确产品发行机制。推进债权投资计划和股权投资计划注册发行、组合类保险资管产品登记发行。

(3)严格规范产品运作。在打破刚性兑付、消除多层嵌套、去通道、禁止资金池业务、限制期限错配等方面与《资管新规》保持一致。同时从审慎监管角度,要求保险资金投资的保险资管产品,其投资范围应当遵守保险资金运用的监管规定。

(4)压实产品发行人责任。强调保险资管机构投资管理能力要求,落实风险责任人机制,健全产品全面风险管理体系,将产品业务纳入内部稽核和资金运用内控审计。

(5)强化产品服务机构职责。细化托管人、投资顾问等机构的资质和职责,同时对相关服务机构依法依规加强问责和监管。

(6)完善产品风险管理机制。要求保险资管机构按规定提取风险准备金,加强关联交易管理。

(7)落实穿透监管。保险资管机构应当有效识别保险资管产品的实际投资者与最终资金来源,充分披露资金投向、投资范围和交易结构等信息。2020年9月,银保监会研究制定并发布了《组合类保险资产管理产品实施细则》《债权投资计划实施细则》和《股权投资计划实施细则》3个细则,进一步促进了保险资管产品的运作和风险管理方式的完善。

第二节 产品风险管理的原则、组织和流程

产品风险管理覆盖面多、牵涉机构多、管理链条长。本节主要介绍产品风险管理的原则、

组织和流程。

一、产品风险管理的原则

产品风险管理的原则主要包括全覆盖原则、全程管理原则、高效运转原则和贴近创新原则,确保合法合规、实质风险可控。

(一)全覆盖原则

全覆盖原则是指产品风险管理应覆盖所有与资管产品相关的部门和业务领域。

(二)全程管理原则

全程管理原则是指风险管理应该覆盖从产品创新、创设到投资运作及清算的全流程各环节。

(三)高效运转原则

为支持产品创新工作,提升创新效率和效益,新产品评审实行"一站式评审",即指通过对新产品风险集中评审,评审机构与产品创新部门之间以及评审机构之间深入沟通,决议方案综合反映各部门专业意见和建议,整合解决产品创新中涉及的各类风险和问题。

(四)贴近创新原则

产品风险管理应该贴近市场、支持业务创新的动态变化,要跟随市场变化,提升和优化风险管理,确保获取创新收益的同时,使风险管理能力、体系和流程得到相应的完善和提升。

二、产品风险管理组织

在资产管理公司,应由部门牵头产品管理,风险管理部门统筹协调新产品风险管理工作,相关职能部门各司其职,在专业领域内对新产品出具专业意见,并在新产品投产后及时将其纳入风险监控。

(一)公司管理层的领导机构

资管公司风险管理委员会是产品全面风险管理的最高决策管理机构,负责审议与批准各类产品的风险管理政策、流程、计量与考核方案。部分机构对产品风险管理实行公司风险管理委员会统一协调控制、产品主管部门承担管理责任和相关职能部门负责业务风险控制的组织原则。

对于新产品,资管公司一般会建立一个由高级管理层牵头,产品投研、市场、运营、风险管理和合规等部门员工组成的公司新产品管理委员会,负责审批创新产品的上线申请。任何创新型产品均需得到该委员会批准方可执行。风险管理部门应该全面评估创新产品的各类风险并提出应对方案。

(二)风险管理部门的管理职责

风险管理部门在风险管理委员会领导下负责具体工作,工作内容包括:
(1)制定和完善产品风险管理政策和风险管理工作流程、制度。

(2)组织评估产品风险,设计和论证风险控制方案,审查产品的规范性、风险评级、准入门槛、审批权限、风险定价、组合限额、监测方案、拨备计提、资本占用、运营流程,提出意见方案。

(3)对产品的业务收益和风险情况进行动态监测、评价,提出及受理改进提议,结合风险控制水平和风险收益匹配情况,制订或组织制订调整更新方案。

(4)定期汇总编制产品风险报告,对产品风险管理进行内部培训、咨询指导并提供风险管理服务。

(5)协调、推进其他部门与产品风险管理有关的工作。

(三)产品管理部门的产品风险管理

产品管理部门负责组织创新产品的开发论证并提交公司决策机构审批上线;负责全面、如实地阐述和解释产品特性,组织推进产品开发管理流程,按风险职能管理部门的相关制度要求,执行对产品风险的监测和控制,并提交具体产品的风险管理报告。

(四)投资部门及市场团队的产品风险管理

根据风险与收益匹配原则,面向客户的业务经营单位是产品实施过程中风险的最终承担者,要对产品落地实施过程中产生的信用风险、市场风险、流动性风险、操作风险、法律合规风险和声誉风险等各类风险的控制负责。

(五)其他相关职能部门的风险管理

其他相关职能部门是指不承担某一具体产品开发与管理职责,但为该产品的经营提供业务支持、搭建业务环境或从事具体业务操作的部门,包括但不限于财务职能管理部门、运营职能管理部门、科技规划职能及系统开发职能管理部门等各类风险审批及业务支持职能部门。其他相关职能部门对根据业务安排所从事的具体业务环节的风险控制负责,包括具体产品风险的识别、评估、监测和控制。

三、产品风险管理流程

产品风险管理实行生命周期全程管理,即建立严谨的新业务风险管理流程,贯穿产品创新、发起、投研、审查审批、运营、营销与售后管理、后评价等环节。产品全生命周期的风险管理流程如图13-1所示,主要有5个阶段。

(一)产品创设阶段

为确保风险管理切实有效,公司应建立严格清晰的新产品开发和创设审批流程,作为产品风险管控的起点。

1. 对于创新产品[①],建立完整的创新产品评估决策机制

对于创新产品,产品管理部门根据客户或市场需求、资本市场投资机会以及国内外产品发展的研究,对接公司投资、销售团队,进行新产品的研发。随后,公司中台各风控、法律合规部门以及后台IT运营团队,将对新产品雏形进行评估,判断其是否运营可行及是否存在风险隐

[①] 创新产品,是指在基金管理人、投资者权利义务、投资范围及风险收益特征等一个或多个方面与本公司已经投资运营产品存在重大差异的资产管理产品。

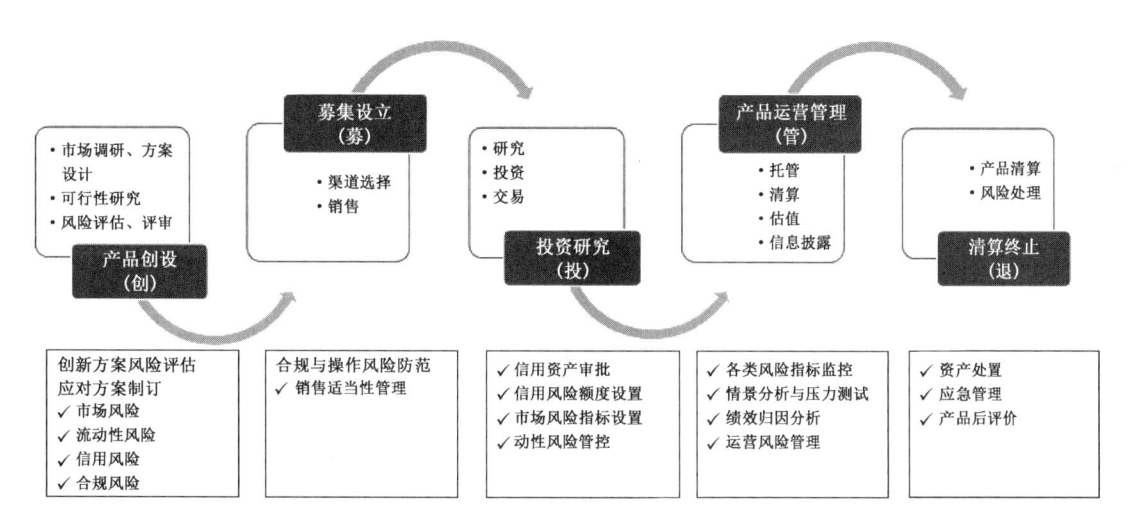

图 13-1 产品全生命周期的风险管理流程

患,并将评估结果和建议反馈给产品团队以完善产品方案。在充分准备的基础上,产品管理部门将新产品实施方案、各相关部门意见以及筹备情况汇总提交新业务评估小组进行初步审核,初步审核意见以评估意见表的形式出具。评估小组认为该业务准备不足的,需反馈业务部门进行改进,补充充足后再次提交;评估小组意见为通过的,提交新业务评审委员会审批;评估小组意见为不通过的,不再提交新业务评审委员会审批,业务部门不再开展该业务。业务部门有权对评估小组做出的评估意见发表观点,经过沟通仍无法达成一致的,则提交新业务评审委员会进行审批。

公司产品管理委员会将遵循公司战略规划、满足市场客户需求、确保公司风险可控的原则,通过决议或会议形式,对创新产品进行决策,形成决议。在实践中,为提高效率,可在新业务委员会下设立一个相应工作小组,作为工作机构,具体从风控、合规、运营、财务、投研、产品角度评估每一个创新业务提议。

2. 对于常规产品[①],进行风险评估,拟定产品风控方案

风险管理部门应当完成产品上市前的风险评估(包括信用风险、市场风险、流动性风险、法律合规风险、操作风险、声誉风险评估),对流程、办法等文本进行审查并出具明确意见,提出产品风控方案、制定产品风控指标。这是产品上市前核准的前提条件之一。

原则上组织产品风险评估复核审批,由风险管理部门负责。

(二)募集设立阶段

在产品募集阶段,可能存在的主要风险点包括:投资者适当性、反洗钱工作以及产品结构、宣传营销等方面的合规性与操作风险。主要管理措施包括[②]:

1. 代销机构管理

资管产品代销机构应当符合一定条件,资产管理机构应当对拟委托销售本公司理财产品

[①] 常规产品,是指在基金管理人、投资者权利义务、投资范围及风险收益特征等方面与本公司已投资运作产品不存在重大差异的资产管理产品。

[②] 《公开募集证券投资基金销售机构监督管理办法》和《理财公司理财产品销售管理暂行办法》等监管规定,分别对基金及理财产品销售行为进行规范。

的代销机构建立适合性调查、评估和审批制度;对代理销售机构的条件要求、专业服务能力和风险管理水平等开展尽职调查,实行专门的名单制管理,明确规定准入标准和程序、责任与义务、存续期管理、利益冲突防范机制、信息披露义务及退出机制等;审慎选择代理销售机构,切实履行对代理销售机构的管理责任;应当与代理销售机构以书面形式签订代理销售合作协议,约定双方的权利义务。

2. 销售合规性管理

资管产品销售机构应当对宣传销售文本合规性和销售行为进行管理;完整记录和保存销售业务活动信息,确保记录信息全面、准确和不可篡改,并持续满足监管机构依法实施信息采集、核查、取证等监管行为的要求[①]。

3. 销售适当性管理及投资者保护

对非机构投资者的风险承受能力进行评估,制定投资者风险承受能力评估书,确定投资者风险承受能力等级,采取将投资者和理财产品进行匹配的方法。资管机构应遵循信息充分披露的原则,在官方网站和媒体上发布有关产品信息,建立接受客户投诉和建议的渠道,及时处理客户投诉。对售后发生的批量投诉、群体事件、突发或意外事件以及其他引起财产或声誉损失的事件,及时报告。

4. 销售人员管理

制定销售人员管理办法,制定适当的销售政策和监督措施,防范销售人员违法违规和违反职业操守销售合规性。加强销售行为的规范和监督,防止延时交易、商业贿赂、误导、欺诈和不公平对待投资者等违法违规行为的发生。

(三)投资研究阶段

在投资研究阶段,可能遇到的风险主要有:

一是市场价格不利变化导致的市场风险以及投资标的和交易对手的信用风险。

二是审批决策、分级授权、内部控制、职责分工等流程机制不健全,准入标准和风控指标体系不完善,人员操作失误等因素带来的操作风险。

《资管新规》颁布以来,监管层陆续发布相关资产管理细则,且从近几年对银行理财、证券资管等机构处罚的趋势及分布来看,资产管理业务因内部审批、尽职调查、债券交易等被处罚的比例逐渐增加,相关操作和合规风险管理应当引起重视。

针对投资研究阶段可能遇到的风险,可采取以下应对措施:

1. 完善内控制度

建立必要的投研、交易、运营等条线的职责分离制度,明确关键岗位、特殊岗位、不相容岗位及其控制要求;制定完善的投资研究的内部控制体系和业务流程,明确审批决策的职责权限;加强业务尽职调查和投研机制,建立投资标的和交易对手的入库机制;建立复核机制,投资交易指令采用多人交叉复核模式,避免操作风险事件的发生。

2. 落实风控方案

根据风控方案,在前端交易系统和风控系统设置风险限额指标;同时,加强行业、单一主

[①] 《理财公司理财产品销售管理暂行办法》在理财产品销售环节,明确提出了18条禁止行为,这些禁止行为大部分对投资者有错误引导作用,如捆绑销售和诱导购买等行为等。保证销售环节的客观合理,把适合的理财产品销售给适合的投资者。

体、单一证券、单一交易对手等集中度指标监测,强化对投资标的主体的相关跟踪和调研以及投后尽职调查管理;密切关注宏观经济指标变化及投资标的负面舆情;定期进行绩效归因并向投研团队和投资经理进行反馈。

(四)产品运营管理阶段

产品投资运营管理中的风险主要有:

一是产品流动性风险,特别是产品开放期流动资金不足、高杠杆产品因市场流动性紧张而引起的产品流动性风险。

二是运营风险,主要包括账户管理与运营、估值核算和信息披露、统计与报表3个主要业务领域的风险。其中估值风险,是由于估值方法、流程、信息披露等不符合监管规定或会计核算准则,产生估值与组合实际变现价值发生偏离的风险、引发客户投诉或者监管处罚的风险。

针对这些风险,可采用以下应对措施:

1. 流动性风险管理

做好资管产品整体流动性管理,合理配置高流动性资产,根据市场资金价格及融资环境做好融资安排及杠杆控制。关于这部分内容,后面章节将详细阐述。

2. 运营风险防范

在账户管理和运营风险防范方面,一方面要逐步提高相关人员的专业化水平;另一方面要逐步强化系统化管理,完善账户管理流程,实现客户申赎、划款、投资一体化过程。在估值核算方面,完善估值核算系统和流程。近期估值风险比较突出,将在本章第六节专题介绍其管理要点。

(五)清算终止阶段

清算终止阶段主要包括产品后检视、资产处置、风险处置及应急管理等。

1. 产品后检视

对所有上市产品都应当进行后检视。后评价和更新应由产品主管部门发起和组织进行,并定期提供有关收益分析。

2. 资产处置

在事后风险资产处置和风险事件应对环节,证券公司资产管理业务主要面临标的及交易对手违约、资产处置流动性较差导致无法及时处置、产品亏损导致客户投诉等因素带来的信用风险、流动性风险和声誉风险。

3. 风险处置

建立风险分类分级管理机制,对出险资产实施分类分级管理和处置。风险事件发生时应当检视作业流程与风险控制;发现产品缺陷或产品设计所依赖的环境条件发生变化时,应当对产品进行更新,包括产品的改进和完善,以及相应产品管理制度的修订和补充。

4. 应急管理

按照既定风险应急预案,在产品或者投资发生风险事件后第一时间发起应急流程,成立应急处置小组,由相关部门协同跟进追偿和诉讼流程。

第三节 产品流动性风险管理

从资管产品风险管理流程可以看出,资管产品从设计到运营面临的风险主要包括信用风险、市场风险、流动性风险、法律合规风险、操作风险、估值风险(运营风险)等。资管产品的市场风险和信用风险,主要取决于底层资产的市场风险和信用风险,其管理方式与相关资产的市场风险管理和信用风险管理方式类似,且部分内容将在本章第五节中阐述。本节主要阐述产品的流动性风险,因为其管理方法与单一资产的流动性风险管理有较大差别。

资管产品流动性风险包括资产流动性风险和负债流动性风险,开放式产品更可能遇到因市场波动等因素导致的流动性受限问题。管理产品流动性风险,需要建立健全的工作机制,并充分发挥流动性风险管理工具的作用。

一、产品流动性风险管理的含义及必要性

(一)产品流动性风险管理的含义

资管产品流动性风险是指资产管理产品无法通过变现资产等途径以合理成本及时获得充足资金,以满足投资者赎回需求、履行其他支付义务的风险,是资管产品投资的主要风险。

资管产品流动性风险来自资产流动性风险和负债流动性风险(见图 13-2)。

流动性风险 ⟶ 资产流动性风险 ＋ 负债流动性风险

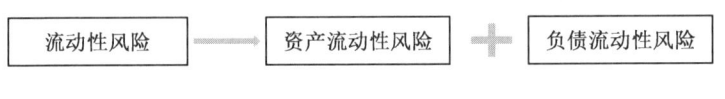

图 13-2 资管产品流动性风险

(二)产品流动性风险管理的必要性

近年来,资管行业市场环境发生较大变化,资管产品的流动性风险管控压力日益加大。突出表现在以下 4 个方面:

一是 2015 年股市异常波动期间,受基础市场流动性缺失、投资者集中赎回等因素影响,中国公募基金行业遭受严峻考验,尤以偏股型开放式基金流动性风险表现最为突出,市场大幅调整期间,个别基金公司因集中持有中小市值股票而面临较大的流动性管理压力。

二是随着经济下行压力加大,中国债券市场信用风险逐步暴露,债券违约事件时有发生,涉及违约债务主体范围逐渐扩大,打破"刚性兑付"成为共识。公募基金持仓债券发生违约将对基金份额净值产生直接的负面影响,容易引发持有人集中赎回,发行人信用风险引致基金流动性风险的可能性加大。

三是 2016 年以来,大量机构委外资金涌入公募基金,引起市场较大关注。由于持有人结构高度集中,机构同质化,资金呈现"大进大出"的特点,市场突变情况下赎回行为高度一致,给基金投资运作带来较大压力,并可能潜在损害中小投资者利益等一系列问题。

四是 2016 年底债券市场大幅调整,货币市场利率快速上行,机构投资者短期集中大额赎回,个别货币基金面临投资者赎回与市场流动性缺失的双重挤压。

因此,加强资管产品的流动性风险管控是中国资产管理行业稳健发展所面临的突出问题,

具有现实紧迫性。加强公募资管产品的流动性风险管理,也是当前全球资产管理业监管改革的重点。

二、流动性风险管理机制

要对资管产品流动性风险进行管理,首先要建立有效的管理机制。有效的管理机制主要包括以下几方面的内容:

(一)建立健全资管产品流动性风险管理制度与治理结构

建立全覆盖、多维度的,以压力测试为核心的开放式产品流动性风险监测、预警和处置制度。指定专门部门和岗位配备充足具备胜任能力的人员负责资管产品流动性风险管理;承担资管产品投资运作管理职责的主要负责人对该资管产品的流动性风险管理承担主要责任;指定专门部门负责资管产品流动性风险压力测试,并与投资管理部门保持相对独立;建立职责清晰、考核科学的激励约束机制,将流动性风险管理状况纳入该资管产品投资运作管理人员的考核评价标准。

(二)将流动性风险管理贯穿于理财业务运行的全流程

一是资管机构应当在资管产品设计阶段,综合评估投资资产流动性、投资者类型与风险偏好等因素,审慎确定开放式、封闭式等产品运作方式,合理设计认购和赎回安排。

二是资管机构应当持续做好低流动性资产、流动性受限资产和高流动性资产的投资管理,提高资产流动性与产品运作方式的匹配程度。

三是资管机构应当持续监测资管产品流动性风险,审慎评估产品所投资各类资产的估值计价和变现能力,充分考虑声誉风险、信用风险、市场风险、交易对手风险等的可能影响,并提前做出应对安排。

四是制定风险应对预案。

三、流动性风险管理工具

(一)资产流动性管理

拟采用开放式运作的,组合资产的流动性应当与资管产品合同约定的认购、赎回安排相匹配,投资策略应当能够满足不同市场情形下投资者的赎回需求,理财产品投资者结构、估值计价等方面安排能够充分保障投资者得到公平对待。投资组合事前评估,包括对高流动性资产的投资比例设定下限,对低流动性资产的投资比例设定上限,投资资产的集中度限制,高风险资产的投资限制。

1. 保有一定比例的现金或者其他高流动性资产

开放式基金应当保持不低于基金资产净值5%的现金或者到期日在1年以内的政府债券。定期开放周期不低于90天的公募理财产品,应当在开放日及开放日前7个工作日内持有不低于该理财产品资产净值5%的现金或者到期日在1年以内的国债、中央银行票据和政策性金融债券。在开放日前1个工作日内,开放式理财产品7个工作日可变现资产的可变现价值应当不低于该产品资产净值的10%。

2. 资产集中度管理

公募产品持有某只股票或者债券不得超过基金总资产的 10%,同一管理人旗下所有产品持有同一只股票不得超过该股票市值的 10%。同一基金管理人管理的全部开放式基金持有一家上市公司发行的可流通股票,不得超过该上市公司可流通股票的 15%;同一基金管理人管理的全部投资组合持有一家上市公司发行的可流通股票,不得超过该上市公司可流通股票的 30%。[①]

3. 对投资低流动性资产进行严格的限制

如《货币市场基金监督管理办法》对货币基金设置了日流动资产、周流动资产、流动性受限资产的比例限制。投资于低流动性资产达到一定情形的(计划投资不活跃交易市场,需要采用估值技术确定公允价值的资产,且计划投资上述资产的比例达到理财产品净资产 50% 以上),应当采用封闭或定期开放运作方式,且定期开放周期不得低于 90 天。《货币市场基金监督管理办法》还规定,对于其他理财产品,非因理财公司主观因素导致突破前款规定比例限制的,该理财产品不得新增投资上述资产。

4. 对投资于流动性受限资产[②]进行严格的限制

如单只开放式公募资管产品和每个交易日开放的私募资管产品直接投资于流动性受限资产的市值在开放日不得超过该产品资产净值的 15%。单只定期开放式私募资管产品直接投资于流动性受限资产的市值在开放日不得超过该产品资产净值的 20%。[③] 因证券市场波动、上市公司股票停牌、资管产品规模变动等因素导致理财产品不符合前款规定比例限制的,资管公司不得主动新增投资流动性受限资产。非因资管公司主观因素导致突破前述比例限制的,资管公司应当在流动性受限资产可出售、可转让或者恢复交易的 10 个交易日内调整至符合要求。

(二)负债流动性管理

在同业融资方面,理财公司应当按照穿透原则对交易对手实施尽职调查和准入管理,设置适当的交易限额并根据需要进行动态调整。[④]

在交易押品方面,理财公司应当建立健全理财产品买入返售交易押品的管理制度,与交易对手开展买入返售交易的,可接受押品的资质要求应当与理财产品合同约定的投资范围保持一致。[⑤]

(三)投资者集中度及申购赎回的管理

1. 认购风险应对措施

在申购端,要求管理人合理控制投资者集中度,审慎确认大额申购申请,避免申购套利,包括:设定单一投资者认购金额上限、理财产品单日净认购比例上限、拒绝大额认购、暂停认购,以及国家金融监督管理总局规定的其他措施。

[①] 证监会《公开募集开放式证券投资基金流动性风险管理规定》。

[②] 《银行理财公司理财产品流动性风险管理办法》认定的流动性受限资产,是指"由于法律法规、监管、合同或操作障碍等原因无法以合理价格予以变现的资产"。包括到期日在 10 个交易日以上的逆回购与银行定期存款(含协议约定有条件提前支取的银行存款)、距赎回日在 10 个交易日以上的资产管理产品、停牌股票、流通受限的新股及非公开发行股票、资产支持证券(票据),因发行人债务违约无法进行转让或交易的债券和非金融企业债务融资工具,以及其他流动性受限资产。

[③] 参见《银行理财公司理财产品流动性风险管理办法》。

[④] 参见《银行理财公司理财产品流动性风险管理办法》。

[⑤] 参见《银行理财公司理财产品流动性风险管理办法》。

2. 赎回风险应对措施

管理人加强对巨额赎回的管控：一是审慎接受及确认巨额赎回申请，在产品合同中约定特定情形下实施预约赎回管理等风险缓释措施；二是每日评估及测算组合中7个工作日可变现资产，防止超出资管产品资产变现能力盲目确认赎回申请；三是针对短期投资行为完善强制赎回费规定，限制大额资金短期套利，包括：设置赎回上限、延期办理巨额赎回申请、暂停接受赎回申请、延缓支付赎回款项、收取短期赎回费、暂停理财产品估值、摆动定价，以及国家金融监督管理总局规定的其他措施。

3. 加强理财产品认购管理，合理控制投资者集中度，审慎分析评估大额认购申请

当接受认购申请可能对理财产品存量投资者利益构成重大不利影响时，或者基于投资运作与风险控制需要，理财公司可以采取上述认购风险应对措施。

4. 按照相关规定开展理财产品估值，加强极端市场条件下的估值管理

开放式理财产品在前一估值日内，产品资产净值50%以上的资产不具备活跃交易市场或者在活跃市场中无报价，且不能采用估值技术可靠计量公允价值的，理财公司应当暂停该产品估值，并采取延缓支付赎回款项或暂停接受理财产品认购、赎回申请等措施。开放式公募理财产品（现金管理类理财产品除外）发生大额认购或赎回时，理财公司可以采用摆动定价机制。理财公司应当在理财产品销售文件中与投资者事先约定摆动定价机制的相关原理与操作方法，并履行相关信息披露义务。

理财产品和公募基金的流动性风险管理工具对比见表13-2。

表13-2 理财产品和公募基金的流动性风险管理工具对比

工具	理财产品	公募基金
认购风险应对	设定单一投资者认购金额上限、设定单日净认购比例上限、拒绝大额认购、暂停认购，以及其他措施	
赎回风险应对	设置赎回上限、延期办理巨额赎回申请、暂停接受赎回申请、延缓支付赎回款项、收取短期赎回费、暂停产品估值、摆动定价以及其他	
每日净赎回	在开放日前1个工作日内，开放式理财产品7个工作日可变现资产价值应当不低于该产品资产净值的10%	可确保每日确认的净赎回申请不得超过7个工作日可变现资产的可变现价值
巨额赎回	开放式理财产品发生巨额赎回的，理财公司当日办理的赎回份额不得低于理财产品总份额的10%；对其余赎回申请可以暂停接受或延期办理	
暂停接受赎回	开放式理财产品的单个份额持有人在单个开放日申请赎回该理财产品份额超过该理财产品总份额合同约定比例的，理财公司可以暂停接受其赎回申请；已经接受的赎回申请可以延缓支付赎回款项，但延缓期限不得超过20个工作日	在基金合同中约定，在单个基金份额持有人超过基金总份额一定比例以上的赎回申请等情形下，实施延期办理赎回申请的具体措施
短期赎回费	理财公司可以按照事先约定，向连续持有少于7日的开放式理财产品（现金管理类理财产品除外）投资者收取赎回费，并将上述赎回费全额计入理财产品财产	对除货币市场基金与交易型开放式指数基金以外的开放式基金，对持续持有期少于7日的投资者收取不低于1.5%的赎回费，并将上述赎回费全额计入基金财产
暂停估值	开放式产品在前一估值日内，产品资产净值50%以上的资产不具备活跃交易市场或者在活跃市场中无报价，且不能采用估值技术可靠计量公允价值的，理财公司应当暂停该产品估值，并采取延缓支付赎回款项或暂停接受理财产品认购、赎回申请等措施	

续表

工具	理财产品	公募基金
摆动定价	开放式公募理财产品(现金管理类理财产品除外)发生大额认购或赎回时,理财公司可以采用摆动定价机制	当开放式基金发生大额申购或赎回情形时,基金管理人可以对除货币市场基金与交易型开放式指数基金以外的开放式基金采用摆动定价机制,但应在基金合同中事先约定,并需履行相关信息披露义务。摆动定价机制的处理原则与操作规范由中国证券投资基金业协会另行制定
低流动性资产	单只理财产品存在以下情形的,应当采用封闭或定期开放运作方式,且定期开放周期不得低于90天,该产品销售文件还应当做出充分披露和显著标识: (1)计划投资不存在活跃交易市场,并且需要采用估值技术确定公允价值的资产 (2)计划投资上述资产的比例达到理财产品净资产50%以上 (3)允许单一投资者持有份额超过总份额50%的(现金管理类产品除外),销售文件还应当做出充分披露和显著标识,不得向个人投资者公开销售 对于其他理财产品,非因主观因素导致突破前款比例限制的,不得新增投资上述资产	(1)对主要投资于非上市交易的股票、债券及不存在活跃市场需要采用估值技术确定公允价值的投资品种的基金,应当采用封闭或定期开放运作方式 (2)拟允许单一投资者持有基金份额超过基金总份额50%的,应当采用封闭或定期开放运作方式且定期开放周期不得低于3个月(货币市场基金除外),并采用发起式基金形式。在基金合同、招募说明书、理财产品协议等文件中进行充分披露及标识,且不得向个人投资者公开发售。交易型开放式指数基金及其联接基金可不受前款规定的限制
流动性受限资产	(1)单只开放式公募理财产品和每个交易日开放的私募理财产品直接投资于流动性受限资产的市值在开放日不得超过该产品资产净值的15% (2)单只定期开放式私募理财产品直接投资于流动性受限资产的市值在开放日不得超过该产品资产净值的20%	(1)单只开放式基金主动投资于流动性受限资产的市值合计不得超过该基金资产净值的15% (2)同一基金管理人管理的全部开放式基金持有一家上市公司发行的可流通股票,不得超过该上市公司可流通股票的15% (3)同一基金管理人管理的全部投资组合持有一家上市公司发行的可流通股票,不得超过该上市公司可流通股票的30% 完全按照有关指数的构成比例进行证券投资的开放式基金以及证监会认定的特殊投资组合可不受前述比例限制
私募定期开放产品	定期开放周期低于90天的私募理财产品应当主要投资于标准化资产	
私募资管细则:全部资产投资于标准化资产的集合资管计划和证监会认可的其他资管计划,可以按照合同约定每季度多次开放,其主动投资于流动性受限资产的市值在开放退出期内合计不得超过该资产管理计划资产净值的20%。前款规定的资产管理计划每个交易日开放的,投资范围、投资比例、投资限制、参与和退出管理应当比照适用公募证券投资基金投资运作有关规则		

(四)流动性风险压力测试

压力测试是确保基金具有充分流动性风险管理能力的一项重要举措。

1. 流动性风险压力测试的流程

产品流动性风险压力测试流程包括:

(1)数据调查以及分析

结合产品的资产、负债及客户申赎情况,逐笔分析产品的资产、负债,并按照流动性从高到低对每笔资产和负债排序,分析资金流入流出情况。

(2)情景设计

设计流动性风险的压力情景时,需要安装资金流入流出分类设置。监管或者自律组织制定压力测试场景设置的指引文件。压力测试场景一般有正常及压力场景,包括实际历史场景或根据参数预估的假设场景等。对于不同的产品而言,应采取不同的具体压力测试内容,压力测试结果应该用于构建压力情形下适当的应急计划和流动性管理工具等。

(3)情景的压力评估

压力评估的主要任务就是分析在压力情景下资金净流动缺口,也就是将所有可能的资金流出项和资金流入项里列出,计算压力情景下的净资金流,其方法可以分为资产负债表法(静态方法)和现金流法(动态方法)。

①资产负债表法。资产负债表法是结合资产负债表,识别压力情景下短期内可能被取走的负债,同时识别可以变现的资产,分析可能的流动性缺口,静态方法的特点是只考虑当前时点的流动性缺口。

②现金流法。现金流法是按照到期时间划分流入流出的现金流,计算现金流净流出缺口,如果筹资和卖出资产不能弥补缺口,则为流动性风险,动态方法的特点是只考虑当前时点的流动性缺口。

压力测试要充分考虑潜在赎回情况下,根据流动性资产缺口衡量的风险和影响,或压力情景下处置资产以应对赎回可能影响基金的策略和风险的程度。

(4)测试结果的分析与报告

按照规范的格式列出测试结果,并提出有效应对建议。

2. 产品流动性风险压力测试的基本要求

压力测试的进行和审查应独立于投资组合管理部门。

资产管理公司应充分考虑可能影响压力测试频率的因素,这些因素包括:产品规模、投资策略、投资标的物以及投资者特性。

一般情况下压力测试结果的使用。压力测试结果应被纳入资管产品生命周期的所有阶段,包括在确定交易、分销安排和资产组成的产品设计阶段,以及持续进行的投资和流动性风险管理。在分析压力测试结果并根据压力测试结果确定适当的后续行动时,责任实体考虑的因素如下:

对于开放式基金,流动性风险管理工具如表13-3所示。其中,这些工具可以分为3类:

(1)旨在将交易成本传导至赎回者的流动性工具

这类工具主要包括:

①摆动定价(Swing Price)。摆动定价指的是在基金存续期内,将申购、赎回活动导致净资产变化的交易成本反映到基金资产净值(NAV)上所引发的NAV摆动。一般定价的摆动幅度不会超过一定限制(如2%)。

②反稀释费(Anti-dilution Fee)。反稀释费指的是针对申购和赎回导致基金资产净值变化所收取的费用,一般以百分比的形式确定。

③根据标的物买卖价格估值。根据买卖价格进行估值,指的是在大额申购发生时,以基金投资标的物的买入价估算基金申购价格;在大额赎回发生时,以基金投资标的物的卖出价估算基金赎回价格。

(2) 旨在限制投资者赎回的流动性工具

这类工具主要包括：

①设置赎回上限。投资者的赎回额不能超过基金净资产的一定比例。

②侧袋存放(Side Pocket)。在基金部分资产流动性下降、难以估值或价格受到非理性低估时，将单个基金投资的资产根据流动性强弱等因素分别存放在两个不同的账户中（正常账户与侧袋账户），侧袋账户中存放流动性差、难以估值、价格遭遇非理性低估（或暂时坏账）的资产，现存每个投资人按比例分配正常账户和侧袋账户的资产。

③赎回通知期(Notice Period)。在基金投资者赎回前应提前一段时间通知投资经理。

④暂停赎回(Suspension of Redemption)。直接阻止投资者从基金中赎回。

⑤实物赎回(Redemptions In-kind)。将基金持有资产代替现金按比例兑付给赎回者。

这些工具应仅在非常规情况下使用，投资公司及投资经理对于这些工具的使用应持谨慎态度。国际证监会组织对开放式基金流动性风险管理工具进行了统计整理，详见表13-3。

表13-3　　　　　　　　各国对开放式基金流动性工具的使用情况

国家/地区	摆动定价	赎回费	反稀释费	设置赎回上限	侧袋存放	赎回暂停措施	实物赎回
澳大利亚		√		√	√	√	√
比利时						√	
巴西		√		√	√	√	√
加拿大		√				√	√
中国		√			√	√	
法国	√	√	√	√	√	√	
德国		√				√	
中国香港	√	√	√	√	√	√	√
印度		√		√		√	
爱尔兰	√	√	√	√	√	√	√
以色列			√	√		√	
意大利	√	√		√	√	√	
日本		√	√	√		√	
泽西岛	√	√	√	√	√	√	√
卢森堡	√	√	√	√	√	√	√
墨西哥	√	√		√		√	
荷兰	√	√		√		√	
葡萄牙		√		√		√	
罗马尼亚		√	√	√		√	
新加坡	√	√	√	√	√	√	
南非		√					
西班牙		√		√	√	√	√

续表

国家/地区	摆动定价	赎回费	反稀释费	设置赎回上限	侧袋存放	赎回暂停措施	实物赎回
瑞士	√	√		√		√	√
土耳其		√				√	
英国	√	√	√	√	√	√	√
美国	√		√		√	√	√

资料来源：国际证监会组织. 开放式基金的流动性与风险管理——良好实践与注意事项[R]. 2018。

第四节 产品估值风险管理

产品估值风险，属于产品运营管理环节的一类重要风险，也是近期高发的风险点之一。产品估值风险管理，是产品风险管理的一个重要部分。加强资管产品估值风险管理，有助于资管机构按照科学合理的估值方法和流程，准确核算产品估值并进行有效的信息披露，避免客户投诉，降低合规风险。

一、产品估值的相关要求

《资管新规》强调资管产品应当实行净值化管理和公允价值计量。资管产品净值化管理的核心是对投资标的进行公允价值计量。破除刚兑之后，要求产品在计算投资人权益时，能够及时体现投资运作的成果，暴露出当前承担的风险。

2020年12月20日，财政部与银保监会发出《关于进一步贯彻落实新金融工具相关会计准则的通知》，明确表明在《资管新规》过渡期结束后，理财产品执行新金融工具准则。新准则从原来的会计四分类更改为三分类，要求金融资产减值模型从已发生信用损失减值模型变更为预期信用损失模型。

2022年6月1日，财政部发布《资产管理产品相关会计处理规定》，明确所有资产管理产品的会计处理规范，明确资管产品具有有限寿命本身不影响持续经营假设的成立，即所有产品严格实施新金融工具准则(IFRS 9)。《资产管理产品相关会计处理规定》细化了对资产管理产品会计处理的指导，统一了各类资管产品的会计实务，各类资管产品之间不再具有会计核算方面的监管套利空间。

二、资管产品估值风险管理

资管产品估值相关内容较多，包括金融资产的分类、计量、托管费等费用和管理人报酬的会计处理等。资产管理产品的管理人应当以所管理的单只资产管理产品为主体进行会计确认、计量和报告，且符合相关监管规定。

资管产品估值风险的类型包括：会计核算主体不当的风险、金融资产分类不当或者错误的风险、金融资产计量的风险、收入费用核算风险及报告不准确、不及时完整的风险。

加强资管产品估值风险管理，主要风险点的管理原则及措施包括：

(一)对债权类金融工具准确运用估值方法，在符合条件的情况下才能使用摊余成本法

对于资管产品投资债权类资产的估值方法一般有成本法（包括买入成本法、摊余成本法）

和公允价值法(包括市值法和估值技术法,估值技术包括使用现金流贴现模型、金融衍生工具定价模型等技术),其资产计量方式如图 13-3 所示。

所谓"成本法",是指在满足会计准则的前提下,如果用以确定公允价值的近期信息不足,或者公允价值的可能估计金额分布范围很广,而成本代表了该范围内对公允价值的最佳估计,则该成本可代表其在该分布范围内对公允价值的恰当估计。在"买入成本法"下,资产以买入成本列示,持有期间只考虑债券票面利息的计提。在"摊余成本法"下,资产以买入成本列示,按照票面利率或商定利率并考虑其买入时的溢价与折价,在其剩余期限内平均摊销,每日计提收益。

所谓"公允价值",是指市场参与者在计量日发生的有序交易中,出售一项资产所能收到或者转移一项负债所需支付的价格[①],即"有序交易"中的"脱手价格"。

所谓"市值法",是指对存在活跃市场且能够获取相同资产或负债报价的投资品种,在估值日有报价的,除企业会计准则规定的例外情况外,应将该报价不加调整地应用于该资产或负债的公允价值计量。估值日无报价且最近交易日后未发生影响公允价值计量的重大事件的,应采用最近交易日的报价确定公允价值。有充足证据表明估值日或最近交易日的报价不能真实反映公允价值的,应对报价进行调整,确定公允价值。

所谓"估值技术法",是指对于不存在活跃市场的债权类投资品种,采用在当前情况下适用并且有足够可利用数据和其他信息支持的估值技术确定公允价值。

在《资管新规》下,资产管理产品与企业一样,需严格实施企业会计准则,将所投资的金融资产划分为以摊余成本计量、以公允价值计量且其变动计入其他综合收益和以公允价值计量且其变动计入当期损益的金融资产。

总的来说,新金融工具准则(《国际财务报告准则第 9 号》,IFRS9)实施后,现金管理类理财产品可用摊余成本法估值。封闭式理财产品投资的金融资产同时符合以下两个条件,才能用摊余成本计量:一是合同现金流量特征通过 SPPI 测试,二是业务模式为以收取合同现金流为目的。开放式理财产品(非现金管理类产品)全面采用市值法进行估值。

1. 货币基金和现金管理类理财可采用摊余成本法估值

银行的现金管理类产品在严格监管的前提下,暂参照货币市场基金的"摊余成本+影子定价"方式进行估值。采用摊余成本法进行核算的货币基金与现金管理类理财,应当采用影子定价的风险控制手段,对摊余成本法计算的资产净值的公允性进行评估,并需将影子定价确定的资产价值与摊余成本核算的组成价值偏离度控制在一定范围以内。

2. 对于封闭式理财产品

《资管新规》明确规定:"符合以下条件之一的,可按照企业会计准则以摊余成本进行计量:(一)资产管理产品为封闭式产品,且所投金融资产以收取合同现金流量为目的并持有到期;(二)资产管理产品为封闭式产品,且所投金融资产暂不具备活跃交易市场,或者在活跃市场中没有报价,也不能采用估值技术计量公允价值。"

《资产管理产品相关会计处理规定》进一步明确了封闭式产品所持有的金融资产满足以下两个条件的,可以用摊余成本法计量:一是合同现金流量特征通过 SPPI 测试[②],二是业务模式

---

① 《企业会计准则第 39 号——公允价值计量》。
② SPPI 测试,即合同现金流测试,取决于金融工具的合同条款设计。如果合同现金流量特征,"与基本借贷安排相一致,即相关金融资产在特定日期产生的合同现金流量仅为对本金和以未偿付本金金额为基础的利息的支付"(Solely Payments of Principal and Interest,SPPI),则可以通过合同现金流测试(以下简称 SPPI 测试)。

是以收取合同现金流为目的并持有至到期。

不满足以上两个条件的,需分类为公允价值计量且其变动计入其他综合收益或以公允价值计量且其变动计入当期损益的金融资产,采用市值法估值。无法通过 SPPI 测试的金融资产不能采用摊余成本计量,例如,封闭式产品投资商业银行二级资本债(即商业银行为增加二级资本公开发行的债券),由于其无法通过 SPPI 测试,应分类为以公允价值计量且其变动计入当期损益的金融资产,以市值法估值。不是以收取合同现金流为目的的金融资产也无法采用摊余成本计量,例如封闭式产品投资资产是以出售为目标的,应当将相关金融资产分类为以公允价值计量且其变动计入当期损益的金融资产,以市值法估值。

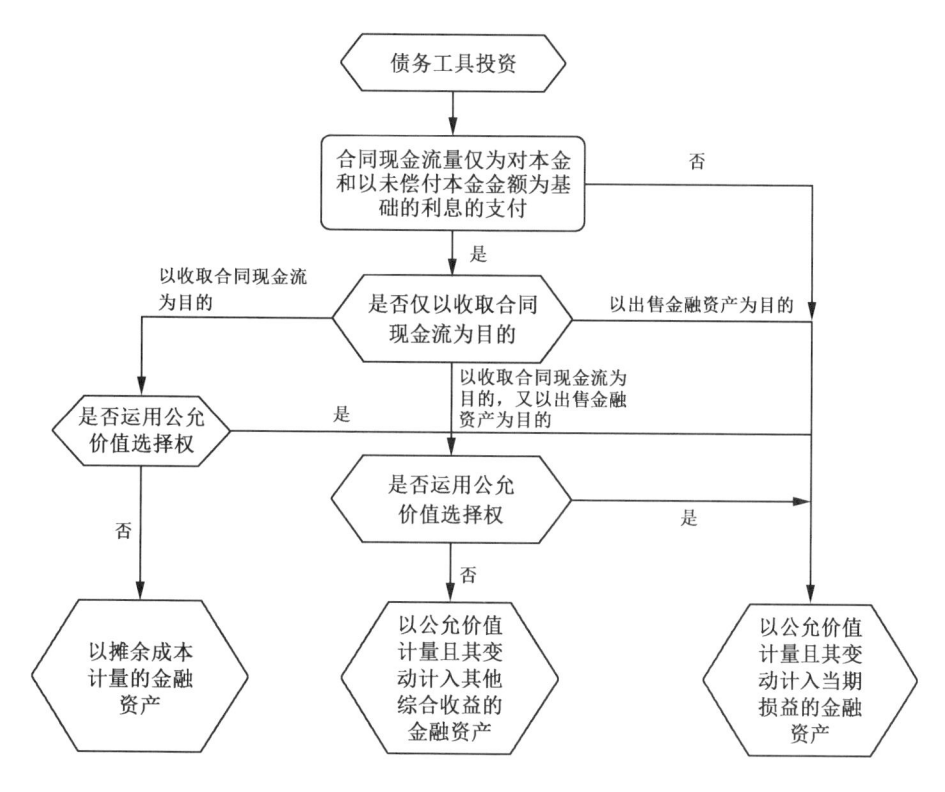

图 13-3 债务工具投资资产计量方式

3. 对于开放式理财产品(非现金管理类理财),应全面采用市值法进行估值,不得使用摊余成本法估值

2022 年 6 月 2 日,银保监会对某理财公司"理财产品投资资产违规使用摊余成本法估值"进行处罚(银保监罚决字〔2022〕30 号),给资管行业敲响了警钟。

(二)对需要计提减值的资产准确计提资产减值准备

1. 准确界定需要计提减值准备的资产

封闭式理财产品中,摊余成本计量和以公允价值计量且其变动计入其他综合收益的金融资产需计提减值准备。货币基金与现金管理类理财无须计提减值准备。[①]

当封闭式理财产品投资一笔摊余成本计量的金融资产时,需计提资产减值准备,产品净值下降;在该金融资产到期顺利兑付时,之前计提的减值准备需转回,产品净值回升。在减值准备计提和转回的过程中,产品净值波动略有加大。由于客户最终拿到的收益是封闭式理财产品实际到期收回的钱,因此,计提减值准备对封闭式理财产品实质性影响不大。

2. 如何计提减值准备

新金融工具对需要计提减值的金融工具则采用"预期损失法"计提减值,要求考虑金融资产未来预期信用损失情况,从而更加及时、足额地计提金融资产减值准备。

根据金融资产的风险自确认后是否已显著增加以及是否已发生信用减值将其分为3个阶段。通常情况下,逾期30天以内认为该金融资产信用风险未显著增加,处于第一阶段,应当按照该金融工具未来12个月内预期信用损失的金额计量其损失准备;逾期30至90天认为该金融资产信用风险已显著增加,处于第二阶段,应当按照该金融工具整个存续期内预期信用损失的金额计量其损失准备;逾期90天以上认为该金融资产已存在客观减值证据,处于第三阶段,应当按照该金融工具整个存续期内预期信用损失的金额计量其损失准备,并按照该金融资产的摊余成本(账面总额－损失准备)和实际利率计算确定其利息收入。

预期信用损失(Expected Credit Loss,ECL)的计量采用风险参数模型法,关键参数包括违约概率(Probability of Default,PD)、违约损失率(Loss Given Default,LGD)及违约风险敞口(Exposure at Default,EAD)。预期信用损失模型以历史数据及前瞻性信息为基础,需要大量数据和强大的IT系统支持。

(三)对第三方估值机构和结果进行科学评估和管理

在采用第三方估值机构估值前,应考虑以下因素,对第三方估值机构估值结果进行评估,并决定是否参考该第三方估值机构估值结果进行估值:

(1)第三方估值机构估值结果是否具有权威性、独立性、专业性以及公正性;

(2)第三方估值机构估值结果是否充分考虑了多种数据源的可靠性、综合比较各数据源优劣,并运用其自身监管、清算、业内声望、专业技能等优势,为金融工具估值提供公正、客观的估值结果;

(3)国内多数金融机构是否均采用该第三方估值结果,为机构间估值比较提供可行性;

(4)金融工具交易市场是否由于报价不连续、市场深度较差、报价商对不同交易对手报价存在差异性、报价不透明,使得第三方估值结果更具有公允性。

(四)对使用估值模型进行有效管理

采用模型法对金融工具进行估值的,需要对估值模型和技术进行有效管理。

模型建立主要考虑以下要素:模型假设条件、模型基本原理、估值参数选取、模型验证。

估值模型投入使用前或进行重大调整时应对模型进行验证,估值模型验证主要考虑以下

[①] 企业会计准则要求对以摊余成本计量的金融资产和分类为以公允价值计量且其变动计入其他综合收益的金融资产,以预期信用损失为基础进行减值会计处理并确认损失准备。根据《公开募集证券投资基金会计核算业务指引》,"按摊余成本法核算的货币市场基金持有债券投资的计量仍为公允价值,因此无须考虑减值的计提"。货币基金与现金管理类理财仅投资于货币市场工具,流动性较高,信用风险低;且投资组合久期短,摊余成本法估值与市值法估值偏离度小,并有严格的偏离度控制,摊余成本法为近似公允价值估值。既为公允价值估值,无须计提减值。

因素：

(1) 模型假设的合理性及模型的数理严谨性；

(2) 对模型进行压力测试和敏感性分析；

(3) 将模型的估值与实际市场价值或独立基准模型的估值进行比较。

模型建立与验证过程中，应充分了解模型的基本假设，评估假设与现实环境的一致性。在市场环境发生变化时，应充分评估模型能否适用于改变后的市场环境，如模型不能达到以上要求，应对模型进行必要调整。在选择估值参数时，应尽可能使用市场可观察的参数，少使用不可观察参数。参数选择顺序应遵循先场内后场外、先当前后历史、先相同后相似的原则。

在模型使用过程中，应对估值模型的有效性进行持续评估，明确评估周期，详细记录模型缺陷，并尽可能地予以修正。

模型使用过程中，应定期评估估值的不确定性，在对估值模型及假设、主要估值参数及交易对手等进行敏感性分析时，主要考虑以下因素：金融工具的复杂性，相同或相似金融工具市场价格的可获得性，金融工具交易市场的广度和深度，金融工具持有者的特征。

运营管理部门复核估值结果，进行估值的确认、计量、列报和信息披露。

（五）不断科学提升估值技术，保持估值体系一致性、合理性，并尽量与市场贴合，体现资产的公允价值

估值必须尽可能体现资产的公允价值，否则就容易被监管处罚，如证监会近期对部分机构的处罚，其中包括"存在对具有相同特征的同一投资品种采用的估值技术不一致的情况""公司个别资产管理计划在所投资的债券已停止竞价交易的情况下，仍长期采用历史收盘价估值，估值方法不合理"等问题。

第五节 分类产品的风险管理

尽管资管产品具有多种类型，但它们的管控流程基本相同：在事前进行产品风险配置，确定风险限额和风险预警指标；在事中进行风险指标监控与预警；在事后进行风险评估与反馈。但是，对于不同的产品，仍然具有不同的风险关注点，本节对此进行简要介绍和分析。

一、固定收益类产品的风险管理

固定收益类产品可细分为现金管理类产品、纯债券型产品、"固收＋"产品及结构化金融产品。[①]

（一）现金管理（货币基金）类产品

对于现金管理（货币基金）类产品，应特别关注和加强投资合规性及影子定价偏离度管理。

---

① 严格意义上讲，目前国内结构化产品属于"固收＋"产品系列，但因为该类产品较特殊，单独对其进行分析。

1. 对于可投资资产、不可投资资产①、投资集中度及投资组合平均剩余期限等的管理

一般来说,需要进行严格的交易前端控制,防止投资资产或者相关集中度等指标不合规定;同时,要监控投资者集中度,据此确定投资组合的剩余期限等。

2. 影子定价偏离度监控

货币基金采用摊余成本法进行估值,为避免采用摊余成本法计算的基金资产净值与按市场利率和交易市价计算的基金资产净值发生重大偏离,监管机构在货币基金估值体系中引入了影子定价,摊余成本法估值结果和影子定价估值结果的差异被称作偏离度。

某一计价日货币市场基金按摊余成本法计算得到的资产净值为 N_a,按影子定价法计算得到的资产净值为 N_b,则该日基金的偏离度 D 可表示为:

$$D = \frac{N_b - N_a}{N_a} \times 100\% \tag{13-1}$$

关于偏离度的监管要求,货币基金和现金管理类理财基本一致,但在组合偏离度达到 -0.50% 时,货币基金需要风险准备金或固有资金弥补潜在资产损失,将负偏离度绝对值控制在 0.5% 以内;而现金管理类理财需要采取相应措施将负偏离度绝对值控制在 0.5% 以内,并未要求理财公司用固有资金弥补潜在损失。

(1) 组合偏离度达到 -0.25%,需要 5 个交易日之内调回;

(2) 组合偏离度达到 -0.50%,应当采取相应措施(现金管理类理财)/需要风险准备金或固有资金弥补潜在资产损失(货币基金),将负偏离度绝对值控制在 0.5% 以内;

(3) 组合偏离度达到 $+0.50\%$,需要暂停接受申购并在 5 个交易日之内调回;

(4) 当负偏离度绝对值连续两个交易日超过 0.5% 时,应当采用公允价值估值方法对持有投资组合的账面价值进行调整,或者采取暂停接受所有赎回申请并终止产品合同进行财产清算等措施。

(二) 纯债券型产品

对于纯债产品的风险控制,要重点做好以下几点:

1. 投前制订产品风控方案

产品风控方案包括组合久期、组合杠杆、主体评级及结构、预警止损指标等,且风控方案指标要在风控系统中进行设置予以控制和监控。

2. 严格资产的审批或者入池

对于信用债,应该根据内评管理体系,进行评级入池。对于非标债权资产,应该根据授权体系进行审批。出账前需要落实相关风控条件。

3. 投后监控

对固定收益组合,定期进行绩效归因和压力测试,防范市场风险。对于非标债权资产,要定期或不定期进行投后监控,防范信用风险。

---

① 货币基金应当投资于以下金融工具:现金;期限在 1 年以内(含 1 年)的银行存款、债券回购、中央银行票据、同业存单;剩余期限在 397 天以内(含 397 天)的债券、非金融企业债务融资工具、资产支持证券;中国证监会、中国人民银行认可的其他具有良好流动性的货币市场工具。

货币市场基金不得投资于以下金融工具:股票;可转换债券、可交换债券;以定期存款利率为基准利率的浮动利率债券,已进入最后一个利率调整期的除外;信用等级在 AA+ 以下的债券与非金融企业债务融资工具;中国证监会、中国人民银行禁止投资的其他金融工具。

(三)"固收+"产品的风险管理

"固收+"产品是一类比较特殊的固定收益类产品。产品中除了包含债券、非标债权资产等固定收益类资产外,还可能包含可转债、可交换债券、股票、基金、金融衍生品等。"固收+"产品设计的目的是达到收益稳健、回撤较小、向上弹性较大的风险收益特征,追求的是"进可攻、退可守"。对于"固收+"产品的风控,要重点做好以下几点:

一是根据产品特征(资产特征、收益率及波动性等目标限制)制订产品风控方案,在风控系统中设置风险限额,并进行日常监控。

二是定期进行绩效归因分析,防范市场风险。

三是关注流动性风险,重点防范多只资管产品集中投资同一底层资管产品的流动性风险。

(四)结构化金融产品的风险管理

所谓结构化金融产品,是将固定收益证券和衍生品合约合成的一种金融产品。它通常是保证全部或部分本金,还有一部分是所嵌入的期权价值。从严格意义上讲,它属于"固收+"产品的一种。专门将其单独列出,主要是为了强调结构化金融产品风险管理的特殊性。

结构化金融产品构成包括两个组件,分别是固定收益证券组合和衍生品(挂钩资产,即联动资产)。固定收益组合可以是银行存款、债券、保险单等;衍生品,从形态上讲,可以是欧式看涨期权、美式看跌期权、亚式期权、障碍期权、彩虹期权、路径依赖期权等;在构建股权挂钩类产品时,通常会采用一些奇异期权;从挂钩的资产类别上讲,可以是股票、贵金属、黄金、汇率、基金、利率、票据、商品、信用、债券、指数等。

对结构化金融产品的风险管理,要从固定收益组合、衍生品及产品结构3个维度进行控制,如表13-4所示。

表13-4 结构化产品的风险管理模式

风险管理模式	对固定收益组合的风险管理	对衍生品部分的风险控制	对产品结构的风险控制
信用风险管理	投资范围控制 • 只投资AAA级以上公募债券 • 不得投资工商企业债	• 交易对手名单制管理 • 交易对手额度控制 • 对挂钩标的(指数)管理人的风险评估	• 期权费与固定收益组合预期收益占比的控制 • 参与率的控制 • 一般封闭式设计,保证在产品开放日之前期权到期即可
市场风险管理	市场风险指标 • 杠杆限制 • 预警和止损线 • 久期和DV01	• 一般买入期权 • 估值模型验证 • 期间一般除了行权不进行期权交易,可不设置希腊字母 • 盯市	
操作风险管理	• 交易授权管理,防范越权交易 • 投资决策和交易执行分开 • 复核机制		

1. 对固定收益组合的风险管理

一般来说,只能投资于高信用等级的债券或者利率债。对于投资组合设置相关的风险控制指标和预警止损线。

2. 对衍生品部分的风险管理

一般来说,要对交易对手进行名单制管理和交易对手额度控制,对于非标准化的指数,要对指数及管理人进行风险评估。对于衍生品定价模型,要进行验证和跟踪管理,防范模型风险,且要逐日盯市,防范市场风险。

3. 防范操作风险

在投资授权、投资交易分离、复核机制上进行逐一检查和管控。

4. 对产品结构的风险进行控制

对于期权费用与固定收益组合预期收益占比、参与率等重要参数要进行充分论证和必要的控制。一般采用封闭式产品形态,降低流动性风险。

二、权益类产品的风险管理

权益类产品的主要风险是市场风险及投资管理的合规风险。对于权益类产品的风险管理,在做好权益资产风险管理的基础上,要重点做好以下几项工作:

一是前期根据产品特征(收益率、波动性等)制订产品风控方案,在风控系统中设置风险限额进行控制,并对指标进行实时监控。

二是定期进行绩效归因分析,防范市场风险。

三是做好投资和交易的内部控制,防范操作风险和道德风险。

对于混合类产品的风险管理,其方法与"固收+"产品类似。

第六节 产品风险评级

为了满足投资者需求,使产品与投资者风险承担相匹配,资管公司应对其发行的产品风险进行整体评估,综合评定产品风险等级。因此,产品风险评级是资管机构产品风险管理的一个必要环节。本节主要介绍产品风险等级的概念与评级方法。

一、产品风险评级的概念

(一)产品风险评级的含义

资管产品风险评级是指资产管理公司在综合考虑资管产品的投资范围和比例、结构的复杂程度、产品期限、同类产品过往业绩及可能面临的各类风险后,对资管产品的整体风险特征和等级进行评价的行为。

(二)产品风险评级的目的

资管产品风险评级是对产品的风险进行评级和分类,主要目的有:

1. 风险识别

全面、准确地认定资管产品风险类别,揭示资管产品的整体风险程度。

2. 产品管理

通过对资管产品风险评级,对不同风险等级资管产品实施有针对性的审查、审批和投后管理措施。

3. 匹配销售

对投资者实行适当性匹配销售,确保投资者风险识别能力和风险承受能力与产品风险等级相匹配。

(三)产品风险评级的基本要求

中国监管部门规定,资管机构应当采用科学、合理的方法对拟销售的资管产品自主进行风险评级,制定风险管控措施,进行分级审核批准。资管产品风险评级结果应当以风险等级体现,由低到高至少包括 5 个等级,并可根据实际情况进一步细分。

资管机构应当根据风险匹配原则在资管产品风险评级与客户风险承受能力评估之间建立对应关系;应当在资管产品销售文件中明确提示产品适合销售的客户范围,并在销售系统中设置销售限制措施。

二、产品风险评级的基本方法

产品风险评级没有统一的模型和方法,但是国内各资管机构都在尝试建立各种模型,以期评估产品相关风险要素,主要评估要素和典型评估方法如下:

1. 评估要素

总体上看,资管机构理财产品进行风险评级的依据应当包括但不限于以下要素:

(1)资管产品投资范围、投资资产和投资比例;

(2)资管产品期限、成本、收益测算;

(3)本单位开发设计的同类资管产品+产品过往业绩;

(4)资管产品运营过程中存在的各类风险。

2. 典型评估方法

一般来说,资管机构产品风险评级采用专家打分卡进行评定,以资管产品投资标的的风险为主要评级依据,以资管产品结构设计、组合风险特性、担保措施及其他可能影响资管产品风险的因素等多个维度,对资管产品风险等级进行调节,得出产品风险得分,最后根据得分风险等级映射表,得出产品风险等级。

3. 跟踪评级

对于期限较长(一般指超过 1 年)的资管产品,资管机构应该在 1 年期满时,对资管产品风险进行评级跟踪。对于产品风险等级发生变化的,及时提示产品投资团队进行调整。

(1)计算理财产品的风险分值。

$$\text{理财产品的风险分值} = \text{投资标的分值} \times \text{结构设计系数} + \text{组合风险指标分值} + \text{担保安排分值} + \text{其他调整因素分值} \tag{13-2}$$

理财产品投资标的分值为理财产品的基础分值,是理财产品评级的首要因素。

①对理财产品所投资的各类资产的风险进行评分。各类企业信用为依托的资产,均需对该企业进行评级,评级包括外部评级和内部评级。

②对理财产品的结构设计进行评分,作为理财产品风险缓释的重要调整因素,在评分卡中采用"系数法"调节理财产品风险评分。

③计算组合风险指标的分值。如固定收益组合、久期长的产品,风险分值增加。

④对风险缓释手段进行评价。理财产品的担保安排作为理财产品的风险缓释手段,在评分卡中设为扣减项,其中担保安排主要考虑金融机构和高信用等级企业的担保。最终评级得

分不得低于担保品对应资产的基础风险评分。

⑤理财产品风险评级调整事项,主要包括:产品期限、其他可能增加或者减少理财产品风险的因素等。

(2)根据产品风险分值,映射得出产品的风险评级(见表13-5)。

表13-5　　　　　　　　　　金融产品风险得分与风险评级映射表

评估得分	风险等级
(85,100]	R1
(75,85]	R2
(65,75]	R3
(40,65]	R4
[0,40]	R5

(3)产品评级的销售适配

分别是R1、R2、R3、R4和R5,代表的风险程度分别为低、中低、中、中高、高,适于购买的投资人群分别为保守型、稳健型、平衡型、进取型、激进型(见表13-6)。

表13-6　　　　　　　　　　金融产品风险评级适配客户

产品风险等级	适配客户
R1(低风险)	保守型、稳健型、平衡型、进取型、激进型
R2(中低风险)	稳健型、平衡型、进取型、激进型
R3(中风险)	平衡型、进取型、激进型
R4(中高风险)	进取型、激进型
R5(高风险)	激进型

第七节　产品业绩评价与归因分析

资管机构对资管产品的投资业绩进行评价和绩效风险归因分析,评估产品是否达到预期风险收益目标、收益和风险来源是否符合预期。这是资管产品风险管理的重要环节,有助于提升产品业绩,管理产品风险。

一、产品业绩评价

产品业绩评价是资管机构对产品的投资收益和风险及基金经理管理能力进行评估的过程。

(一)产品业绩评价的目的

产品业绩评价是评价投资策略能在多大程度上实现投资目标,是风险管理的基础,也是评价投资经理执行投资策略的结果,即投资经理执行投资策略的成功程度。而且,对资产组合业绩评价也提供了一种辨别投资过程中的缺陷,并对效益不佳投资活动加以改进的机制。

产品业绩评价不仅是一种评价资产配置价值的方法,而且是改进产品资产配置和投资管理的一种反馈机制。对过去的投资进行业绩评估,既可以作为将来进行投资组合的起点,也可以作为改进现在正在进行的资产配置过程的反馈机制,促使资产配置水平的提高。

(二)产品业绩评价的方法

从 19 世纪 60 年代开始,为评价投资业绩,学术界已经创立、精选出许多建立在资本市场理论基础上的方法,并在实践中得到应用。产品业绩评估指标包括绝对收益、相对收益评估、风险调整后的收益指标等。相关内容已在本书第二章中详细介绍。

(三)产品业绩评价的原则

产品业绩评价应该遵循如下原则:

1. 客观性原则。即资管产品的业绩评价应该具有确定、一致的、透明的评价标准、方法体系和程序,评价过程和评价结果客观准确,输入可量化,结果可重复,减少主观因素的干扰。

2. 可比性原则。即充分考虑不同类别产品的风险收益特征,主要对同类产品的收益风险进行比较。

3. 综合性原则。即采用多维度、多种方式综合评估。

4. 长期性原则。即重视长期业绩表现,区别投资管理的运气和能力,着眼于产品长期投资管理能力的持续性。

二、产品归因分析

产品归因分析,也称为风险归因或绩效归因,是对资管产品的表现进行收益及风险因子的归因总结。

(一)产品归因分析的目的

归因分析是对过去投资运作的一种检视,从策略整体风险控制的角度而言,因子归因分析可以让投资经理在事后定量地研究策略收益和风险来自哪类因子。

投资组合管理既要增强收益,也要管理风险。资管领域有"盈亏同源"之说。业绩评价可以衡量产品获得的回报,通过判断组合的风险调整后收益是否大于等于被动投资或基准收益,可以确定投资经理的操作是否为组合增厚了收益。产品业绩评价回答了"我们表现得多好"的问题,但没有回答"我们如何才能表现得好""我们的风险在哪儿"的问题。在实际操作中,不仅要对产品业绩进行评价,而且要分析产生业绩的原因、洞悉风险来源,即对产品进行业绩和风险进行归因分析,以分析哪些因素导致了业绩的增加、哪些是需要关注的风险因素。业绩归因,也是风险归因,有助于深入评价产品配置能力的相对强弱,帮助投资者和管理人分析投资经理的资产配置方案是否有效。业绩归因分析也是分析风险与进行风险管理的前提。

(二)产品归因分析的方法

股票投资组合的绩效归因分析包括择时能力分析、选股能力分析、仓位选择分析等。主流的股票归因模型包括 Brinson 模型和 Barra 因子模型。

常见的固收组合业绩归因方法有 W-T 模型、加权久期归因模型和 Campisi 模型等。

相关内容已在本书第二章中详细介绍。

大部分资管机构由风险管理部门负责产品业绩归因分析,并将归因分析结构报送风险总监和投资总监。这种安排有利于保证绩效归因的客观性,也有利于产品风险管理。

本章小结

资产管理产品是资产管理业务的载体,是连接资产管理机构(管理者)和投资者(产品持有者)的桥梁。产品风险管理是资产管理机构健康运行的基础。

产品风险管理遵循的原则主要包括全覆盖原则、全程管理原则、高效运转原则和贴近创新原则,确保产品管理合法合规、实质风险可控。在组织架构层面,应由部门牵头产品管理,风险管理部门统筹协调新产品风险管理工作,相关职能部门各司其职,在专业领域内对新产品出具专业意见,并在新产品投产后及时将其纳入风险监控。

资管产品流动性风险包括资产流动性风险和负债流动性风险,开放式产品更可能遇到因市场波动等因素导致的流动性受限问题。管理产品流动性风险,需要建立健全的工作机制,并充分发挥流动性风险管理工具的作用。

资管产品估值风险是指资产管理产品由于估值方法、流程、信息披露等不符合监管规定或会计核算准则,产生估值与组合实际变现价值发生偏离的风险、引发客户投诉或者监管处罚的风险。资管产品估值方式既要符合监管规定,又要符合企业会计准则。

对于不同类型的产品,关注的风险点各有侧重。对于现金管理(货币基金)类产品,应特别关注和加强投资合规性及影子定价偏离度管理;对于纯债产品的风控,重点做好投前制订产品风控方案、严格资产的审批入池和投后监控。对于"固收+"产品,要定期进行绩效归因分析,防范市场风险,特别关注流动性风险。对权益类产品,还要做好投资和交易的内部控制,防范操作风险和道德风险。

产品风险评级也是资管机构产品风险管理的一个必要环节。资管机构理财产品进行风险评级考虑的因素包括资管产品投资范围、投资资产和投资比例,资管产品期限、成本、收益测算,同类资管+产品过往业绩,资管产品运营过程中存在的各类风险等因素。一般采用专家打分的方式进行评级。

资管机构对资管产品的投资业绩进行评价和绩效风险归因分析,评估产品是否达到预期风险收益目标、收益和风险来源是否符合预期。这些措施有助于提升产品业绩,管理产品风险。产品业绩评价要坚持客观性原则、可比性原则、综合性原则和长期性原则。

关键词

资产管理产品(Products of Asset Management)
产品风险(Risk of Products)　　　　　流动性风险(Liquidity Risk)
产品估值(The Valuation of Products)　风险评级(Risk Ranking)
业绩评价(Performance Evaluation)　　绩效归因(Performance Contribution)

思考与练习

1. 资产管理公司为什么要加强产品风险管理?

2. 产品风险管理的流程是什么?
3. 怎样进行产品业绩评价?
4. 产品流动性风险管理的机制和流程有哪些?
5. 产品估值风险怎样防范?
6. 对各类产品的风险管理,有哪些要点?
7. 资管产品风险评级的基本方法是什么?
8. 产品业绩评价和归因分析对产品风险管理的意义是什么?

参考文献

1. 巴曙松,杨倞,周冠南,等.2021年中国资产管理行业发展报告:资管新规收官之年的行业洗牌[M].北京:北京联合出版公司,2021.
2. 段国圣.资产管理实务、方法与理论(六)[M].北京:社会科学文献出版社,2018.
3. 林晓明.Brinson绩效归因模型原理与实践[R].华泰证券,2021.
4. 〔美〕米歇尔·克劳伊,〔美〕丹·加莱,〔美〕罗伯特·马克.风险管理精要[M].2版.路蒙佳,译.北京:中国金融出版社,2016.
5. 王明涛.金融风险计量与管理[M].上海:上海财经大学出版社,2013.
6. 西畴研究.机构基金投资的理论与实践[M].北京:中国金融出版社,2021.
7. 〔加〕约翰·赫尔.风险管理与金融机构[M].4版.王勇,董方鹏,译.北京:机械工业出版社,2018.

第十四章

全面风险管理体系建设

引 言

一流资产管理机构都是建立在一流风险管理基石之上的。资管业务风险点众多、涉及面广,如果仅针对单个风险点进行管理可能无从下手,也可能陷于细节而失去对全局的控制,因此,构建一个全面、高效且能够随着业务变化有效运转的风险管理体系已成为资管业务风险管理工作的核心。

本章主要介绍资产管理公司全面风险管理体系建设。首先介绍全面风险管理的含义、基本内容和框架,重点介绍全面风险管理体系的基本原则与构成要素;然后分析了风险偏好与风险治理架构,风险管理流程报告、风险管理团队与风险管理文化、风险管理的基础设施等。

第一节 全面风险管理的含义与框架

一流的风险管理,绝非单纯的"头痛医头、脚痛医脚"式局部风险管理,而是通过系统、全面、持续的体系化风险管理建设来实现的。

一、全面风险管理的含义

(一)全面风险管理定义

一般认为,全面风险管理来源于内部控制,即如何控制企业的内部风险。由于传统的由单一部门或者条线来管理风险的模式存在种种弊端,一个中心化的集中风险管理框架能增加公司风险管理运营的效率,在此背景下,全面风险管理应运而生。[①] 1992 年,美国 COSO(The Committee of Sponsoring Organizations of the Treadway Commission,美国反虚假财务报告委员会下属的发起人委员会)发布《COSO 内部控制:整合框架》,提出了内部控制"一个定义、三项目标、五个要素",以此指导企业内控建设和完善。

---

① 王勇,关晶奇,隋鹏达. 金融风险管理[M]. 北京:机械工业出版社,2021:6.

2004年,COSO结合《萨班斯-奥克斯法案》在报告方面的要求,同时吸收各方面风险管理研究成果,颁布了《全面风险管理:整合框架》(ERMF),为工商企业内部控制和金融机构的风险管理提供了一个理论框架。

2017年,COSO对ERMF进行了全面升级并正式发布《全面风险管理:整合战略与绩效》(Enterprise Risk Management-Integrating with Strategy and Performance,ERM-ISP)。ERM-ISP将全面风险管理定义为,从"一个流程或程序"提升至"一种文化、能力和实践"。全面风险管理是组织在创造、保持和实现价值的过程中,结合战略制定和执行,赖以进行管理风险的文化、能力和实践。这一定义着重强调风险管理的目标在于实现组织创造、保持和实现价值,特别强调了风险管理工作融入企业所有业务流程和核心价值链,更加强调对价值创造的重要意义。

(二)全面风险管理的基本内容

ERM-ISP采用了5个要素、20项原则的新框架规定全面风险管理的基本内容。ERM-ISP与ERMF核心要素的对比见表14-1。

1. 全面风险管理基础

表14-1　　　　　　　　COSO下的ERM-ISP与ERMF核心要素对比表

	COSO:ERM-ISP		COSO:ERMF	
理念	强调企业风险管理工作要融入企业的所有业务流程中管理绩效完成过程中的风险,并最终实现组织对价值的追求		对整个机构内各层次的业务单位、各种类风险的通盘管理	
	要素	内容	要素	内容
基础	治理、文化	(1)执行董事会风险监督 (2)建立风险管理组织架构 (3)定义风险文化 (4)展现对核心价值的承诺 (5)吸引、培养并留住人才	治理、内部环境	风险管理理念、风险偏好、董事会的监督、企业文化、组织架构、权责分配、人力资源准则等
	战略、目标设定	(6)分析宏观及市场环境 (7)定义风险偏好 (8)评估替代战略 (9)考量商业目标风险程度	目标设定	战略目标以及相关的经营目标、报告目标、合规目标,设置风险容忍度
过程	绩效	(10)识别风险 (11)评估风险的严重程度 (12)风险排序 (13)实施风险应对 (14)建立风险组合观	事项识别	事项、影响因素、事项识别的技术
			风险评估	估计可能性和影响、评估技术(包含定量和定性)、固有风险和剩余风险、事项之间的关系
			风险应对	风险回避、降低、分担或承受
			控制活动	控制活动的类型、政策与程度

续表

		COSO:ERM-ISP		COSO:ERMF
手段	审阅、修订	(15)评估重大变化 (16)审阅风险和收益水平 (17)企业风险管理改进	监控	持续监控活动、个别评价报告缺陷
	沟通、信息、报告	(18)沟通风险信息 (19)利用信息系统 (20)对风险、文化和绩效进行报告	信息与沟通	信息的获得、识别 银行内外的交流

资料来源:王祖继.大型商业银行风险管理[M].成都:西南财经大学出版社,2020:81-90。

COSO新框架的第一、第二要素阐述了全面风险管理的基础。第一要素由原来的"治理、内部环境"变为"治理、文化"。治理强调企业风险管理组织架构和董事会责任,文化包含企业的核心价值、风险文化等。这一变化强调了企业的治理结构和文化氛围对于风险管理的重要性。新框架要求董事会通过对风险的监督来支持管理层实现战略和业务目标,要求企业构建合适的经营结构来保障自身经营目标的实现,同时承诺按照企业的发展方向构建人力资本,吸引、培养并留住优秀人才。

第二要素由原来的"目标设定"变为"战略、目标设定",开始关注企业在战略制定中存在的风险。强调企业分析经营过程中的业务环境,关注业务环境对风险图谱存在的潜在影响,要求企业在创造、实现其价值时确定其对风险的态度和偏好,评估可供选择战略中的风险,考虑不同层次的业务目标中存在的风险。

2. 全面风险管理过程

第三、第四、第五要素阐述了全面风险管理的过程。第三要素"绩效"包含了原框架中"对风险的识别、评估和应对",并在此基础之上提出了区分风险优先次序和建立风险组合观的新概念,新框架建议企业在将风险进行排序的前提下执行风险反应,用组合、整体的观点去评价风险。

第四要素认为企业应该识别和评估可能对企业实现战略目标有重大影响的风险,审阅自身的绩效并考虑风险,不断追求风险管理的改进。

第五要素是"沟通、信息、报告",在原框架基础上增加了企业应该升级信息系统的建议,并利用信息技术支持企业的风险管理,新框架也表示企业可以通过沟通渠道传达和沟通风险信息,同时要求企业在整体的不同层次中对风险、文化和绩效进行报告。

COSO的ERM-ISP虽然脱胎于《内部控制:整合框架》,但历经变革逐步演变成一个全面风险管理框架,并与企业价值创造和战略目标紧密融合在一起。ERM-ISP的指导思想和管理逻辑为国内金融机构全面风险管理建设体系提供了一个基础指导框架。

近年来,中国监管机构在指导国内金融机构建设全面风险管理体系方面取得了重要进展。2014年,中国证券投资基金业协会发布《基金管理公司风险管理指引(试行)》(中基协发〔2014〕11号),为公募基金及资管行业全面风险管理实施提供了很好的指引和参考。2014年,中国证券业协会发布《证券公司全面风险管理指引》;2016年,中国银监会下发了《银行业金融机构全面风险管理指引》,这些为证券公司及商业银行全面风险管理实施提供了指引和参考。

二、全面风险管理体系建设的基本原则与构成要素

综合COSO及国内监管机构关于金融企业全面风险管理体系建设的要求,资管公司全面

风险管理体系建设的原则和基本要素如下：

(一) 基本原则

全面风险管理遵循以下基本原则：

1. 全面性原则

风险管理应该覆盖公司的所有部门和岗位,覆盖所有风险类型,并贯穿于所有业务流程和业务环节,即所谓"全流程、全风险、全员参与","横到边竖到底,不留死角"。

2. 制衡性原则

在企业治理结构、机构设置及权责分配、业务流程等方面形成相互制约、相互监督,同时兼顾运营效率。

3. 独立性原则

要有独立的风险管理机构和人员,对存在的风险进行客观识别、度量和控制。

4. 价值创造原则

全面风险管理是战略制定的重要组成部分和识别机遇、创造和保留价值的必要部分。风险管理应该与业务和战略协同,全面风险管理体系建设应该遵循价值创造的原则。

(二) 构成要素

全面风险管理体系构成要素包括：

1. 风险偏好

风险偏好是金融机构为追求可持续发展,基于利益相关者的期望确立的对待风险的态度。风险偏好是资管机构风险管理的逻辑起点和基础。

2. 风险治理架构

风险治理架构包括结构健全、职责清晰的风险治理架构,是资管机构风险管理的组织载体,是风险管理体系的"梁柱"。

3. 风险管理流程和管理工具

风险管理流程和管理工具是指风险管理的路径和手段,包括风险识别、风险计量、风险应对及风险管理制度等。

4. 风险管理报告与分析

风险管理报告与分析是指对业务及整体风险进行监控、报告和分析的工作机制。

5. 风险管理团队

风险管理团队由风险管理专业人才和管理人员组成,是风险管理体系的主要支撑。

6. 风险管理文化

风险管理文化是指资管机构对待风险管理的理念、态度和行为规范,是资管机构的理念体系和行为规范在企业风险管理过程中的体现,为其他要素发挥作用提供了约束和指引。

7. 风险管理基础设施

风险管理基础设施,是支撑公司全面风险管理的信息系统和风险相关数据,可实现风险管理的信息化、流程化、自动化。风险管理基础设施也是科技赋能风险管理的关键。

上述要素统筹协调,构成一个高效运作的体系。

第二节　风险偏好与风险治理架构

一、风险偏好

(一)风险偏好的含义与意义

风险偏好是金融机构为追求可持续发展,基于利益相关者的期望确立的对待风险的态度,是金融机构在风险承受能力范围内能够且愿意接受的风险类型与风险总量。国际上各大商业银行对风险偏好的定义和表述虽然存在些许差异,但其实质内涵基本一致。德意志银行认为,风险偏好是集团在实现其经营目标时预计能接受的最大风险水平;渣打银行提出,风险偏好是银行实施战略目标时对准备承受的风险水平进行的描述;巴克莱银行认为,风险偏好阐明了银行为实现经营目标所愿意和准备承担的风险水平;汇丰银行认为,风险偏好是根据银行战略和风险管理能力而确定的所愿意承受的风险类型和水平。

资产管理机构确立清晰的风险偏好,有利于统一对自身风险承担水平的认知和对待风险的态度,进而为资管机构各利益相关者提供可供交流的基础。如果公司上下缺乏明确的风险偏好,公司的业务经营和风险管理之间就会缺乏有效的平衡,可能造成两种负面影响:一是盲目追求经营规模、发展速度和财务利润而忽视风险防范,导致因过度承担风险而不可持续;二是片面强调风险、过于保守谨慎,导致经营业绩过低和丧失发展机遇。

(二)风险偏好的内容与要求

风险偏好通常以风险偏好陈述书的形式表达,主要围绕结构布局和发展导向,体现做什么、不做什么、如果做承担多大风险三方面内容。风险偏好陈述书的主要内容包括总体风险偏好、主要风险偏好、主要业务的风险偏好等。总体风险偏好主要从整体层面表述资管机构对风险承担的态度以及对资本、收益之间平衡的把控,既要避免片面追求收益不管风险的"冒进主义",又要避免片面防范风险置业务发展于不顾的"保守主义"。主要风险偏好阐述资管机构面临的主要风险类别,从定性上表明对不同类别风险的态度、从定量指标上明确风险承担边界;主要业务的风险偏好表明对不同业务、特别是新业务的风险偏好。将风险偏好与实际业务的风险管控结合,有助于风险偏好的传导。

风险偏好陈述一般包括定性表述和定量指标。定性表述主要针对难以量化的风险,如声誉风险等,资产管理机构应当清晰阐述愿意承受或规避的特定风险类别并设定一定的底线标准。定量指标主要阐述对各类风险及各类业务的管理态度及总体要求,具体表达做什么、不做什么。

2013年11月,金融稳定理事会[①]公布了《有效风险偏好框架制定原则》,提出了制定风险偏好的基本要求,意在强化对全球系统重要性金融机构的风险偏好管理。对于资产管理机构,

---

[①] 金融稳定委员会(New Financial Stability Board)又称"二十国集团金融稳定委员会",是二十国集团伦敦金融峰会后设立的一个专门性国际组织。愈演愈烈的金融危机使国际社会意识到加强金融监管的重要性。为了保障全球金融体系的长期稳定,二十国集团决定成立新的金融稳定委员会,并赋予其新权力取代金融稳定论坛(FSF),与国际货币基金组织(IMF)一道协力"识别并报告宏观经济和金融风险以及应对这些风险所需的措施"。中国财政部、中国人民银行、国家金融监督管理总局以及中国香港金融管理局均为该委员会的成员机构。

要科学合理制定并明确表述风险偏好。风险偏好的制定，要与自身发展战略规划、经营计划、资本和财务计划、绩效薪酬方案等相衔接，立足于相关规划和计划的主要背景与假设条件。综合考虑股东责任、客户利益、资本要求、监管规定等因素，根据战略发展目标和业务计划明确准备接受的风险数量规模。根据总体风险偏好水平、风险现状及风险承受能力，明确愿意承担的各种重大风险及其最大风险水平。

资产管理机构应该有效管理风险偏好。对董事会审议通过的风险偏好，要做好传达和传导，并定期监测风险偏好执行情况。由于风险偏好属于风险管理战略的范畴，一般要保持相对稳定。根据内外形势、国家政策、监管要求和内部需要，定期调整风险限额。加强风险限额执行的实时监控、预警和控制；在风险敞口逼近限额时，发出预警信息，提前采取必要的限额管理措施。年度结束，一般启动对风险偏好的重新检视。

二、风险治理架构

资管公司应当构建科学有效、职责清晰的风险管理组织架构，建立和完善与其业务特点、规模和复杂程度相适应的风险管理体系，董事会、监事会、公司管理层应依法履行职责，形成高效运转、有效制衡的监督约束机制，以保证风险管理的贯彻执行。

(一)董事会

董事会是资管公司风险管理的最高决策机构，对全面风险管理承担最终责任。董事会履行以下风险管理职责：

(1)确定公司风险管理总体目标，制定公司风险偏好、风险管理战略和风险应对策略；

(2)审议重大事件、重大决策的风险评估意见，审批重大风险的解决方案，批准公司基本风险管理制度；

(3)任免首席风险官(或者其他负责风险管理的高管人员)；

(4)审议公司风险管理报告；

(5)可以授权董事会下设的风险管理委员会或其他专门委员会履行相应风险管理和监督职责。

董事会可下设风险管理委员会，负责审核和指导公司的风险管理政策，对公司的整体风险水平、风险控制措施的实施情况进行评价，以及董事会授权的其他全面风险管理相关职责。风险管理委员会要与董事会下设的其他专业委员会、高级管理层、风险管理职能部门等建立良好的沟通机制，确保信息充分共享并推进风险管理相关决策的实施。

(二)监事会

监事会承担全面风险管理的监督责任，负责监督、检查董事会和高级管理层履行全面风险管理职责的情况并督促改进。

监事会有权了解公司重大风险管理、决策、执行情况及重大风险、重大事件等，提出风险管理监督意见或建议。相关监督检查情况应该纳入监事会工作报告。

(三)公司管理层

公司管理层应对有效的风险管理承担直接责任，履行以下风险管理职责：

(1)根据董事会的风险管理战略，制定与公司发展战略、整体风险承受能力相匹配的风险

管理制度,并确保风险管理制度得以全面、有效地执行;

(2)在董事会授权范围内批准重大事件、重大决策的风险评估意见和重大风险的解决方案,并按章程或董事会相关规定履行报告程序;

(3)根据公司风险管理战略和各职能部门与业务单元职责分工,组织实施风险解决方案;

(4)组织各职能部门和各业务单元开展风险管理工作;

(5)向董事会或董事会下设专门委员会提交风险管理报告。

公司管理层可以设立履行风险管理职能的委员会,协助管理层履行以下职责:指导、协调和监督各职能部门和各业务单元开展风险管理工作;制定相关风险控制政策,审批风险管理重要流程和风险敞口管理体系,并与公司整体业务发展战略和风险承受能力相一致;识别公司各项业务所涉及的各类重大风险,对重大事件、重大决策和重要业务流程的风险进行评估,制订重大风险的解决方案;识别和评估新产品、新业务的新增风险,并制定控制措施;重点关注内控机制薄弱环节和那些可能给公司带来重大损失的事件,提出控制措施和解决方案;根据公司风险管理总体策略和各职能部门与业务单元职责分工,组织实施风险应对方案。

资管公司在管理层中设立首席风险官(或者督察长),负责公司全面风险管理工作。

(四)风险管理职能部门

公司应设立独立于业务体系汇报路径的风险管理职能部门,并配备有效的风险管理系统和足够的专业人员。风险管理职能部门或岗位对公司的风险管理承担独立评估、监控、检查和报告职责。风险管理职能部门或岗位的职责应当包括:

(1)执行公司的风险管理战略和决策,拟定公司风险管理制度,并协同各业务部门制定风险管理流程、评估指标;

(2)对风险进行定性和定量评估,改进风险管理方法、技术和模型,组织推动建立、持续优化风险管理信息系统;

(3)对新产品、新业务进行独立监测和评估,提出风险防范和控制建议;

(4)负责督促相关部门落实公司管理层或其下设风险管理职能委员会的各项决策和风险管理制度,并对风险管理决策和风险管理制度执行情况进行检查、评估和报告;

(5)组织推动风险管理文化建设。

风险管理职能部门对跨部门的业务风险和公司总量风险进行管理,包括市场风险、信用风险、流动性风险、声誉风险等。风险管理职能部门发挥"第二道防线"作用。

(五)业务部门

各业务部门应当执行风险管理的基本制度流程,定期对本部门的风险进行评估,对其风险管理的有效性负责。各业务部门应当承担如下职责:

(1)遵循公司风险管理政策,研究制定本部门或业务单元业务决策和运作的各项制度流程并组织实施,具体制定本部门业务相关的风险管理制度和相关应对措施、控制流程、监控指标等,或与风险管理职能部门(或岗位)协作制定相关条款,将风险管理的原则与要求贯穿业务开展的全过程;

(2)随着业务的发展,对本部门或业务单元的主要风险进行及时的识别、评估、检讨、回顾,提出应对措施或改进方案,并具体实施;

(3)严格遵守风险管理制度和流程,及时、准确、全面、客观地将本部门的风险信息和监测情况向管理层和风险管理职能部门或岗位报告；

（4）配合和支持风险管理职能部门或岗位的工作。

可见，各业务部门负责从经营管理的各业务环节上贯彻落实风险管理措施，执行风险识别、风险测量、风险控制、风险评价和风险报告等风险管理程序，并持续完善相应的内部控制制度和流程。业务部门直接面对业务风险，构成风险管理的"第一道防线"。"第一道防线"可以理解为对业务"点"的风险管理。

(六)审计部门

审计部门应当充分发挥独立监督作用，建立事前(充当公司决策前的"参谋"，降低决策风险)、事中(对合同风险、项目执行风险等进行审计纠正)、事后审计(对风险事件进行审计)，对发现的问题督促整改。

审计部门发挥"第三道防线"的作用。"第三道防线"可以理解为对业务"面"的风险管理。

第三节　风险管理流程、报告与分析

一、风险管理流程

广义的风险管理流程包括风险偏好设定、风险识别、风险评估、风险应对、风险监测与报告等一系列风险管理活动的全过程。该流程应能贯彻执行既定的战略目标，并与组织的风险管理文化相匹配。

因为风险偏好在前面已经阐述，所以这里主要介绍狭义上的风险管理流程，即风险识别、风险评估、风险应对和风险监测。

(一)风险识别

风险识别是指对影响资产管理机构各类目标实现的潜在事项或因素予以全面识别，鉴定风险的性质，进行系统分类并查找出风险原因的过程。风险识别应当覆盖公司各个业务环节，涵盖所有风险类型。资产管理机构应在风险识别过程中，对业务流程进行梳理和评估，并对业务流程中的主要风险点，建立相应的控制措施，明确相应的控制人员，不断完善业务流程。

(二)风险评估

风险评估是指在通过风险识别确定风险性质的基础上，对影响目标实现的潜在事项出现的可能性和影响程度进行度量的过程。风险评估通常包括定性与定量结合的方法。风险管理部门应加强产品组合层面与公司层面资管业务风险敞口暴露的评估与测度。公司可采取定量和定性相结合的方法进行风险评估，应保持评估方法的一致性，协调好整体风险和单个风险、长期风险和中短期风险的关系。

(三)风险应对

风险应对是指在风险评估的基础上，针对不同风险特性，综合平衡成本与收益，确定相应的风险控制策略，采取措施并有效实施的过程。常见的风险应对方法主要有风险承担、风险缓释、风险规避、风险转移。资产管理机构应借鉴国际先进的风险管理理论和风险管理技术，进行资产管理、制定资产管理策略,通过对所持有资产的风险价值的评估和计量,对投资组合进行调整,以分散和规避投资风险。

(四)风险监测

风险监测是对各种可量化的关键风险指标、不可量化的风险因素变化和发展趋势,以及风险管理措施的实施质量与效果进行系统和有效监控的过程。资产管理公司应建立健全公司与组合层面的事前、事中和事后风险监测体系,实现投资业务风险系统有效监控及应对。

风险管理中的每一环节应当相互关联、相互影响、循环互动,并依据内部环境、市场环境、法规环境等内外部因素的变化及时更新完善。

风险管理部门应该强化主动风险管理职能,提高全流程管理能力,强化事前预警和早期介入,强化事中干预,完善事后风险处置机制。

二、风险管理报告与分析

(一)风险报告体系与机制

1. 风险报告体系

资产管理机构应持续完善对投资业务面临各类风险的监测和报告,以提升对投资风险的应对与预警能力。风险报告是指在风险监测的基础上,编制不同层级和种类的风险报告,遵循报告的发送范围、程序和频率,以满足不同风险层级和不同职能部门对于风险状况的多样化需求的过程。

资产管理机构应当建立清晰的报告监测体系。报告包括定期报告(风险日报、月报、年报等)、专项风险报告和重大风险报告。资产管理公司应充分借鉴国内外同业先进经验和报告体系逻辑,构建逻辑清晰、指标完善的多层次风险报告体系,加强定期监测和报告的广度和深度。

2. 风险报告机制

风险报告必须准确、全面、及时、简洁。[①] 根据风险事件发生频率和事件的影响来确定风险报告的频率和路径。风险报告应明确风险等级、关键风险点、风险后果及相关责任、责任部门、责任人、风险处理建议和责任部门反馈意见等,确保公司管理层能够及时获得真实、准确、完整的风险动态监控信息,明确并落实各相关部门的监控职责。

(二)风险分析

风险分析是资产管理机构对风险管理的成效进行分析评价的过程,是风险管理中的重要环节之一,是绩效考评体系的重要组成部分。

风险分析涵盖主要风险,并考虑一定时期的重点风险关注点。风险管理部门及业务团队应该对各类风险、各类资产风险管理情况及产品风险管理情况进行分析,并编制重大投资风险分析日报、盈亏分析报告、投资风险量化分析报告、基金业绩评价报告。风险分析既要对风险管理过程进行分析,也要对风险管理结果进行评价。

风险分析也是资产管理公司风险管理从"监管应对""常规作业"向"应对+预测"转变的重

---

① 在某种意义上,"简洁"与"准确""及时"同等重要。特别是给高层及董事的信息不能过度,以防止"噪声"给决策带来负面影响。

要一环。风险管理部门应该将成熟的风险监控指标相对固化,在此基础上提高数据分析研究效果,实现风险数据的有效传导,促进投资组合合理配置风险。

资产管理机构应当对风险管理体系进行定期评价,覆盖重要风险领域和新风险,对风险管理系统的安全性、合理性、适用性和成本与效益进行分析、检查、评估和修正,以提高风险管理的有效性,并根据检验结果、外部环境的变化和公司新业务的开展情况,提供风险处置的决策与建议以及未来风险发展趋势,以利于对风险管理措施、方法和体系等进行调整、补充、完善或重建。

第四节 风险管理团队与风险管理文化

风险管理部门作为全面风险管理的"第二道防线",统筹全面风险管理体系的搭建和实施,承担制定风险管理政策、流程,监测和管理全面风险的责任。只有加强风险管理团队与风险管理文化的建设与管理,才能保证风险管理部门职能的有效发挥。

一、风险管理团队

(一)资管机构风险管理团队的组织

资管机构的风险管理职能部门一般包括以下团队[①]:非标准化资产的审批团队、信评团队、市场风险管理团队、信用风险管理团队、流动性风险管理团队、合规风险管理团队、产品风险管理团队、数据与风险系统团队。

风险条线可以设置不同的职能部门,如风险管理部、风险审批部、合规管理部等。

(二)风险管理团队的建设

党的二十大报告强调,人才是第一资源。风险管理人才是风险管理体系的执行者,是风险管理体系中最重要的资源。

1. 团队组建

风险管理对专业技术要求较高,不同业务及不同风险要求风险管理人员具有不同的专业知识背景。因此,风险管理队伍的组建,应该唯才是举,人员来源应该多元化。风险管理团队要保持合理的数量,与业务规模、业务种类、风险复杂性相适应。

2. 团队管理

建立明确的风险管理岗位职责,充分发挥专业人才的专业价值。建立科学的风险管理绩效考评机制,强化对风险管理工作的考评。

鼓励和营造积极向上的团队氛围,公平公正管理团队。通过事业留人、感情留人、待遇留人,保持团队的基本稳定。

3. 团队发展

持续加强团队学习。鼓励员工终身学习,定期组织风险管理专业培训,加强同业交流,持续提升关键岗位人员的职业操守和职业技能,持续提升团队专业能力。

资管公司和风险团队负责人要甘为人梯,为团队成员成长发展创造条件。

[①] 因公司的不同,可能有所差异。如很多资管机构将信评团队设置在业务条线。

二、风险管理文化

风险管理能力的打造,外在推动力在于风险管理体系的建设,内在推动力在于风险管理文化。

(一)风险管理文化内涵

1. 风险管理文化的定义

风险管理文化属于企业文化的范畴,是企业对待风险及风险管理的态度和价值取向。近年来,国内外监管机构和研究机构都非常关注风险文化建设。国际上,金融稳定委员会在2015年和2016年相继发布《降低不当行为风险的措施报告》和《降低不当行为风险的措施第二次进度报告》,提出的系列措施中,改善风险文化是一项重要举措;国内方面,2021年中国证监会提出建设"合规、诚信、专业、稳健"的行业文化,为资本市场长期稳定健康发展提供价值引领和精神支撑。剑桥大学研究表明,高盛、摩根大通等金融机构渡过2008年全球金融危机,并转危为机的原因在于3个共性因素:(1)明确、坚定的风险文化;(2)坚持信息充分、快速响应;(3)坚持内部开放讨论、充分论辩的组织运作方式。

风险管理文化是金融机构的"软实力"[①],是资管机构风险管理体系的灵魂。一套与业务相匹配、充分融入企业经营管理的风险管理文化,对于资管机构发展具有极其重要的意义。资管企业良好的风险文化生态将极大地提升风险管理的效率和效果。

2. 资管机构风险管理文化的主要内涵

资管机构风险管理文化的主要内涵有:

(1)合规至上。风险防控中,合规经营作为企业文化中重要的基因,对违规行为零容忍,主动开展各项合规风险管控举措。

(2)全面覆盖。风险管理贯穿于业务始终,覆盖所有产品的投资、运营和营销。

(3)稳健发展。要有底线思维、长远思维。既不能过度控制风险,影响业务的适度快速发展,也不能片面强调高速发展,忽视对风险的高效管理,导致过高风险的出现。因此,需要在不突破底线的情况下,将风险管理与业务发展有机地结合起来,找到两者利益结合的平衡点,不能为了短期利益突破底线。平衡产品的风险和投资收益,实现产品风险暴露与投资者需求、投资风险偏好、资产配置策略等相匹配,为投资者创造可控风险下的最大收益。

(4)长期主义。完善的风险管理体系是企业长期稳健发展的基石。

(5)全员参与。风险管理人人有责,各部门负责人是其部门风险管理的第一责任人,基金经理(投资经理)是相应投资组合风险管理的第一责任人。

(6)强化协同。风险承担者要像风险管理者一样思考,风险管理者也要理解市场和产品,在此基础上强化风险管理和业务的协同。

(二)风险管理文化建设

风险管理能力的打造,载体在于体系建设,根本在于风险管理文化的形成。风险管理文化建设是指资管机构围绕员工共同价值观而实施的一切管理活动,包括制定风险管理文化、学习

---

① 软实力(Soft Power),首先指一个国家以文化和意识形态体现出来的能力,相对于军事实力和经济实力,是一种吸引力、影响力和竞争力。企业软实力包括共享价值、组织氛围、员工敬业、领导能力等维度。

传播、实施推进和评估改进等。风险管理能力的提升,要靠风险管理文化来保障。风险管理文化的建设一般包含以下几个方面:

1. 科学提炼、不断丰富

充分借鉴国内外金融机构的实践,发动员工参与讨论和提炼企业风险管理文化的核心理念和价值观。特别是注重结合行业内动态风险事件及企业实际,及时吸收借鉴国内外金融机构风险管理理论、理念和方法,应用到企业各项业务和风险管理之中,以丰富风险管理文化的内涵。

2. 激励约束、知行合一

要通过宣导培训、警示教育、考核问责等多种方式和手段,将风险底线思维、风险收益、考核追责等风险合规文化理念融入日常经营管理中,培育全员全过程的风险合规理念。既要重视风险管理体系的完整性与先进性,更要强调从企业组织机构上和在运作规则中确立风险管理的地位,确保对风险管理系统的严格执行。风险管理的核心是风险管理制度的有效执行,风险管理文化的关键在于实践。

各部门负责人是其部门风险管理的第一责任人,基金经理(投资经理)是相应投资组合风险管理的第一责任人。企业所有员工是本岗位风险管理的直接责任人,负责具体风险管理职责的实施。通过建立科学的风险管理考核激励机制,完善风险管理责任制,将风险管理纳入各部门和所有员工年度绩效考核范围,贯彻和巩固正确的风险管理文化观和价值观。要通过考核问责等多种方式和手段,将风险底线思维、风险收益、考核追责等风险合规文化理念融入日常经营管理中。

3. 领导垂范、全员巩固

企业领导者的行为方式极大地影响着企业文化。每个领导者都需要在内部和外部反映企业的价值观,并成为最强大的倡导者。所以,想要有效建立企业风险文化,需要领导者以身作则,并且要彻底透明。让每位员工了解风险管理文化,了解风险管理的程序、意义及后果。每位员工都是风险管理文化的建言者、参与者和执行者,风险管理文化渗透到企业日常经营的每一环节。

4. 宣传培训、评估优化

积极倡导风险管理的文化和透明性,开展多层次、长期的宣传培训。适时进行评估,与时俱进,动态调整,保持风险管理文化旺盛的生命力。

总之,资管机构全面风险管理工作的有效推动必须建立在良好的企业治理、风险偏好和风险管理文化基础之上。资产管理机构从高质量发展的长远布局规划风险管理工作,完善全面风险管理治理架构,赋予风险管理条线足够的授权,投入相应的资源,建立健全风险管理机制,建立科学合理的报告渠道,与业务条线之间形成相互制衡的运行机制。如果没有良好的"上层建筑",尤其是管理层在经营理念、业绩考核导向上出现偏差,那么再好的管理体系也只是"花架子",制度流程都将形同虚设,风险管理只能是"程序性"管控,无法实质性地开展到位,真正管住风险。

第五节 风险管理的基础设施

风险管理离不开风险管理系统和风险数据,这两者构成了全面风险管理的基础设施。

一、风险管理系统

资管业务涉及的投资产品多,投资组合层级复杂,风险指标多,量化模型复杂,资管业务的风险管理要以完善的风险管理信息系统为支撑。

一个完善的资管机构风险管理系统,应该覆盖全资产品种、产品全生命周期、全风险类别,支持各类资产(股票、债券、基金、非标、衍生品等)风险管理涉及的审批和授权管理、投资和交易风险管理、限额管理(包括投前风险预算、控制、对超限情况进行监测、预警和控制),支持产品风险管理(产品评级、产品风险要素和绩效要素的透明管理);支持识别、计量、评估、监测和报告所有类别的重要风险,各类风险相互作用产生的风险,及时发出预警和进行控制;支持投后监测和风险分析,能够"知过去、懂现在、预未来";支持产品绩效分析和多维度归因分析;支持按照业务条线、产品类别等多个维度,根据需求挖掘和定制数据,展示和报告风险暴露情况;定期和压力情况下的数据加工和公司层面的风险数据加总,评价产品和交易对手的风险状况,满足全面风险管理需要;支持压力测试和情景分析工作,评估各种不利情景对资管机构及主要业务条线的影响;支持灵活适应各种紧急情况(包括监管框架的变化)的风险数据加总需求。

总之,风险管理系统建设的目标应该是实现端到端、全流程的风险管理系统化。一个全面的风险管理系统群组包括:

(1)覆盖所有资产(包括债券、基金、股票、非标、衍生品等)的投前、投中和投后风险管控,管理所有类别的风险;

(2)覆盖所有产品从创设、募集、运营和退出的风险管控;

(3)覆盖自有资金投资和投后的风险管控;

(4)对风险管理指标的准确、及时计量;

(5)具有风险管理"驾驶舱",实现对产品组合风险、资产风险等的全景展现。

[例14-1] 贝莱德集团(BlackRock)的风险功能模块[①]

贝莱德集团是全球资产管理规模最大的资产管理公司,2021年第四季度管理的资产达到10.49万亿美元。风险管控是贝莱德根深蒂固的文化基因。在第一波士顿的经历让贝莱德创始人拉里·芬克(Larry Fink)深刻地意识到风险管理的重要性,在创立贝莱德之初,拉里·芬克就明确公司的出发点是要帮助投资者理解他们所持债券组合中蕴含的风险,并以此为起点为机构客户提供资产管理服务。贝莱德的核心竞争力来自其自主开发的阿拉丁风控平台,阿拉丁风控平台基于海量数据构建各类金融模型,对接入其中的各金融资产所面临的风险进行分析、评估、监测,提供风险解决方案,是全球公认的最领先的金融科技风控平台。[②]

2000年,拉里·芬克组建了贝莱德解决方案公司(BlackRock Solutions),并开发出了一个被称作"阿拉丁"(Aladdin)的风险管理平台。目前该平台已整合为一体化的投资交易风控平台,叫作"阿拉丁平台"(Aladdin Platform)。Aladdin命名由Asset(资产)、Liability(负债)、Debt(债务)、Derivative Investment Network(衍生品投资网络)的首字母缩写构成。

阿拉丁平台将风险分析、投资组合管理、交易以及操作工具结合在一个平台上,可涵盖所

[①] 资料来源:贝莱德公司官网。

[②] 2008年金融危机爆发全球金融机构损失惨重,贝莱德作为MBS的主要投资者之一却毫发无损,这主要得益于其阿拉丁风控平台对风险的精准管控。正因出色的风控能力,时任美国财政部部长保尔森(Henry M. Paulsou,Jr)曾多次紧急联系拉里·芬克寻求帮助,期间拉里·芬克向财政部和联储主动提供阿拉丁来协助度量MBS市场的资产风险,这足以证明阿拉丁是全球领先的风控管理平台。

有资产类别，且具有完整的投资流程，能够辅助基金经理进行投资决策，并有效地管理风险和高效交易。作为一个终端操作系统，阿拉丁平台可以在不同风险情境下及时做出调整，帮助投资者更好地理解投资组合的风险敞口。

阿拉丁的大型数据管理中心位于美国的华盛顿州，内有6 000台计算机(2013年数据)24小时运行，上面跑着数十亿个经济场景的预测，并根据这些预测，检查客户投资组合中的每一项资产，对投资组合进行诊断。这些机器日复一日地记录和存储着历史事件，包括利率和汇率的变动、恶劣的天气灾难、政治丑闻等，再通过蒙特卡洛模拟，建立统计模型，计算它们对其管理的资产所存在的潜在影响。使用该系统的客户们可获得由这些机器提供的对上述风险的评估报告。

阿拉丁主要有五大功能：

(1)组合与风险分析，即为客户提供每日风险评估报告、盘前分析以及交易和资金分配模型；

(2)交易执行功能，即为客户进行订单管理、交易指令执行、并提供实时风险和现金报告；

(3)风险管理与控制，即对资产实行实时全面监控、每日风险敞口限值监控、VaR分析、跟踪误差、压力测试等；

(4)数据管理与监控，即对数据进行保密管理、交易确认和日志的管理；

(5)组合管理，即对现金和仓位进行对账、对组合的表现进行业绩归因、对净资产进行估值计算。

具体来说，阿拉丁风控管理方面的功能模块有：

1. 投资组合头寸和风险

(1)投资安全性和投资组合风险分析——针对金融工具最多可提供五十多种分析方法；

(2)跨部门、发行人、国家、评级等的集中度；

(3)时间序列/趋势分析。

2. 投资组合风险和场景分析

(1)使用分析和历史方法的风险价值/跟踪误差；

(2)压力测试，包括用户定义的场景和冲击；

(3)分解各因素的回报。

3. 证券估价和现金流预测

(1)基于实时曲线数据的交易质量评估和分析；

(2)相对价值分析；

(3)访问专有模型。

4. 绩效和归因分析

(1)自下而上计算每日分析回报；

(2)按战略、证券、国家和行业划分的归属和损益；

(3)绝对或相对基准。

5. 资产配置分析

(1)优化分析；

(2)高效的前沿报告；

(3)风险预算。

6. 合规与监督

(1) 对内部投资的全过程进行主动的合规监控;
(2) 监督外部管理的投资组合。

二、风控系统建设

对于风险管理系统的建设,主要包括以下几个方面:

(一) 实现系统化与自动化是基本要求

资产管理公司应建立有效的风险管理系统,逐步实现风险数据采集、风险指标计算、风险报告生成系统化自动化,提升风险监测效率及质量,降低风险指标计算手工化水平。应围绕实现风险指标库功能等重点,着力强化数据集中提取和风控指标迭代需求的系统化支持,助力风险管理工作纵向深入。

(二) 风险管理及运营管理流程优化是前提

虽然风险管理系统是风险管理部门主导建设的,但是由于这一系统贯穿投资及产品管理的前中后台,因此,风险管理流程的优化是前提。风险管理系统既要服务风险管理,提升风险管理能力,又要保障业务拓展。要注意风险管理与业务的协作和融合。通过量化分析业务流程,减少管理冗余,通过风险管理系统的建设优化管理流程,提高风险管理效率,降低风控成本。

(三) 风险管理系统建设的最低目标是准确、及时、稳定,终极目标是智能化

首先,实现流程系统化,各类指标和报表的自动化生产。

其次,通过数字化、智能化等手段,赋能风险管理。以 ABCD 为代表的新兴技术[①]正加速与金融行业的融合,为资管机构的风险管理提供了新思维、新方式和新方法。风险管理系统的智能化是一个趋势和终极目标。

(四) 循序渐进、经济高效

金融科技和风险系统的建设是一个长期的过程。既要夯实基础,循序渐进,不要盲从技术热点;又要有长期的观念,塑造金融科技文化,破除"唯短期效益论""速胜论",建立顶层规划。

三、风险数据与治理

任何风险管理模型与风险管理系统,都必须有风险数据的支持。没有准确、规范的风险数据,风险管理系统将是无源之水。可以说,风险管理模型与风险管理系统是硬件,而数据是软件,只有依托内外部风险数据积累,构建综合数据生态系统,风控系统才能更好地发挥作用。

(一) 风险数据

风险数据是风控系统运行的基础,包括内部数据和外部数据,其中内部数据是从各个业务系统中抽取的、与风险管理相关的数据信息,外部数据是通过专业数据供应商所获得的数据。

完整、准确、标准、有效的风险数据是风险管理的基础,是风险管理系统发挥作用的前提。

---

① 即人工智能(AI)、区块链(Block)、云计算(Cloud)、大数据(Data)的简称。

同时,资管机构还可以数据驱动创新,提升服务的敏捷性和精准性,提高数据的价值创造力。因此风险管理实现系统化的前提是数据建设。与风险数据管理相关的工作流程包括:

1. 数据采集

首先需要采集所有与风险管理相关的全量数据。

2. 数据清洗

对原始数据进行结构化处理,修正或处理原始数据中的缺失值、内容或格式错误的数据、逻辑错误数据等。

3. 数据分析与挖掘

运用数据分析模型或数据挖掘软件发现数据中隐藏的规律,对数据进行建模,常见的分析方法包括客观描述数量特征的描述性分析(如趋势分析),研究总体的数量特征做出推断的推断性分析(如回归分析),从大数据中发现未知且有价值信息的探索性分析(如聚类分析、因子分析)等。

4. 数据可视化

通过图形、图表展示数据分析结果。根据数据分析结果提出具体风险管理建议,并推动建议落地。

(二)风险数据治理

不少资产管理机构虽然建立了庞大、复杂的风险管理系统,但在数据建设上还存在一定的差距。风险数据需要有效的管理,风险数据治理应运而生。

数据治理是指资产管理机构通过建立组织架构,明确董事会、监事会、高级管理层及内设部门等职责要求,制定和实施系统化的制度、流程和方法,确保数据统一管理、高效运行,并在经营管理中充分发挥价值的动态过程。数字经济时代,数据已成为金融机构的基础性战略资源。资管机构最核心的资产是数据,"一切数据皆是资产",打造与数字经济时代相适应的"数字力"应该成为资管机构的战略行动。

1. 建立数据治理企业文化

资产管理机构的数据治理是一项庞大而复杂的工程,需要各个部门之间,尤其需要加强科技部门和业务部门之间的合作,才能最终高质量、高成效地完成数据治理工作。资产管理机构企业文化的建设必须考虑到数据资产管理这个层面,从战略角度启动、开展和推进数据治理工作,建立一种以数据资产为导向的企业文化,将数据治理、科技治理和公司治理有机地结合起来。

2. 建立完善的组织和制度

一般来说,资产管理机构应该建立企业级的数据治理职能组织。目前,多数资产管理机构的数据治理组织和制度由科技部门牵头,整个组织体系业务参与度欠佳,但从数据问题分析的结果来看,业务部门是产生数据的最初、最大来源,数据治理的目的是使资产管理业务更好地被经营和管理,所以也需要业务部门对数据治理工作进行重视,深入参与和主动负责,保证数据治理的真正落地。

各项业务制度应当充分考虑数据质量管理需要,涉及指标含义清晰明确,取数规则统一,并根据业务变化及时更新。

明确资产管理机构数据管理方面的要求,覆盖数据战略、数据管理制度、数据标准、信息系统、数据共享、数据安全、应急预案、问责机制和自我评估机制等。

3. 建立数据治理机制和流程

加强数据源头管理，确保将业务信息全面、准确、及时地录入信息系统。信息系统应当能自动提示异常变动及错误情况。

制定数据标准，包括基础数据标准和风险指标数据标准。公司级数据标准管理体系，实现数据全生命周期管理。

建立数据质量控制机制，全面强化数据质量，覆盖数据全生命周期，对数据质量持续监测、分析、反馈和纠正，保证数据的真实性、准确性、连续性、完整性和及时性。建立数据质量监控体系。

明确全面实现数据价值的要求。积累真实、准确、连续、完整的数据，将数据应用嵌入风险管理和内部控制的全流程，用于风险识别、计量、评估、监测、报告以及资本和流动性充足情况的评估，有效捕捉风险，优化业务流程，提升内部控制的有效性，实现数据驱动业务发展。充分运用数据分析，合理制定风险管理策略、风险偏好、风险限额以及风险管理政策和程序，监控执行情况并适时优化调整，提升风险管理体系的有效性。通过风险数据应用，持续改善风险管理方法和系统。

4. 强化数据治理的技术支撑

数据治理需要在技术层面对上面的各个领域进行管理和支持，比如有数据质量分析、数据建模工具、数据清洗工具、生命周期管理、质量检查工具、数据管理系统等。

采取分阶段、分步骤循序渐进的实施策略，在实施中应沿着重点发展领域的路径，带动其他领域发展，并逐步实现体系建设全面发展。

总之，资产管理机构要坚持科技赋能，推进风险管理系统建设，实现风控信息资源的高效整合，提升风险监控、报告和分析能力，提升风险防控的及时性、有效性。党的二十大报告强调，"创新是第一动力"。资管机构要积极探索人工智能、大数据等新技术在风险管理领域的运用，努力实现源头管控，变被动处置为主动防控，服务并保障资产管理机构高质量发展。

本章小结

资管机构应该建立全面风险管理来保障其战略实现。全面风险管理构成要素包括：

风险偏好。风险偏好是金融机构为追求可持续发展，基于利益相关者的期望确立的对待风险的态度。风险偏好是资管机构风险管理的逻辑起点和基础。

风险治理架构。风险治理架构包括结构健全、职责清晰的风险治理架构，是资管机构风险管理的组织载体，是风险管理体系的"梁柱"。

风险管理流程和管理工具。风险管理流程和管理工具是风险管理的路径和手段，包括风险识别、风险计量、风险应对和风险管理制度等。

风险管理报告与分析。风险管理报告与分析是指对业务及整体风险进行监控、报告和分析的工作机制。

风险管理团队。风险管理团队由风险管理专业人才和管理人员组成，是风险管理体系的主要支撑。

风险管理文化。风险管理文化是指资管机构对待风险管理的理念、态度和行为规范，是资管机构的理念体系和行为规范在企业风险管理过程中的体现，为其他要素发挥作用提供了约束和指引。

风险管理的基础设施。风险管理的基础设施是支撑公司全面风险管理的信息系统和风险相关数据,实现风险管理的信息化、流程化、自动化。风险管理基础设施也是科技赋能风险管理的关键。

关 键 词

全面风险管理(Enterprise Risk Management)
风险偏好(Risk Appetite)
风险治理架构(The Governance Structure of Risk Management)
风险分析(Risk Analysis)
风险文化(Culture of Risk Management)
风险管理系统(Risk Management System)
数据治理(Data Governance)

思考与练习

1. 最近几年来全面风险管理的理论发展主要变化有哪些?
2. 怎样完整地表述资管机构的风险偏好?
3. 风险分析的主要内容有哪些?怎样进行风险分析?
4. 怎样建设风险管理系统?
5. 风险数据治理的重点和难点有哪些?

参考文献

1. 段国圣.资产管理实务、方法与理论(六)[M].北京:社会科学文献出版社,2018.

2. 〔美〕米歇尔·克劳伊,〔美〕丹·加莱,〔美〕罗伯特·马克.风险管理精要[M].2版.路蒙佳,译.北京:中国金融出版社,2016.

3. 王祖继.大型商业银行风险管理[M].成都:西南财经大学出版社,2020.

4. 王勇,关晶奇,隋鹏达.金融风险管理[M].北京:机械工业出版社,2020.

5. 〔美〕沃尔特·V. 小哈斯莱特.风险管理[M].郑磊,王盛,吴天颖,译.北京:机械工业出版社,2018.

6. 〔加〕约翰·赫尔.风险管理与金融机构[M].4版.王勇,董方鹏,译.北京:机械工业出版社,2018.

7. 中国银行间市场交易商协会教材编写组.金融市场风险管理:理论与实务[M].北京:北京大学出版社,2018.